高等学校国际商务创新规划教材

International Business

国际商务谈判

International Business Negotiation

主 编 孙 平
副主编 余 振 刘 燕

WUHAN UNIVERSITY PRESS
武汉大学出版社

《高等学校国际商务创新规划教材》编委会

总　序

陈继勇
武汉大学经济与管理学院院长、教授、博士生导师

国际商务是指侧重于国际经济与贸易操作性的专业活动。教育部设置国际商务硕士专业学位的目的，是培养能够胜任在企事业单位和国家机关从事国际商务运作与管理，并且能开拓国际市场的高素质、复合型高级商务专门人才。以贯彻落实科学发展观，实施互利共赢对外开放战略，拓展对外开放的广度和深度，全面提高开放型经济水平，实现从贸易大国向贸易强国的转变和推动国民经济又好又快的发展。

为积极有效地加快培养和造就一大批高层次国际商务专业人才和管理人才，借鉴其他国家培养专业人才的有益经验，结合我国国情，调整专业设置，改革培养模式，我们承担了教育部第二特色专业建设点项目《国际经济与贸易国际化人才培养》（项目号：TS2291），组织了武汉高校相关专业的教师编写了这套"高等学校国际商务创新规划教材"。希望通过这套教材能使学生通晓现代国际商务基础理论，具备完善的国际商务知识体系，掌握现代国际商务实践技能，具有较强的英语交流能力，能在企事业单位和政府机关从事国际商务运作与管理，并且能成为开拓国际市场的高素质、复合型高级商务专门人才。

这套教材在编写的过程中主要突出专业性和综合性的特征。

专业性突出体现在全球视野下从事商务活动的职业定位，强调理论和实际工作技能尤其是软技能的提升。全球视野的缺失和专业技能的弱化是传统国际经贸人才培养的不足，本套教材力图打破经济学与管理学的界线，特别是把经济学与管理学理论知识与开放经济实践联系起来，通过大量的实验教学和案例研究，使学生掌握国际商务的基本理论知识和国际商务实践的先进方法，提升学生在国际商务领域中的工作能力、外语能力和跨文化沟通能力。因此，教材编写是以职业性和实践性为导向，知识内容具有明显的专业性。

综合性意味着国际商务专业人才要具备宽厚的知识面，学习多门跨学科的课程，塑造较高的职业操守，形成广博知识与较强能力的综合素质，胜任在复杂多变的国际环境下成功开展商务活动的工作。因此，这套教材在编写的过程中，重视经济理论与管理理论的综合，强调国家经济实践与国际经济实践的结合，突出企业国内经济活动与国际经济活动的结合，把理论知识与企业具体的经济实践结合在一起，使学生能从多方位、多角度和多渠道来吸收国际商务基础知识，掌握国际商务的基本技能。因此，教材编写以

综合性为导向，知识体系具有很强的综合性。

这套教材是一个系统工程，其内容涉及多个学科和领域，参考了国内外很多同行的研究成果，在此表示衷心感谢！武汉大学出版社经济图书事业部舒刚主任付出了很多的劳动，在此也表示感谢。

我们虽然重视知识内容创新，但更强调尊重知识产权，因此，要求各书主编向每位编（著）者强调这一方针，每位编（著）者对所写内容文责自负。

2010 年 10 月于武汉大学枫园

前　言

我们生活在一个资源稀缺的时代，一切商务活动都会因为竞争而产生各种各样的矛盾冲突。与国内商务活动相比，国际商务活动的竞争更加激烈，其中蕴含的矛盾与冲突更加深刻。但是我们又生活在一个经济全球化的时代，无时无刻都不受到国际商务活动的影响，或者总是自觉不自觉地参与了很多国际商务活动。例如，我们在生活中用到了很多进口品牌的护肤品；或许我们在不能忍受某些国有银行的刁难之后，转而成为外资银行的客户。然而，国际商务联系的背后必然是竞争与冲突。在此情形下，化解冲突、增强合作的国际商务谈判成为"必需品"。我们要成为经济全球化的主导者，决定了我们不能仅担任国际商务谈判的旁观者，更需要我们了解和参与国际商务谈判，通过谈判获取国家、企业、个人的利益最大化。

国际商务谈判是一门实践性很强的综合性应用科学，涉及经济学、管理学、语言学、逻辑学、心理学、社会学、文化学、民俗学等诸多社会科学和人文科学的范畴。作为国际商务的核心教材，本书涵盖了国际商务谈判的含义、类型、程序、技巧、礼仪等诸多内容，力图在系统介绍国际商务谈判的基本原理和基本知识的基础上，帮助国际商务谈判工作者掌握国际商务谈判的技能与技巧，让他们能够应对各种类型的国际商务谈判。同时，编者还对照每章的内容精心挑选了一些国际商务谈判的案例，希望给读者提供更多的参考和借鉴。

本书由武汉大学经济与管理学院孙平副教授担任主编，余振、刘燕担任副主编。全书由孙平、余振提出写作框架，各章编写分工如下：第一章由余振编写，第二章和第八章由温兴琦编写，第三章和第四章由杨庆编写，第五章和第九章由周蓉编写，第六章和第十一章由孙铭编写，第七章和第十章由刘燕编写，第十二章由喻春娇编写。孙平、余振、刘燕对书稿进行了修改，并完成了最后的定稿。

本书理论与实务并举，适合作为本科及研究生国际商务谈判课程的教材，同时也可以作为国际经贸、国际商务谈判工作者的参考用书。由于编者水平有限，加之时间仓促，书中恐有疏漏之处，恳请各位专家、读者不吝指正。

编　者

2010 年 9 月

前言

目　录

第1章 国际商务谈判概述

◎本章要点

本章对国际商务谈判进行了概述，首先介绍了国际商务谈判的定义、特点以及基本原则；然后根据谈判的人数规模、谈判的地点、谈判双方接触的方式、谈判的态度以及谈判的内容等标准，将国际商务的各种类型进行了区分；最后介绍了几种具体的有代表性的谈判，包括货物买卖谈判、对外加工装配业务谈判、技术贸易谈判、工程项目谈判、工程承包谈判、租赁业务谈判、合资经营谈判、合作经营谈判、机器设备谈判等。

1.1 国际商务谈判的界定与职能

1.1.1 国际商务谈判的界定

要给谈判下一个定义，既简单又困难。说它简单，是因为谈判对我们并不陌生，它几乎每天、每时都出现在我们的生活中，谈判就是人们的一种交际活动。说它困难，是因为谈判的内容极为广泛，人们很难用一两句话就能准确地、充分地表达生活中谈判的含义。因此我们试图从谈判的形式、内容和特征等方面入手，对谈判的内涵进行分析，描绘出比较清晰的谈判轮廓，以便把握谈判的基本概念。

第一，谈判总是以某种利益的满足为目标，是建立在人们需要的基础上的，这是人们进行谈判的动机。尼尔伦伯格指出，当人们想交换意见、改变关系或寻求同意时，人们开始谈判。这里，交换意见、改变关系、寻求同意都是人们的需要。这些需要来自于人们想满足自己的某种利益，这些利益包含的内容非常广泛：有物质的、精神的，有组织的、个人的等。当需要无法仅仅通过自身而需要他人的合作才能满足时，就要借助于谈判的方式来实现，而且，需要越强烈，谈判的要求越迫切。没有明确的谈判目的，不明白为什么而谈和在谈什么，至多只能叫做“聊天”或“闲谈”。

第二，谈判是一种双边或多边的行为和活动，谈判总要涉及谈判的对象。否则，自己和自己谈就不称为谈判，也达不到谈判的目的。比如，商品交换中买方卖方的谈判，只有买方或者只有卖方时，不可能进行谈判；当卖方不能提供买方需要的产品时，或者买方完全没有可能购买时，也不会有谈判。

第三，谈判是一种协调行为的过程。谈判的开始意味着某种需求希望得到满足、某个问题需要解决或某方面的社会关系出了问题。由于参与谈判各方的利益、思维及行为方式不尽相同，存在一定程度的冲突和差异，因而谈判的过程实际上就是寻找共同点的过程，是通过相互合作实现各自目标的有效手段。谈判不是命令或通知，不能由一方说了算。所以，在谈判中，一方既要清楚地表达其立场和观点，又必须认真地听取他方的陈述和要求并不断调整对策，以沟通信息、增进了解、缩小分歧、达成共识，这就是彼此之间的协商或磋商。

第四，任何一种谈判都选择在参与者认为合适的时间和地点举行。这是区分狭义的谈判和广义的谈判的一个很重要的依据。谈判时间与地点的选择实际上已经成为谈判的重要组成部分，对谈判的进行和结果都有直接的影响。购销谈判、项目谈判、外贸谈判等都对时间和地点的选择十分重视。

综合以上对于谈判的描述，我们可以把谈判理解为：参与各方出于某种需要，在一定时空条件下，采取协调行为的过程。借助谈判的定义，可以将国际商务谈判（International Business Negotiation）界定为国际商务活动中不同的利益主体，为了达成某笔交易，而就交易的各项条件进行协商的过程。

1.1.2 国际商务谈判的特点

国际商务谈判是一项集政策性、技术性、艺术性于一体的社会经济活动，它既具有一般商务谈判的特点，又具有国际经济活动的特殊性，表现在：

第一，政策性强。国际商务谈判既是一种商务交易的谈判，也是一项国际交往活动，较一般商务谈判具有更强的政策性。由于谈判双方的商务关系是两国或两个地区之间整体经济关系的一部分，因此常常涉及两国之间的政治关系和外交关系，在谈判中两国或地区的政府常常会干预和影响商务谈判，这一切都会对谈判带来影响。因此，国际商务谈判必须贯彻执行国家的有关方针政策和外交政策，同时，在国际商务谈判中还应注意国别政策，遵守对外经济贸易的一系列法律和规章制度。

第二，以国际商法为准则。由于国际商务谈判的结果会导致资产的跨国转移，因而涉及国际贸易、国际结算、国际保险、国际运输等一系列问题，因此，在国际商务谈判中要以国际商法为准则，并以国际惯例为基础。所以，谈判人员要熟识各种国际惯例、对方所在国的法律条款，以及国际经济组织的各种规定。

第三，谈判难度大。由于国际商务谈判人员代表了不同国家和地区的利益，有着不同的社会文化和经济政治背景，其价值观、思维方式、行为方式、语言及风俗习惯各不相同，从而使谈判更加复杂、难度更大。在实际谈判过程中，对手的情况千变万化，作风各异，有热情洋溢者，也有沉默寡言者；有果敢决断者，也有多疑多虑者；有善意合作者，也有故意寻衅者；有谦谦君子，也有傲慢自大盛气凌人的自命不凡者。各种不同态度，都与一定的社会文化、经济政治有关。种种表象反映了不同谈判人员有不同的价值观和不同的思维方式。因此，谈判人员必须有广博的知识和高超的谈判技巧，不仅能在谈判桌上因人而异，运用自如，而且要在谈判前注意资料的准备、信息的收集，使谈判按预定的方案顺利地进行。

第四，更加需要重视平等互利。在国际商务谈判中，要坚持平等互利的原则，既不强加于人，也不接受不平等条件。所谓平等互利，是指国家不分大小，不论贫富强弱，在相互关系中，应当一律平等。在相互贸易中，应根据双方的需要，按照公平合理的价格，互通有无，使双方都有利可得，以促进彼此经济发展。在进行国际商务谈判时，不论国家贫富，客户大小，只要对方有诚意，就要一视同仁，既不可强人所难，也不能接受对方无理的要求。

1.1.3　国际商务谈判的原则

在国际商务谈判中，既要保证自己的合理利益，又要达到预定目标，并不是一件轻松的工作，但它又是有规律可循的，如果按照一定的原则，就一定能够达到很好的结果。

1. 互利共赢的原则

在国际商务谈判中，互利才能保证共赢。商务谈判并不是在商务冲突出现时才进行。商务谈判是谈判各方当事人在追求共同商业目标，实现双方商业利益整个过程中一个不断地化解冲突、实现谈判人员最大利益的手段。实践证明，在竞争越来越激烈的市场上，谁能够有效地掌握这一手段，谁就会在商务活动中顺利地实现自己的商业目标，取得自己期待的主要商业利益。谈判的结果并不一定是“你赢我输”或“我赢你输”。谈判双方首先要树立“共赢”的概念。一场谈判的结局应该使谈判的双方都要有“赢”的感觉。所谓共赢就是自己的利益必须以对方利益的存在为前提，自己的利益要在对方身上体现出来。国际商务活动中，谈判的双方或多方都有着一定的共同利益，但他们之间也存在商业利益的冲突。应该承认，在商务活动中无时无刻不充满矛盾和冲突，如何运用有效的手段来化解矛盾和冲突是其中的关键。

2. 刚性原则

在国际商务谈判中，谈判双方在寻求自己目标价值最大化的同时，也要对自己最大的让步价值有所准备。换句话说，谈判中可以使用的让步资源是有限的，所以，让步策略的使用是具有刚性的，其运用的力度只能是先小后大，一旦让步力度下降或减小则以往的让步价值也失去意义；同时谈判对手对于让步的体会具有“抗药性”，一种方式的让步使用几次就失去效果，同时也应该注意到谈判对手的某些需求是无止境的。必须认识到，让步策略的运用是有限的，即使你所拥有的让步资源比较丰富，但是在谈判中对手对于你的让步的体会也是不同的，并不能保证取得预先期望的价值回报。

3. 时机原则

所谓时机原则就是在适当的时机和场合做出适当的让步，使谈判让步的作用发挥到最大。虽然让步的时机说起来好像容易，但在谈判的实际过程中，其实非常难以把握，因为常常存在以下问题：其一，时机判定失误，例如认为对方提出要求时让步的时机就到了，或者认为谈判快完成时是最佳的时机；其二，对于让步的随意性导致时机把握不准确，在国际商务谈判中，谈判人员仅仅根据自己的喜好、兴趣、成见、性情等因素使用让步策略，而不顾及所处的场合、谈判的进展情况及发展方向等，不遵从让步策略的原则、方式和方法。这种随意性导致让步价值缺失、让步原则消失，进而促使对方的胃口越来越大，在谈判中丧失主动权，导致谈判失败，所以在使用让步策略时千万不得随意而为。

4. 清晰原则

在国际商务谈判的让步策略中的清晰原则：让步的标准、让步的对象、让步的理由、让步的具体内容及实施细节应当准确明了，避免因为让步而导致新的问题和矛盾。常见的问题包括：让步的标准不明确，使对方感觉自己的期望与让步意图错位；让步的方式、内容不清晰，在谈判中自己所作的每一次让步必须是对方所能明确感受到的，也就是说，让步的方式、内容必须准确、有力度，对方能够明确感觉到自己所做出的让步，从而激发对方的反应。

5. 弥补原则

在国际商务谈判中，如果迫不得已，己方再不做出让步就有可能使谈判夭折的话，也必须把握住“此失彼补”这一原则。即这一方面（或此问题）虽然已方给了对方优惠，但在另一方面（或其他地方）必须加倍地，至少均等地获取回报。当然，在谈判时，如果发觉此问题己方若是让步可以换取彼处更大的好处时，也应毫不犹豫地给予让步，以保持全盘的优势。

国际商务谈判不仅是一门很重要的学问，更是一门艺术。每一次谈判既是一次新的挑战，也是一次新的机会，唯有高度的技巧、圆滑的智慧以及无数次实战经验，才能化险为夷，创造双赢的结果。

1.2 国际商务谈判的类型识别

依据各种分类标准（谈判的人数规模、谈判的地点、谈判双方接触的方式、谈判的态度以及谈判的内容等），可将国际商务谈判分为各种不同的类型。对国际商务谈判进行分类的目的，在于明确谈判的性质特征，有的放矢地组织谈判，增加自觉能动性，减少盲目性，争得谈判的主动权。不同类型的谈判具有不同的特征，不同的优缺点，对谈判人员也有不同的要求，谈判人员应当根据需要和可能，合理地选择适当的谈判形式，针对特定类型的谈判，采取正确的应对措施。因此可以说，对国际商务谈判类型的掌握，是制定谈判方针策略的前提。

1.2.1　按谈判的人数规模分类

按参加谈判的人数规模，可以将国际商务谈判分为谈判双方各只有一人参加的一对一的个体谈判，又称一人谈判，以及各方都有多人参加的集体谈判，又称小组谈判。一般关系重大而又比较复杂的谈判大多是集体谈判。

谈判的人数规模不同，在谈判人员的选择、谈判的组织与管理上都有很大的不同。比如，在人员的选择上，如果是一对一的个体谈判，那么所选择的谈判人员必须是全能型的。也就是说，他必须具备本次谈判所涉及的各个方面的知识和能力，如国际金融、国际贸易、商品、技术和法律等方面的知识。因为在谈判中他只有一个人独立应对全局，整个谈判始终是以他一个人为中心来进行的，他必须根据自己的经验和知识作出分析、判断和决策。

1. 个体谈判/一人谈判

个体谈判是指谈判双方各由一位代表出面谈判的类型。它有多种形式，包括采购员与推销员的谈判、推销员与顾客的谈判、采购员与客户的谈判等。采用这种谈判类型大多是基于以下原因：

（1）供需双方有着长期的合作关系，谈判双方都比较熟悉，对交易的条款、内容也都比较明确。

（2）推销员或采购员拜访客户（顾客）。双方各自有权决定在什么条件下出售或购买商品。

（3）续签合同的谈判。由于具体内容及条款在以往的谈判中都已明确，只需在个别地方进行调整与修改；谈判内容简单、明确。

（4）在许多重要的、大型谈判过程中，对于某些具体细节的讨论，不需要所有人都参加谈判，或者是从更好地解决问题的角度出发，双方主要代表单独接触比较好，也会采取个体谈判的类型。

从某种角度来看，个体谈判的类型有着其他谈判类型无可比拟的优点：

（1）谈判规模小（当然这并不等于说谈判内容不重要），因此在谈判工作的准备和地点、时间安排上都可以按照谈判人员的要求灵活变通；并且谈判双方人员都是自己所属公司或企业的全权代表，有权处理谈判中的一切问题，从而避免出现令出多门、无法决策的不利局面，谈判的效率相对较高。

（2）谈判的方式可以灵活选择，气氛也比较和谐随意。特别是当双方谈判代表较熟悉、了解时，谈判就更为融洽。这就可以消除集体谈判中正式、紧张的会谈气氛和拘泥、呆板、谨慎的言行，有利于双方代表的沟通与合作。

（3）个体谈判克服了集体谈判中人员之间相互配合不利的状况。谈判一方人员的相互配合与信任是战胜对手、争取谈判主动的主要条件。但是如果互相间不能很好配合，反而会暴露己方的弱点，给对方以可乘之机。许多重要的谈判采取集体谈判与一人谈判交叉进行，正是基于这一原因。

（4）一人谈判既有利于双方沟通信息，也有利于双方封锁消息。当某些谈判内容高度保密，或由于时机不成熟而不宜让外界了解时，那么一人谈判是最好的谈判类型。

许多谈判专家认为，一人谈判是最简单，也是最困难的谈判，因为谈判人员在谈判中没有别的依靠，只能靠个人的智慧和技能。当然，谈判前的充分准备以及企业的强大后盾也是取得谈判成功的保证。

2. 集体谈判/小组谈判

集体谈判是指每一方都是由两个或两个以上的人员参加协商的国际商务谈判类型，可用于大多数正式谈判，特别是内容重要、复杂的谈判，非集体谈判不行。这是由集体谈判的特点决定的。

（1）每个人由于经验、能力、精力多种客观条件的限制，不可能具备谈判中所需要的一切知识与技能，因此需要小组其他成员的补充与配合；采用集体谈判，可以更好地运用谈判谋略和技巧，更好地发挥谈判人员的创造性、灵活性。

（2）集体的智慧与力量是取得谈判成功的保证。这在谈判双方人员对等的情况下表现得可能不太明显，但如果双方人数有差别，人多的一方就很可能在气势上占了上风，人少的一方可能寡不敌众，甚至丧失自信心，败下阵来。

（3）集体谈判有利于谈判人员采用灵活的形式消除谈判的僵局或障碍。譬如：小组某一成员可以担当谈判中间人或调节人的角色，提出一些建议缓和谈判气氛，也可以采用小组人员相互磋商的办法，寻找其他的解决途径，避免一对一的谈判中要么“不”、要么“是”的尴尬局面。

（4）经集体谈判达成的协议或合同具有更高的履约率，因为双方认为这是集体协商的结果，而不是某个人的产物。集体的决定对其成员有更大的约束力。经由集体讨论产生的协议具有极大的合理性，没有理由不执行。

集体谈判最大的优点是发挥了集体的智慧。所以，正确选配谈判小组成员是十分重要的，如小组领导人的选配、主要成员与专业人员的选配等。

1.2.2 按谈判地点分类

根据这个标准来划分，可以将国际商务谈判分为主场谈判、客场谈判、客主场轮流谈判三种。不同的谈判地点使得谈判双方具有不同的身份（主人身份和客人身份，或者无宾主之分）。谈判双方在谈判过程中都可以借此身份和条件，选择运用某些谈判策略和战术来影响谈判，争取主动。

1. 主场谈判

主场谈判是指在自己所在地组织的谈判，也包括在自己所居住的国家、城市或办公所在地组织的谈判。总之，主场谈判是在自己做主人的情况下组织的谈判。

这类谈判具有以下特点：

（1）谈判底气足。由于是在自己企业的所在地谈判，谈判的时间表、各种资料的准备、问题的请示等都比较方便，从而可给谈判人员壮胆，使其谈判时底气足。

（2）以礼压客。东道主一般总是以“礼节”来表现自己，礼貌的程度会使对方感到是否受到重视与尊重，这是主场谈判人员手中一张有利的牌。

（3）内外线谈判。谈判场所在自己家门口，一方面有利于客场谈判人多了解自己的一些情况，如参观现场，成为对方支持自己谈判的辅助行动；另一方面可能出现被客场主谈人告状的情况。这就要求主场谈判人要兼顾内外的反应，有效发挥上座谈判的优势。

2. 客场谈判

客场谈判是指在谈判对手所在地组织的谈判。“客场”在某种意义上讲可以是在海外或国外。当然，从广义上讲，在同一个国家的不同城市，在同一城市的不同办公地点，只要不是在自己企业所在地或办公楼内谈判，都可以看做是“客场”，作为商务谈判，海外或国外的客场谈判更具有代表性。

这类谈判具有以下特点：

（1）语言过关。在海外谈判首先是语言问题，双方应达成一个统一的工作语言，谈判人员要能说会写，否则谈判就要遇到麻烦，甚至无法进行。

（2）客随主便。身处异国会有拘束感，许多陌生的东西可能造成障碍，所以刚开始谈判时，往往是“客随主便”，在谈判上显得较“被动”一些，应随时、随机变“被动”为“主动”，争取“主应客求”的谈判局面。

（3）易坐冷板凳。客居他乡的谈判人，会受到各种限制与束缚，如时间限制、上级授权的限制等，可施展的谈判手段有限，往往会落进主场谈判人的“圈套”里。这就要求客场谈判人员要在矛盾的处境中审时度势，灵活调整谈判策略。

3. 客主场轮流谈判

客主场轮流，是指在一项商业交易中，谈判地点互易的国际商务谈判，也可能开始在卖方，继续谈判在买方，结束在卖方也可能在买方的谈判。

（1）时间与效益相应。客主场轮流情况的出现，说明了交易的不寻常，准确地讲，至少不会是单一、小额的商品买卖。它可能是大宗的商品买卖，也可能是成套项目的买卖，这些复杂的谈判，拖延的时间较长，对交易效果影响也较大。因此，当交易谈判进入客主场轮流谈判的状态时，双方主谈人必然会考虑时间表对双方利益的影响。时间表有时会促使人们，决定是否取消客主场轮流谈判形式的问题。

（2）阶段利益目标。客主场轮流情况的出现，说明双方所从事的交易的复杂性。每一次换座谈判必会有新的理由和目标。

（3）换座不换帅。主客场轮换，也可能引起将帅的更换。在谈判中易人，尤其是易主谈人是不利于谈判的，但实际中仍常常发生。从谈判的复杂性上讲，这种谈判应强调主谈人的连贯性。中间易帅可能是由于公司的调整、个人的升迁、时间安排等客观原因。另外，出于谈判策略也可能会易帅。

1.2.3 按谈判双方所属部门分类

按谈判双方所属的部门，可将国际商务谈判分为民间谈判、官方谈判和半官半民的谈判。

1. 民间谈判

民间谈判，是指参加国际商务谈判的代表所属企业为私营企业，是企业本身业务活动而不涉及政府活动，交易的内容纯属两个或多个私营企业的经济利益的谈判。

（1）灵活性。由于私营企业是老板当家，谈判中的条件，可以很快由个人做出，而不必经过许多程序。这种谈判灵活性较大。如技术条件，由于涉及的是企业利益回收问题，因此，企业做出技术保证完全是独立的，不必请示政府。尤其是价格条件，关键在于企业的赚钱目标或支付水平，由企业代表决定即可。

（2）重私交。在谈判中，注重企业、领导人或谈判人之间的私交。关系深则交易谈成功的希望大，反之则小。如私营企业的领导在决策时常说："若是某先生这么说，那我们就采纳。"或者"只要是您在负责谈交易，我们一定努力配合"等，就反映了"私交"对决策的影响。

（3）计较多。民间企业以生存为大，而生存在于利益，所以在民间谈判中第一位是双方的得失。唇枪舌剑之中均斤斤计较得失，政治、社会影响、政府与民族关系往往停在嘴上。如某个项目民间代表在谈判，由于商品本身涉及政府的某项政策，政府代表传话要求企业能成功交易，而企业的回答是："我可以成交，但按目前条件我要亏损××万美元，若政府能补贴我就干，否则，我不能干也无能力干。"当然，企业地位决定了他的态度。这在我国也如此，要执行某个地区政策也会触及企业利益，此时，企业为了不亏本也会向主管部门提出同样的要求。

2. 官方谈判

官方谈判，是指由政府出面组织的谈判，或交易企业属政府管辖（资本和法人代表来自政府）且有政府代表参加（来自政府主管部门或驻在国使馆的外交官员）的谈判，以及所有执行政府间科技合作和经济贸易合作项下的谈判。以上三种谈判均属官方国际商务谈判。

（1）谈判级别高。官方谈判多为要事、大事进行谈判。政府机构系政权代表，要处理的问题必然与国家的政治、经济、国防、外交等有关，所以，参加或主持谈判的人均有一定的级别。有的谈判可能涉及国家某部委的领导或下属的司局级领导，其普通的谈判助手也多为主管处的处长或老练成熟的业务员。

（2）保密性强。由于利益攸关，官方谈判的各方对谈判的保密性要求很严。因为商业性谈判涉及国际市场利益问题，无论是买进还是卖出，对第三者必有影响。所以，为了避免第三方的干扰，官方代表们均会在谈判开始前，就明确保密要求及保密的具体条文。

（3）节奏快。官方谈判的成员素质高，谈判人员所属的部门级别高，均决定了其谈判速度快。加之谈判人员日理万机，即便可以集中时间谈判，但时间却很短，所以官方性的商业谈判节奏快。往往是连续作战，一气呵成，甚至有时不主动让对方去进餐，故意拖延对方，以求得对方让步。

（4）随谈随写。在官方性谈判中，双方的主谈者和助手，都十分注重将双方意见及时写成文字，并译成相应语言。往往在口头介绍、解释某种方案后，助手们马上就将此形成译文，或转译成本国文字以供研究。

（5）用语礼貌。官方代表身系重任，位居高职往往自控能力很强。为了体现政府的形象，均会很谨慎地参与或引导谈判。他们表达意见，往往在坚持中又递给对方"回击的可能性"；在反驳中又含"由衷的理解"；在僵持中会找个转弯的路。因为是国际商业谈判，不可能像政治事件的谈判中那样言辞犀利、态度冲动。若对对手的条件十分不满，怨言也多埋在心里，出言还须和气。

3. 半官半民的谈判

半官半民的谈判，是指谈判人所负担的谈判任务涉及政府和私营企业的利益，或者在我国公有制的条件下，有关政府关注的企业经济活动（主要是涉外经济贸易活动）的利益的谈判；或指有政府代表和企业代表共同参加的谈判。

（1）制约条件多。因谈判的内容涉及企业和政府的利益，或受托时要兼顾两级意图，谈判代表深感束缚，须瞻前顾后，两头掂量。或出于本位，谈判人若来自企业或政府均会有不同的侧重点，这样也给谈判人的行为带来阻力。

（2）回旋余地大。由于有两方面的代表参加或代表了两方面态度（官方与民间）的代理人参加，虽然增加了谈判的复杂与制约因素，但也给解决谈判中的困难增加了回旋余地。

（3）表达方式要求兼顾官民两方。作为谈判代表，在陈述理由的过程中，或在处理与对手的礼仪中，以及对每场谈判做出小结时，均要兼顾到"官方"与"民商"代表的反应和他们各方的地位及要求。谈判中忽略此点就会带来矛盾。

1.2.4 按谈判双方接触方式分类

按照谈判双方接触的方式来划分，可以将国际商务谈判划分为口头谈判与书面谈判两种。

1. 口头谈判

口头谈判是指当事各方之间直接用口头语言进行的磋商，包括面对面的谈判和电话谈判。这种谈判形式的好处在于，便于双方谈判人员交流思想感情。在口头谈判特别是面对面的谈判中，双方谈判人员随着日常的直接接触，会由"生人"变为"熟人"，产生一种所谓的“互惠要求”。因此，在某些谈判中，有些交易条件的妥协让步完全是出于感情上的原因。在一般情况下，在面对面的谈判中，即使实力再强的谈判人员也难以保持整个交易立场的不可动摇性，或者拒绝做出任何让步。面对面的谈判还可以通过观察对方的面部表情、姿态动作，借以审查对方的为人及交易的诚实可靠性。各方均可对各自提出的交易条件和其他想法，做出必要的详尽的说明；交易各方通过对具体交易条件之外背景情况的了解，也有助于多种建设性方案的提出，并可能引发交易者之间新的合作机会；面对面的接触也有助于谈判人员全面地了解对手，把握对方的心理，更有针对性地运用谈判技巧。但是，口头谈判也有其缺点，集中体现在以下几方面：

（1）口头谈判的时限压力较大，可能对决策的科学性和谈判人员技能的发挥带来一定的影响。谈判作为一种双向信息交流，交流过程中不仅要求谈判人员对某些历史状况和现状作出描述，而且要求谈判人员在短暂的时间内就一些关系到本企业切身利益的问题独立地进行判断决策并作出承诺。尽管谈判人员可以通过运用“授权有限”、“体会”等技巧和谈判前的充分准备来缓解短时间内要作出重大决策所带来的压力，但要避免所有此类压力，几乎是不可能的。

（2）在面对面的谈判中，谈判人选的安排通常需考虑谈判人员的级别对等问题，从而使得某些情况下谈判人选的安排出现一些困难。

（3）为进行面对面会晤所必须要花费的差旅费用及必要的礼节性开支使得口头谈判的货币成本较高。

鉴于口头谈判的上述特点，这一谈判方式（主要指面对面谈判）适用于较为重大的谈判及邻近地区交易者之间的谈判。我国许多企业派员外出推销或上门采购商品时，所采用的均是这一谈判方式。但由于盲目性较大，礼节性开支过高，使得企业和社会支付的商品购销谈判的成本均很高。

2. 书面谈判

书面谈判则是指谈判双方不直接见面和交谈，而是通过电传、电报、EDI、互联网、信函的方式进行商谈。以国际商品贸易谈判为例，进出口业务中洽商交易的一般程序为：询盘—发盘—还盘—接受—签订合同。如果这一程序主要借助于函电往来的形式完成，通过函电往来，达成了为当事各方接受的协议，则这一谈判就属于书面谈判。而如果这一程序（特别是其中的发盘、还盘、接受环节）主要借助于双方面对面的交流或是电话交流来完成，则这一谈判就属于口头谈判。值得注意的是，一般情况下，无论是书面谈判还是口头谈判，均需借助于签订书面协议来确认谈判成果，认为书面谈判不需签订书面协议，完全是一种误解。

书面谈判中信息沟通方式与口头谈判不同，口头谈判的优势基本上是书面谈判的劣势，在口头谈判存在不足的方面，书面谈判具有明显的优势。与口头谈判相比，书面谈判的优势主要表现在以下几方面：

（1）谈判的时限压力较小。在运用商业函电进行磋商时，为确保交易的时效性，交易者通常被要求在一个较短的时间界限内对对方的询问作出答复，如对方的发盘中可能有“发盘限××日复到”、“发盘有效××天”或“发盘……急复”等字样，在此情况下，虽然对有效回复对方的发盘规定了明确的时间界限，有时收到对方发盘到发盘最后有效期之间的时间很短，但由于谈判人员不需对对方的询问当面作答，且收到对方发盘后，还可与企业内其他人员特别是决策人员商讨形成回复意见，避免直接谈判人员独自承担重大责任的局面，因此，谈判人员所感到的时限压力要小得多。

（2）在利用函电进行磋商时，谈判人选的安排不需要考虑级别对等问题。

（3）单纯的书面谈判只需支付函电费用，谈判的货币成本较低。

（4）在阐述自己的主观立场时，用书面形式比口头形式显得更为坚定有力；在向对方表示拒绝时，要比面对面的谈判方式方便得多，特别是在双方人员已经建立起个人交往的情况下更是如此。

书面谈判的不足主要表现为：

（1）受交易各方交流方式的限制，难以对交易条件及相关背景知识作充分的解释，从而较难出现创造性的谈判结果。

（2）谈判技巧的运用受到多方面的限制，如对对方的了解不深、信息传送方式比较单一等。

鉴于书面谈判的上述特点，这一谈判方式常见于正式谈判前的预备性接触，建立交易关系后的经常性交易谈判及空间距离较远的谈判人员之间的谈判。

口头谈判和书面谈判均有利弊，谈判人员应当善于根据实际谈判的要求及条件可能，选择合适的谈判形式。事实上，在绝大多数情况下，结合两种形式，予以灵活运用，各取其长又去其短，更能提高谈判效率。有关现代谈判实践的研究表明，谈判过程中的信息交流方式实际上是一种多样化的组合，在面对面的谈判中，人们不仅运用口头语言进行交流，同时也通过交换书面文件进行交流，并在潜意识中借助各种动作语言进行无声的交流。

需要提及的是，现代科学技术和贸易方式的发展将对谈判形式带来影响，对传统的口头谈判和书面谈判形成冲击。电视电话技术的出现使电话谈判也具有面对面谈判的许多优点，双方在借助于电话进行交流时，也可借助荧屏，观察对方的表情。电子计算机技术的发展及其广泛应用也可能给谈判形式增加新的内容。比如，人们可以在互联网的两个终端前，借助于计算机进行充分的交流和磋商，而不受函电通讯的限制。近年来，国际商界“无纸化技术”的兴起说明了这一发展趋势的必然性。

1.2.5　按谈判双方态度分类

根据谈判中双方所采取的态度与方针来划分，可以将国际商务谈判划分为三种类型：让步型谈判（或称软式谈判）、立场型谈判（或称硬式谈判）、原则型谈判（或称价值型谈判）。

1. 让步型谈判

采取这种谈判方法的人，不是把对方当做敌人，而是以朋友相对待。他们的目的是要达成协议而不是获取胜利。因此，在一场让步型的谈判中，一般的做法是提议、让步、信任对方、保持友善，以及为了避免冲突对抗而屈服于对方。

如果谈判双方都能以宽大及让步的心态进行谈判，那么达成协议的可能性、速度以及谈判的成本与效果都是会更加令人满意的，双方的关系也会得到进一步加强。然而，由于利益的驱使，加上价值观及个性方面的不同，并非人人在谈判中都会采用这种谈判的方法。而且这种方法也并不一定就是明智的、合适的，特别是在遇到强硬的谈判人员时，极易受到伤害。因而在实际的商务谈判中，采取这种软式谈判的人是极少的，一般只限于双方的合作关系非常友好，并有长期业务往来的场合。

2. 立场型谈判

立场型谈判人员把任何情况都看做是一场意志力的竞争和搏斗，认为在这样的竞赛中立场越强硬者，最后的收获也就越多。在这种谈判中，双方把注意力都投入到如何维护自己的立场、否定对方的立场上，而忽视双方在谈判中真正需要的是什么，能否找到一项兼顾双方需要的解决方法。

立场型谈判人员往往在谈判开始时会提出一个极端的立场，进而固执地加以坚持。只有在谈判难以为继、迫不得已的情况下，才会作出极小的松动和让步。在双方都采取这种态度和方针的情况下，必然会导致双方的关系紧张，从而增加谈判的时间和成本，降低谈判的效率。即使某一方屈服于对方的意志而被迫让步签订协议，其内心的不满也是显然的。因为在这场谈判中，他的需要没能得到应有的满足。这会导致他在以后协议的履行过程中的消极行为，甚至会想方设法阻碍和破坏协议的执行。从这个角度来讲，立场型的谈判没有真正的胜利者。

总之，立场型谈判会因双方陷入立场性争执的泥潭而难以自拔，加之不注意尊重对方的需要和寻求双方利益的共同点，故而很难达成协议。

3. 原则型谈判

原则型谈判要求谈判双方首先将对方作为与自己并肩合作的同事对待，而不是作为敌人来对待。也就是说，要首先注意与对方的人际关系。但是，原则型谈判并不是像让步型谈判那样只强调双方的关系而忽视利益的获取。它要求谈判的双方尊重对方的基本需要，尽最大努力寻求双方利益上的共同点，从而设想出各种使双方各有所获的方案。当双方的利益发生冲突时，则坚持根据公平的标准来作决定，而不是通过双方意志力的比赛一决胜负。

与立场型谈判相比，原则型谈判注意调和双方的利益而不是双方的立场。这样做常常可以找到既符合己方的利益，又符合对方利益的替代性立场。

原则型谈判的立场基点是，在谈判双方对立立场的背后，存在着某种共同性利益和冲突性利益。但是，事实上在许多谈判中深入地分析双方对立的立场背后所隐含的或代表的利益，就会发现双方共同性的利益要多于冲突性利益。如果双方能认识到和看重共同性利益的话，调解冲突性利益也就比较容易了。

原则型谈判强调通过谈判取得应有的价值。这个价值既包括经济上的价值，也包括人际关系的价值，因而是一种既理性又富有人情味的谈判，为世界各国的谈判研究人员和实际谈判人员所推崇。

上述三种方法都是比较理论化的谈判方法，现实中的谈判往往与上述三种方法有所差别，或者是三种方法的综合。影响和制约运用它们的因素有：

（1）今后与对方继续保持业务关系的可能性。如果己方想与对方保持长期的业务关系，并且具有这样的可能性。那么就不能采取立场型谈判法而要采取比较注意建立和维护双方关系的原则型谈判法与让步型谈判法。反之，如果是一次性的、偶然的业务关系，则可以适当地考虑使用立场型谈判法。

（2）对方的谈判实力与己方的谈判实力的对比。如果双方实力接近，可以采取原则型谈判法；如果己方的谈判实力要比对方强许多，则可以考虑适当采用立场型谈判法。

（3）该笔交易的重要性。如果交易很重要，可以考虑采用原则型谈判法或立场型谈判法。

（4）谈判在人力、物力、财力和时间方面的限制。如果谈判的花费很大，在人力、物力、财力上支出较多，谈判时间过长必难以负担，故应考虑采用让步型谈判法或原则型谈判法。

1.2.6　按谈判双方交易地位分类

按交易双方的交易地位划分，可将国际商务谈判分为买方地位的谈判、卖方地位的谈判、代理地位的谈判和合作者地位的谈判。

1. 买方地位的谈判

买方是指一切求购商品、证券、服务、不动产的一方。在国际商务谈判中，买方谈判人员具有以下特点：

（1）情报性强。大凡买主采购的谈判，首先要大量搜集情报，如技术水平与市场价格，以确定自己的谈判目标。这种“搜集情报”的工作主要反映在谈判的准备阶段和开始阶段，甚至贯穿整个过程中。

（2）压价。没有买方在买卖谈判中不压对方价格的，即使是常购商品、通常的供货渠道，买方谈判均会以“新形势下”、“新的时代”或“新的用途”等词语来压倒“相异点”，追求更优惠的价格。若是“初次”交易就更难了。这个特点既普通，又为人们所习惯。

（3）度势压人。因为买方不想或不愿轻易掏大钱。谈判中总会度量双方的地位强弱，来调整自己谈判态度和压力的强度。

2. 卖方地位的谈判

卖方是指所有提供商品、证券、服务、不动产的一方。作为卖方谈判主要具有以下的特点：

（1）虚实相映。在谈判时，诚恳与强硬（态度诚实、交易心切与持价软中带硬的两种表现）态度并用；介绍的情况真真假假，似明若暗（为了拉住对方，介绍些真情，可又掺着水分，让人感到说不清实际价值，而退到自己权衡“有用否”的立场上来）。

（2）紧疏结合。为了应对买方谈判人员的重压，克服客地谈判的不便，卖方的谈判常表现为一时“紧锣密鼓”，似急于求成，一时又“暂息旗鼓”，但又留下“再见的可能”，待观察一阵买方动静后，再返回客地或恢复谈判。采取这种形式，对卖方来讲，可以加强谈判地位，也利于考虑各种方案或结果的细节。

（3）主动性强。由于卖方总是心系企业、职工就业、市场占有率、投入的再回收等问题，所以其谈判的主动性较强。

3. 代理地位的谈判

代理谈判，是指受人委托参与某项交易或合作的谈判。代理有两种情况：只有谈判权、无签约权与全权代理资格。这种谈判具有以下特点：

（1）姿态超脱。因为代理人谈判所涉及的财物不是自己的私有财产，所以在谈判中较为超脱、“客观”。代理谈判人的一种策略是“貌似公允”，以迷惑、说服对手，常以“第三者身份”来评论买卖两方条件。

（2）谈判权限观念强。代理人的谈判十分注重自己的授权范围。因为代理人不是交易的主人，一旦超过授权范围而应允什么，今后合同也无法兑现，代理人也无法负起责任。所以绝大多数有识的代理人，总是谨慎地、准确地在委托范围内行事。

（3）态度积极。由于代理人地位居中，是受某一方委托，不是物主，客观上决定其态度进取、积极。因为若代理人不采取进取、积极态度，就不可能让委托人产生信心，从而给予他更大的谈判余地，也不可能让对方感到他的实力地位（至少心理上感觉）和易于接近的态度。

有签约权与无签约权的代理人谈判，两者有着不同的谈判目标，前者谈判直奔成交签字，后者则仅到成交为止。另外两者谈判的能动性与冲击力不同。谈判中要区别两者，并应采取不同的谈判策略。

4. 合作者地位的谈判

合作者是指经济活动中的各方，愿以人力、智力（管理或技术）、财力及物力来协作完成某个共同制定的目标，并按其协作的分量，分享实现预定的目标所带来的利益。这种谈判具有如下特点：

（1）共同语言多，对抗性小。由于合作双方均是因为“有心而无力”的形势所迫才寻求伙伴，自然就具有共同语言。为了把对方拉住，不可能一开始就咄咄逼人。因此，无论从立场到用语，双方谈判皆是和平友好的，这样有利于双方充分肯定共同之处的分量与价值。

（2）谈判面广而深。合作人谈判首先注意的是合作目标的可行性。为研究可行性，合作方的谈判人员“几乎”（说几乎，是因为双方在信息中仍会有保留）坐在“一条板凳”上，分析研究双方专家提出的政策、经济、能源、地理文化、劳动力、资源、市场等方面的文件和资料。但要去伪存真，要归纳运用各种资料，最终得出营利性的结论，也并非易事。

（3）谈判直接性强。合作方的谈判不喜欢中间环节多。一则不易直接了解合作对方的意图；二则合作复杂程度高，中间环节会破坏对合作的直接控制权；三则也会在实际合作经营中加重费用支出，进而影响高效益。在合作方的谈判中，双方可以带顾问、律师，但不需要代理人。

（4）影响面大。合作谈判涉及层次深。“深”可以理解为“高层与低层”，也可理解为“客观与主观”。讲“高层与低层”是指：“高”可涉及政府（地方与中央），“低”涉及企业干部与工人。“客观与主观”则是指谈判双方有“客观”上合作的可能，也有“主观”上合作的愿望。

1.3　国际商务谈判的主要内容

国际商务谈判的内容涵盖面很广，以下主要介绍几种有代表性的谈判类型，即货物买卖谈判、对外加工装配业务谈判、技术贸易谈判、工程项目谈判、工程承包谈判、租赁业务谈判、合资经营谈判、合作经营谈判、机器设备谈判。商务谈判所包括的内容是广泛的，谈判的内容不同，所涉及的问题以及合同的条款也都不同，因而谈判的重点与策略也要做相应的调整。

1.3.1　货物买卖谈判

国际货物买卖谈判，是指针对有形商品即货物的跨国界买卖而进行的谈判。该谈判涉及两种形式，一是现汇贸易谈判，二是易货贸易谈判。货物买卖谈判主要是买卖双方就买卖货物本身的有关内容，如货物数量、质量，货物的转移方式和时间，货物买卖的价格条件和支付方式，货物交易中双方的权利、义务和责任等问题进行的谈判。货物买卖谈判是国际商务谈判中数量最多的一种谈判，在企业的国际经济活动中占有很重要的地位。与其他一些国际商务谈判相比，国际货物买卖谈判具有以下特点：第一，难度相对较小。国际货物买卖谈判的难度相对较小，一是大多数货物均有通行的技术标准；二是大多数交易均属重复性交易；三是谈判内容大多围绕与实物商品有关的权利和义务。但绝不能因此而轻视，特别对初次合作、大宗交易、国际货物买卖更是如此。第二，条款比较全面。国际货物买卖是商品交易的基本形式，货物买卖谈判也是商务谈判的基本形态。在货物买卖的谈判中，通常要包括货物部分的谈判：如标的、品质、数量、包装、检验等；商务部分的谈判：如价格、交货、支付、索赔等；法律部分的谈判：如不可抗力、仲裁与法律适用等。在这些内容中，习惯上将货物部分和商务部分的条款列为主要条款，它们属于交易的个别性条款；而将其他条款列为一般条款，它们是适用于每一笔交易的共同性条款。总之，这些内容涉及货物买卖交易的各个方面、各个环节，不可有所疏忽，以避免日后引起纠纷；而且，国际货物买卖谈判的条款内容往往可以作为其他商务谈判参照的一般基础。

具体而言，国际货物买卖谈判的主要内容包括：

1. 标的

标的，即谈判涉及的交易对象或交易内容。在国际货物买卖合同中，标的即指被交易的具体货物，并应为规范化的商品名称。

2. 品质

货物的品质，是指货物的内在质量及其外观形态。它是量度货物使用价值和价值的依据，也是国际货物买卖谈判中的主要交易条件。许多国家的有关法律规定，如果卖方所交货物的品质不符合合同的规定，即可视为违约，买方有权要求赔偿。因此，在谈判中必须对货物品质做出准确、全面的规定。根据货物特点和交易惯例，品质表示方法通常以样品、规格等级、品牌商标、产地名称、说明书和图样等为标准，并在表述品质标准时注意避免使用引起误解的概念。

3. 数量

数量也是国际货物买卖的主要交易条件，它既影响合同的总金额，又与单价直接相关。许多国家法律规定，卖方所交货物的数量如果小于或大于合同规定，买方有权拒收。有关数量问题，谈判中应根据货物性质和交易需要选用适当的计量单位，如重量单位、长度单位、个数单位等。其中，重量最易引起纠纷，故须对毛重、净重及皮重的扣除方法等予以明确。

4. 包装

包装分为运输包装和销售包装，它不仅有利于保护货物的使用价值，也有利于实现和增加货物的价值。货物买卖中，除少数散装货、裸货外，绝大多数货物需要包装。在国际货物的包装方面，买卖双方一般主要就包装材料、包装方式、包装标志和包装费用等方面进行磋商。在国际货物买卖中，谈判人员还应注意了解有关国家或地区对包装的规定和偏好：如美国、加拿大、日本等国对进口货物严禁用稻草、木丝、报纸作包装垫衬物；伊斯兰国家忌用猪和类似的动物作图案；英国人视孔雀为祸鸟；巴西、叙利亚忌用黄色；法国、比利时忌用墨绿色等；另外有些国家对进口货物的标签内容也有明确的规定。

5. 价格

价格是国际货物买卖谈判议题的核心，它直接关系交易各方的经济利益，也与其他交易条件有着密切的联系。国际货物买卖谈判中的价格条款主要涉及以下内容：第一，价格水平。价格水平即单价，它通常是在买卖双方报价的基础上经过讨价还价最终确定的，而且，价格水平的确定必须联系其他各项交易条件统筹考虑。第二，价格计算的方式。货物买卖中通常采用固定价格，即在合同中明确规定交易价格并在合同期内不做调整；有时也采用非固定价格，即只规定作价原则或暂行价。这些均应进行具体磋商并达成一致意见。第三，价格术语的运用。价格术语是贸易（主要是国际贸易）中习惯采用的，用以概括价格构成并说明交易各方权利与义务的专门用语，如离岸价格（FOB）、到岸价格（CIF）、成本加运费价格（CFR）等。使用价格术语，有助于简化交易磋商的内容和规范交易各方责任，应在订立合同时根据交易需要予以运用。

6. 交货

怎样使货物按照合同规定及时、完整地交付给买方，这是卖方的责任和义务，也是国际货物买卖谈判中的重要内容。在交货问题上，买卖双方主要应就货物运输方式、装运时间、装运地和目的地等进行磋商。其中，装运时间尤其重要，如果卖方未能在合同规定的时间内装运货物，即构成违约，买方有权撤销合同并要求赔偿。对买卖双方来说，交接货时间应争取与自己的生产计划和营销计划相吻合。

7. 支付

货款的支付，是国际货物买卖中的一项重要问题。在不同的支付条件下，尽管表面支付的价格总额不变，但对买方的实际支出和卖方的实际收入却可能有很大影响，所以，谈判各方都应努力争取对自身有利的支付条件。

8. 检验

检验，是对被交易的货物的品质、数量、包装等实施的检查和鉴定。检验合格，是卖方履约的重要标志，也是买方支付货款的前提条件。许多国家的法律与有关国际公约都明确规定或默示了买方收到货物后的检验权利和卖方对所供货物不符合合同规定须承担的违约责任。

9. 不可抗力

不可抗力，指某些非可控的自然或社会力量引起的突发事件。不可抗力可能会影响合同的顺利履行，贸易实践和各国法律均认可不可抗力，但对其细节没有统一规定。为防止交易中某一方任意扩大或缩小对不可抗力范围的解释和维护当事人各方的权益，通过磋商并在合同中规定不可抗力条款是必要的。

10. 仲裁

仲裁，是指合同当事人在产生争议不能协商解决的情况下，由仲裁机构居中做出的判断和裁决。仲裁一般有以下两个特点：一是仲裁申请的自愿性，即仲裁申请必须由当事人各方一致同意并通过订立协议确定，没有仲裁申请协议的争议是不予仲裁的；二是仲裁结论的终局性，即一旦当事人各方将争议递交仲裁，就排除了法院对该争议的管辖权，任何一方都不得再向法院起诉。因此，用仲裁方式解决争议，有利于保持交易关系，并且手续简便、费用较低、时间也较短。国际商务谈判中协商的仲裁条款应包括仲裁地点、仲裁机构、仲裁程序和仲裁费用等内容。

1.3.2 对外加工装配业务谈判

对外加工装配业务，习惯上称为来料加工装配，它是来料加工和来件装配的总称。其主要含义是，由外商提供一定的原材料、零部件、元器件，由我国的工厂按对方要求的品质、规格和款式进行加工装配，成品交由对方处置，我方按照约定，收取工缴费作为报酬。它是一种简单的国际间劳务合作的形式。

对外加工装配业务具有以下特点：第一，交易双方不是买卖关系，而是委托加工关系；第二，承接对方来料来件，一般不拥有所有权，只有使用权，即只能对来料来件进行加工装配，并收取一定的加工费；第三，委托方承担，接受全部加工装配合格的成品和支付约定的工缴费的责任。

我国生产企业接受对外加工装配业务，有的是由生产企业直接和国外联系办理，有的是通过对外企业介绍、联系、协助进行，有时也可由外贸企业作为承接方与国外委托方签合同，再由外贸企业安排生产单位进行加工装配。

1.3.3 技术贸易谈判

技术贸易，是指技术拥有方，把生产所需要的技术和有关权利，通过贸易方式，提供给技术需求方加以使用。它把技术当做商品一样，按商业交易的条件和方式，进行有偿的转让，这是市场经济条件下，技术转让的最主要的方式。

技术贸易的标的内容主要有专利、商标和专有技术。专利贸易是指拥有专利的一方将专利技术通过签订专利许可协议或合同方式转让给另一方使用。专利是受专利法保护的发明技术，必须依法申请登记，获批准后，在专利有效期内有效。未经专利人的许可，别人不得使用其专利技术。商标贸易是商标所有人通过商标许可协议或合同方式转让给另一方使用。商标注册人必须依法向国家商标主管部门申请注册后，才能取得商标权。它也是一种工业产权，受到法律保护，未经商标注册人的许可，任何人不得假冒他人注册商标，包括擅自制造或销售他人注册商标标识。专有技术贸易是拥有生产某种产品所需的不公开的技术秘密和经验的一方，通过签订专有技术许可协议或合同方式转让给另一方使用。专有技术是不具备申请专利条件，或者虽具备申请条件但发明人认为通过保守秘密可以获得更长的有效期而不愿将其公开的技术。因此，专有技术不存在保护期问题。但在此类的谈判中，技术供方往往要求受方对第三者保守秘密，承担法律义务。

技术贸易不同于商品贸易，原则上是标的所有权和使用权相分离的技术供应方在一定条件下只是将标的使用权转让给接受方使用，而不是所有权的转让。在技术的使用权的谈判中，受方要明确该技术是属于专利，还是商标，或是技术诀窍以及供方技术目前的应用状况及潜在效益；供方则需要了解受方拟将该项技术应用的范围与领域，以及对供方所提供技术的利益影响。在此基础上，双方必须明确该项技术转让的使用目的和应用领域以及销售权等事项，进而为确定技术转让价格提供讨价还价的基本依据。

1.3.4　工程项目谈判

工程项目谈判与产品交易谈判有很大的区别。如果用买方和卖方的观点来看，买方是工程的使用单位，卖方是工程的承建单位。

工程项目谈判是最复杂的谈判之一。这不仅仅是由于谈判的内容涉及广泛，还由于谈判常常是两方以上的人员参加，包括使用一方、设计一方、承包一方。承包一方又可能有分包商、施工单位，而使用方还可能有投资方、管理方等。

在工程项目谈判中，卖方即承包方是通过对其人工成本、分包商成本、所购入原材料和安装设备成本的计算，提高标价来获取利润的。因此，标价越高，获利越大。但是，买方在多数情况下是通过招标的方式来选择自己的谈判对手。这样，在谈判开始之前，双方对标价就有一个大概的估价，在谈判中着重讨论的是工程预算的各项成本费用、工程的质量标准、工期、保险等。同时，承包商的信誉、能力以及技术人员的经验都是影响谈判双方的重要因素。

需要特别强调的是：在施工过程中，买方可能常常会对设计进行一些调整，以提高建筑水平或改变项目的范围，如不能规定明确的计算费用标准，很可能被承包商钻空子。许多承包商都是靠设计变更以获得“额外收入”来补偿最初投标的低利或无利。

1.3.5　工程承包谈判

工程承包，是指一个工程建筑企业（称为承包人），通过国际通行的投标或接受委托等方式，与兴办一项工程项目的另一个厂商企业或个人（称为发包人或业主）签订合同或协议，以提供技术、劳务、设备、材料等，负责承担合同所规定的工程设计、建造和机械设备安装等任务，并按合同规定的价格和支付条款，向发包人收取费用及应得的利润。

工程承包是一种综合性的交易，它涉及劳务、技术、设备、材料、商品以及资金等许多方面，因此，它具有以下一些特点：

1. 交易内容和程序复杂

由于工程承包涉及面广，程序复杂，从经济、技术和法律等方面的要求来看，都比一般商品贸易和一般经济合作项目的要求高得多。在技术上，往往包括勘探、设计、建筑、施工、设备制造和安装、操作使用、生产；在经济上，它包括商品贸易、资金信贷、技术转让，以及招标与投标、项目管理等；如果属于国际工程承包，既要考虑国际惯例，又要熟悉东道国法律、法规、税收等；此外，派出人员还必须了解东道国的风俗习惯等。若不具备这几方面的条件，就很难签订一个平等互利并能顺利进行的合同。

2. 工程营建时间长，金额大，承担的风险也大

一个承包工程项目，尤其是国际承包工程项目，从投标或接受委托到工程完成，一般要经过几年时间，最小的项目金额也有数十万美元，一般是几百万、几千万美元，大项目在十亿美元以上。在国际政治、经济风云多变，某些国家又经常发生政变或改变政策的情况下，承包人承担的风险很大。此外，通过投标的承包项目，投标人的报价必须是实盘，一经报出，不得撤销；如果撤销，不但投入的费用无法收回，而且投标保证金也将被没收。因此，承包人必须量力而行，认真研究，谨慎行事。

3. 国际承包工程市场的竞争十分激烈

由于承包工程具有金额大和内容繁多的特点，是一项综合性的输出，许多国家都积极参加这一经济活动，并直接开设或支持本国的工程承包公司，开展这方面的业务，采取措施，使本国的承包公司从单纯的劳务输出向承包工程发展，从小型项目向大型项目发展，从劳动密集型项目向技术密集型项目发展。现在参加国际工程承包的国家越来越多，有些国家的承包公司还采取与外国承包公司联合的方式，把各自的优势结合在一起，以增强竞争实力。

1.3.6 租赁业务谈判

所谓租赁业务，是指出租人（租赁公司）按照契约规定，将他从供货人（厂商）处购置的资本货物，在一定时期内租给承租人（用户）使用，承租人则按规定付给出租人一定的租金。在租赁期间，出租人对出租的设备拥有所有权；承租人享有使用权和受益权；租赁期满后，租赁设备则退还出租人或按合同规定处理。

租赁业务，从性质上来讲，它是典型的贸易与信贷、投资与筹资、融资与融物相结合的综合性交易，它既有别于传统的商品买卖，又不同于传统的企业筹资与信贷。租赁业务具有自身的特点，具体表现在下列三个方面：第一，租赁业务，具有鲜明的融资性质。承租人所需的机械设备，由出租人提供或垫款购买。承租人不需付款购买，即可取得机械设备的使用权，相当于出租人向承租人提供了信贷便利；承租人在设备正式投产后，以租金的形式支付租赁设备费用，这样企业可以在资金不足的情况下，提早使用设备，使生产早日开始，早获经济效益。租赁业务是一种以租物形式达到融资的目的，将贸易与金融结合在一起的信贷方式，这是租赁业务最主要的特点。第二，租赁设备的财产所有权与使用权截然分开。设备所有权属于出租人，承租人仅享有使用权和受利权，在法律上，出租人的所有权不可侵犯。第三，租赁业务往往是三边交易，即租赁双方和供货人。租赁公司介于供货人和用户之间，租赁业务由销售合同和租赁合同共同完成。

1.3.7 合资经营谈判

合资经营，是国际经济技术合作的常见方式之一，也是国际投资的重要形式。它是由两个或两个以上国家或地区的公司、企业、经济组织或个人按一定资金比例联合投

资，共同兴建企业的一种生产经营形式。

合资经营企业具有如下特点：第一，合资经营企业，以货币计算各自投资的股权和比例，并按股权比例，分担盈亏和风险。第二，合资经营必须建立具有法人地位的合营实体，合资企业的组织形式为有限责任公司。即合资企业仅以自己公司的财产承担责任，投资者对企业债务所负的责任，也仅以自己的投资额为限，股东之间互相不负连带责任，债权人不能追索股东投资以外的财务。这种有限责任制易为合资各方所接受，因此，目前已被国际上普遍采用。第三，合营各方实行共同投资、共同经营、共担风险、共负盈亏。投资各方共同组成董事会，聘任总经理，组成经营管理机构，共同负责企业的生产经营活动。

1.3.8　合作经营谈判

合作经营，是由两个或两个以上的国家或地区的公司、企业、经济组织或个人，通过双方协商同意，按照双方所签协议和合同所规定的投资方式，共同兴办的契约式企业的生产经营形式。其主要特点为：第一，有关各方应以法人身份共同签订经营企业合同。它可以是具有法人资格的企业，也可以是不具有独立法人资格的合营实体。第二，合作各方提供的合作条件，一般不以货币折算为投资股金，不以合作各方的投资额计股分配利润。合作各方对收益、分配或风险、债务的分担，企业经营管理方式以及合作期满的清算办法，均应在合作经营企业合同中规定。第三，合作经营企业，可以加速折旧还本或其他方式收回投资。投资收回后，在未满的合营期限内，仍应按原投资额对合作经营企业的债务承担责任。否则，合作经营企业万一出现亏损，则无法清偿，对债权人的利益无保障。所以，如何保证还本后至合营期满一段时期内，合作各方仍对合作经营企业出现的经营风险，承担责任，合同中也应有明确的规定。第四，合作经营企业的其注册资本，可选择以下三种方式：（1）仅以外国合作者无息提供的资金、设备（当己方合作者无现金投入时），为注册资本；（2）以外国合作者无息提供的资金、设备，加上己方少量投入的现金，为注册资本；（3）将双方提供的合作条件均折算为投资本金，作为注册资本。其中以第三种方式最为普遍。

1.3.9　机器设备谈判

进行机器设备谈判，必须明确设备的分类，并据此确定谈判的要点。设备可分为以下三大类：第一，标准设备。卖方向每一顾客提供同样的机器设备。一般无须提供配件或附属设备，如打字机、计算机以及一部分生产设备。第二，特制设备。卖方特制某一型号的设备以适应顾客的特定需要。特制设备一般包括配件及附属设备，配件是为了保证机器运转而选用的，如发动机和传动系统。附属设备是为了提高设备的功能，如空调器、收音机等。第三，定制设备。卖方专门制造机器以满足某一方的特定需要。这种机器可能是由发动机或电气控制装置等标准部件组成，但机器的整体设计和结构是特制的。一般说来，标准设备选择卖方比较容易，价格也相对便宜；特制设备要选择专门的卖方，价格高昂，但从需要上讲，价格是第二位的，定制设备是标准设备与特制设备的混合，因此伸缩变动的余地较大，由于其费用昂贵而且卖方较多，买方要认真考虑筛选，可拟出几个其他替代方案，以保证决策最优。

◎本章案例

谈判过程像谈恋爱——可口可乐落户温州的幕后故事

“铃、铃、铃”……2003年10月的一个上午，温州经济技术开发区招商局办公室里电话响起。“喂……”正在工作的陈女士像往常一样客气地接起了电话，那时，陈女士并没想到自己接的这个电话后来竟然成为促成温州首次引进世界500强工业企业的线索来源。

电话是可口可乐驻温州办事处的一位人士打来的。他在电话里称，可口可乐公司有意在经济技术开发区投资建立生产基地，想先了解一下开发区的总体环境和投资政策。

“可口可乐！想在温州建立生产基地！”这个电话让陈女士一阵兴奋。虽然，温州经济技术开发区是浙江南部唯一的国家级开发区，目前开发区已初步形成了以服装、皮鞋、眼镜、制笔为主导的温州传统产业和以机电一体化、生物医药等高新技术产业配套的格局，而且招商成绩在国家级开发区中名列前茅，但一直以来经济技术开发区招商局都在有意识地搜罗世界500强企业中的制造业大客商资料，希望能吸引一些国际制造业大户在经济技术开发区落户，促成一段高质量的“跨国姻缘”。然而，要让国际知名企业在温州落户谈何容易。现在，国际上大名鼎鼎的可口可乐的下属机构居然自动找上门来，不过，陈女士兴奋之余又产生了一丝疑问：这个消息到底可不可靠？因为，所有搞招商工作的人员每天都可能接到许多这样的电话，这些电话有的故意夸大其辞，希望能得到最优惠的政策待遇；有的纯粹是子虚乌有，属于行骗性质；有的则只是打探性的咨询，并不诚心实意。所以对于人员十分有限的开发区招商局来说，每一条信息他们都要去伪存真，尽量不要卷入一些没有意义的线索跟踪，浪费有限的精力、财力和物力。

为了证实“可口可乐要在温州建立生产基地”线索的可靠性，招商局的工作人员马上行动起来：上网搜索到了可口可乐的背景资料、在中国的投资概况。另外，还通过各种途径了解到可口可乐在温州确有这么一个办事处。各种资料和线索迅速集中到开发区招商局的有关领导手里。他们对掌握到的信息线索做了初步判断：这极有可能是一个潜在的大客商，并下了“命令”：千万不能把他漏掉！

事不宜迟，当天下午招商局有关人员立即带着相关资料送“货”上门。不过，那天可口可乐温州办事处的人不在，于是招商局局长决定第二天再次亲自登门拜访。

苛刻的国际标准化操作

第二天，局长一行总算没有白走，终于碰到了可口可乐温州办事处的有关负责人，并向他们介绍了温州经济技术开发区的有关情况。

一个月以后，可口可乐方技术部的人员来了，目的是了解开发区的投资环境。对招商局来说，这是他们碰到过的一次前所未有的来访，来访的技术部人士先是对招商局工作人员提出了一个要求——你们所说的每句话都必须提供相应的书面材料！不仅如此，这些技术部人员的问题事无巨细，有的还让人瞠目结舌。“你们说温州经济技术开发区在全国国家级技术开发区中综合排名第 16 位，有证书吗？”“滨海园区属于经济技术开发区吗？要有文件证明！”有个问题甚至提到：“经济技术开发区管委会是否享有对滨海园区的管辖权？”招商局的有关人员告诉记者，这十年来招商局从没有遇到过这么苛刻的客商，竟然对管委会的管辖权都提出了质疑，真是匪夷所思！

不过对于提出的每个问题，招商局人员都尽量在当场就给出答案，一下子没办法解决的则在事后通过传真、电子邮件等方式处理。就在大家刚刚松了一口气的时候，可口可乐方派来的工程部人员又来了，之后，又派来了财务部、法务处、律师、财务总监……应接不暇的专业人士们要从投资环境、配套设施、政策法规、成本测算等各个方面对滨海园区进行综合评估，而且每位来访者都是这么“苛刻”和面面俱到。虽然繁琐，但是负责招商的人员一点都不敢马虎，每个问题都回答得十分仔细，同时提供详细的书面资料。

谈判过程像谈了一场恋爱

不过，这些苛刻的交涉只不过是前奏而已。对于这场长达一年多的招商谈判而言，真正的较量还在后面。

由于当时美国可口可乐公司直接在国内投资的生产基地仅仅只有上海。美国可口可乐公司在中国其他区域的市场由与其签约、被授权享有其商标使用权的太古、嘉利和三粮三大公司“三分天下”，协议规定三家公司的生产原料都向上海可口可乐购进。其中太古可口可乐饮料有限公司在中国设有 11 个生产基地，杭州中萃食品有限公司是由太古控股，在浙江地区负责可口可乐各项业务的一家企业。最后出山与温州经济技术开发区谈判的便是可口可乐在浙江投资方的总经理。

从 2004 年 5 月，这位可口可乐谈判代表来温州到最后在香港达成协议，他与开发区管委会及招商局之间的谈判大大小小足有二十余场。谈判大多围绕地价、税收、过路费等敏感问题展开。因为问题敏感，所以每次谈判都十分激烈，谈到接近双方底线的时候就变成了将声音提高八度，语速加快一倍的大声“争吵”。有关人员回忆说，整个谈判过程双方就像恋爱中的男女一样，吵吵闹闹，分分合合。有时谈到“痛”处，管委会和招商局方就大喊：“这么苛刻的条件，我们不干了！”有时可口可乐方也会因为管委会不降低门槛而“翻脸”，但一旦有一方强硬起来，另一方就会“软”下来，好言相劝，降低价码，以维系双方之间的关系。“整个过程既像谈了一场恋爱，又像孕育了一个孩子，既痛苦又快乐！”有人这么告诉记者。

就像恋爱中的人，不是走向婚姻，就是走向分手，温州经济技术开发区招商局与可口可乐投资方的谈判也是如此，不过最后它们在彼此的妥协和谅解中走向了“联姻”的殿堂。

资料来源：方欣慰，陈侄辉：《谈判就像谈恋爱——可口可乐落户温州的幕后故事》，《温州都市报》，2005年2月4日。

◎思考题

1. 什么是国际商务谈判？它在整个国际商务活动中扮演着什么角色？

2. 国际商务谈判的基本原则有哪些？掌握这些原则对于国际商务谈判人员素质有何要求？

3. 国际商务谈判包含哪些类型？如何在具体谈判中利用好各种谈判类型？

第2章 国际商务谈判的理论基础

◎**本章要点**

国际商务谈判是一项综合性实践活动。本章首先介绍了国际商务谈判的基本要素，即利益、冲突、谈判、合同四个方面。接着介绍了国际商务谈判的基本架构，包括外部环境、内部环境、谈判程序与PRAM模式等。只有在正确的理论指导下，对国际商务谈判进行合理规划，并按照理论的原则和要求推进，才能在国际商务谈判中获得理想的结果。本章最后重点介绍了关于国际商务谈判的几种最具代表性的理论，主要包括结构理论、需要理论、行为学理论、心理学理论及博弈论等。

2.1 国际商务谈判的基本要素

国际商务谈判是一项综合性实践活动，它包含多个方面的基本要素，这些要素，既是国际商务谈判活动的组成部分，又是决定国际商务谈判能否顺利进行和取得成功的重要影响力量。一般而言，国际商务谈判的基本要素包括利益、冲突、谈判、合同四个方面。

2.1.1 利益

1. 利益的界定

所谓利益，是指人们通过社会关系表现出来的不同需要。从本质上说，利益属于社会关系范畴。需要是利益的主观基础，利益是需要的社会形态。在现实世界中，每个人都有许多需要，而且是无限的和广泛的。这就决定了利益的内容也是丰富多彩的，人们对于物质的需要和追求，构成了物质利益的基本内容，而对于精神生活的需要和追求，构成了精神利益的基本内容。由于人的需要是多种多样的，因此人们存在多种多样的利益。例如，基于生产关系体系中的地位而形成的对物质产品的占有关系，是物质利益，也称为经济利益。除此之外，还有政治利益和精神生活方面的利益。通常讲的利益主要指物质利益。另外，从不同的角度还可以对利益作不同的分类，比如从个人、阶级、集团与社会的角度，可以将利益区分为阶级利益、民族利益、国家利益和个人利益；而从整体与局部的角度，可以区分为整体利益和局部利益；以时间为标注，可以将利益区分为长远利益和眼前利益等。总而言之，利益是多样化的。

对于利益的追求，形成人们的动机，成为推动人们活动的动因。物质利益不仅是人们发展生产力的刺激因素，而且是推动人们改造社会、改革同生产力发展要求不相适应的社会制度的直接动因。

2. 国际商务谈判中的利益

利益是社会中每个人在开展行为前所必须考虑和追求的重要目标。国际商务谈判作为国际范围内人们所进行的有关生产、交换、销售、管理、投资等商务活动，其必然追求特定的利益目标。

随着我国经济的迅猛发展及国际化程度的日益提高，我国的政府部门、企业和其他组织所面临的国际商务谈判越来越多。在国际商务谈判中，各利益主体、各个环节无不是围绕利益而展开活动的。在这一过程中，恰恰因为双方都希望获得利益的最大化，而往往会面临利益的冲突。

国际商务谈判是以获得经济利益为目的的，不同的谈判人员参加谈判的目的是不同的，如外交谈判涉及的是国家利益；政治谈判关心的是政党、团体的根本利益；军事谈判主要是关系敌对双方的安全利益。虽然这些谈判都不可避免地涉及经济利益，但是常常是围绕着某一种基本利益进行的，其重点不一定是经济利益。而商务谈判则十分明确，谈判人员以获取经济利益为基本目的，在满足经济利益的前提下才涉及其他非经济利益。与其他谈判相比，商务谈判更加重视谈判的经济效益。在商务谈判中，谈判人员都比较注意谈判所涉及的技术的成本、效率和效益。所以，人们通常以获取经济效益的好坏来评价一项商务谈判的成功与否。不讲求经济效益的商务谈判就失去了价值和意义。

总而言之，利益是国际商务谈判的中心目标，国际商务谈判是否取得成功的重要标志，就是谈判主体的利益是否得到实现。

2.1.2. 冲突

虽然谈判双方都是为了利益而来，但是，现实的情况是，个人间存在着各种差异，群体间有不同的任务和规范，对同一个问题就会有不同的理解和处理，于是就会产生不一致，或是不能相容。也就是说，冲突在组织或群体内是客观存在的。

1. 冲突的定义与分类

冲突可以定义为：个人或群体内部，个人与个人之间，个人与群体之间，群体与群体之间互不相容的目标、认识或感情，并引起对立或不一致的相互作用的任何一个状态。该定义强调了三个方面：第一，冲突是普遍的现象，它可能发生于人与人之间，人与群体之间，群体内部的人与人之间，群体与群体之间，等等。第二，冲突有三类：目标性冲突，即冲突双方具有不同的目标导向时发生冲突；认识性冲突，即不同群体或个人在对待某些问题上由于认识、看法、观念之间的差异而引发的冲突；感情性冲突，即人们之间存在情绪与情感上的差异所引发的冲突。第三，冲突是双方意见的对立或不一致，以及有一定程度的相互作用，它有各种各样的表现形式，如暴力、破坏、无理取闹、争吵等。此外，根据冲突范围可将冲突分为人际冲突（Interpersonal Conflict）、群际冲突（Intergroup Conflict）和组织间冲突（Interorganizational Conflict）。

2. 冲突产生的原因

人与人之间的冲突之所以产生，有着复杂而多样的原因，在国际商务谈判中，冲突产生的原因也非常多，主要包括：

（1）语意上的难懂、误解，以及沟通媒体上的噪音干扰；

（2）组织结构本身的设计不良，而造成了整合的困难，最后则导致冲突；

（3）价值系统与人格特征的不同。

3. 冲突的作用

根据相互作用的观点，认为冲突都是好的或都是坏的看法显然并不恰当也不符合实际情况，因此我们有必要来具体分析冲突的积极作用和消极作用。

（1）冲突的积极作用。首先，解决冲突的过程有可能激发组织中的积极变革。人们为了消除冲突，就要寻求改变现有方式和方法的途径。寻求解决冲突的途径，不仅可以导致革新和变革，而且可能使得变革更容易为下属所接受，甚至为员工所期望。例如，北京某厂行政处曾发生了这样一件事：一名事业部员工到行政处要求给计算器换电池，因具体负责该项工作的人员不在而多次扑空，这名员工和行政处发生的冲突引起了行政处领导的重视，在解决冲突的同时，进而提出“99+1=0”的观念，意思是说99项工作做好了，只有一项工作没做好，其工作效果就等于零。厂长又在此公式的基础上，根据市场经济的要求和该厂的实际对“99+1”的内涵给予了新的界定：“企业的一切工作以市场为导向，99项工作做好了，没有市场等于零；99项工作做好，顾客不满意等于零；99项工作做好了，要抓住市场，要争取用户满意，必须从零开始。”现在“99+1=0”已成为该厂的管理理念，成为指导企业各项工作的指导思想。

其次，在决策的过程中有意地激发冲突，可提高决策的有效性。在群体决策过程中，由于从众压力或由于某权威人物控制局面，或凝聚力强的群体为了取得内部一致，而不愿考虑更多的备选方案，就可能因为方案未能列举充分而造成决策失误，如果以提出反对意见或提出多种不同看法的方式来激发冲突，就可能提出更多的创意，提高决策的正确性和有效性。

再次，冲突可能形成的一种竞争气氛，促使员工振奋精神、更加努力。引起一个或多个目标发生冲突的竞争，也有一定好处，如果员工觉得在工作绩效方面存在着一种竞争气氛，就可能振奋精神，以求得在竞争中名列前茅。

（2）冲突的消极作用。除了能起到积极的作用外，冲突也可能带来负面的后果。

首先，冲突可能分散资源。冲突可能分散人们为实现目标而做出的努力，组织的资源不是主要用来实现既定目标，而是消耗在解决冲突上，时间和金钱就是常被分散到消除冲突上的两种重要资源。

其次，冲突有损员工的心理健康。有一些研究表明，置身于对立的意见中，会造成"敌意"、紧张和焦虑。随着时间的推移，冲突的存在可能使相互支持、相互信任的关系难以建立和维持。

再次，要求内部竞争而引发的冲突，可能对群体效率产生不良影响。内部竞争可能引发冲突，如当两个销售公司为了扩大销售额以赢得总公司的奖励，就可能因追求局部利益，在争夺资金、人员等方面产生冲突，如果处理不当，就可能对总公司整体效果产生影响，如果企业鼓励员工多做努力制定一定的产量目标，人们就可能重视产品数量，而牺牲产品质量。

4. 冲突的阶段

根据冲突产生、发展与消除的过程，我们可以将冲突的发展划分为五个阶段，分别是潜伏阶段、被认识阶段、被感觉阶段、处理阶段和结局阶段。

（1）潜伏阶段。潜伏阶段是冲突的萌芽期，这时候冲突还属于次要矛盾，对冲突的存在还没有觉察。在这个阶段，冲突产生的温床已经存在，随着环境的变化，潜伏的冲突可能会消失，也可能被激化。

（2）被认识阶段。在这个阶段，已经感觉到了冲突的存在，但是这时还没有意识到冲突的重要性，冲突还没有对员工造成实际的危害。如果这时及时采取措施，可以将未来可能爆发的冲突缓和下去。

（3）被感觉阶段。在这个阶段，冲突已经造成了情绪上的影响。可能会对不公的待遇感到气愤，也可能对需要进行的选择感到困惑。不同的个人对冲突的感觉是不同的，这与当事人的个性、价值观等因素有关。

（4）处理阶段。需要对冲突做出处理，处理的方式是多种多样的。比如逃避、妥协、合作等。对于不同的冲突有不同的处理方式，即便是同样的冲突，不同的个人采取的措施也不尽相同。对冲突的处理，集中体现了个人的处世方式和处世能力，也体现了个人的价值体系和对自己的认识。

（5）结局阶段。冲突的处理总会有结果。不同的处理方式会产生不同的结果。结果有可能是有利于当事人的，也可能不利于当事人。当冲突被彻底解决时，该结果的作用将会持续下去。但很多情况下，冲突并没有被彻底解决，该结果只是阶段性的结果。有时甚至处理了一个冲突，又会带来其他几个冲突。

2.1.3 谈判

我们认为谈判是参与各方出于某种需要，在一定时空条件下，采取协调行为的过程。一般而言，正规的谈判过程可以分为以下六个阶段（如图2-1所示）：

（1）导入阶段：主要是让谈判参与者通过介绍相互认识，熟悉对方，以创造一种有利于谈判的良好气氛。

（2）试探阶段：谈判各方进行相互试探，初步亮出自己的基本想法、意图和目的，以求为对方所了解。

（3）明示阶段：根据前一阶段谈判各方表述的意见，尤其是相互存异或有疑问处，谈判各方此时会进一步明确各自的利益、立场和观点。

（4）交锋阶段：谈判各方的目的都是为了获得自己所需的利益，自然就会有矛盾，而矛盾的激化就会导致对立的状态的出现，这时候，谈判各方互相交锋，彼此争论，紧张交涉，讨价还价，逐渐确定妥协的范围。

（5）妥协阶段：交锋的结束，便是寻求妥协途径的时刻。妥协阶段就是各方相互让步，寻求一致，达成妥协。

（6）协议阶段：在这一阶段，谈判各方经过交锋和妥协，求同存异或求同去异，基本或一定程度达到自己的目的，于是便拍板同意，各自在协议书上签字，握手言欢，谈判宣告结束。

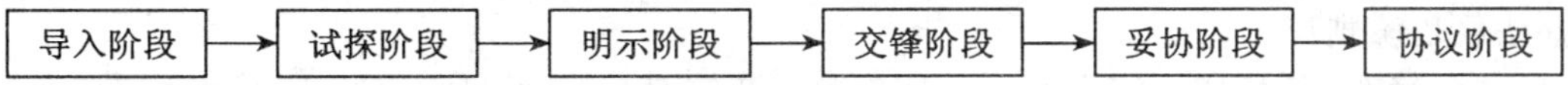

图 2-1　谈判六阶段图

谈判总是以某种利益的满足为目标，是建立在人们需要的基础上的，因而谈判在社会生活中总是发挥着一定的作用。具体来说，谈判的作用包括：

（1）建立或改善人们的社会关系。人们的一切活动都是以一定的社会关系为条件的。就拿商品交换活动来讲，从形式上看是买方与卖方的商品交换行为，但实质上是人与人之间的关系，是商品所有者和货币持有者之间的关系。买卖行为之所以能发生，有赖于买方或卖方新的关系的建立。谈判的目的是满足某种利益，要实现所追求的利益，就需要建立新的社会关系，或巩固已有的社会关系，而这种关系的建立和巩固是通过谈判实现的。但是，并非所有的谈判都能起到积极的社会效果，失败的谈判可能会破坏良好的社会关系，这可能会激起人们改善社会关系的愿望，产生又一轮新的谈判。

（2）协调个体或组织的行为。谈判的开始意味着某种需求希望得到满足、某个问题需要解决或某方面的社会关系出了问题。由于参与谈判各方的利益、思维及行为方式不尽相同，存在一定程度的冲突和差异，因而谈判的过程实际上就是寻找共同点的过程，是一种协调行为的过程。解决问题、协调矛盾，不可能一蹴而就，总需要一个过程。这个过程往往不是一次，而是随着新问题、新矛盾的出现而不断重复，意味着社会关系需要不断协调。

（3）谈判能帮助企业增加利润。对一个企业来说，增加利润一般有三种方法：增加营业额、降低成本、谈判。第一种方法是增加营业额，它最直接，但也最难。因为在市场竞争日趋激烈的今天，争夺市场份额本身就是一件很难的事情；而且增加营业额往往也会增加费用，比如员工工资、广告费、业务员提成等。所以可能企业的营业额增加很多，但扣除费用以后发现，利润却没怎么增加。第二种方法是降低成本。一般来说，企业降低成本的空间是有限的，降到一定程度就再也没法降了；而且降低成本还有可能降低产品的品质，反而损害了公司的长远利益。第三种方法是谈判。通过谈判，尽量以低价买进，高价卖出，一买一卖之间，利润就产生了。它是增加利润最有效也是最快的办法，因为谈判争取到的每一分钱都是净利润！比如企业的某产品通常售价是一万元，如果业务员谈判水平提高了，售价提高到一万一千元，则提高的一千元完全是净利润；同样，企业在采购时所节省的每一分钱也都是净利润！美国通用汽车是世界上最大的汽车公司之一，早期通用汽车曾经起用了一个叫罗培兹的采购部经理，他上任半年，就帮通用汽车增加了净利润20亿美金。他是如何做到的呢？汽车是由许许多多的零部件组成，其大多是外购件，罗培兹上任的半年时间里只做一件事，就是把所有的供应配件的厂商请来谈判，他说，我们公司信用这样好，用量这样大，所以我们认为，现在要重新评估价格，如果你们不能给出更好的价格的话，我们打算更换供应的厂商。这样的谈判下来之后，罗培兹在半年的时间里就为通用公司省下了20亿美金！

正因为此，美国前总统克林顿的首席谈判顾问罗杰·道森说：“全世界赚钱最快的办法就是谈判！”

（4）以较低的成本解决纠纷。谈判可以用最低的成本解决组织内部和外部的纠纷，并且使组织内部以及企业和客户、供应商之间形成一种和谐共赢的关系，而不是紧张对抗的局面。

解决纠纷一般有三种方式，可以归结为三个字：力、理、利。“力”对应的是暴力解决，比拼谁的拳头更硬，或者说静坐、游行示威等。“理”则是上法院讲理，通过诉讼解决。“利”则是通过谈判，达成一个对双方都有利的方案，也就是说，用利益来促使双方相互妥协，达成协议。前两种方式对组织来说，都会带来很多的负面效果。暴力解决就不用说了，它可能要让行为者付出鲜血、自由乃至生命的代价。即便诉讼解决，也会耗费组织大量的人力、财力以及时间成本。同时，诉讼结果也具有不确定性，没有人敢保证诉讼结果一定会是什么样的，而且更麻烦的是，在美国，打官司可能并不影响双方的商务合作，但中国人一般都觉得，一旦打官司，双方交情就没了，合作基本就不可能了。

2.1.4 合同

合同无所不在，在经济社会生活中发挥着重要作用。在国际商务活动中，合同的作用更是显得重要。例如，在进出口贸易业务中，交易双方通过口头或书面磋商达成协议后，通常还必须签订一份具有一定格式的书面合同。因而，合同成为国际商务谈判中不可缺少的要素。

1. 合同的定义

合同是指平等主体的自然人、法人、其他组织之间设立、变更、终止民事权利义务的协议。合同作为一种法律概念，有广义与狭义之分，这里所说的合同是指受《合同法》调整的合同。

2. 合同的分类

根据不同的分类标准和方法，合同可以分为不同的类型：

（1）单务合同和双务合同。单务合同，是指合同当事人仅有一方承担义务，另一方只享有权利的合同关系。双务合同，是指合同的双方当事人各自都要承担义务，同时享有相应权利的合同关系。

（2）有偿合同和无偿合同。有偿合同，是指一方通过履行合同规定的义务而给付对方某种利益，对方要得到该利益必须为此支付相应代价的合同。无偿合同，是指一方给付某种利益，对方取得该利益时并不支付任何报酬的合同。

（3）有名合同和无名合同。有名合同，又称典型合同，是指法律上已经确定了一定的名称及规则的合同。无名合同，又称非典型合同，是指法律上并未确定一定的名称及规则的合同。

（4）要式合同和非要式合同。要式合同，是指法律规定或当事人约定必须采取特定形式订立的合同。非要式合同，是指依法无须采取特定形式订立的合同。

（5）主合同和从合同。主合同，是指不依赖其他合同而能独立存在的合同。从合同，是指以其他合同的存在为存在前提的合同，又称为附属合同。

以上只是列举了几种主要的合同类型，实际上，依据合同所涉领域、时间长短等，还可以有更多的合同分类。

3. 合同的法律特征

合同具有鲜明的法律特征，主要包括：合同是平等的民事主体之间的协议；合同是一种民事法律行为；合同以设立、变更或终止民事权利义务关系为目的；合同是双方或多方的民事法律行为。

4. 合同的法律约束力

合同的法律约束力，应是法律赋予合同对当事人的强制力，即当事人如违反合同约定的内容，即产生相应的法律后果，包括承担相应的法律责任。约束力是当事人必须为之或不得为之的强制状态，约束力或来源于法律，或来源于道德规范，或来源于人们的自觉意识，当然，源于法律的法律约束力，对人们的行为具有最强迫约束力。

合同的约束力主要表现为：当事人不得擅自变更或者解除合同；当事人应按合同约定履行其合同义务；当事人应按诚实信用原则履行一定的合同外义务，如完成合同的报批、登记手续以使合同生效；不得恶意影响附条件法律行为的条件的成就或不成就，不得损害附期限法律行为的期限利益等；自成立起，合同当事人都要接受合同的约束；如果情况发生变化，需要变更或解除合同时，应协商解决，任何一方不得擅自变更或解除合同；除不可抗力等法律规定的情况以外，当事人不履行合同义务或履行合同义务不符合约定的，应承担违约责任；合同书是一种法律文书，当发生合同纠纷时，合同书就是解决纠纷的根据。

总之，合同的法律约束力是一个看起来简单，实际上异常复杂的法律概念。对它的理解，必须首先对有关合同附条件或附期限的合同以及合同的有效与无效问题等进行分析。

2.2 国际商务谈判的基本架构

国际商务谈判的顺利进行，离不开特定的内外部环境与程序。不同的环境与程序，对国际商务谈判的效率、效果等都会产生直接的影响。本节将从国际商务谈判的外部环境、国际商务谈判的内部环境、国际商务谈判的程序与 PRAM 模式三个方面对国际商务谈判的基本架构进行介绍。

2.2.1 国际商务谈判的外部环境

对组织来说，外部环境是指“存在于组织之外，对组织的生存和发展产生重大影响的各种因素的总和”。外部环境分析是研究组织生存与发展相关问题的前提。类似地，国际商务谈判的外部环境可以理解为“存在于国际商务谈判活动之外，对国际商务谈判结果产生重大影响的各种因素的总和”。

根据一般的外部环境构成分析，国际商务谈判的外部环境要素主要包括以下几个方面的内容：

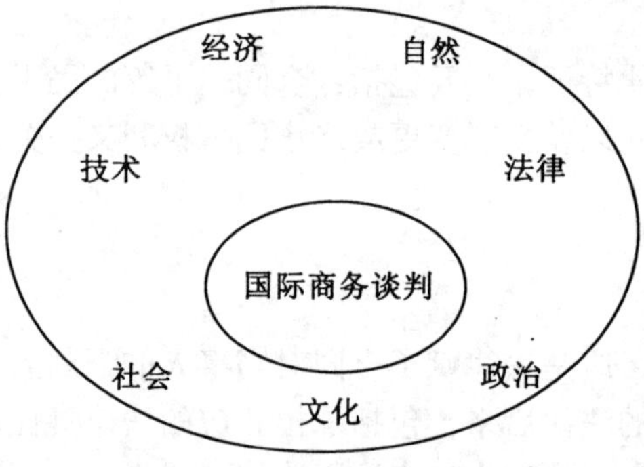

图 2-2 国际商务谈判的外部环境

（1）政治法律环境：不同国家有不同的社会制度；不同时期的同一国家制度也会发生变化。政治体制、法律法规、国家制度等对于国际商务谈判的原则、程序、利益分享等都会具有强制约束力，任何国际商务谈判活动，都必须在相关国家的政治法律环境下进行。

（2）社会文化环境：包括人口数量及其发展趋势、国民受教育程度、宗教信仰、风俗习惯、审美观念价值观等。国际商务谈判的双方主体，都具有特定的社会文化背景，在谈判过程中，既要坚持自己的风俗习惯和价值观，也要尊重对方的风俗习惯和价值观，只有这样，谈判才能在和谐的氛围中进行，取得理想的谈判效果。

（3）经济环境：包括宏观经济环境、微观经济环境、中观经济环境。其中宏观经济环境是指国民收入和国民生产总值及其变化（国民生产总值 GNP 是指一个国家在一个财政年度内全部最终产品和劳务的市场价值，国内生产总值 GDP 是指在国民生产总值的基础上加上外国人在本国的投资和劳务收入减去本国人在外国的投资和劳务收入）；中观经济环境是指产业与部门经济，如工业经济、商业经济、农业经济、林业经济等；微观经济环境是指企业所在地区或所需服务地区的消费者收入水平、消费偏好、储蓄水平、就业等。在国际商务谈判中，经济环境是大背景，谈判的一切内容细节，实际上都与经济环境密切相关，如价格、交货方式、并购模式等。

（4）技术环境：特指物质设施基础。技术环境也是国际商务谈判的重要支撑，任何商务谈判都需要一定的技术条件作为辅助手段。

（5）自然环境：就是“天时、地利、人和”中的地利，包括地理位置、气候条件、资源状况。自然环境对于国际商务谈判的影响更为具体而直接，地理位置、气候条件等，都会影响谈判双方的情绪、心态等，最终会对谈判效果产生重要影响。

2.2.2　国际商务谈判的内部环境

国际商务谈判的内部环境对谈判的影响则更为细致。与外部环境相对应，国际商务谈判的内部环境主要是指影响谈判的内部因素总和。

1. 国际商务谈判的场合布置

国际商务谈判的场合布置很重要。选择谈判环境，一般看自己是否感到有压力，如果有，说明环境是不利的。不利的谈判场合包括：嘈杂的环境，极不舒适的座位，谈判房间的温度过高或过低，不时地有外人搅扰，环境陌生而引起的心力交瘁感，以及没有与同事私下交谈的机会等。这些环境因素会影响谈判人员的注意力，从而导致谈判的失误。

例如，美国某谈判公司非常重视谈判中的“环境”因素，他们对数百次在谈判桌上出现僵局的谈判对局进行了研究，发现了一个规律，即打开僵局的灵丹妙药竟然是远离谈判桌的野外“高尔夫球场”。谈判专家认为，双方在正式谈判桌上谈判，没有轻松自然的感觉，是导致僵局发生的罪魁祸首。为了避免僵局发生，在开阔的“高尔夫球场”非正式地见面洽谈，就能很快使双方建立起信任与形成坦率和谐的气氛，并且能够在很短时间里使双方重新形成一种合作精神。

有些企业家对现代谈判中的环境因素研究得很深，利用得恰到好处，对促成合作，起到了举足轻重的作用；但也有部分企业家对谈判中的地理因素认识不足，总是认为没有必要谨小慎微，结果在很有希望的谈判对局中，吃了忽视地理因素的亏，后悔不已。香港某几家印刷公司与欧洲一知名印刷公司洽谈投资合作问题，经理们各个迫不及待地把欧洲印刷公司的谈判代表约翰·维拉先生拉到谈判桌子上来谈，可是无论怎么谈，均没有得到约翰·维拉的认可，僵局一直持续着。其中有一家印刷公司经理助理对西方的谈判学颇有研究，他根据在谈判桌上出现僵局的现象，决定改变谈判策略，以巧取胜。通过各种关系和渠道，他得知约翰·维拉先生喜欢旅游和垂钓，便邀请其在方便的时候去垂钓比赛。约翰·维拉先生在异国他乡很是寂寞，有人邀请他进行垂钓比赛，高兴得不得了，于是应邀来到了这家印刷公司预先准备的垂钓场地，轻松自然地与该公司经理并肩坐了下来，约翰·维拉选好鱼竿，熟练地放线下钩，很快就钓上了鱼，约翰·维拉非常兴奋，由于经理不善钓鱼（其实只是陪钓），最后的比赛结果自然是约翰·维拉先生钓的尾数多、重量多。垂钓结束后，约翰·维拉与经理一起品尝鲜鱼的美味，成了相互信任的好朋友。第二天当两人重新回到谈判桌上时，约翰·维拉再也没有以前的气势了，更没有怀疑和不信任的表情，很顺利地签署了合作协议。这就是地理因素在谈判中的价值体现。

2. 国际商务谈判的场地选择

重大的谈判一般是分主客场的，当然也可安排在一个中立的地方；环境一定要自然、欢快，布置会场时，要努力创造一个祥和的谈判氛围，色调一定要明快，不能使人感到压抑。也可以根据谈判对手的文化和爱好布置谈判场地，如对手喜欢书画，就可以在会场周围挂上几幅比较有“辈分”的字画；如对手喜欢根雕艺术，就可以适当地摆上几件很有层次的根雕；如对手喜欢养鱼，就可以在会场内放上一水族箱，这样就会使得会场气氛自然和宽松；对手喜欢围棋，就可以在适当的位置摆好一盘围棋，如对方喜欢书籍，就可以在谈判的会场里准备一些很有知名度的书，聪明的谈判高手是不会轻视这细小的环境布局的。

曾经日本有一家并不太有名的公司准备进行技术革新，向银行贷款，可是银行通过对该公司的实际考察，认为这家公司技术革新存在的风险非常大，因此在洽谈桌上总是以各种借口拒绝贷款，公司经理一筹莫展。这时一位精通谈判学的大学教授向公司经理提出了一个小小的建议，以围棋会友。大学教授知道银行家和这位公司经理均是围棋高手，于是建议公司经理在谈判桌旁放一副精美的围棋。在最后一次谈判中，经理与银行家谈得面红耳赤，休息时经理建议下盘棋，两人在棋盘上摆开了战场，信任感油然而生，银行家被经理的创新和胆识所感动，最后竟然成了挚友，无任何条件地为其进行了贷款，正是由于这笔贷款，使公司发展成为当今世界非常知名的大公司。

3. 国际商务谈判内部环境选择的禁忌

国际商务谈判的环境场合因素在谈判桌上的作用显而易见，这就需要每个谈判人员认真地加以研究和对待。特别是要根据不同的谈判对象，选择不同的谈判地点，以达到趋利避害，变被动为主动，实现谈判目标的目的。通常情况下地点的选择应该注意以下四点：一是回避那些令人容易烦躁的地方，比如：嘈杂的闹市区、正在施工的区域附近、炎热难耐的区域等；二是远离让人触景生情，伤心痛苦的地方，比如：曾经在此地发生过不愉快的事情；三是千万不能选择在令人感到“恐怖”的地点，比如：发生过凶杀案现场附近、有传染病或者疫情的地方；四是选择的地点不能使人产生不安全的感觉，比如：附近经常有抢劫犯出现、经常发生劫持人质事件、暴力事件等。

2.2.3　国际商务谈判的程序与 PRAM 模式

国际商务谈判是一门艺术，必须遵循一定的原则，按照一定的程序进行。

1. 国际商务谈判的程序

在谈判双方彼此存在长期合作诚意的前提条件下，谈判的步骤应该为申明价值（Claiming Value）、创造价值（Creating Value）和克服障碍（Overcoming Barriers to Agreement）三个步骤。

（1）申明价值。此阶段为谈判的初级阶段，谈判双方彼此应充分沟通各自的利益需要。此阶段的关键步骤是弄清对方的真正需求，因此，其主要的技巧就是多向对方提出问题，探询对方的实际需要；与此同时，也要酌情申明自身的利益所在。因为你越了解对方的真正实际需求，就越能知道如何才能满足对方的要求；同时对方知道了你的利益所在，也才能满足你的要求。然而，我们也看到有许多所谓“商务谈判技巧”在故意迷惑对方，让对方不知道你的真正需要和利益所在，甚至想方设法误导对方，如果你总是误导对方，那么最终吃亏的可能是你自己。

（2）创造价值。此阶段为谈判的中级阶段，双方彼此沟通，往往申明了各自的利益所在，了解对方的实际需要。但是，以此达成的协议，并不一定对双方都是利益最大化，也可能不是最佳方案。因此，谈判中双方需要想方设法去寻求更佳的方案，为谈判各方找到最大的利益，这一步骤就是创造价值。创造价值的阶段，往往是商务谈判最容易忽略的阶段。一般的商务谈判很少有谈判人员能从全局的角度出发去充分创造、比较与衡量最佳的解决方案。因此，也就使得谈判人员往往觉得谈判结果不尽如人意，没有能够达到“赢”的感觉，或者总有一点遗憾。由此看来，采取什么样的方法使谈判双方达到利益最大化，寻求实现双赢的最佳方案就显得非常重要。

（3）克服障碍。此阶段往往是谈判的攻坚阶段，谈判的障碍一般来自于两个方面：一个是谈判双方彼此利益存在冲突；另一个是谈判人员自身在决策程序上存在障碍。前一种障碍是需要双方按照公平合理的原则来协调利益；后者就需要谈判无障碍的一方主动去帮助另一方迅速作出适当决策。

上述商务谈判的程序是谈判人员在任何商务谈判中都适用的原则。只要谈判双方都牢记这一谈判步骤，并有效地遵循适当的方法，就能使谈判的结果达到双赢，并使双方利益都得到最大化。

进一步细分，国际商务谈判可划分为以下六个阶段：谈判环境分析阶段、谈判前的准备阶段、谈判开始阶段、正式谈判阶段、谈判结束阶段、谈判结果的评估阶段。

2. 国际商务谈判的 PRAM 模式

所谓 PRAM 模式，是指谈判由四部分构成，分别是制订谈判计划（PLAN）、建立关系（RELATIONSHIP）、达成协议（AGREEMENT）及协议的履行和关系的维持（MAINTENANCE）。PRAM 谈判模式强调诚信，强调“双赢”，也强调人与人之间和谐关系的维持，是众多国际商务谈判方式中较受欢迎和经常被采用的一种。

PRAM 谈判模式的出发点：谈判是在双方互助合作关系基础上的协商过程；在谈判中不仅存在效益关系，而且还存在着人际关系，人际关系是实现效益关系的基础和保障；谈判各方不仅要着眼于本次谈判，而且还要考虑今后的交易往来，以期有再次的合作。

（1）PRAM 谈判模式具有以下优点：

第一，谈判的目标是满足双方的利益需要，不仅仅局限于牺牲对方利益来满足自身效益，而这种利益需要又是可以调和的；

第二，谈判协商是通过双方充分地理解彼此的利益要求；

第三，谈判的结果是使双方的利益要求都能够得到很好的满足，双方都找到最大利益共同点；

第四，谈判双方之间形成的关系是一种互助合作的关系，甲方在帮助乙方达到其目的的同时，乙方也在帮助实现甲方的目标。在双方利益都得到重视和满足的情况下，双方就能建立一种良好的人际关系，并且能不断地得到巩固和加强。

（2）PRAM 谈判模式的缺点。PRAM 谈判模式也有着较为突出的缺点，表现为：在这种谈判模式中，其四个组成部分是缺一不可的，即制订谈判计划，建立关系，达成协议，协议的履行和关系的维持，这四个方面是互相连接的。如果其中有一个环节出现问题，将会使谈判结果大打折扣。

值得注意的是，PRAM 商务谈判模式的设计与实施有一个很重要的前提，就是必须树立把谈判看成协商而非竞争的谈判意识，这种意识可以称为 PRAM 谈判模式的灵魂。

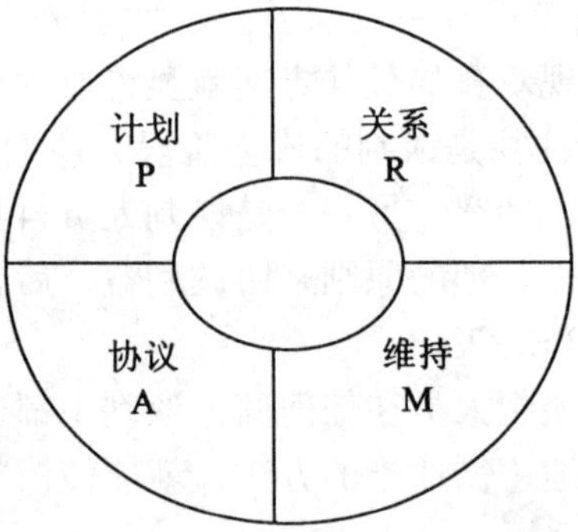

图 2-3　国际商务谈判的 PRAM 模式

2.3　国际商务谈判的理论支撑

任何实践活动都离不开理论工具的指导，国际商务谈判实践也是如此。只有在正确的理论指导下，对国际商务谈判进行合理规划，并按照理论的原则和要求推进，才能在国际商务谈判中获得理想的结果。

总体来看，用来解释和指导国际商务谈判的理论较多，特别是近些年来，许多专家学者又提出了纷繁芜杂的理论观点。在这里，我们主要介绍几种最具代表性的国际商务谈判理论：结构理论、需要理论、行为学理论、心理学理论及博弈论等。

2.3.1　结构理论及其在国际商务谈判中的应用

谈判结构理论的代表人物是英国谈判学家马什，谈判结构理论把谈判划分成六个阶段：谈判准备阶段、谈判开始阶段、谈判过渡阶段、实质性谈判阶段、交易明确阶段、谈判结果阶段。

早在 20 世纪 70 年代初，马什便注意到谈判过程各阶段的特点及其对谈判结果的影响。他对谈判过程的深入研究奠定了他成为“谈判结构理论”代表人物的基础。马什更愿意从动态的角度去研究谈判，因为他认为谈判乃是指有关各方为了自身的目的，在一项涉及各方利益的事务中进行磋商，并通过调整各自提出的条件，最终达成一项各方较为满意的协议这样一个不断协调的过程。按照马什的观点，整个谈判是一个循序渐进的“过程”，他特别强调在这一过程中“调整各自提出的条件”的重要性，除非不想达成协议。谈判是交流的过程，其结果必然是走向某种程度的折中。

2.3.2　需要理论及其在国际商务谈判中的应用

商务谈判是市场主体之间在经济活动中，为了满足各自的需要，协调彼此的关系，通过协商而争取达到意见一致的行为和过程。掌握需要层次理论能使我们找出与谈判双方都相联系的需要，而且这一理论还能进一步引导我们对对方的各种要求加以分析和重视，使我们懂得如何选择不同的方法去顺应、抵制或改变对方的动机。

1　需要层次理论

马斯洛在 1943 年发表的《人类动机的理论》一书中提出了需要层次理论。马斯洛理论依照从较低层次到较高层次把需要分成生理需要、安全需要、社会需要、尊重需要和自我实现需要五类：

（1）五种需要像阶梯一样从低到高，按层次逐级递升，但次序不是完全固定的，可以变化，也有例外情况；

（2）一般而言，某一层次的需要相对满足了，就会向高一层次发展，追求更高一层次的需要就成为驱使行为的动力；

（3）五种需要可以分为高低两级，其中生理上的需要、安全上的需要和感情上的需要都属于低一级的需要，这些需要通过外部条件就可以满足；而尊重的需要和自我实现的需要是高级需要，他们是通过内部因素才能满足的，而且一个人对尊重和自我实现的需要是无止境的。同一时期，一个人可能有几种需要，但每一时期总有一种需要占支配地位，对行为起决定作用。任何一种需要都不会因为更高层次需要的发展而消失。各层次的需要相互依赖和重叠，高层次的需要发展后，低层次的需要仍然存在，只是对行为影响的程度大大减小。

国际商务谈判需要理论的代表人物是尼尔伦伯格，他认为，谈判的前提是谈判各方都企求从谈判中获得某些东西，否则各方会对彼此的需求熟视无睹，不会再有必要进行谈判，即谈判双方都是为各自的需要所驱动，才会进行一场谈判。

在国际商务谈判中，人的生理需要体现为对吃、穿、住、行等方面的要求，作为东道主的谈判一方一定要十分注意给对方的“吃、住、行”提供一切可能的支持与帮助，这样做可以减轻对方因陌生环境所带来的种种不适与压力，以及由此导致的急躁、怀疑、敌对的情绪，争取为谈判创造一个友好、信任、合作的气氛。给对方的“吃、住、行”提供支持和帮助，对方在谈判中往往会有所回报，至少不会增加敌意。

安全的需要在商务谈判中主要体现在人身安全和地位安全上。在客场谈判时，由于对当地民情风俗习惯、社会治安、交通状况缺少了解，行动常常感觉缺少一种安全感，而陷入孤独的氛围中。所以，作为东道主的谈判一方，应该尽力在谈判之余多作陪伴，如专车接送、陪同参观游览等。这样做，不知不觉地使对方把你作为可以接受和依赖的人来看待，这无疑对谈判是有利的。

爱与归属的需要在谈判中具体体现为对友谊、对建立双方友好关系的希望，还表现为对本组织的依赖并希望加强组织内部的团结与凝聚力。前者是对外的希望与要求，后者是对内的希望与要求。因此，谈判人员应该持有一种友好合作的心态，利用一切机会促成和发展与对方的友情。比如，为对方举行家宴，邀请对方进行联欢，赠送礼品给对方等。一旦谈判双方产生了友情，让步与达成协议就迎刃而解了。同时，谈判小组应该保持内部的高度团结协作。如果一个谈判小组内部意见不合，有排斥某个人的倾向，这就损害了这个人对组织归属的需要，他就会游离于组织之外，与组织离心离德，而对方就会乘机而入，接近他，设法与之结成无形的同盟，这将会给本组织带来极大的损害。

获得尊重的需要在国际商务谈判中体现为，不仅要求在人格上得到尊重，而且在地位、身份、学识与能力上得到尊重和欣赏。谈判中对人格的尊重表现在不能使用侮辱性的语言，言辞有礼貌，不能对谈判人员的人身进行攻击。对身份、地位的尊重是指处事、接待的礼节要符合一定的规格要求，特别在双方谈判人员的级别职务上，要讲究对等。对学识与能力的尊重是指当在谈判中占到上风，或者得到部分利益时，不要喜形于色，乐不可支，甚至讥讽对方的无能。要承认对方学识与能力可能并不比自己差，只不过是自己的运气比较好。

自我实现的需要在谈判中的具体体现为，追求谈判目标的实现，为己方争取尽可能多的利益，以谈判中取得的成就或成绩体现自己的价值。而在谈判中，要放弃自身的利益去满足对方自我实现的需要是非常难的。当己方获取较多利益，而对方只获取较少利益的情况下，我们可以通过强调种种客观上对他不利的条件，赞赏他主观上所做的勤奋努力和过人的能力，使他在面子上和内心里得到平衡，从而也使谈判对手自我实现的需要得以满足。

通过谈判不仅使己方的需要得到满足也使对方的需要得到满足，双方的友好合作关系才能得到进一步的发展和加强，整个谈判才是高效率的。在商务谈判中，谁能更全面、更准确、更清楚地了解谈判对方的需要，谁就可能在竞争和谈判中获胜。

现代商务谈判需要理论进一步将国际商务谈判分为三个层次：个人间的谈判；组织间的谈判；国家间的谈判。

2. 国际商务谈判中需要的发现

既然国际商务谈判中对需要的把握如此重要，那么到底如何去发现需要呢？

（1）适时提问。获得信息的一种手段就是提问。在适当的场合可以向对方提问、在谈判中适当地进行提问，是发现需要的一种手段。提问的形式通常可以归结为三种类型：①一般性提问；②直接性提问；③诱导性提问。审时度势地提问，容易立即引起对方的注意，保持双方对讨论中的议题的重视，并按照你的意愿主导谈判的方向。

（2）恰当陈述。巧妙的提问，能够揭示某种激起强烈情绪反应的隐蔽的假设。恰当的陈述，不仅能控制谈判的进展，而且能把你想让对方知道的信息传递出去。正确的陈述，选词、造句和文法上都要十分讲究。

（3）悉心聆听。对于聆听，必须注意人与人之间的谈话或谈判可以在不同层次意义上进行。听和讲一样，是一种引导的方法，在谈判中，听在一定程度上占有相当的位置。

（4）注意观察。举止非常重要，它传达着许多微妙的意思，有着种种心理上的含义和暗示。要注意观察对方的举止，从中发现其思路，掌握谈判的脉络。

2.3.3　行为学理论及其在国际商务谈判中的应用

研究人类行为规律的科学称为行为学，归属于管理科学。行为是生命的特征，而生命由躯体和灵魂所组成。躯体是生命组成的有形因素，属于医学和生命科学研究的范畴。灵魂是生命组成的无形因素，属于行为学研究的范畴。灵魂不能脱离躯体，躯体没有灵魂就失去了生命。人的灵魂包含性格和知识两大要素。性格是先天赋予的行为本能：包括欲望、情感、智力和体能等方面；知识是后天通过学习所获得的行为依据：包括习俗、技艺、科学文化知识和思想意识理念等方面。每个人的灵魂都不会相同，因为每个人先天赋予的性格和后天学习所获得的知识都不会完全一样。所以每一个人都有自己行为的特征，也就是每个人所特有的个性。在灵魂的两大要素之中，性格与知识相比较，知识具有主导的地位。一个有丰富知识的人可以克服性格上的许多弱点，使自己的行为有理性和有预见性。而知识贫乏的人，理智也相对贫乏，或大胆鲁莽或胆怯龟缩，行为就只能由自己的性格来主导。

在同一社会群体之中，由于相同的习俗和文化，成员的个性之中会有较多的共同点，因此就形成了社群成员某些行为的共同特征。对于一个民族和国家来说，就称这些行为的共同特征为这个民族的民族性和这个国家的国民性。

人必须生活在环境之中，这环境既包括自然的环境，也包括社会的环境，还包括自己身体的环境。可以将上述三种环境统称为人的生存空间。所以人的行为要受到生存空间（即环境因素）的制约。由此可见，灵魂和环境是决定人类行为的两大要素。而一切行为的后果，或者改变自己以适应环境，或者改变环境以适应自己，又或者兼而有之。不能适应者就会被环境所淘汰。

在国际商务谈判中，语言并不是唯一的手段，我们的表情（facial expressions），手势（gesture）以及身体其他部位的动作都会向对方传递信息，而且由于历史与文化习惯不一样，各国的身体语言的含义差异很大。同一种行为，可能有不同或完全相反的意思。正确的非言语动作可以起到加强信息交流的作用，而错误的动作，不但起不到这种作用，而且可能是非礼的，会引起误解甚至发生冲突。因此，要想成为一个成功的商务谈判人员，必须正确地理解文化差异，坚持不懈地排除文化优越感；必须对交往国的非言语有所了解，正确对人、正确对己。做到入乡随俗，以免由于误解而造成双方贸易上的损失。只有这样，才能成功达到谈判的目的。

2.3.4 心理学理论及其在国际商务谈判中的应用

成功的商务谈判不仅涉及必备的商业、法律、技术等知识，还涉及心理学方面的知识，尤其是心理因素在谈判中起着举足轻重的作用。

心理学理论告诉我们，人的需要、动机与行为密切相关。学习与研究商务谈判心理，既有助于培养自身的心理素质，又有助于揣摩对手心理，实施心理策略，促成交易。

1. 研究和掌握国际商务谈判心理的意义

人的心理影响人的行为。商务谈判心理对国际商务谈判行为有着重要的影响。认识掌握商务谈判心理在商务谈判中的作用，对于培养良好的商务谈判心理意识，正确地运用商务谈判的心理技巧有着十分重要的意义。

2. 国际商务谈判心理的特点

与其他的心理活动一样，商务谈判心理有其心理活动的特点以及规律性。一般来说，商务谈判心理具有内隐性、相对稳定性、个体差异性等特点。

（1）商务谈判心理的内隐性。商务谈判心理的内隐性是指商务谈判心理是藏之于脑、存之于心，别人是无法直接观察到的。但尽管如此，由于人的心理会影响人的行为，行为与心理有密切的联系，因此，人的心理可以反过来从其外显行为加以推测。例如在商务谈判中，对方作为购买方对所购买的商品在价格、质量、售后服务等方面的谈判协议条件都感到满意，那么在双方接触中，谈判对方会表现出温和、友好、礼貌赞赏的态度反应和行为举止；如果很不满意，则会表现出冷漠、粗暴、不友好、怀疑甚至挑衅的态度反应和行为举止。掌握这其中的一定规律，我们就能较为充分地了解对方的心理状态。

（2）商务谈判心理的相对稳定性。商务谈判心理的相对稳定性是指人的某种商务谈判心理现象，产生后往往具有一定的稳定性。例如，商务谈判人员的谈判能力会随着谈判经历的增多而有所提高，但在一段时间内却是相对稳定的。正是由于商务谈判心理具有相对稳定性，我们才可以通过观察分析去认识它，而且可以运用一定的心理方法和手段去改变它，使其利于商务谈判的开展。

（3）商务谈判心理的个体差异性。商务谈判心理的个体差异，就是指因谈判人员个体的主客观情况的不同，谈判人员个体之间的心理状态存在着一定的差异。商务谈判心理的个体差异性，要求人们在研究商务谈判心理时，既要注重探索商务谈判心理的共同特点和规律，又要注意把握不同个体心理的独特之处，以便有效地为商务谈判服务。

在国际商务谈判中，运用谈判心理知识对谈判进行研究，分析"对手的言谈举止反映什么""其有何期望""如何恰当地诱导谈判对手"等，对成功地促进谈判，很有必要。掌握商务谈判心理现象的特点，认识商务谈判心理发生、发展、变化的规律，对于商务谈判人员在商务谈判活动中养成优良的心理素质，保持良好的心态，正确判断谈判对手心理状态、行为动机，预测和引导谈判对手的谈判行为，有着十分重要的意义。此外，商务谈判的虚虚实实、真真假假的心理策略对谈判的成果影响很大。对商务谈判心理的熟悉，有助于提高谈判人员谈判的艺术性，从而灵活有效地处理好各种复杂的谈判问题。

2.3.5　博弈论及其在国际商务谈判中的应用

博弈的本义是在下棋等休闲娱乐活动中，双方在遵守游戏规则的基础上，通过分析对手可能采用的方法有针对性地选择相应的策略或计谋，以制胜对方的理论。博弈论是研究各方策略相互影响的条件下，理性决策人的决策行为理论。

商务谈判具有一般博弈论运用领域的共同特征：有参与者、有可供选择的策略集合、在一定规则下参与各方的较量和结果。我们可以采用博弈的方法，将复杂的、不确定的谈判通过简洁明了的博弈分析，使研究进一步科学化、规范化、系统化，寻找某些规律性的东西，建立某种分析模式，从而构建谈判理论分析的基础框架。

◎本章案例

谈判与囚徒困境

在博弈论中有一个经典案例：囚徒困境，非常耐人寻味。"囚徒困境"说的是两个囚犯的故事。两个囚徒一起做坏事，结果被警察发现抓了起来，分别关在两个独立的不能互通信息的牢房里进行审讯。在这种情形下，两个囚犯都可以做出自己的选择：或者供出他的同伙（即与警察合作，从而背叛他的同伙），或者保持沉默（也就是与他的同伙合作，而不是与警察合作）。这两个囚犯都知道，如果他俩都能保持沉默的话，就都会被释放，因为只要他们拒不承认，警方无法给他们定罪。但警方也明白这一点，所以他们就给了这两个囚犯一点儿刺激：如果他们中的一个人背叛，即告发他的同伙，那么他就可以被无罪释放，同时还可以得到一笔奖金。而他的同伙就会被按照最重的罪来判决，并且为了加重惩罚，还要对他施以罚款，作为对告发者的奖赏。当然，如果这两个囚犯互相背叛的话，两个人都会被按照最重的罪来判决，谁也不会得到奖赏。

那么，这两个囚犯该怎么办呢？是选择互相合作还是互相背叛？从表面上看，他们应该互相合作，保持沉默，因为这样他们俩都能得到最好的结果：自由。但他们不得不仔细考虑对方可能采取什么选择。A犯不是傻子，他马上意识到，他根本无法相信他的同伙不会向警方提供对他不利的证据，然后带着一笔丰厚的奖赏出狱而去，让他独自坐牢。这种想法的诱惑力实在太大了。但他也意识到，他的同伙也不是傻子，也会这样来设想他。所以A犯的结论是，唯一理性的选择就是背叛同伙，把一切都告诉警方，因为如果他的同伙笨得只会保持沉默，那么他就会是那个带奖赏出狱的幸运者了。而如果他的同伙也根据这个逻辑向警方交代了，那么，A犯反正也得服刑，起码他不必在这之上再被罚款。所以其结果就是，这两个囚犯按照不顾一切的逻辑得到了最糟糕的报应：坐牢。

在国际商务谈判的过程中，双方因为利益冲突可能会遇到类似的两难境地，这个时候需要相互之间有足够的了解与信任。在对对方有了足够的信任之后，诚意也是必不可少的，如果没有诚意或者太过贪婪，就可能导致双方都没有好处的糟糕情况。

资料来源：根据相关博弈论教材整理而得。

◎思考题

1. 国际商务谈判的基本要素有哪些？
2. 什么是谈判？它有哪些特点？
3. 什么是国际商务谈判的PRAM模式？
4. 举例说明外部环境对国际商务谈判的影响。
5. 国际商务谈判的理论有哪些？

第3章 国际商务谈判前的准备

◎本章要点

任何一项成功的谈判都是建立在良好的准备工作基础上的。俗话说“大军未动，粮草先行”，打仗是这样，完成任务是这样，谈判也是如此。谈判是一种复杂的综合性的活动，其准备工作也是内容庞杂、范围广泛的。本章首先从筹备谈判的第一项内容也就是人员准备出发，探讨了如何选择谈判人员，怎样组建谈判小组，如何加强小组内的协作等需要解决的问题。接着，本章介绍了谈判准备中如何收集、分析各种所需的资料和情报，重点介绍了信息收集的渠道和信息收集的内容。最后，本章讨论了谈判所需的物质准备，包括如何根据需要选择谈判地点、谈判场所及如何合理安排食宿等问题。

3.1 国际商务谈判的人员准备

3.1.1 谈判小组人员数量的确定

按参加谈判的人数规模，可以将谈判分为谈判双方各只有一人参加的一对一的个体谈判（又称一人谈判），以及各方都有多人参加的集体谈判（又称小组谈判）。一般关系重大而又比较复杂的谈判大多是集体谈判。谈判的人数规模不同，则在谈判人员的选择、谈判的组织与管理上都有很大的不同。要确定谈判小组人员的数量需考虑以下因素：

1. 对方的人数

原则是彼此大致相等，以体现公平。在主场谈判时，因为可调动的人力资源相对较多，人数可以比对方稍多，但不宜相差太悬殊，避免出现类似五对一或八对二的情形。

2. 谈判的复杂程度

通常参与谈判的人数与谈判的复杂程度成正比。因为谈的项目越复杂，所涉及的知识和经验就越多，参加谈判的人员也应适当多一些。

3. 对专业技术人员的需要程度

普通商品的进出口交易一般不需要技术专家，但涉及高科技产品或技术专利的买卖，必须有该领域的技术专家参与；有些涉及本国或对方国家法律，以及国际或区域贸易协定的商务谈判，必须有相关法律专家参与。

4. 项目涉及的关联方数量

如果所谈项目只涉及一两个部门的利益，参与谈判的人数可以少一些；如果关系多个部门的利益，则需要多个部门派代表参加。

3.1.2 谈判小组人员的素质要求

谈判人员的素质是谈判能否成功的重要因素，尤其是当双方合作的条件较好、共同利益较一致时，谈判人员素质的高低往往会起决定性的作用。如果谈判人员缺乏专业知识，或者好自我表现，或怕承担责任，就会给所达成的交易带来风险，而且也是造成谈判僵局的重要原因。在国际商务的实践中，有些风险是否产生以及损失大小在一定程度上取决于谈判人员的素质。一个商务谈判的谈判人员应该在自身素质培养方面做好哪些准备？具体来说，大致可表现在以下几个方面：

1. 知识方面的素质

通晓相关知识是任何一个以国际商务活动为职业的人开展工作的基础。通常，除了国际贸易、国际金融、国际市场营销这些必备的专业知识外，谈判人员同时要把心理学、经济学、管理学、法学、财务学、历史学等方面的知识纳入自己的专业范畴。谈判是对现存利益的分割或对未来共同创造利益的分享，那么资金的筹措与利用的效率，包括价格、利率的变动等就成了直接影响谈判双方利益的敏感因素，所以懂得一些经济学、金融学理论及其操作技巧是谈判人员能统观全局，进而做到知己知彼，进退自如的前提。

政治学、经济学、国际商法方面的知识也是国际商务谈判人员的知识结构中十分重要的组成部分。国际经济活动中实行的普惠制、最惠国待遇，以及有些发达国家出于某种政治目的，对发展中国家的经济制裁等都是政治与经济相结合的表现；各国在对外贸易中也存在国别政策。所以，具有国际政治方面的知识不仅是必要的，而且对于搞清国际商务活动背后种种非经济因素的影响，并因势利导地去实现其可能给商务交易所带来的潜在利益将起到积极作用。

除了上述方面的知识以外，掌握宏观经济学的知识也非常有助于培养与提高谈判人员对世界经济形势的观察力和判断力，从而使谈判人员更好地把具体的商务洽谈放在整个国际经济发展的格局中去考虑，由此而争取短期利益与长期利益的同步增长。

国际商务谈判必然会涉及许多法律问题，不仅在讨论合同条款时要做到尽可能仔细、详尽，而且要注意合同引起争议时有关适用法律的规定。因此，谈判人员不仅要有较强的法律意识，也要尽可能熟练地掌握本国经济法规以及国际经济法的有关规定。

在知识结构上，国际商务谈判人员要了解有关国家的社会历史，风俗习惯以及宗教等状况，此外，还要了解有关国家谈判人员在其特有的文化背景下所形成的谈判作风与谈判方式。

另外，熟练掌握外语在国际谈判中具有十分积极的意义。作为国际商务谈判人员懂得外语，不仅便于沟通，而且更能准确地在合同中表述出双方所达成的一致意见。

全面的知识结构构筑了一个谈判人员的自信与成功的背景，一个优秀的谈判人员纵然有了较为广博的知识面，可是终究不可能涵盖各项谈判中所需要的全部知识，所以谈判人员应该谦虚好学，善于从各方面专家那里汲取所需要的知识。

2. 心理方面的素质

耐心、毅力是一个谈判人员应该具备的基本素质。有时谈判是一项马拉松式的工作，在长时间的谈判中始终如一地保持镇静、信心与机敏委实不是易事。在国际商务谈判中，有些对手也会以拖延时间来试图消磨己方的意志，以求获取更好的谈判条件，对付这种伎俩没有坚韧的毅力是不可能的。这种意志力、忍耐力还表现在一个谈判人员无论在谈判的高潮阶段还是低潮阶段，都能心平如镜，特别是当胜利在望或陷入僵局时，更要善于控制自己的情感，喜形于色或愤愤不平不仅有失风度，而且也会给对手抓住弱点与疏漏，造成可乘之机。

顽强的意志品质也是与一个谈判人员对工作一丝不苟、认真负责的态度和坚持原则的精神联系在一起的。谈判人员经常会面临四面受压的局面，压力既有来自谈判对手一方的，也有来自自己一方的。当谈判陷入争执不下、久拖未果的境地时，这种压力还会呈现几何级数地增长。

能否在谈判中顶住来自内部和外部的压力，不但是对谈判人员耐心与毅力的考验，也是对谈判人员能否坚持原则的考验。谈判人员应该从工作实际出发，严格按照商务谈判的客观规律办事，善于顶住来自各方面的压力，有效维护国家利益，争取项目的最大效益。

3. 谈判技巧方面的素质

知识广博是一个谈判人员素质构成中的基本因素，而技能则是知识的外在表现与具体应用。

第一，一个谈判人员应该有必要的运筹、计划能力。谈判的进程如何把握？谈判在什么时候、什么情况下可以由准备阶段进入到接触阶段、实质阶段，进而达到协议阶段？在谈判的不同阶段要注意重点的转移，采取何种技巧、策略？对此，谈判人员都要进行精心的计划与统筹安排。当然，这种计划离不开对谈判对手背景、需要、可能采用的策略的调查了解与充分估计，以此才能做到知己知彼、成竹在胸。

第二，要懂得，所谓谈判就是要靠“交谈”来消除双方观点的分歧，达成彼此观点一致的过程，因此语言驾驭能力就是谈判人员的基本素质之一。这就要求谈判人员能善于表达自己的见解，叙述条理清晰，用词准确明白，即使对于某些专业术语，也能以简明易懂的语言加以解释；同时谈判人员还要善于说服对方接受自己的观点与条件，善于通过辩论来批驳对方立场，维护自己的利益。谈判人员驾驭语言方面的不足不仅容易引起交流中的误解，造成沟通障碍，而且会使自己的合理要求在谈判结果中得不到有效表达和保障。

第三，对谈判进程的把握，谈判中语言技巧的运用，都离不开对谈判对手的了解与认识，而这种了解与认识的依据不能仅仅从对手的背景调查中得到，面对面的谈判为了解与认识谈判对手提供了直接的机会和丰富的信息，而这就需要依赖于谈判人员的观察能力和对对手在口头语言、动作语言、书面语言等各方面表述中所体现的心理状态及其细微变化的体察能力，而且还反映为谈判人员捕捉到这些信息后能作出迅速的判断与有效的反应。理论与实践的结合，是提高这种观察力的重要途径。

第四，创造力与灵活性是谈判人员素质中“天然”的组成部分，与谈判人员意志力的坚韧、顽强互为补充、相得益彰，并在谈判中具体表现为既不轻易退让，又能善于妥协的谈判能力。如果一个人在谈判中只是表现出单纯的“原则性”和百折不挠的精神，那往往会使双方陷入争执，这时候坚持强硬的立场常常使僵持局面得不到化解。在这种情况下，谈判人员发挥应有的创造力、想象力，并在制订与选择方案上表现出灵活性，对于推动谈判的发展具有关键作用。

第五，国际商务谈判人员应有较强的人际交往能力，特别是要注意积累各方面的关系，同各国的政府官员、金融机构、工商企业等各界朋友建立广泛的联系，这样在谈判时，就可能获得一个方便的信息通道或若干义务咨询顾问，这无论是对谈判对手的了解、对谈判方案的确定、对谈判僵局的突破都大有益处。

4. 仪态、礼仪方面的素质

不卑不亢、有理有节始终是国际商务谈判应坚持的谈判态度，从另一个角度看，这也是谈判双方把谈判引向成功的基础。这几个字看起来简单，但准确把握分寸却是很不容易的。如何表现强硬？如何表现灵活？如何表现妥协？这些技巧的掌握来自平时不断地积累经验。

在与外商谈判中，要表现出应有的诚意，要树立一种认真负责的形象，及时答复对方提出的问题，严格履行曾经允诺过的东西。如对方给你一个电传，你要及时回复；对方有些做法不对，你要适时指正；我们自己做法不妥，要敢于承认；同时，不轻易向对方承诺，而一旦承诺就要尽力履行。这样对方就会认为你是可靠的。

礼仪是一种知识、修养与文明程度的综合表现，它在人际交往的许多细小环节中都体现出来，如赴约要遵守时间，既不要早到，也不要晚到；宴会要注意主人对餐桌次序的安排，在正式的场合，要注意穿戴合适。

礼仪是一个人修养的反映，在国际商务谈判中，也是影响谈判的气氛与进程的一个重要因素。跟国外的朋友打交道，特别是高层交往，不注意一些细节，对方会觉得不受尊重，或者认为差距甚大，不值得交往。因此国际商务谈判人员要十分注意社交规范，尊重对方国家的文化背景和风俗习惯，这对于赢得对方尊重和信任，推动谈判顺利进行，特别是在关键场合、同关键人物谈判中，往往能起到积极的作用。比如有一次某国一位重要人物来上海谈判一个合作项目，上海是他漫长旅途的最后一站，了解这位客人的中方代表在送客人去下榻宾馆的途中，特意在车上播放了一段来宾家乡的音乐，客人感到很亲切，他高兴地对中方同行说："我就要回家了，相信上海之行是我此次旅行最顺利的一站。"可见，知晓礼仪、尊重对手是一个谈判人员对谈判所作的最小投资，而由此获得的回报却常常是难以估量的。

注重礼仪的内容还包括谈判人员在谈判破裂时能给对方留住面子，不伤人感情并为以后的合作与交往留下余地，做到"生意不成友情在"，这样就会有越来越多的客商愿意与你发展合作关系。

3.1.3 谈判小组人员的构成

谈判小组的人员结构是指谈判参与成员的专业背景、层次和在谈判中所起作用的情况。

1. 构成原则

（1）知识互补。一是谈判人员各自具有的专长和知识，能分别处理不同的问题，以知识面的相得益彰，形成整体优势；二是专业知识与商务经验的互补。谈判成员中既应该有知识型的专业人才，又要有阅历丰富、成熟老练的商战高手，这样可以提高谈判队伍的整体战斗力。

（2）性格互补。谈判人员如果能够在性格上形成互补和协调关系，发挥不同性格的优势，弥补各自的不足，就能发挥整个团队的最大优势。例如，性格开朗活泼者反应敏捷，善于表达，处事果断，但往往比较急躁，看问题可能不够深刻，甚至会疏忽大意。性格稳重者处事严谨，看问题比较深刻，言辞谨慎，原则性强，善于观察，考虑问题周到细致，但往往处事不够果断，不善于表达，灵活性较差。若将此两种性格的人组合在一起，分别担任不同的角色，就能在谈判中一个唱红脸，一个唱白脸，取长补短，相辅相成。

（3）分工明确。谈判班子中要有主角和配角之分，每个成员有明确的角色定位，切忌角色越位，七嘴八舌地发言。当然，在严明的纪律下，也应注意相互提携，通力合作。

2. 人员构成

除了一对一形式的谈判外，凡是谈判一方由两名或两名以上人员组成谈判小组，都要考虑人员结构问题。一个比较"标准的"谈判小组通常包括以下成员：

（1）谈判负责人。谈判小组的负责人应由较高级别和较大权力的权威人士担任。谈判负责人须有全面的知识、果断的决策力和权威地位。谈判负责人起着谈判核心和主角作用，其职责是组建己方的谈判队伍，控制谈判进程，在紧急情况下调整谈判对策和方案，敲定所做的让步及所达成的共识。谈判负责人也可以委派专人或由其他人士兼任。

（2）商务人员。商务人员通常为本机构内的营销人员如外销员、销售或采购经理、项目经理等，或由外聘的专业谈判人士担任。他们一般比较熟悉国际贸易惯例，有丰富的国内外营销谈判经验，了解所谈项目的国内外市场行情。

（3）专业技术人员。来自熟悉相关技术、产品标准、专有技术发展的工程技术人员，具体负责相关生产技术、产品性能、质量标准、产品验收、技术服务等问题的谈判，也可以对项目价格的决策提供咨询意见。

（4）财务人员。来自熟悉财务会计业务和金融专业知识、具有较强财务核算能力的财务人员，主要负责对所谈项目价格的核算、支付条件、支付方式、结算货币及汇率等财务问题的把关。

（5）法律人员。来自精通国内外经贸法律、商业惯例条款以及法律执行程序的特聘律师或企业法律顾问，主要负责对合同条款的合法性、完整性和严谨性的把关，也参与涉及法律方面的谈判。

（6）翻译。由精通外语、熟悉业务的全职或兼职翻译担任，主要负责口头和文字翻译工作。国际商务谈判中的翻译不但要精确达意，还要配合谈判运用语言技巧，其翻译水平直接影响着谈判各方的有效沟通和磋商。

（7）记录人员。规模较大、级别较高的商务谈判还应安排专人，负责记录整个谈判的进展和各方的发言，以便拟订协议时参考，或备案查找。

在实际谈判中，往往视具体情况，上述人员可以有增有减，或者不一定每个人都参加全程谈判，但至少要有一位负责人和一名懂外语的专业人士或翻译人员。翻译和记录人员也可由小组中合适者兼任。

3.1.4 谈判小组成员的相互配合

1. 谈判小组领导人的作用

什么样的人才是谈判小组领导人的最佳人选？对于这个问题，答案不一。我们认为，最重要的衡量标准是个人的能力。对领导者的要求并不是要他什么都懂，什么都会，而是看他能否很好地发挥其他人员的能力、作用，能否在谈判中恰如其分地调动和使用各类人员。高明的决策者能充分调动谈判人员的积极性、主动性、创造性，使谈判绝处逢生；而低能的决策者会压抑谈判人员积极性、主动性的发挥，使谈判功亏一篑。

谈判组领导人的能力主要表现为：有坚定的自信心，有较强的决策能力、观察判断能力、组织协调能力、应变能力、表达能力等。具有这些方面的能力，小组领导人就能有效地发挥其作用，使谈判小组成为一个团结一心的坚强集体。

此外，谈判组领导人的领导风格也很重要。谈判组应该高效率地协同工作，但它的效率则取决于小组成员是否适应在某种领导风格下工作。例如，谈判组成员所在企业是权力集中型的领导风格，所有的信息都汇集给企业经理，然后由他做出一切决策。如果谈判领导人也具有相应的风格，双方就会配合得很好。领导在谈判中起决定作用，其余成员就形势做出分析，提出建议由他决定是否采纳。相反，如果领导人的风格是权力分散型的，那么他在谈判过程中，则会起协调沟通作用，有效地调动小组成员积极性，发挥每个成员的能力与智能。

2. 谈判组成员间的相互配合

谈判组成员间的相互配合、相互支持有多种形式。比如，当需要发言人介绍己方谈判意图、情况时，其他人员为发言者提供资料。这里我们主要就谈判人员在谈判场合的表现，如介绍、插话、表情、动作等，说明谈判组成员间的相互配合与默契。

介绍是谈判双方相互接触、认识必不可少的环节。怎样通过介绍给对方良好的“第一印象”，需要一定的策略技巧。例如，己方谈判组负责人向对方介绍一位小组成员，他可以说“这是我们的财务会计李某某”，也可以说，“这是我们会计李某某，他具有 15 年从事财务工作的丰富经验，曾负责审查过金额达 1500 万美元的贷款项目”。对比之下，显然，后一种介绍更有影响力，会在一见面的接触中，给对方一定的心理压力。这种方法，在介绍己方主要谈判成员时十分有效。

插话也是成员间相互配合的形式。如对谈判组成员的发言表示赞同、支持，或是为发言者做进一步的证明，可在同事谈话停顿或告一段落时插话。例如，当双方谈及交货问题时，己方主管人员说：“由于订货量较大，恐怕三个月之内交货有困难。”这时，有关人员插话：“在本季度内，我们每个月都得完成 10000 台以上的任务，所以，即使三个月以后交货，也要订出详细计划，加班加点。”这样，既巧妙地支持了己方的发言，又强调了问题的重要性、可信性。

谈判组成员们的表情神态、动作也有助于相互沟通、支持。如己方主要发言人在讲话时，其成员东张西望、心不在焉、或者坐立不安、交头接耳，这样，就会削弱己方发言人在对方心目中的地位，也干扰对方的理解。如果己方代表在讲话时，其成员聚精会神地倾听，不时表示赞同地点点头，做些必要的补充，就会给对方良好的心理印象，加重所阐述问题的分量。

3. 谈判小组的对外沟通

在小组谈判中，我们强调尽量缩小谈判规模，但是，在许多情况下，谈判的规模较大，出席的人员也很多，但不论出席人员多少，都应由谈判负责人或主谈者来对外沟通，以防止由于意见分歧或有意、无意的过失，给对方造成可乘之机。美国谈判专家荷伯柯恩的经历值得借鉴。一次，他代表某公司与另一家公司进行谈判，由于谈判地点设在对方公司所在地，因此，在闲暇休息时，他与该公司所辖工厂的领班聊起天来，这位领班告诉柯恩，他用过许多公司的产品，但只有柯恩所代表的公司的产品通过了实验，符合他们的规定。然后，他又进一步补充说，他们期待谈判很快有结果，这是因为厂里的存货快用完了。可想而知，柯恩掌握了这些信息，对他控制谈判的主动权会有多么大的帮助。

4. 后援力量

比较大型或重要的谈判，常常要准备一定的后备力量。后备力量的人选也可能是企业或部门的经理、负责人，也可能是专门业务人员、技术人员，以便谈判出现问题时及时与企业有关人员取得联系，调整、更换谈判人员。

谈判组要得到后备力量的支持，必须协调同他们的关系。谈判组在谈判之前，要明确自己的责任范围、权限范围，以免因责任不清而发生冲突，贻误战机。在谈判中，必须及时同企业的后备人员沟通情况，商谈有关问题，以进一步加强谈判组的力量。

3.2 国际商务谈判的信息准备

谈判信息是指那些与谈判活动有密切联系的条件、情况及其属性的一种客观描述，是一种特殊的人工信息。本节从谈判信息收集渠道出发，着重介绍谈判信息收集的主要内容，包括市场信息、科技信息、有关政策法规、金融方面的信息和有关谈判对手的情况资料这五个部分。

3.2.1 谈判信息收集的渠道

1. 国内的有关单位或部门

可能提供信息资料的单位有：对外经济贸易合作部、中国对外经济贸易促进会及其各地的分支机构、中国银行的咨询机构及有关的其他咨询公司、与该谈判对手有过业务往来的国内企业和单位以及国内有关的报刊、杂志、新闻广播等。

2. 我国驻外机构及当地单位

可能提供信息资料的单位有：我国驻当地的使馆、领事馆、商务代办处；中国银行及国内其他金融机构在当地的分支机构；本行业集团或本企业在当地开设的营业分支机构；当地的报刊、杂志；国外许多大银行，比如巴克利银行、劳埃德银行、大通银行等，都发行自己的期刊，这些期刊往往有最完善的报道，而且一经获取就可得知许多信息；本公司或单位在当地的代理人；当地的商会组织等。

3. 公共机构已出版和未出版的资料

这些公共机构可能是官方的，也可能是私营的。它们提供资料的目的，有的是作为政府的一项工作，有的则是为了赢利，也有的是为了自身的长远利益需要，因此，我们应该熟悉这些公共机构，甚至要熟悉在这些机构里的工作人员，同时还要熟悉他们提供资料的种类及发行途径。现列举几种资料来源：

国家统计机关公布的统计资料。例如，工业普查数据、统计资料汇编、商业地图等。

行业协会发布的行业资料，这些资料是同行企业资料的宝贵来源。

图书馆里保存的大量商情资料。例如，贸易统计数字、有关市场的基本经济资料、各种产品交易情况统计资料，以及各类买卖机构的翔实资料等。

出版社提供的书籍、文献、报纸杂志等。例如，出版社出版的工商企业名录、商业评论、统计丛书、产业研究等，目前，许多报刊为了吸引读者，也经常刊登一些市场行情及其分析报道。

专业组织提供的调查报告。随着经济的发展，出现了许多专业性组织，例如消费者组织质量监督机构、股票交易所等专业组织也会发表有关统计资料和分析报告。

另外，研究机构提供的调查报告。许多研究所和从事商场调研的组织，除了为单独委托人完成研究工作以外，为了提高自身的知名度还经常发表市场报告和行业研究论文等。这些都是我们收集信息的很好途径。

4. 实地考察

本企业或单位直接派人员到对方国家或地区进行考察，收集资料。如果派人员出国进行考察，在出国之前应尽量地收集对方的有关资料，在已有的资料中分析出真实、不真实、可能还有新增内容、尚需进一步考察等几个部分，以便带着明确的目的和问题去考察。在日程安排上，应多留些时间供自己支配，切不可让对方牵着鼻子走，并且要善于捕捉和利用各种机会，扩大调查的深度和广度，以便更多地获取第一手材料。

3.2.2　谈判信息收集的主要内容

1. 市场信息

市场信息的内容很多，归纳起来主要包括以下几个方面：

（1）有关国内外市场分布的信息。国内外市场分布的信息，主要是指市场的分布情况、地理位置、运输条件、政治经济条件、市场潜力和容量、某一市场与其他市场的经济联系等。

随着科学技术的进步和生产力的发展，国内、国际分工都将不断扩大和深化，同时由于交通运输工具和通信手段的日趋现代化以及资本在国内和国际间流动的加快，都使得国内、国际贸易中交换的商品品种增多、数量不断扩大，在一定程度上扩大了国内和国际市场。因此，应通过调查摸清本企业产品可以在什么市场（国内、国际）上销售，确定长期、中期及短期的销售发展计划，从而有助于谈判目标的确立。

（2）市场需求方面的信息。如产品（资金或劳务）的需求量、潜在需求量、本企业产品的市场覆盖率和市场占有率及市场竞争形势对本企业销售量的影响等。

（3）产品销售方面的信息。如果是卖方，则要调查本单位产品及其他企业同类产品的销售情况。如果是买方，则要调查所购产品的销售情况，包括：该类产品过去几年的销售量、销售总值及价格变动；该类产品的长远发展趋势、拥有该类产品的家庭所占比率；消费者对该类产品的需求状况；购买该类产品的决定者、购买频率；季节性因素；消费者对这一企业新老产品的评价及要求。通过对产品销售方面的调查，可以使谈判人员大体掌握市场容量、销售量，有助于确定未来的谈判对手及产品销售（或购买）数量。

（4）产品竞争方面的信息。这类信息主要包括生产或购进同类产品的竞争者数目、规模与该类产品的种类，各主要生产厂家生产该类商品的市场占有率及未来变动趋势；各品牌商品所推出的形式与售价幅度；消费者偏爱的品牌与价格水平、竞争产品的性能与设计；各主要竞争对手所能提供的售后服务的方式，顾客及中间商对此类服务的满意程度；当地经销该类产品的批发商和零售商的毛利率与各种津贴行情；当地制造商与中间商的关系，各主要竞争者所使用销售组织的形态，是生产者的机构推销，还是中间商负责推销；各主要竞争者所使用销售组织的规模与力量；各主要竞争对手所使用的广告类型与广告支出额。

通过对产品竞争情况的调查，使谈判人员能够掌握己方同类产品竞争者的情况，寻找他们的弱点，更好地争取己方产品的广阔销路，有利于在谈判桌上击败竞争对手，也能使谈判人员预测己方的竞争力，使自己保持清醒的头脑，在谈判桌上灵活掌握价格弹性。

2. 科技信息

在技术方面，主要应收集以下各方面的资料：一是要全面收集该产品与其他产品相比在性能、质地、标准、规格等方面的优缺点，以及该产品的生命周期的竞争能力等方面的资料；二是收集同类产品在专利转让或应用方面的资料；三是收集该产品生产单位的技术力量和工人素质及其设备状态等方面的资料；四是收集该产品的配套设备和零部件的生产与供给状况以及售后服务方面的资料；五是收集该产品开发前景和开发费用方面的资料；六是尽可能多地收集有关对该产品的品质或性能进行鉴定的重要资料或指标及其各种鉴定方法和鉴定机构的相关资料，同时也要详尽地收集可能导致该产品发生技术问题的各种潜在因素的资料。

3. 政策法规

在谈判开始前，应当详细了解有关的政策、法令，以免在谈判时因不熟悉政策、法令而出现失误。主要应当了解以下几个方面：

（1）有关国家或地区的政治状况。政治对经济有着重要的影响，在国际商务谈判中，需要了解对方国家或地区的有关经济政策及经济合作的相关法令及国家对企业的管制制度。

（2）谈判双方有关谈判内容的法律规定。需要了解谈判双方从事该行业的有关法令。法律所规定的当事人作为与不作为的界限，是企业经营合法或不合法的依据。

（3）有关国家或地区的各种关税政策。需要了解有关国家或地区各种关税（诸如进口税、出口税、差价税、进口附加税、过境税或过境费等）的税率与其关税的税则和征税方法方面的资料。如果我国与交易国订有贸易协议或互惠关税协议时，还必须了解其详细情况。

(4) 有关国家或地区的外汇管制政策。有些国家或地区，为了保证收汇和防止逃税、套汇、黑市买卖外汇，通过颁发进出口许可证等办法来加强对外汇的管制。例如，我国对于各种外汇票据的发行和流通以及外汇、贵金属和外汇票证等的进出国境，都有较详细的规定，对此事先必须加以了解。

(5) 有关国家或地区的进出口配额与进口许可证制度方面的情况。配额制度是指一个国家在一定时期内，对某些商品的进口数量或金额事先规定一个限额，从而起到限制某些商品的进口数量的作用。在这种制度下，凡进口的商品若是在规定的数量或金额的范围内，可以进口，超过限额则不准进口或征收高额关税乃至罚款以后方可进口。进口配额往往与进口许可证联系在一起，一个政府采用了进口配额，就必须要发放进口许可证。其做法是，政府规定某些商品的进口配额后，再根据进口商的申请，对于每一批进口商品在其配额限度内发给进口商一定数量的进口许可证，配额用完为止。当然，有些没有配额限定的商品也需要许可证，因此，许可证比配额在范围上用得广泛。目前，世界各国绝大多数都在不同程度上采用了进口配额制。对此，必须加以详细了解。

(6) 国内各项政策。无论是国内商务谈判还是国际商务谈判，都要按照国家的法律、法规和政策办事。商务谈判人员不但要掌握有关的现行税制，还要熟知经济法律法规，使各项经济交往做到有法可依。

4. 金融信息

有关金融方面的信息，主要包括以下四个部分的内容：第一，收集国际金融市场上的信息，随时了解各种主要货币的汇兑率及其浮动现状和发展趋势；第二，收集进口出口地主要银行的营运情况，以免因银行倒闭而影响收汇；第三，收集进出口地的主要银行对开证、议付、承兑赎单或托收等方面的有关规定，特别是有关承办手续、费用和银行所承担的义务等方面的资料；第四，收集商品进出口地政府对进出口外汇管制措施或法令。

5. 谈判对手的信息

在正式开始谈判之前，对与谈判有关的环境因素进行分析是必不可少的，而对谈判对手的情况资料的收集并进行调研与分析就更为重要。很显然，如果同一个事先毫无了解的对手谈判，其困难程度和风险程度是可想而知的。

这里先从分析贸易“客商”的类型入手，着重阐述对谈判对手资信情况的审查，包括对客商的合法资格、公司性质和资金状况、公司营运情况以及公司商业信誉情况的审查，从而判定谈判双方的谈判实力。

(1) 贸易客商的几种类型。为了更好地研究和分析谈判对手，首先应对贸易客商的情况有所了解，从而更深刻具体地了解对方。目前，贸易界的客商，基本上可以归纳为以下几种类型：

其一，世界上享有声望和信誉的跨国公司。这类公司资本比较雄厚，往往有财团作为自己的后台支柱力量。像德国的西门子电气公司、日本的松下电气公司等，都是世界上知名的企业。这类公司或企业的机构十分健全，通常都有自己的技术咨询机构，并聘请法律顾问，专门从事国际市场行情和金融商情的研究和预测，以及技术咨询论证工作，我们在与这类对手进行业务洽谈时会明显感到：对手很讲信誉、办事情讲原则、工作效率高、对商情掌握得比较准确；在要求己方提供技术资料时，往往要求准确、先进和完整；由于对手各方面的要求都较高，在谈判中提出的问题往往比较尖锐。因此，如果进行业务洽谈的对手属于此类，那么就一定要事先作好充分的准备，才能有备无患。

其二，享有一定知名度的客商。这类客商资本也比较雄厚，产品在国内外有一定的销售量。许多靠引进技术，通过改进创新发展起来的这类客商，其产品在国际市场上具有一定的竞争能力。我们在与这类对手进行业务洽谈时会明显感到：对手比较讲信誉；占领我国市场的心情较为迫切；技术服务及培训工作比较好；对于己方在技术方面的要求比较易于接受；对于技术转让和合作生产的条件要求较为优惠。

其三，没有任何知名度的客商，但却能够提供公证书，以证明其注册资本、法定营业场所、董事会成员的副本及本人名片等。通过这些我们可以确认该客商的基本情况，以及前来参与业务洽谈的谈判人员的身份。日本的这类客商往往通过这种方式来证明自己，有些也是我们很好的合作选择对象。

其四，“皮包商”，即专门从事交易中介的中间商。这类客商无法人资格，因而无权签订合同，他们只是为了收取佣金而为交易双方牵线搭桥。例如，没有注册资本的贸易行、商行和洋行等，他们仅有营业证明，不能提供法人资格、注册资本及法人地址等的公证书，而只能提供标有公司名称、职务及通信地址的个人名片。这类客商在东南亚地区较为多见，美国、日本等地也有一些。

其五，“借树乘凉”的客商。这类客商实属知名母公司的下属子公司，其母公司往往具有较高的知名度，而且资本雄厚，但其子公司可能刚刚起步，资本比较薄弱，又无注册资本和法人资格，但这种客商常常打着其母公司的招牌做大生意。因而我们对这类客商应当持谨慎的态度，应主动要求与其母公司进行业务洽谈，也可要求对方出示母公司准予洽谈业务并且承担一切风险的授权书，否则，母公司与子公司完全是两个自负盈亏的经济实体，根本无任何连带责任关系，一旦没有把好关，这类客商就真的达到了借树乘凉的目的。

其六，利用本人身份从事非其所在公司的贸易业务或者其所在公司的非经营贸易业务的客商。这类客商往往在某公司任职，但他往往是以个人身份进行活动，关键时刻打出其所在公司的招牌，干着纯属自己额外的买卖，以谋求暴利或巨额佣金。这类专干“私活”的客商国内外皆有，应当严加提防，否则一旦上当，追悔莫及。

其七，“骗子”客商。他们私刻公章，搞假证明、假名片、假地址，来从事欺骗活动。他们可以身兼数职，甚至今天的名片是李先生，明天又换成王先生。这类人往往无固定职业，专门利用关系，采取拉亲戚、交友、行贿赂、请客送礼等手段，先给受骗者一个“好感”，然后骗取其利益，一走了之。他们的活动范围往往是经济发展较为缓慢的偏远地区。对于这类客商，我们应保持冷静的头脑，辨别其本来面目，谨防上当。

综上所述，我们可以看出，在举行国内外技术、商务业务洽谈之前，必须对客商的资格、信誉、注册资本、法定营业地点和谈判人员本人等情况进行审核，并请客商出示公证书来加以证明。我们知道，客商的资本、信誉情况、法定营业地址、洽谈人员的身份，以及经营活动范围等这些都是进行谈判的基础，因此，应予以审查或取得旁证。反之，在许多问题尚未弄清楚之前即开始谈判，其结果势必会给工作带来麻烦乃至经济损失。

(2) 对谈判对手资信情况的审查。对谈判对手资信情况的审查是谈判前准备工作的重要环节，是我们决定谈判的前提条件。对谈判对手资信情况的审查主要包括对谈判对手的合法资格、公司性质和资金状况、公司营运情况和公司信誉情况的审查。

①对客商合法资格的审查。对客商合法资格的审查应从两个方面进行：

第一，对客商的法人资格的审查。在民法上，法人作为权利义务的主体，在许多方面享有与自然人相同或类似的权利。例如，它们有自己的名称、自己的营业场所，有拥有财产的权利，有参与各种经济活动的权利，有起诉他人的权利，也可被他人起诉。总之，法人是法律上创造出来的“人”，法律上把它作为“人”来看待，因而准许法人以自己的名义从事各种经济活动，参与社会的经济生活，并独立承担法律责任。

从法律上讲，法人的必备要件有：法人必须有自己的组织机构、名称和固定的营业场所，组织机构是决定和执行法人各项事务的主体；法人必须有自己的财产，这是法人参加经济活动的物质基础与保证；法人必须具有权利能力和行为能力。所谓权利能力是指法人可以享受权利和承担义务，而行为能力则是指法人可以通过自己的行为享有权利和承担义务。最后是注册要件，法人须经过注册登记，在某国进行注册，即成为该国的法人。

对于谈判对手的法人资格的审查，可以通过要求对方提供有关的文件，譬如，法人成立地注册登记证明，法人所属资格证明等。我们在取得这些证明文件后，首先应通过一定的手段和途径验证其真伪性，在确认其真实之后，再查清以下几个方面的问题：弄清客商法人的组织性质，例如，股份有限公司或是有限责任公司，还是合伙企业等，其组织性质不同，所承担的责任亦大不一样。弄清谈判对手的法定名称、管理中心地址及主要的营业场所。有些公司注册地点与实际营业场所完全不同，发生纠纷时都找不到对方的行踪。要确认其法人的国籍，即其应受哪一国家的法律所管辖，发生纠纷时应适用哪一国的法律来解决。这对双方来说非常重要，因为不同国家的法律，解决问题的方法和结果往往会有很大的差别。

第二，对前来谈判的客商的代表资格或签约资格进行审查。一般来讲，前来洽谈的客商可能是公司的董事长、总经理，但更多情况下则是公司内部的某一部门的负责人。如果来者是该公司内部的某一部门的负责人，那么就存在一个代表资格或签约资格的问题。事实上，并非一家公司或企业中的任何人都可以代表该公司或企业对外进行谈判和签约。从法律的角度来讲，只有董事长和总经理才能代表其公司或企业对外签约。而公司或企业对其工作人员超越授权范围或根本没有授权而对外所应承担的义务是根本不负任何责任的，这就得完全靠我们自己严格把关，防患于未然。

在国际上经常有某一公司或企业的职员以其公司或企业的名义，到处招摇撞骗，洽谈业务并签订协议，从中谋利，却很少履行协议，因此，在洽谈签约之前，我们一定要求对方出示法定代表资格的文件，如授权书、委托书等证明材料，以证明其确实是合法的代表人。

②对谈判对方公司性质和资金状况的审查。这种情况上面已略有涉及。我们说，从法律上来看，企业的组织形式主要有：个人独资企业、合伙企业、有限合伙企业、股份有限合伙企业、有限责任公司和股份有限责任公司等数种。由于企业的类型不同，其法律性质、经营管理方式和经济上的利弊也各不相同。具体地讲，前两种企业一般不是法人，不具备法律上独立的人格，出资者以个人的全部财产对企业的债务承担无限责任。这类企业在西方国家中数量众多，但大多规模小，且资金有限。第三、第四类企业的法律性质，按有些国家（如德国）规定可视为法人，具有法律的独立人格。相对来讲，这类企业规模不大，资金有限。第五、第六类企业在法律上具有独立人格，是独立法人，享有民法上的权利和义务，可以用公司的名义在法院起诉和被诉。每个股东对企业的债务承担仅以其出资金额为限。这两类公司之间的差别在于前者发行的股票不能在股票市场上进行交易，不能公开向社会募集股款，股东的人数以及股份的转让也受到一定的限制。因此，相比而言，股份有限公司比有限责任公司更适合于社会化大生产的需要。因此，在西方各国的社会经济生活中，股份有限公司起着十分重要的作用，是各国的企业组织形式中最重要的一种。

③对谈判对手公司的营运情况的审查。谈判对方公司的营运状况，主要是指对方公司的经营好坏。即使是一个注册资本很大的股份有限公司，也会由于经营不善，负债累累，濒临破产或实际已破产。根据大多数国家的公司法和破产法的规定，公司一旦破产，股东对公司的债务承担仅以其持有股票所代表的金额为限，如果股票总额和公司其他财产不足以偿还债务时，债权人只能按清算比例收回债权。因此，如果在谈判前不了解对方公司的营运情况，一旦对方公司破产，很可能无法收回全部债权。

④对谈判对手商业信誉情况的审查。商业信誉是指在同行业中，由于企业经营管理处于较为优越的地位，能够获得高于一般利润水平的能力而形成的一种价值。形成商业信誉的主要原因有：优良的商品质量、良好的信誉、周到的服务、适中的地址、有力的广告宣传、著名的商标及牌号、巩固的垄断权力等。要了解对方的商业信誉情况，主要应调查以下几个方面的情况：

产品质量。产品质量是指其内在质量与外观质量与竞争产品相比较符合目标市场的要求，满足用户的需要，并和一定的价格相适应。

技术标准。标准要符合规定，与相应级制（如国际标准、国家标准、行业标准、企业标准）相适应，更主要的是符合用户的要求并从式样和颜色、包装和装潢等方面去适应不同消费者的爱好。

产品的技术服务。包括指导用户正确安装、使用和维护；代为包修、提供零配件；代用户培训技术力量；设立技术咨询站为用户咨询；送货上门，质量不合格的产品在保修期内包退包换等。

商标及牌号。商标具有表示商品出处，代表企业信誉，维持企业正当权益，标示商品的质量和特点，便于生产者推销商品，便于消费者认牌选购等的作用。

广告的作用宣传。广告宣传是有目的的经济活动。广告宣传目的主要有：树立企业信誉，扩大企业影响；为商品创品牌，以提高其知名度，使商品在消费者心目中留下深刻印象，赢得长久的市场；给新产品寻找潜在购买者，刺激购买，赢得市场。此外，明确广告宣传的目的，还要考虑广告主要着眼于近期还是远期效果。

在了解上述各方面的资料后，最后应当了解对方谈判成员的有关资料。诸如对方谈判组的人数、职务、年龄及其分工。各组员的性格、专长、爱好以及社会和家庭关系，特别是要搞清对方成员中的实力派人物的情况，以便己方选择等职等量的合格人员运用谈判技巧，促使谈判顺利进行。

（3）对谈判双方谈判实力的判定。谈判实力是指影响双方在谈判过程中的相互关系、地位和谈判的最终结果的各种因素的总和，以及这些因素对谈判各方的有利程度。而企业实力则是指一个企业从总体上看其企业规模、技术水平、人员素质、市场占有率等方面均处于何种水平，与谈判实力不同。企业实力是形成谈判实力的潜在基础，并不一定直接构成谈判实力。例如，如果谈判的内容正好是某一个从一般意义上讲实力很强的企业的薄弱之处，那么，这个企业的谈判是弱而不是强。可见，就一般情况而言，企业实力强会有利于形成和强化其谈判实力。相反，谈判实力较强的企业也不一定就说明企业实力一定很强。在通常情况下，影响谈判实力的因素取决于以下几个方面的内容：

①看交易内容对双方的重要程度。商务谈判的成功标志着谈判双方都得到了一定的好处，但这并不说明交易内容本身对各方的重要程度相同。实际上，交易内容本身对双方来讲，其重要程度往往各不相同。这就决定了双方谈判实力上的差异，一般说来，交易对某一方越是重要，也就是说该方越希望成交，那么该方在谈判中的实力就越弱，反之则越强。例如，在国际货物买卖业务洽谈过程中，若卖方的产品较为紧俏，而买主又急于购买此产品，这时，对于卖方来讲其谈判实力就强，买方的谈判实力则较弱。

②看双方对交易内容与交易条件的满足程度。商务谈判双方对交易内容与交易条件的满足程度是存在差异的。某一方对交易内容与交易条件满足程度越高，那么该方在谈判中就比较占优势，也就是说该方的谈判实力越强。在国际货物买卖中，如果卖方对其货物的质量、数量、交货时间等内容的要求越能够满足买方。那么卖方的谈判实力就越强，因为买方在这种情况下无法提出一些寻求对方让步的借口，所以卖方谈判实力强，买方谈判实力较弱。

③看双方竞争的形势。在业务往来中，很少出现一个买主对应一个卖主的一对一现象，经常是存在多个买主对应多个卖主的情况。很显然，如果多个卖主对应较少的买主时，即形成了买方市场，这时无疑是买主谈判实力强，而卖主谈判实力弱；反之，如果多个买主对应较少的卖主时，即形成了卖方市场状况，这种情况下，显然卖方谈判实力

强，而买方谈判实力弱。

④看双方对商业行情的了解程度。谈判的一方对交易本身的商业行情了解得越多，越详细，那么该方在谈判中就越是处于有利地位，也就相应地提高了自身的谈判实力。反之，如果对商业行情了解甚少，其谈判实力显然较弱。我们知道，商业行情是极为宝贵的资源，它可以转化为财富，这在业务洽谈进程中是非常明显的。或者说，我们只有在掌握了充分的市场信息行情的前提下，才有可能制定出有针对性的谈判战略和战术。

⑤看双方所在企业的信誉和实力。从企业的信誉角度来看，企业的商业信誉越高，社会影响越大，则该企业的谈判实力越强。特别是如果当支持和影响谈判的因素越强时，该方的谈判实力也就越强。

⑥看双方对谈判时间因素的反应。在谈判过程中，一方如果特别希望早日结束谈判，达成协议，那么时间因素的限制就大大削弱了该方的谈判实力。因为由于时间限制，该方就不得不作出某些对其不利的让步，乃至不利的结果。例如，对季节性较强的商品，其卖主往往是为了在一定的时间内出售，有时会不惜降价进行推销，这种时间的限制，削弱了季节性商品卖主的谈判实力。现在，有些过季商品并不过时，于是买主抓住了卖主在时间上的弱点，专门进行过季消费，已成为一种新的消费潮流。

⑦看双方谈判艺术与技巧的运用。在谈判实践中，经常出现这种现象，即己方原来在该项目谈判中并不占优势，反而出乎意料地取得了很好的谈判效果，这就是由于己方在洽谈艺术与技巧方面运用得适当，才使得己方取胜。事实上，谈判人员如能充分地调动有利于己方的因素，而尽可能避免不利的因素，那么该方的谈判实力就增强了。谈判艺术和技巧越是高超，谈判实力就越强。

由此可见，判定双方的谈判实力，必须考虑以上诸因素，综合加以评价。在确定双方谈判实力之后，便可采取一定的措施进行筹划正式的谈判活动。

3.2.3 预测分析

任何谈判都不能指望双方一交手就马到成功，达成协议，倘若如此，就无所谓谈判了。谈判就是双方面对面地坐下来，商量、争论、讨价还价、妥协让步，最后达成一个双方都能接受的协议，这往往要经过多次的反复。因此，在谈判开始之前，要对谈判中可能出现的问题做好充分的准备，做到心中有数、有备无患。

在详细分析资料、进行资信调查的基础上，所估量考虑的问题主要是以下几个方面：

（1）谈判双方的实力、地位。对方的优势、劣势是什么？己方有哪些优势和不足？

（2）双方的共同利益是什么？对方最关心重视的问题是什么？能否调和？

（3）估计达成交易的可能性。对方可能提出哪些问题和要求？对己方提出的条件，对方会采取什么态度？为实现预定的目的，己方可以做出哪些让步？让步的幅度有多大？在哪些问题上不能让步？

3.2.4　模拟谈判

1. 模拟谈判的必要性

并非所有国际商务谈判都需要事先进行模拟演练。但有些重要的谈判，尤其是首次进行的正式谈判，或者在对谈判对手的思路、意图把握不定的情况下，则可以考虑举行一次模拟谈判，以检验己方的谈判方案是否完整，也为己方谈判人员提早进入实战状态积累一些经验。

模拟谈判的重点，一是检验谈判方案是否周密可行；二是训练和提高己方人员的应变能力。

2. 模拟谈判的内容

模拟谈判的内容应该与正式谈判的内容完全一致。当然，为了更多地发现问题，可以将谈判内容分解得更细一些，逐条进行意见交锋；还可以抽出一些比较艰难的部分，有针对性地进行模拟谈判。不同类型的谈判，其模拟谈判内容的侧重点也不尽一致。如果是首次谈判，或者内容全新的谈判，或对手是完全陌生的谈判，模拟谈判的内容应尽量面面俱到；反之，模拟谈判的内容可以简略一些。

3. 模拟谈判的形式

（1）小组式模拟谈判。小组式模拟谈判适用于参与人数较多的商务谈判，将己方谈判人员分成两组，一组为己方代表，一组为对方代表。如果时间允许，彼此还可以互换角色，以便体会正式谈判时的应对感觉。小组式模拟谈判有助于全面检查谈判方案，使谈判人员对各个环节和问题都做到心中有数。

（2）一对多式模拟谈判。在时间、人员和经费等受到限制的情况下，可以将模拟谈判作适当的简化，安排己方谈判小组中的主谈或第二主谈扮演谈判对手，对己方的交易条件和重要问题进行盘问和批驳。这种做法既可以节省时间、突出重点，又可以发现一些需要补充和修正的论据，及时加以完善。

3.3　国际商务谈判的物质准备

3.3.1　谈判场所的选择

美国心理学专家泰勒尔曾做过一个实验：多数人在自家客厅与人谈话，比在别人家的客厅里更能说服对方。因为，有着动物属性的人类，往往带有一种普遍的心理状态，就是在自己的“领地”内能够释放出更大的能量和本事，所以成功的概率就比较高。这种情形也适用于国际商务谈判。如果国际商务谈判场所设在己方的会客厅、办公室或会议室，其优点是熟悉的环境会产生一种从容感和优越感，给对方造成心理压力；节省出国出境的费用和时间；便于请示、汇报和获得信息支持。

如果谈判场所选在客人下榻的酒店，或者就在客方出国参展的摊位前，客人反倒有一种“主场”的感觉，这多少可以平衡身处异国他乡的紧张感。例如，一位经常到上海从事商务活动的日本公司经理，每次总是喜欢请中方经理到他下榻的花园饭店大堂茶座处会谈，多半是出于这种反客为主的心理。

通常，较有条件的公司总会选择将谈判地点设在本公司。这样做一方面是表达地主之谊和谈判诚意，同时也可以借机显示自己的实力，另外则是出于谈判策略的考虑，以其特殊的布置影响对方的谈判心理。反之，如果一家公司总是找借口不让客户上门拜访，其实力往往令人产生怀疑。例如，一家自称总部设在伦敦、在全球多个国家拥有分公司的“国际化肥代理商”，既失约前往机场接机，又始终对要求登门造访其公司的国外采购商闪烁其词。最后查明，这是一家仅成立3个月，注册地点在普通居民区，员工只有6人，电话和传真共用一个号码的“皮包公司”。面对这样的骗子公司，生意当然无从谈起。

3.3.2 谈判房间的布置

1. 长方形条桌的布置

商务谈判通常使用长方形条桌，双方相对而坐，主方背门或让门在自己的右侧，各自成员按级别分别坐在主谈者的右边及左边，便于交流和支持。

2. 方桌的布置

主谈者相对而坐，主方背门或让门在右方，各自成员按级别分坐在主谈者的右边和左边。正面坐不下时可分别依次围坐在方桌的两侧。

3. 圆桌的布置

主谈者面对面而坐，主方背门或让门在右方，各自成员按级别依次分坐在主谈者右侧和左侧，甚至围成一圈。方桌和圆桌适用于较小规模的谈判。其实，一些国际商务谈判常常采取随意就座的排位方法，甚至不设谈判桌，双方并排而坐，中间或只隔一张茶几，或干脆就坐在同一张长沙发上。这些方式适用于小规模、非正式或熟客之间的谈判。

4. 其他设备的配置

椅子：与谈判桌相配的椅子，在款式和色彩上要相互协调，坐着时应感觉舒适。太柔软的沙发容易使人犯困，精神不集中。

演示板：可以用来直观地列举数据、说明情况。考究的可设置电子感应式可打印的演示板，也可以使用白板或黑板并配备相应的书写笔。

投影仪：用于演示数据、图片和资料。常用的有反射式投影仪和连接电脑的投影仪。

其他设备：烟灰缸、记事簿、水笔或圆珠笔、文件夹、茶叶、咖啡、白开水、冰水等。

谈判过程中通常不宜使用录音机，除非得到谈判各方的同意。

3.3.3　食宿安排

1. 住宿

国际商务谈判的地点无论安排在主地或客地，都应替客人预先安排好住宿和用膳。东道主对来访人员的食宿安排要尽量做到周到、细致、方便和舒适。

若是客人自己付费，最好事先与对方沟通确认下榻酒店的标准或等级。若是东道主负担酒店费用，对于酒店标准的选择（尤其是豪华饭店）须加以斟酌：应将其当成一种投资，考虑日后回报如何；若客户来自西方发达国家，他们往往看重的是时间和效率，过于铺张奢华的安排，反而会使人怀疑你的管理水平或背后的意图。因此，安排酒店的原则：不必强调豪华，但要交通便利，尽可能靠近谈判地点；离商业区不应太远，以方便逛街购物；如能临窗观赏到优美的景致，会使客人体会到东道主的热情和细心，并会放松心情，增进好感。

2. 饮食

饮食的安排要考虑到不同客人的需要。例如，一位澳门公司的老板，夜里十一点多钟在机场迎接一个刚从欧洲考察回来的中国内地商务团。澳门老板明知道他们已在飞机上用过晚餐，但在安排完客人入住酒店之后，还是到酒楼里好好款待了他们一番。尽管酒足饭饱后已是下半夜两三点钟，但宾主双方都很高兴。东西方客人有着不同的饮食习惯，东方人往往对于吃更看重一些。假如这位澳门老板仅安排客人下榻酒店，没请他们吃饭，之后肯定会被客人狠狠抱怨一番。

西方人多半注重效率，不太喜欢繁琐冗长的招待仪式。虽然吃惯了西餐的西方人对东方饮食大多很感兴趣，但宴请时不一定非要最贵的山珍海味，只要荤素搭配得当，最好能体现本地特色，避开某些西方人的忌口即可。还要注意留给客户一定的活动空间，不必顿顿宴请，点菜的数量适可而止，切忌造成浪费，引起西方客人的反感。

◎本章案例

鹅卵石

1995 年 7 月，CG 集团香港总部（以下简称“香港公司”）从日本东京的老客户处得知，日本东森株式会社（以下简称“日本公司”）想采购大批淡水鹅卵石，希望能在中国找到货源。香港公司从中国内地的广州、南京和大连分别获得三种鹅卵石样本：广州提供的鹅卵石颜色黑灰，大小如拳，质地坚硬；南京提供的鹅卵石颜色灰白，小如鸽卵，大如鸭卵，质地较硬；大连提供的鹅卵石呈灰褐色，质地粗糙，硬度一般。样本寄往日本后得到回复：广州的样本质量最好，但尺寸太大；大连的样本为海滩鹅卵石，与水泥结合有问题，不符合要求；南京的样本大小、硬度均比较理想。日本公司为了证实产地情况和可供数量，决定派一位副总经理和一名科长前往考察，并就价格等交易条件与香港公司进行谈判。香港公司在向日方发出邀请函的同时，在信息收集和分析方面做了以下准备工作：

（1）了解日方公司的经营状况及谈判代表的个人情况；

（2）了解日方进口鹅卵石的原因及用途；

（3）了解日本和中国对鹅卵石进出口有何特殊规定；

（4）了解国际、国内市场上鹅卵石的行情。

首先，香港公司分别从日本客户和美国邓白氏（D&B）国际商务资讯调查公司所提供的信息中了解到，该日本公司是一家经营五金建材的贸易商社，有12年的经营历史，规模中等，公司办公地点位于东京最繁华的银座附近。经营及负债状况良好，但没有做过鹅卵石的进口生意。派出的谈判代表是该日本公司的董事副总经理，58岁，有丰富的贸易和谈判经验，喜欢喝酒和唱卡拉OK。

其次，香港公司了解到，日本公司急于找到鹅卵石的货源，是为了参加国内一座核电站的建材投标。就中、日两国的政策法规而言，中国内地对出口淡水鹅卵石没有法律上的限制，但日本为了保护本国的河流及生态环境，已禁止采掘和买卖国内河滩上的鹅卵石。换言之，日本对这类天然的建筑材料的进口依赖程度几乎是百分之百。

再则，国际市场上鹅卵石的价格因质地、大小、色泽的不同而有所差异，虽然石头本身的价格并不高，但视从产地运至出口港，再从出口港运往进口港的距离不同，包含陆运费及国内装卸港的FOB价格与包含海运费的CFR或运保费的CIF价格相差很大！也就是说，运费在鹅卵石报价中占相当比重。

掌握了上述信息后，香港公司进行了分析和研究，制订了相应的谈判和接待方案。

香港CG集团在最短时间内收集到有关日本东森株式会社及谈判人员的信息后，立即对己方谈判人员方面作了安排。鉴于日方前来谈判考察的两人中一位是商社的董事副总经理，一位是日籍华裔的贸易科科长，香港公司拟委派一位资深的董事副总裁负责主谈，另一位熟悉南京产地情况的部门经理既要参与谈判，又要负责全程陪同考察事宜，在与日方人员的密切接触过程中，还要进一步摸清日方公司此次采购行为的底细，并进一步了解对方谈判代表的性格、脾气、爱好等特点。

为了能让日本代表抵港后当天转飞南京，香港公司总裁办公室专门指派一名行政部经理负责此次谈判考察活动的后勤支持，包括接机，预订香港与南京的往返机票，陪同日方代表到中国外交部驻港签证处办理入境商务签证，安排客户在香港和南京下榻酒店，布置谈判会场，拟定在港的观光购物线路和商店，落实宴请饭店、时间及规格等。出于交通和谈判便利的考虑，日本谈判代表在香港下榻的酒店，是与香港公司总部所在的会展中心办公大楼相邻的君悦酒店；在南京下榻的是市中心当时顶级的金陵饭店。

资料来源：窦然：《国际商务谈判与沟通技巧》，复旦大学出版社 2009 年 5 月版。

◎思考题

1. 如何选择谈判人员，怎样组建谈判小组，如何加强小组内的协作？
2. 信息在国际商务谈判中有何作用？如何收集谈判信息？
3. 如何根据不同需要选择合适的谈判地点？

第4章 国际商务谈判的风格与方案选择

◎本章要点

谈判人员个人在谈判中所体现的不同行为方式称为谈判风格，了解这些风格的差异，学会应对各种不同的谈判风格，制定适当的谈判方案是谈判成功的必要保证。

本章首先从确定商务谈判目标出发，介绍了谈判中的最优期望目标、可接受目标、最低限度目标。接着，本章重点阐述了国际商务谈判中各种不同的谈判风格：领导型的风格、跟随型的风格、进攻型的风格、防守型的风格、闪电型的风格、太极型的风格，分析了这些风格的表现特点以及应对不同风格的技巧。最后，本章介绍了如何将各种复杂的要素进行统筹，制定一套较为完整的谈判方案，以保障谈判的顺利进行。

4.1 确定国际商务谈判的目标

4.1.1 企业的总体目标

任何企业的生产经营活动都离不开目标体系，如企业发展的长期目标、中短期目标、企业总体目标、部门目标等。目标在企业的生产经营活动中具有重要意义，决定着企业在一定时期内的生产经营方向和奋斗目标。它是企业目的和任务的转化、分解。企业主要是根据各个不同的具体目标进行生产经营活动。

谈判内容是企业生产经营活动的一部分，必须要服从和维护企业的总体目标，这就要求在制定谈判目标时以企业的总目标为标准。如某企业为了保证在2011年开工率达100%，要确保得到总数为500万元的订单，这里，得到总数为500万元的订单并不是一次谈判所要达到的目标，但是，每次谈判都要考虑到这一总体目标，总体目标的实现依赖于每个部分目标的完成。500万元的订单，如果需要五次交易实现，那么，每次谈判至少要实现100万元的分目标，所以，总目标是制定分目标的依据和标准。总目标确定后，谈判人员就可以明确在每次谈判中的目标和责任，明确自己所处的地位及谈判成功的意义，从而采取相应的谈判策略与技巧，以保证实现企业的总目标。

4.1.2　谈判目标

1. 最优期望目标

最优期望目标指的是对目标制定一方最为理想的谈判目标。它是在满足目标制定者的基本利益之外，加上一个增加值。所以，最优期望目标，也被谈判专家称为“乐于达成的目标”。但是，在实际交易中，这种目标实现的可能性较小，它的主要作用是作为一种报价策略，为报价一方争取优势，为实现可接受目标创造条件。

谈判是各方利益相互兼顾和重新分配的过程，谈判的对方也不会轻易地放弃其立场，也会竭力争取其利益，不可能在对方报价之后就会立即接受其报价。所以，双方提出的最优期望目标，都是在谈判的初始阶段作为一种策略手段，在谈判桌上有积极的作用。

美国谈判专家卡洛斯对两千多名谈判人员进行的实际调查表明：一个良好的谈判人员必须坚持“喊价要狠”的原则，若卖主喊价较高，则往往能以较高的价格成交，若买主出价较低，则往往能以较低的价格成交。这里的卖价、买价就是谈判最优期望目标的主要内容。哈佛大学教授霍华德的实验也证明，告诉谈判人员最优期望目标和最低期望目标比只告诉他们最低期望目标效果要好得多。

2. 可接受目标

可接受目标指的是谈判人员根据各种客观因素，经过科学论证、预测、决策所确定的谈判目标。这是目标制定方最基本、最主要的利益所在。它不像最优期望目标那样带有较多“水分”，主要用于和对方讨价还价。而可接受目标则是谈判某一方制定的基本利益目标，是要坚守的主要防线。在谈判桌上，双方争执的目的，主要是为了保护各自的可接受目标，利用最优目标作掩护，实现可接受目标。

但是，也有的谈判专家认为，在谈判之初就提出自己的可接受目标，然后坚持到底，这就是著名的博尔韦尔策略。博尔韦尔曾是美国通用电气公司的副总裁，他在工资谈判中坚持最初条件，很少让步。他首先提出一个自认为是公平合理的建议，然后就坚持下去，结果常常是对方先妥协。

这种谈判方式在实践中也十分有效。日本著名的松下电器公司就是坚持这种做法。他们在估算成本的基础上，加上合理的利润，据此制定基本谈判目标，然后在洽商中，坦诚地告诉对方，以博得对方的信赖与合作。

谈判的可接受目标，并不是目标制定方的最后防线，也是可更改、变动的。与最优期望目标相比，可接受目标更为接近实际，是谈判制定方要力图实现的，但它有一定的弹性和伸缩性。著名谈判专家尼伦伯格认为：严格限制谈判目标易于使谈判破裂，在谈判目标具有弹性时，谈判就会畅行无阻，这样谈判的期望就会随情境来修正，处理谈判目标应该像利用风力一样，最坚强的树木也要向风势妥协，但风筝利用风力却可以飞得更高。

3. 最低限度目标

最低限度目标是制定目标一方所要撤退的最后防线，即这一目标如果不能实现，那么就放弃谈判。这是指谈判一方在谈判协议中所要实现的最低限度的要求。

在制定谈判目标时，既要准备出现最好的情况，也要做好最坏的打算。不论是友好合作的洽商，还是紧张激烈的讨价还价，双方都涉及利益分配问题。对于某一方来讲，在洽商中既有可能实现较为理想的谈判目标，也有可能是在最低限度目标内达成协议。这样，最优期望目标、可接受目标和最低限度目标的制定就使谈判目标具有大的伸缩性，避免了由于僵化、死板导致谈判破裂，也保证了一方最基本的利益，并在此基础上争取更好的利益。

4.1.3 谈判某阶段的目标

1. 阶段目标是对谈判目标的分解

具体目标又是对谈判目标的分解，有些谈判，特别是交易复杂、规模较大的谈判，制定阶段目标十分必要，它可以使谈判人员随时检查和调整谈判进程以及谈判成果。

2. 阶段目标制定要相对灵活

谈判具体目标的制定要相对灵活，可根据谈判内容、预计的谈判期限、谈判的规模而定。如谈判初始阶段是了解对手报价，提出己方的条件；第二阶段，就交易主要内容进行协商，进一步讨论产品规格、价格、质量、交货期限、运输等条款，确定双方存在争议的有关问题；收尾阶段，审议合同条款，复查协商的所有内容，商谈履行合同事宜。

综上所述，谈判目标是使谈判顺利、有效进行的保证。在划分目标的同时，一定要注意相互之间的衔接与连贯，企业总目标是制定谈判目标的依据，阶段目标又是实现谈判目标的保证，三者缺一不可。

4.2 确定国际商务谈判的风格

4.2.1 谈判人员之间的风格差异

1. 领导型的风格

领导型的谈判风格，系指谈判人员在谈判中习惯处在主动操纵谈判的位置。这种风格也叫主宰型风格或权力型风格。这种风格的谈判人员从谈判日程开始就喜欢自己作主，在谈判中评论对手、批评对手毫不客气，俨然是个谈判桌上的“大哥大”或“大姐大"。对谈判议题的转折和谈判条件的进退，总爱主动表现自己的高度和实力。典型谈判语有："贵方这么坚持是不对的。我认为应该……"在表现的本质上，一般自负、自大、自以为是，有的还趾高气扬，甚至仗势欺人。

这种风格的谈判人员比较注重外表的修饰，以显示身价和地位并营造一种领导者的风度，其表现不分场合，为主或为客时，均以主自居；无论逆境或顺境时，还是以主而居。

2. 跟随型的风格

跟随型的谈判风格，系指谈判人员在谈判中惯于处在随动的谈判位置。这种风格也叫被动型谈判风格。持这种风格的谈判人员在谈判过程中采取随着对方而动的态度。在谈判中多取随和的态度，凡事商量着办。其典型的谈判语有："贵方看，日程怎么安排呢?""我想这个问题有些不妥，不知贵方意下如何?""既然双方均有分歧，那么贵方说怎么办吧。""我看，贵方这个方案不错，对双方均有利。我方表示支持（或我方愿意考虑)。"

在表现的态度上，一般显得谦虚、圆滑，不会自以为是，更不会趾高气扬。喜欢调动对手的积极性，自己择优而同。这种谈判人员注重自己外表的稳重，不论为主时或为客时，也不论谈判顺利时，还是僵持、困难时，均会以随和的态度处之。

3. 进攻型的风格

进攻型的谈判风格，系指谈判人员在谈判中惯于主动向对方发起攻击，以求谈判成果的做法，或者说，惯于处在主动向对手攻击的位置。这种风格也叫挑剔型风格，这是由于谈判中的进攻就是挑出对手的毛病之故而得名。进攻型的谈判人员在谈判中多采取积极主动而又苛刻的态度。典型的谈判语有："请别见怪，我认为贵方在××问题上并未说清。""贵方两天前所言与今天所说能互相圆其说吗?""贵方已答应在我方就问题作出答复后，将对此问题作答复。现在我方已履行承诺，请贵方别食言。""贵方在这个问题上解决得不错，但还有××问题尚未解决。"在表现的态度上，坚决、急切、毫不留情且永不满足，大有"顺之者昌，逆之者亡"之势。这种谈判人员不过于注重外表的修饰，而重实力与实利。不论在为主，还是为客时，也不论谈判逆顺，主要考虑对对手的挑剔，而对自己的反省，仅在对手让利之后。

4. 防守型的风格

防守型的谈判风格，系指谈判人员在谈判中惯于处于以守为攻的位置。因为防守的成功需要顽强的谈判，故这种风格亦称顽强型风格。持这种风格的谈判人员在谈判时谨慎、严谨，意志坚强，善于诡辩。设防则需缜密，否则就要"溃堤"；要守即需坚决、有耐性；以防守之盾为理由、为说辞；常有理，常有辞，惯用诡辩术。典型的谈判语有："贵方所言，我需研究研究。""我听了贵方那么多意见，也请贵方听听我方意见。""我方已做了让步，现在该轮到贵方做出让步了。""我方可以考虑改善我方条件，但这次不是单方的，必须是双方的。”这种类型的谈判人员不论在为主还是为客时，均会持之不变；在顺境时，也会坚持，但在逆境时，该风格会受到考验。谈判人员有可能改变自己的做法。防守型谈判人员不太注重外表的修饰，对自己的弱点或对手的理由较为关注。当处在逆境时，倘若不取灵活态度，会使谈判陷入僵局，甚至破裂。

5. 闪电型的风格

闪电型的谈判风格，系指谈判人员在谈判中惯于采用快速进攻或结束谈判的手法。因其表现快速，故亦称快速型谈判风格。这类谈判人员在谈判中多取简捷、开门见山、出手果断的谈判态度。典型的谈判语有：“请贵方不要吞吞吐吐、躲躲闪闪地回避矛盾，不解决它，其他问题没法谈。”“您别说那么多理由，关键是您的条件是什么？”这类谈判人员不过于考虑外在的繁文缛节，把注意力全然放在对方与己方最终的出手交易条件上；不论在主座还是客座谈判，也不论是否顺利，始终把谈判目标放在第一位。

6. 太极型的风格

太极型的谈判风格，是指谈判人员在谈判中惯于软硬兼施、刚柔结合。由于阳刚与阴柔兼蓄，如太极之合，故称该型为太极型，白话也可称之刚柔兼合型。

这种风格的谈判人员在谈判中能进能退，不急不躁。动则坚决，静则温和，实话实说，好则说好，坏则说坏，取平和之心，创亲和之势，克对手愠怒于初，促对手逐利向前。其典型的谈判语有：“我不怕有分歧，就怕贵我双方没有相互理解。”“并非我方想固执己见，实在是由于贵方没有充分的理由让我方改变立场。”“我方这次主动作出让步，主要为了表现我们的诚意，并不是讲我方没有理。我要申明：在我方让步后，贵方必须要有表示诚意的行动。”

一般来说，太极型的谈判人员在为主时，多后发制人，以礼在先，渐入实质；为客时，善于随机应变，顺势进退；谈判顺利时，会刚多于柔；谈判艰巨时，则柔多于刚。

4.2.2 恰当的谈判风格

从上述分析中，不难看到各种典型风格的特征，以及这些特征对谈判的影响。由于风格是谈判人员的组织手法，又是谈判人员个性的标记，从哲学的角度看，它具有两面性：积极性与消极性，只有正确将这两面性分析透，才会有效运用并应对不同的谈判风格。

1. 领导型的风格

其利在于：对谈判拥有支配性，从而获得主动的谈判地位，同时会创造一种心理压力，使对手无形中自觉“为臣”，削弱了谈判斗志。再者，还可以使谈判以我为中心，使谈判组织更有效，费用更低。

其弊在于：领导方必须真正拥有物质上的实力，并且其主谈方具有很强的组织能力，否则可能使谈判陷入僵局。

此外，处于主宰地位时，还应把握好“度”，即不伤对手的自尊，从而避免可能激起的对抗。

2. 跟随型的风格

其利在于：易于侦察对手情况，给自己留有的谈判余地较大。在跟随的过程中也便于给自己储备谈判的能量—进攻的理由和退让的时间。

其弊在于：容易在跟随中丧失自己该有的立场，因此，在跟随对手的谈判中，需要找准己方出手的机会，因为对手的出手机会不等于己方的出手机会。

3. 进攻型的风格

其利在于：可以营造一种谈判气势，对于怕事的对手或拘谨的对手，这种大胆的谈判作风着实有震慑作用。此外，对推动谈判来讲有其积极性，因为暴露问题就是解决问题的前奏。

其弊在于：易于暴露自己的弱点，此外，也有可能受到对手的顽强抵抗，以至于失掉锐气。这又需要谈判人员有良好的心理素质，去迎接对手的挑战。

4. 防守型的风格

其利在于：不易丢失利益。由于明确守利，自然，放利之时一定为收利时，故不会轻易丢利。此外，可以给对手起到精神挫伤的作用，使其丧失耐心，失去斗志。

其弊在于：容易产生僵局。此外，由于谈判僵局多，达成协议所需的时间往往较长，增加了谈判成本，同时也增加了谈判破裂的风险。

5. 闪电型的风格

其利在于：谈判明快，谈判场面清新、简捷。同时，这种简捷的作风促使双方尽快接触本质，从而使谈判效率提高。谈判成本下降。

其弊在于：谈判人员在条件上与时间上可供调度、回旋的余地较少，因为快速，条件的分割层次有限，可供使用的时间长度也有限。此外，容易造成“摊牌”的僵局，使本可再商量或需要再创造条件的交易在速度要求的时段中丧失。

6. 太极型的风格

其利在于：谈判攻防灵活，既不过分压对手，又可自由躲闪对手的攻击。此外，可以有效解决谈判难题，使其在宽松的环境中，从双方寻求解决的空间。同时，所有的条件均可在一种交换状态下进行，使谈判更稳健。

其弊在于：这种风格需要充足的时间做保证。太极的游刃需要时间与空间，当无时空条件时，这种风格便难以生存。此外，这种风格会给谈判人员罩上误会的外衣——过于油滑而显不实。太极有虚，从虚中求实。当对方或旁人仅关注虚的一面时，即会产生误会。

4.2.3 确定谈判风格

虽然上述各种谈判风格各有利弊，作为谈判人员却不可能回避谈判风格，因为没有谈判风格，就没有谈判特性。为了处理品质与风格的矛盾，谈判人员应有自我基本定位和定位调整两个层面上的思考。

1. 基本定位

一名谈判人员的风格定位，不是指因其个性而去选择相应的谈判风格，而是在比较各种风格的利弊之后择优而从的一种选择和学习。

(1) 择优而从。在上述6种典型的谈判风格中，只有太极型谈判风格最主动、最优越。它集中体现了谈判中所需要的灵活性、主动性和回旋性。这些特性对制造谈判气氛、实施保护措施、挽救谈判危机、塑造谈判人员形象均有一定的积极意义。这些建设性的谈判优点均强于其他类型的谈判风格。

(2) 在选择中的学习。按个性选择谈判风格系自然选择，属低级选择范畴，不用太多的学习即可掌握（尽管仍要学习克服其弊的手段）。而择优的选择属理性的选择，系高级选择，因为对某些谈判人员来讲，是反性格的选择。所以，需要学习，方可掌握。而正是由于塑造谈判风格，又使谈判人员得到一次升华。

2. 定位调整

由于各种谈判风格自身存在的缺陷，谈判人员在择优选择之后，还存在一个完善的过程。这一对谈判风格的完善过程也叫谈判风格定位的调整。调整手法有两种：内涵式的调整与外延式的调整。

(1) 内涵式的调整。内涵式的调整，系指为选择谈判风格从其谈判表现的实质（本质）予以标记，使外在的风格产生更加强烈的威力——说服对方的魅力。那么这个标记是什么呢？它就是“唯理是谈”。

“唯理是谈”的意思是，无论以什么特征表达谈判立场，应有相应理由予以支持。简单地说，就是有立场，即有理；无理，则无要求。

(2) 外延式的调整。外延式的调整，系指从外部将选择的谈判风格予以组合，以加强其谈判威力。该组合的意思为：在熟悉各种谈判风格的利弊的基础上，针对谈判实际情况，将一种或数种谈判风格组合进来，以弥补基本谈判风格在特定谈判中的不足或加强其效果。例如：某种情况需要领导型风格或进攻型风格，那么在太极型风格的基础上，适时导入领导型或进攻型的风格。

4.3　确定国际商务谈判的方案

4.3.1　制定谈判方案的基本要求

1. 谈判方案要简明扼要

所谓简明扼要就是要尽量使谈判人员能容易地记住其主要内容与基本原则，在谈判中能随时根据方案要求与对方周旋。谈判的方案越是简单明了，谈判人员照此执行的可能性就越大。

谈判是一项十分复杂的业务工作，在谈判桌旁参加谈判的人员必须清晰地记住谈判的主题方向和方案的主要内容，在与对手交锋时才能按照既定目标，自如地对付错综复杂而多变的谈判局面，驾驭谈判局势的发展。因此，制定谈判方案时要用简单明了和高度概括的文字加以表述，以便在每一个谈判人员的头脑中留下深刻印象。

2. 谈判方案要具体

方案的简明扼要不是目的，它还要与谈判的具体内容相结合，以谈判的具体内容为基础，如果没有具体内容，就很难对它进一步概括，以及简明扼要地予以表达。谈判方案的内容虽有具体要求，但不等于把有关谈判的细节都包括在内。如果事无巨细、样样俱全，执行起来必然十分困难。

3. 谈判方案要灵活

由于谈判过程千变万化，方案只是谈判前某一方的主观设想或各方简单磋商的产物，不可能把影响谈判过程的各种随机因素都估计在内。所以，谈判方案还必须具有灵活性，要考虑到一些意外事件的影响，使谈判人员能在谈判过程中根据具体情况灵活运用。

4.3.2　谈判方案的主要内容

1. 确定谈判目标

谈判目标是通过谈判要解决的问题，如前所述，商务谈判目标可以划分为：最优期望目标、可接受目标和最低目标三个层次，对此，谈判人员事先要有所准备，做到心中有数。对于谈判目标底数要严格保密，绝不能透露给其他人。谈判目标如有重大修改，要经过商定。没有授权的谈判人员要向有关领导请示，即使是有决定权的谈判人员，也应当与参加谈判的有关人员协商，取得一致意见后再加以改动。

2. 规定谈判期限

在谈判开始以前，应当对谈判的期限有所计划和安排。由于谈判的效率问题是评价现代谈判成功与否的一个重要标准，而谈判的期限直接涉及谈判的效率，因此，谈判方案的制定应将谈判期限的规定包括进去。

谈判的期限是指从谈判的准备阶段到谈判的终局阶段。在国际贸易中谈判的期限通常指从谈判人员着手准备谈判到报价的有效期结束之时为止。买卖双方都规定了一定的期限，超过这个期限后即使履行了协议，也可能带来一定的损失。如圣诞礼品在圣诞节后市价将会大跌，因此必须赶在圣诞节之间销售。除去时间限制的影响，谈判的时间拖得越久，谈判双方耗费的人力、物力和财力也越多。因而，应在谈判之前对谈判的时间作出精确计算和适当安排，最后规定一个谈判期限。

谈判期限的规定，可长可短，但要具体、明确，同时又要有伸缩性，能够适应谈判过程中的情况变化。如某公司对谈判期限作了如下安排：此报价的有效期为 1 个月；延长有效期的费用，第一个月增加 1%；以后每个月增加 1.5%；如果超过了 3 个月，就应重新报价。因为交货等许多交易条件都有可能发生变化，此谈判的最长宽限期应在 2 个月内达成交易。这是一个较为简明、灵活又能保证卖方总体目标不受影响的时间方案。

3. 拟定谈判议程

在确定谈判方案的目标、谈判对象和谈判期限之后，即可制定谈判议程，谈判议程即议事日程，它的确定和安排，对谈判双方来讲非常重要，议事日程本身就是一种谈判战术，谈判高手都很重视这项工作。谈判议程一般都要说明谈判时间的安排和谈判议题的确定，谈判议程可由一方准备，也可由双方准备，协商确定。议程包括通则议程和细则议程，前者由谈判双方共用，后者给己方使用。

（1）己方安排谈判议程的优势分析。己方安排谈判议程有许多优势，己方可根据自己的需要适当安排。例如，可根据自己的习惯来安排谈判时间，按自己制定好的谈判方式安排讨论问题的先后。如果己方认为先就一般原则进行讨论，细节放在后面，就可以把主要领导人物的会谈放在前面先行讨论；如果己方认为，小问题容易达成协议，而大的原则问题上会存在争议，就可把细节问题放在前面先行讨论。但是，谈判议程由己方安排也有不足之处。例如，己方安排的议事日程往往透露了己方的某些意图，对方可能会从中揣摩出一些很有价值的信息，这就对己方不利。另外，对方可以在谈判前有意不对己方的议事日程提出异议，在实际谈判中才突然提出要求修改某些议程，很容易使己方陷入被动，甚至使谈判破裂。

（2）谈判议程的内容。在拟定谈判议程时，要注意两点：一是要有互助性，即不仅要符合我们自己的需要，也要兼顾对方的实际利益和习惯做法；二是简洁性，在一次谈判过程中，过多的谈判事项往往会形成人们的思想负担。典型的谈判议程至少要包括下列四项内容：

①时间安排。即确定谈判在何时举行，为时多久。倘若是分阶段的谈判还需确定分为几个阶段，每个阶段所花的时间大约是多少等。在确定谈判的时间时，要考虑以下几个因素：谈判准备的充分程度、谈判人员的身体和情绪状况、谈判的紧张程度、谈判议题的需要、谈判对手的情况。

②确定谈判议题。确定谈判议题时，首先要将与本次谈判有关的问题罗列出来。其次，将罗列出的各种问题进行分类，确定问题重要与否，与己方的利弊关系。最后，将对己方有利的问题列为重点问题加以讨论，对己方不利的问题尽量回避，这将有助于己方在谈判中处于主动地位。但回避并不等于问题不存在，因此还要考虑到当对方提出这类问题时，己方采取的应付对策。

③谈判议题的顺序安排。谈判议题的顺序有先易后难、先难后易和混合型等几种安排方式，可根据具体情况加以选择。

④通则议程与细则议程的内容。通则议程是谈判双方共同遵照使用的日程安排，在通则议程中，通常应解决以下问题：双方谈判讨论的中心问题，尤其是第一阶段谈判的安排；列入谈判范围的有哪些事项，哪些问题不讨论，问题讨论的顺序是什么；讨论中心问题及细节问题的人员安排；总体及各阶段谈判的时间安排。通则议程可由一方提出，或双方同时提出，经双方审议同意后方能正式生效。细则议程具有保密性，它是对己方审议同意后具体策略的具体安排，供己方使用。其内容一般有：对外口径的统一，包括文件、资料、证据和观点等；谈判过程中各种可能性的估计及其对策安排；谈判的顺序，何时提出问题，提什么问题，向何人提出这些问题，由谁提出，谁来补充，何时打岔，谁来打岔，在什么时候要求暂停讨论等；谈判人员更换的预先安排。

4. 安排谈判人员

谈判是谈判主体间一系列的行为互动过程，谈判人员的素质和能力直接影响到谈判的成败得失。因此，在谈判方案中对谈判班子的组成和谈判人员的分工作出恰当的安排是一项十分重要的内容。关于谈判人员的构成、人员所需要的素质以及成员间的分工与配合在前面已经做了较详尽的分析，这里不再赘述。

5. 选择谈判地点

谈判场所对谈判效果也具有一定的影响作用，本书第三章第三节中已对不同谈判地点和谈判场所的特点进行了分析，谈判人员应当根据需要很好地理解并选择合适的谈判地点。

◎本章案例

鹅卵石（续）

香港公司谈判人员分析了日本东森株式会社及其谈判代表的资料，考虑到中国及国际市场的鹅卵石行情，以及日方代表亲自赴中国产地考察原料和运输成本的情况，制订了以下方案。

谈判目标：最高目标是以运达日方目的港的CIF价格条款成交，第二目标是以FOB南京装运港价格成交，最低目标是按鹅卵石收购价收取5%~10%的佣金。

谈判议程：首次非正式谈判安排在日方代表抵港后的午宴中进行，主要是先沟通一下谈判要点和日程安排，不直接涉及最敏感的价格问题；第二次的正式谈判安排在从南京考察后返回香港的次日上午或全天，地点在香港公司总部会议室，主要是对交易方式和条款进行逐项磋商；第三次谈判安排在第二次谈判的次日下午，以便有较多的时间最后敲定所有交易细节，直至签约。

谈判策略：由于对方经过实地考察，对原料采购和各运输环节的价格构成比较清楚；对方谈判主角虽性格比较内敛，但精于核算。因此，谈判宗旨应该是开诚布公，尽量避免枝节问题的纠缠，控制好谈判时间，视对方日后进口数量的多少，灵活调整交易方式，底线是保小利而谋求建立持久的供货关系。

谈判人员的分工：公司董事副总裁担任每次会晤的主谈，业务经理负责全程陪同考察并参与每次谈判，对技术指标和价格构成进行分析和解释，拟订交易协议。

资料来源：窦然：《国际商务谈判与沟通技巧》，复旦大学出版社2009年5月版。

◎思考题

1. 谈判目标分为哪几个层次？如何确定谈判目标？
2. 国际商务谈判中有哪些不同的谈判风格？如何确定谈判风格？
3. 谈判方案有哪些基本要求？如何制定一套完整的谈判方案？

第5章 国际商务谈判的礼仪与礼节

◎**本章要点**

礼仪和礼节作为重要的生活规范和道德规范，是对他人表示尊敬的方式与体现。作为人类文明的重要体现形式，它在一定程度上反映了一个国家、一个民族、一个地区或个人的文明、文化程度和社会风尚。

本章首先介绍了礼仪和礼节在国际商务谈判中的作用和国际商务谈判中要把握的基本礼仪和礼节。然后重点介绍了国际商务谈判中各种常用的礼仪，包括迎送礼仪、会见礼仪、洽谈礼仪、宴请礼仪、参观礼仪、馈赠礼仪、女性礼仪和日常交往中其他礼仪与禁忌。最后介绍的是基本的出境商务礼仪。

5.1 礼仪和礼节在国际商务谈判中的作用

5.1.1 提高谈判人员的个人谈判力

首先，良好的礼仪举止能使谈判人员更容易被人接受。保持微笑，礼貌待客，整洁的着装，记住他人的名字，善于倾听，能给对方留下好的第一印象；设法了解对方，了解他们的风俗习惯，对商品的喜好与禁忌，谈论对方感兴趣的话题，真诚地赞赏对方等，这些好的习惯能帮助谈判人员建立起良好的人际关系，在谈判中提高对方对自己的认同感。其次，遵守礼仪能增加谈判人员的信服力。不管在何时何地，在何种条件下开始谈判，以友好的方式开始，让对方尽量多说话，从对方的角度真诚地看待问题，尊重对方的建议，尽最大努力满足对方的合理要求，让对方受到应有的款待和礼遇，让他感到自己受到重视，会使谈判人员在交易中得到更多的信任。

5.1.2 营造良好的交易氛围

良好的交易氛围是交易成功的重要条件。一个谈判团队，如果能够热情周到地对待对方，做到急对方之所急，想对方之所想，设身处地地为对方排忧解难，尊重对方，就会使对方感到你是有诚意的，乐意同你打交道。在一个宽松和谐的氛围中，就比较容易找到一个双方均能接受，彼此都可以覆盖的结合点。另外，从谈判目标的确定，地点、时间的选择，议程和席次的安排，以及接待的规格等方面，都可以体现出对对方的尊重。总之，必要的礼仪形式，体现着洽谈组织者对谈判的重视程度，从而创造宽松和谐的氛围，使双方容易达成互惠互利的协议。

5.1.3 体现商务人员的素养

对于现代企业和商务从业人员来说，塑造企业形象和个人职业形象都是十分重要的。商务人员在相互接触中往往通过对方的仪容、仪表、仪态来判断对方的可靠程度。彬彬有礼，举止有度，谈吐不俗，自然真诚，从容不迫，会使对方产生信任感和安全感，从而赢得尊重和欢迎，为彼此沟通创造良好的铺垫，有利于商务活动的开拓，增加成功的保证系数。相反，如果谈判人员姿态不端，懒散拖沓，不拘小节，就会产生另外一种效果。一些不得体的举止，甚至可能会毁掉一宗大买卖。因为有些细节会自然地暴露出一个人的素质弱点或是性格修养上的缺憾，而如果这些又恰是对方重视和计较的，就会成为影响合作的障碍。可见，注重礼仪礼节非常重要。

文雅大方的举止，往往胜过优美的语言。它是一个人的气质、修养等内在素质的外部体现。商务人员的一言一行不仅代表着个人形象，还代表着企业甚至国家的道德风貌和文明程度，因此，商务人员要想受人尊敬，受人欢迎，一定要注重各方面的礼仪和礼节。

5.2 国际商务谈判中要把握的基本礼仪和礼节

礼仪与礼节可以说贯穿于商务谈判的整个过程当中，是每一个阶段，每一项活动都需要遵守和注意的细节。但是总体说来，有一些基本礼仪和相关问题是需要我们提前做好准备并在整个谈判过程贯彻始终的。

5.2.1 事前做好最充分准备

1. 资料搜集

谈判前，应尽可能详细地收集所有相关资料，不只是与谈判直接有关的资料，还包括谈判对手的经历和兴趣之类的相关资料。这样做的益处很多，一方面是可以显示出对对方的重视，以及体现出对会谈的诚意。例如，日本已故的石阪泰三在访问各国时，常常找机会以原文引用该国文学作品，博得不少赞誉。他之所以肯花这番工夫，是因为他明白谈判除了在会议桌旁慷慨陈词以外，更重要的是让对方从感情上更快地接受自己。另一方面，了解对手的优缺点及好恶有助于制定出合理的谈判策略，更好地扬长避短，利用各种谈判技巧达到获取更多利益的目的。

2. 服饰准备

一般，初次见面，外表给人的印象是很深刻，很重要的。参加谈判的人员应穿着得体、规范。只要是正式场合，男士最好穿西装或中山装，女士应着裙装或套装等正规服装，力争给对方留下成熟干练、可信赖、富有诚意的印象。

5.2.2 介绍得体与举止大方

1. 介绍与自我介绍

商务谈判见面之初，介绍与自我介绍是很重要的一个环节。正式的谈判场合，介绍的礼仪规则：不分男女老幼，只以社会地位的高低作为衡量标准，遵从社会地位高者有了解对方的优先权的原则。同时地位高者应主动伸出手来和对方相握，并礼节性地寒暄几句，以表示因为相识而感到高兴。若备有名片，可适时递上。非正式的、较小范围的业务洽谈，介绍则不必拘泥于礼节和规则，可以采取更自由的方式，只要双方觉得合适，融洽就行。如果大家都是同行，就更应以自然、轻松为宜。介绍要大方、得体，吐字清楚，说话速度不要太快，以对方听得清楚为准。同时，目光应始终注视对方；如果对方是两人以上，最好采用环视大家的方式，不要把目光只集中到一个人身上，以体现出对所有人的尊重。

2. 态度诚恳

在整个谈判活动中，谈判人应做到坐有坐姿，行有行态，落落大方，端庄稳重。站立时，两腿自然分开，约相距一肩宽，双手相握，自然下垂，放在身前正中间或背放身后，挺胸抬头，目光平视对方，面带微笑，表现出良好的精神状态和和善亲切的态度。坐时，应将双手放在桌上，挺腰近台，目光依旧要平视对方，面带微笑，专注从容，缓急适度。如果是陪同宾客走入房间，应先请客人坐到各自的座位上，然后，自己轻步入席。如果因故迟到，应当疾步入门，眼睛搜寻主宾，边走边伸手给主宾致意，同时诚恳表达迟到的歉意。

谈判时，态度要诚恳、谦恭、热情。当对方在谈判中摆出虚假、傲慢、冷漠的态度时，不要马上以牙还牙，以眼还眼。要冷静分析原因，然后对症下药。总之，要尽量做到不卑不亢，以维护谈判的融洽气氛为主旨，不要因失礼而危及谈判的成功。在公共场所，应保持安静，不要喧哗。在听演讲、看演出等隆重场合，要保持肃静，不要交头接耳，窃窃私语，或者表现出不耐烦的情绪。

5.2.3 营造和维护和谐气氛

1. 选择中性话题

商务谈判中良好气氛的营造是和得体的礼仪行为分不开的。从会谈一开始，谈判人员就要特别注意谈吐举止的礼仪修养。态度应热情诚恳，以便先入为主，使对方感到亲切、自然，这样有助于消除双方的距离感。彼此介绍、寒暄之后，不宜马上进入会谈正题，而应选择一些与正题不相关的中性话题作为过渡。因为中性话题容易引起双方共鸣，使双方在进入谈判正题前先适当地相互了解，建立起一定的熟悉感。在业务洽谈中，常用的中性话题范围很广，一切与正题不相干的话题都是中性的，这里我们把它归纳为四个方面：（1）来访者旅途的经历；（2）体育新闻或文娱消息；（3）个人的爱好；（4）双方熟悉的有关人员等。这些都有助于和谐气氛的营造。通过对题外话的简单交谈，双方的感情就比较接近了，气氛也融洽了，再谈正题就显得自然、不唐突。但是，中性话题也有积极、消极之分，谈判人员应设法避免令人沮丧的话题。

2. 避免争吵

当然在谈判的过程中，每当出现争执、分歧，和谐气氛开始遭到破坏时，谈判人员都应考虑用适当的方法进行调节，尽量避免僵持和激烈争吵的出现。气氛和谐和内容协调是谈判要取得成功并行的两条线，既能相互促进又能相互破坏，所以都应得到重视。此外，尤其要注意避免与谈判内容无关的争论，例如和对方在宗教、政治、生活方式、工作习惯、个人性格、道德观念、个人喜好、公平权利和自由等话题上引发争论，则容易因小失大、错失良机。

5.3 国际商务谈判中各种常用的礼仪

5.3.1 迎送礼仪

迎来送往是常见的社交活动，也是商务谈判的一个组成部分，因此，迎送礼仪也成为商务谈判礼仪中的一项基本内容。在谈判中，作为东道主的一方，对应邀前来参加谈判的，无论是官方人士、专业代表团，还是民间团体、友好人士，在他们抵达和离开时，一般都要安排相应规格的迎送仪式。重要客商或初次来的客商，要专人迎送，一般要求的规格也比较正式规范；一般的客商、常来的客商，接送礼仪可相对简单；长期来往的非常熟悉的客商，有时也可以视情况不安排特别的接送仪式。

1. 确定迎送规格

迎送规格，是指迎送礼仪采取的方式、隆重程度以及参加迎送仪式人员的身份，一般应当依据前来谈判人员的身份，谈判的目的、内容，己方与被迎送者之间的关系，以及可遵循的以往惯例来决定。

（1）主要迎送人的身份和地位通常应与来者相差不多，以对口对等为宜。如果当事人因故不能出面，或者不能保证对等，可适当变通，由职位相当人士或副职出面。同时当事人因故不出面，应从礼貌出发，诚恳地向对方作出合理的解释。随行人员一般包括与谈判直接相关的工作人员，人数视情况而定。

（2）迎送的地点可在机场车站等客人到达处，宾馆等客人预备下榻处或是谈判举行地。迎送路线越长则表示礼仪越隆重。最隆重的形式是在飞机舷梯处等待迎接以及告别，适应特别重大及正式的国际会谈。最简单的则是在会场门口举行的简单迎送仪式，表示对客人的礼貌与尊重。

（3）一般来说，迎送规格是有规则和惯例可遵循的，只有当对方与己方关系特别密切，或者己方出于某种特殊需要时，方可破格接待。除此之外，均适宜按常规接待。

2. 掌握迎送时间

迎候人员应当准确掌握对方抵达时间，提前到达机场、车站、宾馆、会场等客人到达处等候，以示对对方的尊重。一般只能由主人去等候客人，绝不能让客人等候。客人经过长途跋涉，如果一到达预定目的地，就看见有人在等候，一定会感到十分愉快；如果到达的是陌生地，则能因此而获得安全感。如果迎候人员迟到，对方会陷入失望和焦急之中，不论事后怎样解释，有什么理由，都很难使对方改变你失职的印象。

同样，送别人员亦应事先了解对方离开的准确时间，提前到达来宾住宿的宾馆，陪同来宾前往机场、车站或码头，亦可直接前往机场、车站或码头恭候，与来宾道别。在来宾临走之前，送行人员应按一定顺序同来宾一一握手话别。飞机起飞或火车、轮船开动之后，送行人员应向来宾挥手致意，直至飞机、轮船或火车开走，方可离去。

3. 做好接待的准备工作

接待的准备工作一般包括以下几个方面：

（1）在得知来宾抵达的日期后，应首先考虑到其食宿安排。对方尚未启程前，先问清楚对方是否已经自己联系好住宿，如未联系好，或者对方是初到此地，在征得其同意的情况下，可根据其要求为其预订宾馆。若完全由己方承担招待，最好在条件允许的情况下准备等级较高、条件较好的宾馆。客人到达后，通常只需稍加寒暄，即应陪客人前往宾馆，在行车途中或在宾馆简单介绍一下情况，征询一下对方意见，即可告辞。若需要安排饮食，一般应准备一些当地的特色，然后待客人抵达后征询其意见再作详细的安排。

（2）对于谈判日程的准备，一般事前根据对方停留的时间长短，做一份大致的计划，同时准备好随时调整。客人到达的当天，最好只谈第二天的安排，待客人充分休息后再详细讨论另外的日程安排。

（3）对于谈判中涉及的其他辅助性事项，例如场外的参观、游览等调节活动，需要馈赠的礼品等，更需要提前做好准备。要事先充分了解对方的特点和喜好，制定好合适的方案以备不时之需。

5.3.2 会见礼仪

会见是谈判过程中的一项重要活动。就参与双方的身份来分，会见包括接见与拜会两种：身份高的人会见身份低的人称为接见，反之称为拜会。就其内容来说，分为礼节性的、政治性的和事务性的三种。在商务谈判活动中，东道主应根据来访者的身份和会谈目的，首先安排相应的有关部门负责人与之进行礼节性会见，然后在情况需要时，安排适当的事务性会见。

1. 会见前的准备工作

在商务谈判的整个过程中，如果一方需要会见另一方，应提前将自己一方人员的姓名、职务以及要求会见什么人，为何会见通知对方。接到要求的一方，无论是否同意，都应尽早予以答复，不可无故拖延，置之不理。因故不能会见的，应向对方作出解释。如果接到要求的一方同意对方的要求，可主动将会见的时间、地点、自己一方的参加人员通知对方，以便双方沟通。提出要求的一方也应该提供自己一方的出席人员名单，双方人员的人数应大体相当。

礼节性的会见，时间以半小时为宜。事务性的会见，根据会谈主题的不同时间长短也会不同。会见一般都在会客室或办公室里进行。

2. 会见中宾主相见的礼仪

在会见开始前，东道主应先行到达会见地点，做好准备工作的查漏补缺，并预备迎接客人的到来。主人可以在宾馆或单位正门口迎候，也可以在会客室的门口迎候，还可以在会客室内等候，而由工作人员把客人带入会客室。工作人员领客人时，应走在前边，到楼梯或拐角处时，要回头告诉客人一下。主人在迎接客人时，应主动与客方成员握手。握手寒暄，相互问候后，主人应请客方洽谈人员先行入座，双方一起入座是可以的，但主人自己抢先落座就不合礼仪规范了。宾主双方入座后，除在场参与洽谈的人员外，其他服务人员均应立刻退出洽谈场所；在洽谈中非洽谈参与者不得随意进进出出，以保持严肃和恰当的环境气氛。

这其中涉及一个重要的细节：握手礼仪的规范问题。握手是中国人最常用的一种见面礼，也是国际上通用的礼节。握手看似简单，但这个小小的动作却关系着个人乃至公司的形象，甚至影响到谈判的成败。

普通的握手方式应当为：双方各自伸出右手，手掌基本呈垂直状态，五指并拢，稍微握一下，时间不宜太长，也不宜过于短促，一般以3秒左右为宜。握手的力度要适当，动作过大或者力度过轻过重都显得不大礼貌。更要切忌抓住他人的手来回摇晃。握手时双眼应平视对方，面带微笑，以此致意；目光旁顾会给人心不在焉，一心二用的感觉，显得缺乏对他人的起码尊重。在对方人员较多时，与每位来宾握手的时间应大体相当，否则易给人不同等对待，厚此薄彼的感觉。握手的顺序基本是礼宾次序，由身份、职位的高低来决定。

握手还应该避免以下几种不礼貌的行为：(1) 握女性，尤其是年轻漂亮的女性之手时，时间过长，握得过紧，有失态之嫌。(2) 用左手与他人握手，这在有些民族尤为大忌。(3) 在场人员较多时，注意不要发生交叉握手的情况。

3. 会见时介绍的礼仪

会见双方见面时，通常有两种介绍方式，一种是第三者作介绍，一种是自我介绍。第三者介绍是比较正式的介绍方式，一般谈判双方初次见面都会安排专门的人员介绍各个成员的职务、姓名、职责等基本信息。而自我介绍适用于人数多、分散活动而无人代为介绍的时候，自我介绍时应先将自己的姓名、职务告诉来宾。

介绍的顺序各国不大一致，在我国，习惯是年纪大的人优先介绍，而西方国家是女士优先，只有对方是年纪很大的人时才例外，在公事场合则一律是以职位高低为次序。商务谈判初次会见介绍时，应先将来宾向己方人员介绍，随即将己方人员向对方介绍。如对方是己方人员都熟悉的人就只需将己方人员介绍给对方即可。介绍己方人员时，要把姓名、职务说清楚，介绍到具体人时应有礼貌地以手示意，不要用手指指，更不要用手拍打别人。

在称呼上，介绍时对外宾通常可称“先生”、“女士”、“小姐”；对国内客人通常可称“同志”、“先生”、“女士”或“小姐”。

4. 会见过程中应注意的其他问题

(1) 商务活动中的礼节性会见，由其性质所决定，不可能时间很长，所以会见的双方应掌握分寸，言简意赅。多谈些轻松愉快、相互问候的话题，避免单方面的冗长的叙述，更不可有意挑起争论。

(2) 在会见中，如果人员较多，可使用扩音器，便于每个成员都能听清会谈内容。

(3) 主谈人交谈时，其他人员应认真倾听，不得交头接耳，或翻看无关的材料。更不允许打断他人的发言，或使用人身攻击性的语言。

(4) 在会见时可以预备茶水招待客人。夏季还可以准备饮料。

(5) 会见结束后，主人应将客人送至门口或车前，握手话别。目送客人乘坐的车离开后，主人方可退回室内。

5.3.3　洽谈礼仪

洽谈是谈判过程中就主题进行实际讨论和磋商的阶段。与一般的会见活动相比，洽谈活动具有时间长、内容多的特点，往往会涉及各方的实际利益，因而它也是商务谈判活动的中心环节，涉及交易的最终结果。任何成功的谈判，都包含了一定方式之下的圆满洽谈。而在圆满的洽谈活动中，遵守洽谈礼仪毫无疑问是占有重要地位的。当然，在洽谈活动中，遵守了洽谈礼仪未必因此使谈判一举成功；但是，如果违背了洽谈礼仪，却必定会造成许多不必要的麻烦，甚至给达成协议造成威胁。因此，在洽谈活动中，除遵守会谈礼仪的一般原则外，还必须讲究和严格遵守洽谈活动中的各种礼仪细节。

1. 洽谈中座次安排的礼仪

座次安排是洽谈礼仪中一个非常重要的方面。虽然各国的风俗习惯有所不同，但是有一些国际惯例是大家共同认可的。座次的基本讲究是以右为尊，右高左低。这里的高低是指洽谈参与者身份地位的高低。参与洽谈人员的总数应该避开一些双方忌讳的数字，例如13，如果需要，可以用增加临时陪座的方法避免这些数字。

业务洽谈（特别是双边洽谈）多使用长方形的桌子。通常双方相对而坐，各占一边。谈判桌横对入口时，来宾对门而坐，东道主背门而坐。谈判桌一端对着入口时，以进入正门的方向为准，来宾居右而坐，东道主居左而坐。双方的主谈人是洽谈中的主宾和主人。主宾和主人居中相对而坐，其余人员按职务高低和礼宾顺序分坐左右。原则仍是以右为尊，但要加上一条优先原则——靠近主谈人。这样，主谈人右手第一人为第二位置，主谈人左手第一人为第三位置，右手第二人为第四位置，左手第二人为第五位置，依次类推。记录员一般位于来宾的后侧，翻译员位于主谈人右侧。

多边洽谈一般采用圆桌的形式，有时为了强调对贵宾的尊重，己方人员有不满座的习惯，一般坐满三分之二的座位即可，但也要具体情况具体对待。由于座次排列属于重要的礼节，是一定不能安排错误的，否则会引起谈判人员的不满。同时，为了避免因出错而失礼或导致尴尬的场面，在座次安排妥当后，在每个位置前可安放一个名签以便识别；或者安排引座员加以指引。

2. 洽谈中的语言礼仪

洽谈的主要交流工具是语言，同时语言也是贯穿谈判各个过程的重要载体。有关谈判的语言礼仪是一项复杂而又重要的内容，而语言运用的礼貌、礼仪、技巧等内容都是密切相关，不可分割的，因此我们在之前已经将商务谈判语言运用的相关内容用专门的章节做了详细的介绍，在此不再赘言。

3. 洽谈礼仪中的其他注意事项

（1）尊重对方，谅解对方。在洽谈活动中，只有尊重对方，理解对方，才能与对方在感情上接近，从而获得对方的尊重和信任。因此，谈判人员在交谈之前，应当调查研究对方的心理状态，考虑和选择令对方容易接受的方法和态度。也要了解、分析对方的语言习惯、文化程度、生活阅历因素等可能对谈判造成的影响，做到知己知彼，有的放矢。千万不可不分场合，信口开河；更不可咄咄逼人，专横跋扈。

尊重对方，谅解对方，还包括在发现对方失言或有语病时，不要当场表示惊讶，更不要立即加以纠正。如有必要作出更正，可于事后根据双方的亲疏程度妥善处理。如果双方有较好的感情基础，可以在适当场合、适当时机、善意地指出其不足，可博得对方由衷的感谢。若对方固执己见，骄傲自负，但是又必须指出其问题时，应当采用婉转的方式或是转移话题，使谈判按计划程序继续进行下去。切忌批评和当众揭短，以免冒犯对方尊严。

交谈时应当意识到，说和听是平等互动的。双方发言时要掌握各自所占用的时间比例，不能出现一方独霸的局面。对方发言时，一定要注意认真倾听，并适当与讲话者交流目光，或用点头、微笑、手势等方式做出响应。如果对方健谈，不管是否愿意听，也不要轻易打断对方的讲话，而要让其尽兴。即使对方的谈话已离题，也不要走神，与他人交谈或做其他的事表示不耐烦。否则，可能会惹怒对方，因小不忍而失掉全局。

交谈时还应当注意，一旦自己出现失言或失态时，应当立即向对方道歉，只要态度诚恳，一般都能够得到谅解。不要过多的自我辩解，以免越描越黑，画蛇添足。如果是在对方尚未完全作出反应的时候，则适宜镇定自若地运用随机应变之术，伺机将话题引开，或用补充说明作掩护，尽量将问题化解，避免引起对方的注意。

（2）及时肯定对方。在洽谈过程中，当双方的观点出现类似或基本一致的情况时，谈判人员应当抓住时机，积极地肯定这些共同点。如有可能，还要想办法及时补充、发展双方一致的论点，引导、鼓励对方就这一共同观点畅所欲言，将交谈推向高潮。适当的赞同、肯定的语言在交谈中常常会产生积极的作用。

洽谈中适时中肯地确认另一方的观点，能使整个洽谈的气氛变得活跃、和谐，原本陌生的双方容易从差异中产生一致感，进而十分微妙地将心理距离拉近。在此基础上，本着求大同存小异、互惠互利的原则达成协议就比较容易可行了。对对方观点表示赞同和肯定时，切忌态度虚伪，使用谄媚之词讨好对方，以免引起对方的怀疑和警惕，甚至招致对方的怒火，从而使自己失去与对方对话的平等地位。因此，肯定对方要态度诚恳，恰如其分，既不可言过其实，又不可辞不达意。

另一方面，在受到对方的赞同或肯定时，谈判人员应以语言或动作，如点头、微笑等进行交流反馈。古语说“有来无往非礼也”，有来有往的交流，易于使双方谈判人员感情融通，从而为达成一致协议奠定良好基础。

（3）态度和蔼，自然得体。交谈时要充满自信，态度和蔼，神情要自然，语言要得体。说话时手势运用要恰当；谈话距离要合适；交谈的内容一般不要涉及病、亡等不愉快话题。此外，不要径直询问对方履历、收入、家庭、财产、衣饰价格等个人生活问题；不要谈论妇女的年龄、婚姻、体态等问题；对方不愿回答的问题不要追问不止；如涉及对方反感的问题应表示歉意；不要批评长者和身份高的人；不要随便议论宗教和他国内政；争论问题要有节制，不要讥讽他人或进行人身攻击。

5.3.4　宴请礼仪

1．宴请的形式

以宴请的方式款待宾客，是商务交往中的一项经常性活动。这不是一般的请客吃饭，而是商务交往的一种重要形式，因此，礼仪在宴请中占据着十分重要的地位。目前，国际上宴请的形式主要有宴会、冷餐招待会、酒会、茶会和工作进餐等几种。基本情况如下：

（1）宴会。宴会是较为隆重的正餐。根据举行的时间，可分为中餐、晚餐两种，而其中以晚宴更为隆重。根据级别和隆重程度，宴会又分为三种：一是国宴，是为国家庆典或欢迎外国元首、政府首脑而进行的规格最高、最为隆重的宴会。宴会形式正规，最为特别的是宴会厅里要悬挂国旗，并由乐队演奏国歌和席间乐。二是正式宴会，不挂国旗，不奏国歌，出席者也不同，但其他方面均与国宴相似。这两种形式对于宾主座次、酒水、菜肴的道数、餐具以及来宾与服务人员的服饰，均有一定的要求。三是便宴，即非正式宴会。形式较为随便，不排座次，不作正式讲话，各方面规格都相对简单一些，对出席嘉宾的要求也比较宽松。

（2）冷餐招待会。冷餐会相对宴会而言是更为自由的进餐方式，一般在招待人数较多时举行。按主客的身份和举办的目的不同，规格有高有低，随之设置的菜肴和酒水也不相同。冷餐会一般在较大场地举行，可以在室内，也可以在室外（这也是冷餐会区别于其他宴请形式的一个较大特征）。冷餐会一般设有餐台和酒台，参加者可坐可立，并可自由活动。菜肴以冷食为主，酒和菜均可自取，也可以请服务员端送。

（3）酒会。酒会是鸡尾酒会的简称，是指主要以各种饮料招待客人的宴请形式。鸡尾酒会要准备多种饮料酒水，并搭配有少量小吃，由服务员端送，或将食品放在小桌和茶几上，由客人自取。酒会一般在中午或傍晚举行，时间较短，对客人到场和退场的时间没有严格要求，并且形式轻松随便，客人可自由活动和攀谈。

（4）茶会。茶会是一种更为简便的招待方式，是指主人请客人一边品茶或喝咖啡，一边交谈。一般适用于人数较少，氛围轻松和谐的情况。茶会可以在舒适安静的小宴会厅举行，也可以在主人的客厅里举行。

（5）工作进餐。工作进餐是现代商务谈判中经常采用的一种非正式的宴请形式，是双方工作人员在谈判过程中的简单进餐，适应现代商务谈判的快节奏要求。工作进餐一般只有谈判的工作人员参加，不邀请客人的配偶以及其他与工作无关的人员。在进餐过程中，大家可以边吃边谈，进行简单的交流。

2. 赴宴礼仪

赴宴前的准备。赴宴者接到请柬以后，首先要看清宴会举行的日期和时间，一般在宴会开始前15分钟到达，不需要太早，同时切忌迟到。如果因事不能赴宴，必须提前通知对方，并表示感谢和惋惜。凡打算赴宴，一般不必回复；若请柬上注明“请回复”，则无论赴宴与否都必须通知对方。其次，要分清宴会的种类和规格，以便准备好合适的服装。

赴宴的着装。正式的宴会应着正装，非正式的宴会则不必过于拘泥，同时衣服至少应该干净整洁、符合时令，以免由于穿着打扮不合时宜而闹笑话。出席宴会前最好稍作修饰，每个客人都衣着整洁、容光焕发地赴宴，是对主人的尊重，也会使整个宴会的气氛庄重而热烈，好的气氛能使宾主双方更好地交流和沟通。最忌讳穿着工作服，带着倦容赴宴，这会使主人感到未受尊重，也会破坏整个宴会的气氛。

参加宴会入席前，要了解清楚自己的桌次和席位，尤其在无人领位的时候，千万不要坐错，否则会造成不必要的尴尬。入座时，如有女宾，应先让女宾入座，席间也应适当照顾，离席时请女宾先走。事先还应当准备好名片，被介绍给他人时，要用双手奉上名片，不要随便丢到桌子上。接别人的名片时，也应用双手接。接到后应认真看一下，有时可有意识地重复一下对方的姓名和职务，以示尊敬和仰慕，不要漫不经心地随手塞进口袋。

进餐前，应当自由地与其他客人交谈，不要沉默不语。交谈面可以宽一些，不要只注意老相识，要多结交新朋友。至于交谈内容，应注意宴会是交际场合，话题可以丰富随意一些，不要专谈工作，否则会让其他人觉得扫兴和乏味。

进餐时，举止要文雅。有些细节一定要注意：服务员送上的第一道湿毛巾是用来擦手的（吃过饭后再用别的毛巾擦脸），有的人一上来就抹脸，甚至连脑袋也抹一遍，这是很不文雅的；不要一面咀嚼食物一面说话，既不礼貌也不卫生；喝汤不要嚼，不要发出声音；剔牙时，应用手遮住口；咳嗽、吐痰要离开餐桌；喝茶或喝咖啡时，如果配有茶匙，搅拌后要将茶匙放回茶碟上，不要用茶匙来喝，喝时右手端杯子，左手端茶碟；宴会进行中，不能当众脱下衣服，如主人请客人宽衣，男宾可脱下外衣挂在衣架或椅背上。

一般来说，中餐礼仪相对简单，但是要注意：宴请外宾时，可用公用餐具主动给外宾让菜，但不能用自己的餐具让菜；但如果外宾设宴，对方是主人，则不要主动让菜；遇到自己不能吃或不爱吃的菜肴，不要拒绝，服务员分到盘内时，应表示“谢谢”，不要吐舌头或做出其他难堪的表情。西餐礼仪相对复杂，在后面我们还会专门加以介绍。

祝酒，一般由主人和主宾先碰杯，再由主人和其他人一一碰杯。人多的时候，也可同时举杯示意，不需要一一碰杯，但碰杯时尽量不要交叉碰。在主人或主宾致辞、祝酒时，应暂停进餐，停止交谈和其他活动，注意倾听，不要借此机会抽烟。饮酒量应尽力控制在自己酒量的三分之一以内，以免因为饮酒过量，失言失态，影响整个宴会气氛。给外宾敬酒要适度，不能劝酒。

宴会进行中，如不慎发生异常情况，如餐具掉落在地上，或酒杯碰翻等，应沉着应付，不要惊慌失措，更不要惊呼尖叫。首先轻声向邻座或主人表示歉意，然后根据具体情况做出应对。餐具掉落可请服务员再送一付；酒水打翻，溅到邻座身上，应表示歉意，协助擦干；如果对方是女士，只要把餐巾或干净手帕递过去，请她自己擦干净即可。

如果有事要早退，应事先向主人说明，到时再告别，悄悄离去，尽量别惊动太多客人，以免整个宴会的气氛受影响。宴会结束后应向主人致谢，称赞宴会组织得好，菜肴丰盛精美，同主人话别，然后离开。

此外，还有以下几个注意事项：在酒席上一般不要谈生意，因为宴会厅人声嘈杂，不是谈生意的合适场所。而且有些国家的客户认为在酒桌上谈生意是一种诱惑、拉拢行为，对此比较反感。酒席上的谈话除了不涉及他人隐私外，对政治宗教问题也要慎重，要了解一下在座者的倾向，以免无意中得罪他人。赴宴时，注意尊重主人的民族习惯，对不合口味的菜也不要表示排斥。此外，参加任何社交活动，都必须遵时守约，因为信用是商务交往中最可贵的品质之一，不守信用会影响个人或谈判一方留给对方的印象，造成无法挽回的损失。

5.3.5 参观礼仪

商务谈判的过程中，为了促进双方的相互了解，缓解紧张气氛，东道主一方有时会安排一些参观活动。无论是安排方还是参与方，对于参观活动的礼仪也要给予重视。

安排来宾的参观日程，应根据接待计划、来宾的特点和要求，有针对性地安排。对于来宾提出的合理要求，在允许的情况下，要尽可能予以满足；确实无法满足的，应做好解释。在征得来宾同意确定参观日程后，应尽快通知参加接待的有关单位和部门，加以落实。无特殊情况，不应随便改变日程安排，如确改变，也要妥善安排，尽可能保证整个活动的衔接。

接待单位一般应根据来宾情况，准备好相应语种的情况介绍。如果来宾所属国家地区所用的是小语种，准备起来有困难，可按常规准备中英文对照的材料。介绍材料力求简明扼要，实事求是，体现本单位特点，而且对谈判要有实际意义。接待单位要事先了解和掌握来宾的情况、特点和要求，对可能提出的问题和需要注意的问题进行充分考虑，以便有针对性地进行准备。由于中外文化差异，对外宾不宜用“光临指导”、“检查工作”、“汇报”、“指示”等词语。

陪同参观的人员不宜过多，但应该包括能够回答技术问题的人员。对可能涉及的技术问题事先要有充分的准备，以免出现应答失误，影响己方的可信度。引导来宾参观的人，要走在前方引路；上下楼梯时，引导的人，应该靠扶手走，而让来宾靠墙走。有时，为了对具有一定规格的外宾表示欢迎，应该在被参观企业或其他适当地方，悬挂参观者国家的国旗和本国国旗。

如果在参观企业时碰巧到了进餐时间，不必特意从外面叫菜，也不必到外面的餐厅去招待，在企业内部餐厅用餐就可以了。招待过于奢华，有时反而会使来宾产生不良的印象。

应当注意，如果是接待外宾，要内外有别，注意保密。需保密的产品和生产过程，不要引导外宾参观；对外宾提出的要求，没有把握的不要轻易表态；更不要随意允诺送给外宾产品、资料等。

5.3.6 馈赠礼品的礼仪

1. 馈赠礼品

谈判人员在相互交往中馈赠礼品，除表示友好，进一步增进友谊和表达今后继续联络感情的愿望外，更主要的是表示对本次合作成功的祝贺，和对再次合作能够顺利进行所作的祝愿。因此，选择适当时机，针对不同对象选择不同礼品进行馈赠就成为了一门敏感性、寓意性都很强的艺术。

在选择礼物时要考虑价值、种类、数量、包装等方面，在馈赠时还要考虑时机、地点、赠送方式等问题。礼物的价值应视洽谈内容的具体情况和对方的偏好而定。一般而言，西方社会较为重视礼物的意义和感情价值，而不是实物价值。所谓“礼轻情义重”，这里的礼物是传递友谊和交流感情的桥梁，因而选择时要注重它的纪念意义、民族特点和实用性，无须太贵重，只要对方喜欢并接受就达到了送礼的目的。有时礼物过于贵重会使人觉得你别有用心，效果适得其反。但是也有些地区的客商，相对而言注重礼物的货币价值，在赠送礼品时就不可忽视所赠礼物的实际价值，以免被认为小气、吝啬，从而达不到赠送礼物的目的。

选择礼品种类，要注意对方的习俗和文化修养。由于谈判人员所属国家、地区间有较大差异，文化背景各不相同，爱好和要求必然存在差别。要注意投其所好，更要注意不能犯忌。除此以外，选择礼品要照顾到外国朋友喜欢我国土特产品的特点。据了解，外国友人喜欢的我国特产包括：玉器、景泰蓝制品、瓷器、紫砂茶具、绣品、国画、书法、汉字纸扇、竹制工艺品等。

赠送礼品，要讲究数量，不同国家和地区对数字的含义界定不一样。我国一向以双数为吉祥，而在日本却以奇数表示吉利。西方国家通常忌讳“13”这个数，因此，无论送水果还是其他数量较多的礼物时都应注意这一点。

赠送礼品，还须注意包装。包装是礼物的外套，不可草率，否则影响到送礼的效果。日本人忌讳包装上打蝴蝶结，送礼时在门口要打开包装；而欧美人则喜欢亲自接受并拆开礼品包装。

赠送礼品的时机、场合、方式也要合适。一般情况下，各国都有初交不送礼的习惯。此外，英国人多在晚餐或看完戏之后乘兴赠送。法国人喜欢再次重逢时赠送礼品。我国则习惯在离别前赠送纪念品。如果为了达到让对方惊喜的目的，也可以在飞机即将起飞或火车即将开动之时赠送礼品，不过这一般适用于特别熟悉的朋友之间。

应当注意，礼品往往是有一定暗示作用的，必须小心谨慎，不要因赠送礼品造成误解。例如，我国一般忌讳送梨或钟，因为梨与“离”同音，钟与“终”同音，“送离”和“送终”都是不吉利的字眼。男性对一般关系的女子，不可送贴身内衣、腰带或化妆品，更不宜送项链、戒指等首饰物品，否则，极易引起误解。

2. 接受礼品

所谓礼尚往来，除馈赠礼品外，商务人员也常常遇到接受礼品的问题。对于对方赠送的礼品是否能接受要心中有数，因为接受一件礼物，往往意味着失去对某些事物的控制。在涉外商务谈判中接受礼物首先要符合国家和企业的有关纪律和规定。当所送礼物不能接受时，应致谢并说明情况；可接受的礼物，除中、日两国外，一定要当面打开，并表示欣赏，真诚接受和道谢。受礼后还有还礼的问题，还礼可以是实物，一般为对方礼物价值的二分之一，也可以是礼节表示，在适当时候提及，表示“不忘”和再次感谢。

5.3.7 洽谈中的女性礼仪

随着社会的发展，女性的社会地位正在逐步提高，这是有目共睹的事实。她们开始广泛地参与各种各样的社会活动，在商务谈判中出现女性已经不是什么新鲜事，而且商务谈判中女性人员的表现还能对谈判结果起到意想不到的影响。我们之所以要单独列出女性礼仪，一方面是因为女性的特殊作用，另一方面是因为在商务谈判中，女性相对于男性有一些特别需要注意的地方，并且涉及许多敏感的细节，处理不慎容易造成尴尬甚至贻笑大方。

1. 着装

着装是女性在商务谈判中遇到的首要问题。女性着装在春秋季应以西装、西装套裙为佳，尤其在较为重要、正式的商务谈判场合。在一般性的会谈中可穿着一般的毛衣套装，只要能充分体现女性的自信、自尊即可。女性夏季着装可以是长、短袖衬衫配裙子或裤子，连衣裙、西装套装等皆可。但是无论什么季节，商务谈判中女性裙装都不宜短于膝盖。女装特别要注意的是：不可以露，不可以透，内衣不可外现；长袖衬衫的下摆须掖进裙子或裤腰；穿裙装时吊袜带、袜口不能暴露在外，袜子不允许有残破，袜子的色彩不可太鲜艳，一般以肤色、黑色或浅色透明丝袜为宜，避免选择过于复杂的或网眼状的袜子。

2. 首饰佩戴和化妆

首饰佩戴和化妆是女性在谈判活动中遇到的另一个重要问题。得体的首饰、化妆可以给人以淡雅、端庄、大方的感觉，使人尊重之情油然而生；相反，过分鲜艳、俗气的首饰、化妆则给人留下轻浮，不自重的印象，甚至引起对方的反感与轻视。

首饰是一种无声的语言，它反映了一个人的教养和阅历。在商务谈判中，选择首饰有三个原则，一是以少为佳，不戴亦可。二是同质同色，即佩戴一件以上的首饰时，质地要相同，色彩要一致。首饰的不同颜色代表着不同含义，要注意黑色首饰一般不能在谈判活动中佩戴，而常用的有五种颜色：红，代表热情与友好；蓝，代表和谐与宁静；黄，代表高贵与典雅；绿，代表青春与活力；白，代表纯洁与无邪。要根据身份、年龄、个性慎重选择。三是要合乎惯例：戒指一般戴于左手，一枚为佳，绝不可超出两枚，另外左手小指不允许戴戒指。手链可以佩戴：如果戴在右手，且为一条，说明自由未婚；若戴在左手，或左右都戴，则表示“名花有主”了。至于项链，在谈判中，宜选择颈链，显得端庄高雅。正式场合一般不宜佩戴耳环。在挂件的佩戴上，一般以心形、几何形和动物类为宜，须注意特殊的习俗，图形文字不要犯对方的忌讳。

适度化妆在正式场合是向对方表达尊重的必要表现，西方人对此较为注重，认为化妆是女性的第二时装。在商务谈判中，化妆宜淡不宜浓，尤其不可使用浓香型化妆品。

使用香水也有一定的讲究，一般用在四大部位：一是两手之腕的脉动部位；二是下巴以下；三是耳根以下；四是在长裙的裙摆之下挂一香水喷过的棉球，或挂在短裙的膝盖处。最后，切忌在众人面前化妆，这是没有教养、不懂礼仪的表现，如果实在需要补妆，应该带上包去盥洗室。

3. 举止和谈吐

举止和谈吐也是女性在商务谈判活动中必须注意的一个方面。女性的站、坐、走姿均有各自的规定，不同于男子礼仪要求。女性坐下时应双腿并拢，端坐在椅边，坐下后注意整理一下衣着。行走时，头部要端正，不宜抬得过高，目光须平和，直视前方；行走间上身自然挺直、收腹，两手前后摆幅要小，两腿收拢，小步前行，走成一条直线，步态要求轻柔、自然、和谐。站立时，双腿收拢，身子自然挺直，不能乱晃乱动。女性在业务洽谈中注意语调、声音的正确应用，应有自尊自重的态度又不失女性的温柔，切忌用撒娇的语调，或用不庄重的语调进行洽谈。

5.3.8 日常交往中的其他礼仪与禁忌

1. 遵守时间，不得失约

参加谈判或其他商务活动，应按约定时间到达。过早到达，会使主人因没准备好而感到难堪；迟到，则是失礼，使主人长久等候，担心牵挂。万一因特殊原因迟到，应向主人表示歉意。如果因故不能赴约，要有礼貌地尽早通知主人，并以适当方式表示歉意。

2. 尊重老人、妇女

在很多国家的社交场合，上下楼梯或车船、飞机，进出电梯，均应让老人和妇女先行；对同行的老人和妇女，男子应为其提拎较重的物品；进出大门，男子应帮助老人和妇女开门、关门；同桌用餐，两旁若坐着老人和妇女，男子应主动照料，帮助他们入座就餐等。

3. 社交禁忌

在社交场合，有许多礼仪、礼节、习俗是需要特别注意的，其中的一些近乎于某种禁忌，当事人最好不要触犯，否则会被认为不懂礼貌，有时甚至会导致关系的破裂。

（1）物品、图案的禁忌。例如，法国人视核桃花为不祥之物。

（2）颜色的忌讳。在欧美国家，尽量少用黑色，比利时人忌讳蓝色，而巴西人则忌讳棕黄色。

（3）交往的忌讳。例如，与欧美人打交道时，少涉及私人性质的问题。交往中的举止要得体，交谈时一般不要跷“二郎腿”。在有些国家，不要摸小孩头顶，在有些国家，用左手与人接触或传送东西也是不合适的。

(4) 数字的忌讳。西方人把"13"视为不吉利的数字，在许多场合尽量避免使用这个数字。中国南方许多生意人非常喜欢选用"8"这个数字，而忌讳用"4"这个数字。

此外还有一些其他方面的禁忌需要注意，如尽量避免谈论女人的年龄。与阿拉伯人交往，务必尊重他们的习俗等。

5.4 出境商务礼仪

随着我国和世界各国经济交往的进一步深入，商务人员出国（境）进行商务活动日趋频繁。由于各国法律法规和风俗习惯各不相同，办理出国（境）手续时和出国（境）后尤其要注重各国的礼仪礼节，因此，在出国（境）前就应当做好相应的准备工作。下面介绍的是一般的出国准备和国（境）外礼仪礼节习惯。

5.4.1 邀请函电、护照、签证及入境

1. 邀请函电

出国（境）洽谈商务，一般是先接到对方的邀请函件，然后再相应地安排行程。如果是第一次与对方进行接洽，在接到邀请函之后一定要先就对方资信作详细了解，然后再答复是否接受邀请。了解的方式有多种，可以通过国际性的信用评定机构获取直接信息，也可以通过与对方的有过合作的客户侧面了解，而通过我国驻当地的外交机构商务处或驻外商务机构可以说是最为可靠和便捷的一种方式。

2. 申请护照

决定出国洽谈后首先要做的工作是申请护照。中华人民共和国护照是中国政府发给中国公民，供其出入国（境）和在国（境）外旅行或居留时证明其国籍和身份的证件。出国从事商务活动，申请护照时须提交国外相应的邀请函件。如果是出国进行文化交流，须提交省级以上文化部门出具的证明。

(1) 护照的种类。各国颁发的护照种类不尽相同。我国的护照分为外交护照、公务护照和普通护照；普通护照又分因公普通护照和因私普通护照。外交护照主要发给副部长、副省长等以上的中国政府官员，党、政、军等重要代表团正、副团长以及外交官员、领事官员及其随行配偶、未成年子女、外交信使等。公务护照主要发给中国各级政府部门的工作人员、中国驻外国的外交代表机关、领事机关和驻联合国组织系统及其有关专门机构的工作人员及其随行配偶、未成年子女等。因公普通护照主要发给中国国营企业、事业单位出国从事经济、贸易、文化、体育、卫生、科学技术交流等公务活动的人员、公派留学、进修人员、访问学者及公派出国从事劳务的人员等。因私普通护照发给定居、探亲、访友、继承遗产、自费留学、就业、旅游和其他因私人事务出国和定居国外的中国公民。

（2）护照的内容。护照本身的内容，各个国家都比较相近。封面印有国徽和国名的全称及护照种类的名称，封底都印有使用护照的注意事项，封里一般都印有“请各国军政机关对持照人予以通行的便利和必要的协助”的字样。

以中华人民共和国护照为例，护照内容主要包括：①持照人的护照号码、姓名、性别、身份、出生日期、出生地点、有效期、身份证号码等，并贴有本人照片；②随行儿童的姓名、性别、出生日期、加注日期，并贴有儿童照片；③延期页和备注页，由于各国的护照都允许到期后可以延期，所有护照内都有延期专页和备注专页；④签证页，为了方便各国颁发签证，护照内包括许多签证页，每一页上都印有“VISA”字样；⑤注意事项。

（3）护照的有效期限。护照有一定的有效期限，各个国家所规定的有效期限不同。

我国规定：①外交护照有效期为 5 年。②公务护照和因公普通护照分为一次有效和多次有效两类。多次有效护照的有效期为 5 年，是发给在一定时期内需要多次出入我国国境的人员；一次有效护照的有效期为 2 年，是发给在一定时期内一次出入我国国境的人员。一次有效因公普通护照和一次有效公务护照满 2 年后，如有需要，可在国（内）外按规定手续申请延期一次。延长期限根据需要决定，但最长不得超过 2 年。一次有效因公普通护照的标志是护照的扉页在护照号码前有“Y”字样；在第 4 页上方有“……持照人在护照有效期内可出入中国国境一次”字样。③因私普通护照有效期为 5 年。④有效期为 5 年的护照，过期前可申请延期两次，每次不超过 5 年。申请延期应在护照有效期满前办理。在国内延期手续可到各级颁发护照的机关办理；在国外，由中国驻外国的外交代表机关、领事机关或者外交部授权的其他驻外机关办理。

（4）有关护照的注意事项。

①护照为重要身份证件，应妥为保存使用，不得损毁、涂改、转让；②颁发护照和护照延期、加注及换发，补发由省、自治区、直辖市公安厅（局）及授权的公安机关和中华人民共和国驻外国的外交代表机关、领事机关或者外交部授权的其他驻外机关办理；③已经在外国定居的公民要及时向中国驻外国的外交代表机关、领事机关办理加注手续；④护照遗失应立即向当地公安机关或者中国驻外国的外交代表机关、领事机关报告。

因为各国的边境政策都是比较严格的，所以对于护照上的每一个细节都要仔细核对，以免出现不必要的问题，耽误正常工作。所以，拿到护照后要仔细检查一下护照上的姓名（包括汉语拼音），出生年、月、日及地点是否准确无误，护照相片处是否加盖了我外交机构（公安机关）的钢印等。

3. 申请签证

一般来说，申请到护照后，需要入境国签证才可使用。例外的是有些国家，与我国签订有双边协议，对我国持有外交、公务、因公普通护照者可以豁免签证，除此均需申请签证。签证所需的时间大约为四至十二周不等，所以在计划出访时应该将申请护照和等待签证的时间考虑进去，留出充分的准备时间。签证目的大致可包括：接洽商务合约；参加业务会议或其他商业营销会议；拜访进出口公司或厂商；国际市场调查或其他与商业有关的研究等。

各国（地区）签证的内容大体相同，而且都规定了有效期，但各国（地区）入境签证的有效期限差别较大，少则几天，多则数月至半年（如去美国所持的B-1即商务访问签证)。签证有效期为三个月至半年，必要时可延长一次（不超过同等期限)。必须注意在签证有效期内入境，否则须重新申请签证（所谓有效期，是指在签证有效期内入境，停留时间则从入境之日起计)。如果需要同时访问多国，则要持多种邀请函分别到这些国家驻我国外交机构申请签证，哪怕仅仅只是为了过境（除开有些国家或地区规定凡不超过24小时或一定时限者可免办过境签证)。过境签证有效期一般为一个月，过境停留时间为72小时，也就是说在有效期内的任何一天均可进入该国国境，但是只能停留三天。

4. 出、入境

各国（地区）海关均要对入境人员实行严格的检查，所以，作好入境准备是必要的。在下飞机（车、船）前应该填好入境登记卡，并准备好护照及相关文件。美、英、日等国入境事务处（移民局办事处）往往还要检查邀请函，要注意的是，邀请函一定不能以任何方式涂改。为应对入境时可能遇到的临时问题，出国前可以带上邀请方的电话号码，以及我国驻外机构的电话号码，以备急需。

此外，各国对入境物品均有管理规定。经过海关时海关人员一般会询问有没有需要报关的物品，也有要求出示《海关申报单》的，同时海关会根据需要抽查行李。烟酒一般是限量放行的物品；大多数国家规定新鲜水果、蔬菜、生熟肉不许入境；有些国家还要求申报携带的货币（包括现金和有价证券等)，如美国，出入境时都要核查，同时规定了带出、入美国国境美元的最高限额，超过限额一经查出即予以没收。出入境时，一定要先熟悉该国关于出入境携带物品的规定，以防出现违禁品，给自己带来不必要的麻烦。

5.4.2 出国服装

1. 区分场合

准备出国服装是颇费脑筋之事。以男士的服装为例，一般来说，出国服装中至少要包括一套深色西服（或深色中山装)，一套杂色（即上下不同颜色）西服，一套旅行服（或休闲服装)，一套便服，一双黑色皮鞋，一对便鞋（或旅游鞋)，其他则视当地气候而定。女士准备服装原则也是一样，适应各种场合的正式和非正式的服装都应该准备一至两套，这样才能满足出国后各种不同场合的需要。

着装也是一门学问。什么场合穿何种服装，往往是约定俗成，有定例可循的。当请帖上有关于着装的注明时（例如 black tie，表明要以晚礼服出席)，最好尊重请帖要求。若没有，则应根据场合的正式或非正式，隆重或随意来安排着装。重要谈判、会议，重要宴会，隆重场合或首次会面，男士可穿深色西服（最合适的当数黑色，深蓝或铁灰次之），配白色或浅色衬衫（若是带有条纹的衬衫，场合越正式，条纹应当越细）。合适的领带会起到画龙点睛的作用，领带的图案不宜花哨，深色为佳，这样会给对方留下稳重务实的感觉。皮鞋也以深色为宜。女士则应当穿着庄重的服装（如旗袍或长裙，年轻女士也可穿短裙，但长度不宜短于膝盖以上三公分）。一般宴会或一般会谈，男士穿杂色西服即可，女士着一般职业女装即可。如果是参观游览、周末聚会或应邀到客商家里度周末，就不需要西装革履，一套便服会显得更潇洒随意。

但是要注意的是，正式的民族服装有时候倒是可以用来应付各种场面。例如南非前总统曼德拉，总是以一身民族服装出席各种场合，以不变应万变。在亚太经合组织非正式首脑会谈上，各国领导人也都是入乡随俗，全部穿着举办国的各色民族服装。

2. 注重细节

男士着正装时还有一些要注意的细节。在极为庄重的场合（如升国旗，唱国歌等），西服要扣上全部纽扣，其他场合则不要把两个扣子都扣上，可以扣上面一粒，也可以不扣。新置的西服，袖口的商标一定要先撕去再穿，因为袖口上的商标仅仅是出厂标记，并非为炫耀名牌而设，在西方礼仪中不撕去商标是非常滑稽的。穿西服一定得配皮鞋，而且皮鞋一定要干净，这是一般常识了。在天气炎热的地方，可以不穿外套，只穿一件衬衣（若配领带，衬衣下摆要套进西裤），如果穿的是长袖衬衣，一般不要高卷衣袖，会显得不太庄重。

5.4.3　交换名片

名片是商务人士的必备沟通交流工具，像一个人简单的履历表，是每个人最重要的书面介绍材料。名片可分为普通社交性名片、职业性名片。在商务场合，主要使用业务名片或职业性名片。后两者名片与普通社交名片的区别在于，除了姓名、地址、邮编、电话、传真外，还将所在单位、职务、职称、社会兼职等都印在上面。现在，常见的名片大都属于后者，并因它具有通用价值，故而可不加区别。名片用于社交场合中的相互了解，并在自我介绍或相互介绍之后使用。

1. 名片使用三不准

第一，名片不随意涂改。在国际商务交往中，名片譬如脸面，脸面是不改的，否则会贻笑大方。第二，不提供私宅电话。国际商务礼仪是讲究保护个人隐私，有教养、有身份的人不向别人索取私宅电话。第三，名片一般不提供两个以上的头衔。闻道有先后，术业有专攻。倘若一个名片上给的头衔越多，有三心二意、用心不专、蒙人之嫌，所以很多有地位、有身份的外国客人身上会有好几种名片，在对不同的交往对象，强调自己不同身份的时候，就使用的不同名片。

2. 名片制作

（1）规格：国际标准为6×10cm，国内是5.5×9cm。

（2）质材：再生纸。

（3）色彩：浅、白、黄、蓝、灰。

（4）图案：不要出现与主题无关的图案。例如，CIS图案，所处位置图，本企业标志性建筑和主打产品等。

（5）字体：规范印刷体楷体，中文与外文分两面。

3. 名片交换

（1）如何索取名片。交换名片讲究地位低的人首先把名片递给地位高的人，所以地位低的人一般不要向地位高的人索取名片，如果索取名片也最好不要采取直白的表达。比较恰到好处地索取名片的方法有这么几个：交易法，这是最常用的方法，又可称为平等法、互换法。在主动递上自己的名片后，对方按常理会回给自己一张名片。将欲取之，必先予之。当然，在国际交往中，也会有一些落差。比如，你把名片递给地位高、身份高的人，他跟你说声谢谢，就没下文了。这种情况存在，如果担心出现这种情况的话，可采用激将法。比如向某董事长索要名片时，你可以说："尊敬的×××董事长，很高兴认识您，不知道能不能有幸跟您交换一下名片？"还可以采用联络法，也可称为暗示法。如你向长辈、尊者索要名片时可说："请问今后如何向您请教？"向平辈或晚辈表达此意可以说："请问以后怎样与您联系？"

（2）如何接受名片。用双手接过名片后要仔细看一遍，并对名片上的内容作赞赏式的简要评价。对名片上不认识的内容要及时请教对方，以免以后引起尴尬。千万不要连看都不看就放进口袋，或者拿着对方的名片玩弄、揉搓。看完名片后应该将名片放在名片盒、名片夹或公文包里等，不可随意塞入口袋。接过别人的名片后，要拿出自己的名片递给对方。如果自己没有名片或者没带名片，应该首先向对方表示歉意，并说明理由。

（3）如何递上名片。名片的保管应该有一个精致的名片夹或者精巧的名片盒。名片不可像传单一样滥发。递送名片的时候最好以站立的姿态，面带微笑，正视对方。用双手的大拇指和食指夹住名片的两角，名片的文字要正对着对方递过去。递送名片时注意，名片一般不可在用餐时发送，对于陌生人和巧遇的人一般不要过早地送出自己的名片，不要发送破损或者脏污的名片，不要到处散发自己的名片，要有所选择。

5.4.4 投宿

出国从事商务活动，有时是对方提供食宿，有时则需要自理。如果是后者，最好事先做好安排，可以委托目的地代理人或国际性的服务信息机构预订旅馆，并在出发前落实情况，以免旅途劳顿后还要为食宿而奔忙。

1. 住宿规格

旅馆的档次和价格一般是成正比的，因此对旅馆的选择要视公司的实力和商务活动的需要而决定，不可过分追求豪华，当然也不可太过寒酸，有时为了打开局面需要租住条件较好的旅馆，特别是重要谈判。因为住宿条件从一个侧面展现了谈判一方的实力，有助于增强对方（尤其是初交者）的交往信心。一般来说，酒店的品牌是质量和服务的保证。越是成熟的酒店，尤其是国际化的酒店集团，如州际、香格里拉、希尔顿、喜来登等，越是注重品牌，所提供的硬件设施和软件服务水平相应也越好，而且客人在他们旗下的任何酒店所享受到的产品和服务也比较整齐划一。商务酒店大多数是四星级或五星级，商务旅行者应该根据自己公司的实力和形象来选择相应档次的酒店入住。

2. 住宿安全

入住宾馆，进入客房后应先阅读房间门后消防逃生路线图，熟悉所在房间的位置和逃生楼梯的方位。之后，要查看一下窗户和侧门是否锁好。如果宾馆员工无法将侧门锁好，可以要求换一个房间。旅行期间，只要可能就要将你所带的贵重物品随身携带。不要把钱或贵重物品留在房间里，要把珠宝、照相机、文件等都锁在宾馆的保险箱里。待在房间里的时候，把门关好并上好锁。除非你在等人，否则不要开门。开门前要先问一声，或从窥孔查看一下来人是谁。晚上睡觉前，应将防撬扣或者防撬链扣好、挂好。房门钥匙要随身携带，不要当众展示你的钥匙，也不要把它放在饭馆的餐桌上、健身房里或者其他容易丢失的地方。

◎本章案例

赴宴的礼仪

业务员小张收到 WALDEN 公司的请柬，邀请他参加这家外企的周年冷餐会，请柬上注明“晚上 7 点”。小张为体现自己对该企业的重视，特意穿上自己最贵的一套休闲服，而且还提前一小时到达会场，结果除了酒店工作人员外，没见到一位企业负责接待的人员。等到差一刻钟就到约定时间了，WALDEN 公司的公关经理 John 才出现，小张抱怨道：“我都等了一个小时，你们怎么才来！”John 皱皱眉头，操着不标准的中文，惊讶地说：“张先生，我们很守时呀！”这时，同事小李把他拽到一边，悄悄地说：“小张，在国外提前赴宴的人会被人笑话。另外，参加宴会穿休闲装会让主人认为你不重视邀请的。”

资料来源：饶志华：《不同文化背景下商务礼仪浅谈》，《大众商务》2010 年第 8 期。

◎思考题

1. 礼仪和礼节在国际商务谈判中的作用是什么？

2. 国际商务谈判中要把握的基本礼仪和礼节有哪些？
3. 国际商务谈判中常用的礼仪有哪些？各包含哪些内容？
4. 出境商务礼仪要遵循哪些原则？
5. 名片在商务交往中递送、接受、制作、使用时要遵循的使用原则有哪些？

第6章 国际商务谈判的思维艺术与心理战术

◎**本章要点**

谈判人员的思维艺术和心理战术在国际商务谈判中十分重要。了解不同类型的思维艺术，根据不同的谈判对手采取各种心理战术，有助于提高谈判人员驾驭国际商务谈判的能力。

本章首先介绍了国际商务谈判中最常用的两种思维形式（即散射思维和超常思维）及其特征。之后着重分析了善言灵巧、顽强固执、深藏不露、谨慎稳重等几种谈判对手的个性特征，并针对每种谈判对手，提出了相应的应对策略。接着分析了国际商务谈判中几种主要的心理禁忌：缺乏信心、热情过度、处变易惊和缺乏耐心。最后，通过了解和区分谈判对手的不同态度和性格，重点分析了与权力型、进取型、关系型、感情型、固执型和虚荣型的人进行谈判的心理禁忌。

6.1 国际商务谈判的思维艺术

谈判被现代人誉为“软脑力体操”，是一项充满着科学性和艺术性的复杂活动。国际商务谈判是国际商务活动的重要必经阶段，谈判人员的思维活动贯穿其中，决定着谈判的方向。作为谈判的原动力，思维活动是为了解决问题所进行的系统的分析决策过程，可以说，思维是谈判的中枢指挥部，而任何的语言或非语言方式只是谈判人员思维活动的外在表达工具。成功的谈判无不与正确的思维有关，正确的谈判思维是来源于科学地对待谈判人员所属的民族文化习俗，以及艺术地应用辩证逻辑学。在谈判实践中，思维艺术的表现形式是异彩纷呈的，其中最常用的是散射思维和超常思维。

6.1.1 散射思维

散射思维是同时对谈判对象和谈判内容的各方面进行全方位扫描的思维活动形式。它的具体方法是对有关信息进行筛选、过滤、加工、整理和鉴别，筛除与谈判内容无关的信息，留下与谈判密切相关的可靠信息，或是将一些看似毫无关系的散乱信息综合在一起，抓住其中的精髓，创造出一种新的结论。分析处理后的信息应具有客观性、真实性、实效性、全面性、典型性、权威性和适应性等。

散射思维的优点在于多角度出击，消除死角，有助于谈判人员从各种错综复杂的现象中，掌握事物的本质和规律，从而开阔思路，为谈判的成功扫除障碍。优秀的谈判人员在运用散射思维方式时善于转移思路，思维的触角犹如快捷变频的雷达，随心所欲地更换频率，使路路畅通。如果做不到这种流畅的转移，思维就会呆滞，会出现“暂时的死角”，给对方喘息的机会，影响谈判的顺利进行。

6.1.2 超常思维

超常思维是超越常规，打破思维定势，异于一般思维进行思考的思维形式。在谈判实践中，人们常常有这样的感觉，困难不是来自于实力的威胁，而是自己谈判思路的枯竭，或是感觉到对手咄咄逼人的思维攻势。在对手快捷奇特的思维攻击下，你如果顺其应答就会发现自己十分被动，处处受制于人，受审于人，且许多隐秘若不讲，对方会紧追不舍；讲了，则又正中对方下怀，此时，超常思维便是进攻和防卫最有效的武器。超常思维，可以超出对手的想象力，能有效地控制谈判局势，甚至能使对方立刻接受你的方案。

超常思维具有不同于一般性或逻辑性思维的特点，它的主要特征是机智、灵活、富于创造性。它没有固定的格式，有时需要从正面进攻，有时需要从反面思考，有时又要从侧面挖掘。它提倡逆向、横向、多向思维，排斥常规思维和常态思维。可以通过一个简单的例子来说明超常思维和常规思维的区别。比如你要卖东西给别人，你希望价格高一些，对方就希望价格低一些，常规思维认为只能在价格方面进行谈判，双方在价格上无法达成一致就没法谈下去；超常思维一看价格谈判有难度，便考虑其他很多“附加的”条件，包括送货方式、安装方式、保修年限，等等。故常规思维可能会使思维丛如水过鸭背，点滴不进，使谈判陷入僵局，而超常思维则使思维的羽翼快速启动，思维丛互相摩擦产生火花，结出谈判的硕果。

现代国际商务谈判往往需要谈判人员表现出超常的能力，而不是循规蹈矩。谈判中超常能力首先来自于谈判人员的超常思维方式，谈判中有很多技巧都出自于此，如声东击西、出其不意、示敌以弱、欲擒故纵等。超常思维可以让我们改变原有的认识，产生新的想法并找到变通的方法。谈判高手在谈判陷入僵局时，既不强攻硬战，也不中止战斗，而是巧妙地转移话题，指左趋右，绕道前进，使对方顾此失彼。

思维艺术和思维方式的作用已经得到了人们的广泛重视。它不仅是一种谈判思路，更是智能的精华，有助于解决实际问题。学习和研究思维艺术，可以培养谈判人员的思考能力，训练谈判人员解决问题的能力，避免谈判人员思维保守和封闭。进行超常思维训练，还能增长人的智能并提高智力。一旦养成了良好的思维习惯并拥有了正确的思维方法，你就会发现，自己的驾驭谈判能力有了质的飞跃。

6.2　国际商务谈判对手的个性分析与对策

个性决定了人对待事物的态度、意志、情绪等，谈判人员的个性特征会在谈判活动中淋漓尽致地表现出来，直接影响谈判人员的行为方式。从国际商务谈判的过程来看，谈判人员的个性是决定谈判进程和谈判结果的一个十分关键的因素。由于谈判人员所处的文化环境，学习、工作和生活经历等方面原因，谈判人员的个性可能会为谈判的进程和结果带来意想不到的变化。谈判实力较弱的一方可能仅仅由于其谈判代表的善言和顽强的个性而赢得谈判的最终胜利。而谈判实力本来较强的一方却可能由于谈判代表的个性原因而丧失本来有力的形势。很多事例都说明了谈判人员的性格在谈判中所起的决定性作用，因而对于谈判人员来说，有必要分析谈判对手的个性以及由此而决定的谈判习惯。

国际商务谈判的成功取决于多种因素，从谈判过程和主观的角度来说，其关键的因素是根据对手的个性灵活机动地采用因人而宜的谈判策略，从容应付善言灵巧、顽强固执、深藏不露、谨慎稳重等几种对手。但由于个人天赋、社会环境、文化风俗、教育程度、地理条件、心理预期等方面的差异，每个人表现出不同的谈判个性和风格，很难准确地把握和识别。在国际商务谈判实践中特别要注意识别和应付以下几种谈判对手：

6.2.1　善言灵巧的谈判对手

1. 善言灵巧谈判对手的个性特征

在国际商务谈判中，我们经常会遇到一些善言灵巧的谈判对手，这类人的特点：第一，十分健谈。一般说来，在谈判刚刚开始，这类人先客气几句以后就滔滔不绝地发表意见，把谈判中要讨论的问题先定一个框框。第二，能言善辩。他们在陈述意见和观点时逻辑性强，言简意赅，几乎无可挑剔，而且思路开阔，引古道今，让你听起来非理也有理。第三，乐于交际。这种人乐于同别人交往，喜欢集体活动和参加宴会。无论在什么情况下他总有办法接近你。第四，为人处事机灵。这种人对外界事物反应敏感，但对事物评价的客观性不是很强，有时会感情用事，容易改变立场。

2. 对待善言灵巧谈判对手的策略

在谈判中遇到这种对手应当采取以下对策：第一，热情交往，创造良好和谐的谈判气氛，充分利用这种人的感情弱点，争取其在适当的时候做出让步。第二，不要被对方的“雄辩”所吓倒，要针锋相对地畅谈自己的观点，旁征博引地分析问题。第三，要利用对方爱说话善交际的特点，多与他交往，甚至可以邀约参加一些娱乐活动。常言道，“言多必失”。在不同场合运用不同方法诱其多说多讲，也许你会从他的口中得到有价值的信息。但值得注意的是，不能被他的夸夸其谈所迷惑，轻易地做出妥协的决定。

6.2.2 深藏不露的谈判对手

1. 深藏不露谈判对手的个性特征

深藏不露的人是我们在国际商务谈判中遇到的最危险的对手，切不可掉以轻心。这种人的特点：第一，不露“庐山真面目”。人的内心世界往往会通过举止言谈等行为方式表现出来，但在谈判桌上却存在着许多不愿意表露而且能控制自己言行的人。他们的行为表情可能和内心并不一致，当他面带微笑时，可能内心正处于一种焦虑和不耐烦的心态。第二，精于“装糊涂”。这种人善于伪装自己，有时故意装糊涂，好像没听懂对方所表达的意思，回答问题吞吞吐吐，闪烁其词，甚至不着边际，令人啼笑皆非。第三，惯于“后发制人”。这种人一开始不动声色，默然观察别人的情态变化，揣测他人的心理，时机一到便出其不意地发起谈判攻势，使对方无法招架而败北。

2. 对待深藏不露谈判对手的策略

碰到这种谈判对手要保持高度的警惕和清醒的头脑，灵活地综合运用谈判策略：第一，必须挖空心思探测对方的情报和底细，使其露出“庐山真面目”。比如，可以通过别的途径了解这种人的特别嗜好，以期打开吐露真情的“缺口”。第二，要学会运用谈判中的体态语言，特别注意他的眼神和表情的细微变化，揣测他同意什么，反对什么。因为“眼睛是心灵之窗”，虽然这种人有深沉的本领，但其内心世界也会或多或少、或强或弱地通过眼神和表情表现出来。第三，以“是非”提问的方式征求有关谈判项目的意见，让其做出肯定或否定的回答。第四，自己要从容不迫，静观其变。在适当的时候可以放点“烟雾弹”，例如，在体态语言上对某些问题故意表现出关注和惊讶，误导其做出错误的判断。

6.2.3 顽强固执的谈判对手

1. 顽强固执谈判对手的个性特征

第一，固执己见，不轻易改变。他们对于所认定的观点，有一种坚持到底的精神。对新建议和新主张很反感，需要较长的时间来适应环境的变化，谈判中需要不断征求上级的意见，不能以客观标准衡量事物，有时事实已证明他的办法行不通，也要“倔强”到底。总之，他们喜欢按章办事，墨守成规，循规蹈矩，我行我素，不给对手留下任何余地。第二，极具韧性，精力充沛。在谈判中不仅能适应紧张的工作，而且能锲而不舍地坚持到底，即使遇到困难也不灰心。在谈判进程上既不是一鼓作气，也不是拖拖拉拉，而是精力和毅力有机结合，适应谈判进度。

2. 对待顽强固执谈判对手的策略

与顽强固执的人进行谈判是一件头痛的事，他们不肯让步却要求对方做出让步。对付这种谈判对手的策略：第一，以柔克刚，以守为攻。要切记不能以硬碰硬，必须十分冷静和有耐心，温文尔雅地与之交谈，力求通过"感化"向谈判目标推进。同时要尽力寻求对方的弱点，包括对方的谈判实力弱点和谈判人员的个性弱点，把诱发需求和利用弱点结合起来，也许有成功的希望。第二，虚虚实实，软硬兼施。比如，将己方谈判成员分成两部分，即强势派和温和派，在谈判的初期阶段，强势派提出一项对己有利或双方有利的建议，并且坚持不放。此时，温和派保持沉默，等到气氛十分紧张时，出面缓和局面，一方面劝阻自己的伙伴，另一方面也平静明确地指出，这种局面的形成也与对方有关系，最后建议双方都做出让步。第三，制造竞争。这类谈判对手所坚持的观点不是不可改变，而是不易改变，为了使之转向，可以在谈判中制造一种竞争的态势。例如，告知对手，已经有其他几家供货商以低于对方的价格提供某种产品，这样可以转变谈判中所形成的局面，运用这种策略的前提条件是，你确实有多项选择。当然，对于顽固而又权力有限的谈判对手，最好找他的上司谈。需要提醒的是，当无法实施上述方法时，还是"走为上策"，及时退出谈判，不要浪费有限的时间和精力。

6.2.4　谨慎稳重的谈判对手

1. 谨慎稳重谈判对手的个性特征

在谈判中我们遇到更多的对手属于谨慎稳重的人，他们的性格特征主要表现为：第一，理智稳妥。这种人待人接物比较客观，受感情的影响较小，不轻易排斥一般事物，不超脱现实。因而办事有主见，往往通过深入调查、全面分析、认真思考、周密安排后才做出决定。第二，谨小慎微，一丝不苟。他们办事细心，喜欢把精力集中到小范围和细节问题上，在谈判中比较喜欢规则性、明确性、均衡性和具体性。但他们与自私自利的人不同，不会为个人或己方利益斤斤计较。他们不喜欢矛盾冲突，竭力避免对立，如果真的发生冲突，也很少固执己见。但其"不敢越雷池一步"的言行也许是怕担负责任的表现。第三，犹豫不决，难以决策。由于他们对问题考虑慎重，不轻易下结论，所以在关键时刻，如在拍板、签合同、选择方案等问题上，不能当机立断，会犹豫反复，结果可能导致贻误时机，错过达成更有利的协议的机会。

2. 对待谨慎稳重谈判对手的策略

与谨慎稳重的谈判对手交锋时，要注意：第一，做好充分准备。因为此类型谈判对手对市场环境、行情和谈判对手的情况都掌握得比较详细，在谈判中他可能向你提出一些细小的、枝节的问题，如果你没有充分准备就很难应付甚至会引起对方的误会和怀疑。因此，必须在谈判中提出详细、具体、准确的方案或建议，避免使用"大概"、"差不多"、"也许"等词语。第二，最好采用纵向谈判法。他们的个性决定了他们喜欢循序渐进，逐项推进，分而制之，各个击破。在交涉中他们可能过分严谨，缺乏通融性，要循循善诱以配合对方，切记不要强迫对方接受自己的建议。第三，要耐心、细心、有信心。如果对方决策时间长，千万不要催促，逼迫对方表态，这样反而会加重他们的疑心。在陈述问题的同时，要留出充裕的时间让对方思考，并设法提供有力的谈判证据，如详细的数据说明，出示权威人士的证明书、官方证明文件、商品名牌等级证书等，以解除他们在产品、价格等方面的疑虑。

6.3 国际商务谈判的心理禁忌

从来没有一帆风顺的谈判。谈判过程，特别是讨价还价阶段，是一个非常艰难的过程，其中充满了曲折，有时谈判甚至会变成一场马拉松式的较量。这不仅对谈判人员的知识技能、体力等方面是一个考验，而且也要求其具有良好的心理素质。如果触犯了谈判心理上的禁忌，会对谈判的后果产生很大的影响。

6.3.1 谈判心理上的禁忌

1. 信心不足

在激烈的谈判中，特别是在同强者的谈判中，信心不足，是很难取得成功的。即便达成了交易，也必将付出巨大的代价。在谈判中，双方正面交锋的核心是质量与价格，潜在的力量却体现在意志与智能上。自信，会使谈判人员给对手以不慌不忙、胸有成竹、稳操胜券的印象，造成对手的心理压力，甚至诱导对手自乱阵脚，显露破绽。因此，自信非常重要，它关系到对谈判主动权的掌握和谈判方向的引导，是谈判人员从事谈判活动的必备心理要素，只有具备这一条件，谈判人员才能充分展示自己的才能，充分发挥自己的潜能。如果信心不足，缺乏勇气，谈判人员的敏感性和判断力都会下降，进而影响在谈判现场的思辨能力和语言表达能力，为对手的胜利提供条件，最终影响谈判目标的实现。所以，无论如何，即使在谈判十分艰难的情形下，谈判人员一定不能表现出信心不足。但信心的建立不是基于流沙之上，坚定自信的谈判人员必然具备丰富的专业知识和综合知识，对谈判问题细节了如指掌，能全面准确地把握有关信息与情报，并能不断提出合理的要求。

2. 热情过度

进行商务谈判时，忌讳表现出过于热衷的谈判态度。适度的热心和关怀，会使对方乐意和你交往，但过分热情，就会暴露出你的缺点和愿望，给人以有求于他的感觉。这样就削弱了自己的谈判力，提高了对手的地位，本来比较容易解决的问题可能就要付出更大的代价。作为谈判人员，做出任何反应都要首先考虑到对手的反应，要用自己的一言一行来牵制对方，让谈判向有利于自己的方向发展。

对于热情的把握，主要是一个“度”的问题。如果己方实力较强，对于对方的提案，则不要过于热心，只要表示稍感兴趣，就会增加你的谈判力量，因为此时实力较弱的对方会自然地迎你而来。相反，如果我们的谈判力较弱，则应该先缓和一下两者之间的冷漠感，掌握住双方之间亲切的人际关系。同时要表现出热心但不过度，感兴趣却不强求，不卑不亢，泰然处之，这样有时会使对方对自身产生怀疑，从而增加你的谈判力量。

3. 处变易惊

谈判中常会出现某些比较令人棘手的问题，如果没有心理准备，处变就惊，就会签订对自己利益损害较大的协议，或者处理不当，不利于谈判的顺利进行。

在不同场合，谈判人员所要对付的局面和人是五花八门、难以预料的。如遇上性情各异的对手，有的为一点小事纠缠不清，有的思路不同而令人难以解释，有的故意寻衅找事，甚至还有措辞刻薄的“生意人”。面对谈判中常会出现的这些困扰，谈判人员必须冷静估计，理性处事，学会控制自己的情绪，不为干扰所动，通过分析问题的原因所在，找出症结，使己方做到有理、有利、有节，通过加强双方的沟通，消除隔阂。如果是对方一味蛮不讲理，肆意制造事端，突破己方底线，就要毫不客气，以牙还牙，不能让对方得逞，以免被对方的气势所压倒，使对方从中谋利。因此，有必要在谈判之前就对各种可能出现的最坏局面做到心里有底，尽量避免不利情况的发生。处变易惊，只会乱了自己，帮了对手。

谈判人员一定要学会遇险不惊，遇乱不烦，自始至终保持清醒的头脑，有“猝然临之而不惊，无故加之而不怒”的气度。只要对方不是来肆意制造事端的，就应以礼相待，言谈举止和蔼可亲，这样有利于消除由于矛盾隔阂而产生的戒备心理，促使双方互相沟通，保证整个谈判过程始终洋溢诚挚、轻松的气氛。

4. 缺乏耐心

有困难有问题才需要谈判，解决困难和问题不可能一帆风顺，对谈判抱一蹴而就的幻想是危险而又不切实际的，而谈判中的耐心和韧性才是谈判获胜的有利因素，充分显示出谈判人员的素质和风度。耐心是在心理上战胜谈判对手的一种战术与谋略，它在谈判中表现为不急于求得谈判的结果，而是通过自己有意识的言论和行动，使对方知晓合作的诚意与可能。耐心是提高谈判效率赢得谈判主动权的一种手段，让对方了解自己，又使自己详尽地了解对手。只有双方互相了解彼此信任的谈判才能获得成功，才能不因为某一句话或某一个要求而导致谈判夭折。如果谈判双方都通过细致踏实的准备工作，让对方了解自己和相信自己，并且不厌其烦地倾听对方，就可以精诚合作，并在较短的时间内签署谈判协议。谈判人员的耐心，就是产生谈判效益的一种直接缘由，具备这种耐心，才能应付各种复杂艰巨的谈判。

6.3.2　了解和区分对手对谈判的态度

谈判不仅取决于谈判方所处的优势谈判地位，也取决于谈判方对待谈判的态度。由于人们具有不同的自我追求和行为习惯，在不同的国际商务谈判阶段，对谈判所持的态度和立场会大相径庭。根据谈判方的各种谈判态度，可以把谈判对手分为三种类型，即权力型、进取型和关系型。不同类型的谈判人员会有不同的心理状态，会采取不同的行为，所以我们要研究持有不同谈判态度的对手的心理，避免触犯某些禁忌。

1. 与权力型对手谈判的禁忌

权力型对手以对别人和对谈判局势施加影响为满足。这类人的特点是，对成功的期望一般，对于保持良好的关系的期望一般，对于权力欲的期望较高。他们对成绩的追求比较狂热，往往喜欢得到象征性的权利和特权，经常无视对方的需要和要求，缺乏耐心，讨厌拖拉，习惯以高压手段（如时间限制、最后通牒和制裁等）实现自己的目标，在大部分问题上，强调自己意见的正确性，对细节问题不感兴趣。同这类人谈判，可让他负责谈判程序的准备，以满足他的权力欲，让他第一个陈述，从而使他觉得自己获得了某种特权。但是要注意控制整个谈判的程序。

鉴于这类人员对待谈判的态度，与之进行谈判的禁忌为：进行面对面的直接冲突，反抗他；试图去支配他、控制他；提出相当苛刻的条件，压迫他做出过多的让步；过于顺从，屈服于他的压力。

2. 与进取型对手谈判的禁忌

进取型对手以取得成功为满足，对权力与成功的期望都很高，对关系的期望则很低。这类人尽力争取凡是他认为重要的东西，极力想向对方施加影响，以强权办法求得利益。这类人能够与对方建立友好关系，能有力控制谈判过程。他们的目标可能订得并不高，主要是为了能轻易达到谈判目标，甚至轻易地超过目标。对成功的期望是只要他带回去的结果能使自己的上司和同事满意就行了，在必要的情况下会做出让步，达成一个勉强满意的交易，而不愿意使谈判破裂。

鉴于这类人员对待谈判的态度，与之进行谈判的禁忌为：不让他插手谈判程序的安排，不听取他的任何建议；让他轻易得手；屈服于他的压力。

3. 与关系型对手谈判的禁忌

关系型对手以与别人保持良好的关系为满足。对成功与保持良好的关系的期望很高，对权力的期望很低。这类人重视谈判目标，但更重视上级、老板、同事对自己的看法，以及与谈判对手的关系。他们一般对对方的利益表示关心，对对方的分歧表示理解，寻求谈判中双方的共同利益，能够与谈判伙伴分享信息，信任对方，并且在谈判中当对方需要帮助的时候能够提供必要的帮助。但他们不愿意接受挑战，不愿意冒谈判陷入僵局、濒临破裂的风险，更不愿意为谈判的尴尬局面承担任何责任，谈判中他们愿意多倾听对方的意见，他们的工作就是“下情上报”，“上情下达”，由于他们热衷于搞好关系而不追求权力，在谈判中更容易处于被动地位。

鉴于这类人员对待谈判的态度，与之进行谈判的禁忌为：不主动进攻；对他让步过多；对他的热情态度掉以轻心；拖延谈判时间。

6.3.3　了解和区分对手的不同性格

在谈判过程中，我们必须了解不同性格谈判人员的性格特征，根据不同的性格采取不同的对策，极力避免触犯他们心灵中的禁忌，伤害他们的感情，造成不必要的心理隔阂，阻碍谈判的进行。

1. 与感情型的人进行谈判的禁忌

在商务谈判中最常见的是感情型的人，他们在谈判中十分随和，能迎合对手的兴趣，能够在不知不觉中说服别人。感情型的谈判对手一般来说容易激动、情绪变化较快、富有同情心、与人为善，相互影响，着眼于战略问题、不能长时间专注于单一的具体工作、兴趣和注意力容易转移，不适应冲突气氛。

和感情型的人进行谈判的禁忌为：第一，态度过于强硬。感情型的谈判人员在与对方建立良好关系的前提下，会为对方提供更多的信息资料，从而增强对方的谈判能力。此时，柔弱远胜于刚强。过于强硬的态度会招致此类型谈判人员的反感。第二，不善赞美恭维。感情型的谈判人员有时候会为了顾及"人缘"而不惜代价，希望得到对方的承认。在即将成交时，如果不善于赞美或恭维此类型谈判人员，则难以争取到有利于自己的谈判。第三，与对手在感情上没有保持适度的距离。如果在谈判一开始就创造一种过于私人的气氛，与对手谈得火热，不利于谈判的进行。若整个谈判过程中未涉及太多反对意见，没有引起必要的争论，就不会让对手保持紧张的情绪。但若激怒对方，由于他们情绪的不稳定性，有可能导致他们撕破脸面，狠狠还击。第四，速战速决。感情型的人不喜欢长久局限于某个问题之中，他们希望以一种友善的方式尽快取得有实质意义和影响全局的成果，以此证明他们的能力。打持久战，才会使他们感到烦躁和紧张，从而促使他们就某些有争议的问题达成协议。

2. 与固执型的人进行谈判的禁忌

固执型的谈判人员在各类谈判中都会遇到。他们的特点是非常固执，有时候甚至是你说东，他谈西。你越想说服他，他却更加固执地抵抗。这种人很难后退一步，合作起来会不愉快。他们自信自满，自以为无所不能，认识事物带有片面性，只按自己的标准行事，往往听不进别人的意见。他们也喜欢控制别人，不愿有所拘束，精力充沛。

同这类人员谈判的禁忌：第一，缺乏耐心，急于达成交易。催促他做出决定，不给予他充分的考虑时间。第二，强迫他接受你的观点。和他辩论，企图压服他。即使在道理上能胜过他，但买卖依然不能成交。第三，对任何问题，如谈判标的的各方面情况不加详细说明。第四，太软弱，不敢迎着困难循序渐进地进行谈判。

3. 与虚荣型的人进行谈判的禁忌

虚荣型的人自我意识比较强，喜欢表现自己，但有一定的虚假性，嫉妒心理较强，对别人的暗示非常敏感。对于这种类型的谈判人员，一方面要满足其虚荣的需要，另一方面要善于利用其本身的弱点作为跳板。

与虚荣型的人进行谈判的禁忌为：第一，过多谈及对方不熟悉的话题。由于这样会使对方失去自我表现的机会，谈判效果会比较差。同时也不利于己方了解对手的爱好和其他相关资料。第二，不顾全对方的面子。谈判中虚荣型的一方如果感到失去面子，即使是再好的交易条件也会留下不良的后果。因此切忌对他们进行激烈的人身攻击，这样会使虚荣型的谈判对手彻底撤退，从而失去进一步商量的余地。提出反对意见的时候应该只针对所谈的议题，而不应该针对人。例如，不要对他们用这样的语气说话："你连这点都搞不清楚啊?"而应该说"关于这一点，你可能还不知道。"第三，轻信对方的口头承诺。虚荣型谈判人员的一个最大特点就是浮夸，对此必须有戒心。如果在谈判过程中轻信对方的口头承诺，事后会备受浮夸之苦。因此必须对他们的承诺有所记录，最好要其本人以书面形式来表示，对达成的每项协议应及时立据为证，要特别明确奖惩条款，预防其以种种借口否认。

◎本章案例

天津保税区投资有限公司与空中客车的一次谈判

在中国总装的空客A320飞机定于2009年10月飞向蓝天，这是天津保税区投资有限公司与空中客车工业公司的合资项目。然而，这次谈判对于中方很难说是成功的。因为，这批在天津生产的飞机可能是空客有史以来"最昂贵"的飞机，而买单的是中国人。

谈判过程：

谈判开始后，中欧双方围绕着设备采购、空客外派人员的数量等问题争论激烈。谈判的主动权一直掌握在空客手中。

天津项目的设备投资超过30亿元人民币。中国航空业能否从设备采购过程中获益，是双方争论的第一个焦点。

2006年7月，中方项目组去德国汉堡的空客总装线进行实地考察，发现80%的设备都可以实现国产化。一个月后，中方项目组表示希望在中国国内采购部分设备，同时请空客提供有关资料。但空客方面不肯提供任何资料。最终在中国组装的A320系列飞机中，"中国制造"的零部件比例在15%~20%。

双方激烈争论的另一个焦点是空客方面派到中国的工作人员的数量，因为外方人员工资需要合资公司支付，这直接关系到空客项目的收益。而空客认为外方技术工人太少难以保证总装质量。空客一开始要求派到中国的员工数量是200人（合资公司的全部员工预计规模不到1000人），而20世纪80年代中国与波音合资的麦道90项目的美方员工还不足20人。为了说服空客，中方在先后五轮招聘中，让空客充分了解中国工人的素质，最终空客也仅同意将外派人数降低至150人。

谈判结果：

天津空客项目已完成的征地及基础建设的投资近40亿元人民币。但是，这些投资由保税区单方面承担，并不算在合资公司的股份和投资总额之内。

人员方面，如果按照150多名外方专家计算，在2011年天津空客项目生产稳定之前，仅仅支付外方工作人员工资，每年将至少付出3750万欧元，这还不包括中方人员工资。因此，对于合资公司来说，其收入不可能维持生存——空客给每架飞机的总装费用是80万欧元。这就意味着，合资公司投产之后，每年44架的总装量的全部收入，只有3520万欧元，约3.5亿元人民币。

合资公司确定将组装284架销往中国的A320飞机。但是，这284架飞机在七八年内组装完成之后，合资公司的厂房和设备归向何处呢？A320的总装线和厂房实际上并不能用于组装A350和A380等更先进的飞机。

另外，最终拿到天津总装的空客A320飞机11个大部件和444项设备中的绝大部分，均是从欧洲集中到汉堡，然后运到中国，天津合资公司还要为此支付汉堡仓库保管费。

谈判双方心理描述：

中方的心理：由于天津市政府期望空客总装线建成后拉长的产业链，对整个区域的发展能起到带动作用，因此空客项目成了天津引资上层次的重要标杆，市政府和滨海新区的有关领导甚至放出了“只求所在，不求所有”的豪言，颇有不论技术新旧、不计成本，即使亏损也要拿下的非理性激情。

空客的心理：空客之所以始终占据主动，得益于他们对中方经济情报的及时获取，每次开谈之前，空客方面就已经得知中方的意图和计划。

一是从多次接触中摸清中方急于求成的心理，决定在价格上漫天要价：空客的谈判代表甚至直截了当地对中方说：“我们谈判就是一步不让，你们这个合同都得签。你们高层领导比我们急。”空客只是让中方尽可能承担一切费用，但对于外方在合资公司中以设备还是技术，或者还是以现金出资，一直不予明确。

二是在组织方面，空客方面由空客德国公司牵头，联合空客的供应商组成人员固定的项目工作组。而中方则缺乏专门的机构和人员；每次谈判中方都缺乏详细的谈判计划——专家们被临时招来，谈判后也不总结谈判中的问题和下次谈判的重点，又立即返回原单位。在谈判后期，甚至只能由缺乏专家支持的天津地方政府独立地进行谈判。

中方项目组与空客方面谈判时，每个人都用各自单位印制的名片，而空客则为所有参与项目谈判的人员，统一印制了有空客标识的项目组专用名片。空客方从名片看出中方谈判代表是临时拼凑的草台班子，一盘散沙容易击破。

三是摸清中方只求谈成项目，并不关心何种机型，于是仅将项目局限在某一低端的特殊型号，既保护了高端机型（A340，A350，A380）的知识产权，又使得中方在项目完成后，也很难将模具和设备改为他用。

四是空客与中方谈判的指导思想就是尽量由空客在欧洲的供应商提供各种设备。

五是摸清中方的技术软肋及对成本的次要考虑，要求派出庞大的工程技术队伍，以便在合作过程中也能敲中方一笔竹杠。

资料来源：谢鹏：《空客 V.S 中国：谁能笑到最后》，《商务周刊》，2007 年 8 月 6 日。

◎思考题

1. 国际商务谈判中最主要的两种思维艺术形式是什么？各有什么样的特征？

2. 国际商务谈判对手的个性主要有几种类型？针对谈判对手不同的个性特征，应采取什么样的谈判策略？

3. 国际商务谈判心理上的禁忌有哪些？

4. 如何针对谈判对手对谈判的不同态度，避免触犯其心理禁忌？请举例说明。

5. 如何针对谈判对手的不同性格，避免触犯其心理禁忌？请举例说明。

第7章 国际商务谈判的过程

◎本章要点

国际商务谈判的过程，是贯穿整个谈判环节，涉及谈判最终能否获得成功的整体布局。只有掌握商务谈判的全过程以及每一个阶段的具体内容和任务，熟悉掌握和运用开局策略、让步策略、成交策略，才能在谈判中把握主动权。

本章首先介绍了国际商务谈判开局策略，主要包括开局的基本任务和如何营造良好开局的策略；然后重点介绍了国际商务谈判的磋商阶段的策略，包括如何表达己方意图、识别对方意图和判断双方意图的差异，以及如何让步及迫使对方让步；最后介绍了成交阶段的基本情况和具体策略，即场外交易、最后的让步，以及签订协议需要注意的问题等。

7.1 国际商务谈判开局阶段的谈判策略

国际商务谈判的开局对整个谈判过程起着至关重要的作用，它往往关系到双方谈判的诚意和积极性，关系到谈判的格调和发展趋势。一个良好的开局能为谈判成功奠定良好的基础。

7.1.1 开局的基本任务

开局阶段的目标主要是对谈判程序和相关问题达成共识；双方人员互相交流，创造友好合作的谈判气氛；分别表明己方的意愿和交易条件，摸清对方情况和态度，为实质性磋商阶段打下基础。为达到以上目标，开局阶段主要有三项基本任务。

1. 双方相关情况的说明

所谓相关情况的说明主要包括了“4P”，即目的（Purpose）、计划（Plan）、进度（Pace）及成员（Personalities）四个方面内容。

谈判双方初次见面，要互相介绍参加谈判的人员，包括姓名、职务、谈判角色等情况。然后双方进一步明确谈判要达到的目标，这个目标应该是双方共同追求的合作目标。同时双方还要磋商确定谈判的大体议程和进度，以及需要共同遵守的纪律和共同履行的义务等问题。相关情况的说明目的就是谈判双方友好接触，统一共识，明确规则，安排议程，掌握进度，为谈判的成功奠定基础。

2. 开场陈述和报价

相关情况介绍完毕之后，双方各自陈述己方的观点和愿望，并陈述己方对问题的理解，即己方认为谈判应涉及的问题及问题的性质、地位；己方希望取得的利益和谈判的立场。陈述的目的是使对方理解己方的意愿，既要体现一定的原则性，又要体现合作性和灵活性。双方各自提出各种设想和解决问题的方案，并观察双方合作的可靠程度，设想在符合商业准则的基础上寻求实现双方共同利益的最佳途径。

然后，在陈述的基础上进行报价。报价就是双方各自提出自己的交易条件，报价是各自立场和利益需求的具体体现。报价分为狭义报价和广义报价：狭义报价是指某一方向另一方提出己方希望成交的具体价格；广义报价是指某一方向另一方提出的包括具体价格的一揽子要求。报价既要考虑对己方最为有利，又要考虑成功的可能性，报价要准确清楚，双方不受对方报价的影响，可以按自己的意图进行报价。报价的目的是双方了解对方的具体立场和条件，了解双方存在的分歧和差距，为将要进行的磋商准备条件。

3. 营造适当的谈判气氛

谈判气氛的营造应该服务于谈判的方针和策略，服务于谈判各阶段的任务。而谈判气氛会受到谈判面临的政治形势、经济形势、市场变化、文化氛围、实力差距，以及谈判时的场所、天气、时间、突发事件等的影响。对于客观环境对气氛的影响，需要在谈判准备阶段就做好各种预期和应对策略。

谈判气氛在不同特点的谈判中是不一样的，即使在一个谈判的过程中，影响谈判气氛的因素发生变化，也会对谈判气氛产生微妙的影响。谈判气氛多种多样，有热烈的、积极的、友好的，也有冷淡的、对立的、紧张的；有平静的、严肃的，也有松懈的、懒散的，还有介于以上几种谈判气氛之间的自然气氛。

而谈判开局阶段气氛的营造更为关键。因为这一阶段的气氛会直接影响到双方是否有一个良好的开端。一般来说，开局气氛如果是冷淡的、对立的、紧张的，或者是松懈的，都不利于谈判的成功。谈判开局气氛也不大可能一下子就变成热烈的、积极的、友好的。什么样的开局气氛是比较合理的呢？根据开局阶段的性质、地位及进一步磋商的需要，开局最好能形成以下几种谈判气氛：

（1）礼貌、尊重的气氛。谈判双方在开局阶段要营造出一种尊重对方，彬彬有礼的气氛。出席开局阶段谈判可以有高层领导参加，以示对对方的尊重。谈判人员服饰仪表要整洁大方，无论是表情、动作还是说话语气都应该表现出尊重、礼貌，不能流露出轻视对方，以势压人的态度，不能以武断、蔑视、指责的语气讲话，使双方能够在文明礼貌，相互尊重的气氛中开始谈判。

（2）自然、轻松的气氛。开局初期常被称为“破冰”期。谈判双方抱着各自的立场和目标坐到一起谈判，极易出现冲突和僵持。如果一开局气氛就非常紧张、僵硬，可能会过早地造成情绪激动和对立，使谈判陷入僵局。过分的紧张和僵硬还会使谈判人员的思维偏激、固执和僵化，不利于细心分析对方的观点，不利于灵活地运用谈判策略。所以，谈判人员在开局阶段首先要营造一种平和、自然、轻松的气氛。例如，随意谈一些题外的轻松话题，松弛一下紧绷的神经，不要过早与对方发生争论。语气要自然平和，表情要轻松亲切，尽量谈论中性话题，不要过早刺激对方。

(3) 友好、合作的气氛。开局阶段要使双方有一种“有缘相知”的感觉，双方都愿意友好合作，都愿意在合作中共同受益。因此谈判双方实质上不是“对手”，而是“伙伴”。基于这一点，营造友好合作的气氛并不仅仅是出于谈判策略的需要，更重要的是双方长期合作的需要。尽管随着谈判的进行会出现激烈的争辩或者矛盾冲突，但是双方是在友好合作的气氛中去争辩，不是越辩越远，而是越辩越近。因此，要求谈判人员真诚地表达对对方的友好愿望和对合作成功的期望。此外，热情的握手、热烈的掌声、信任的目光、自然的微笑都是营造友好合作气氛的手段。

(4) 积极进取的气氛。谈判毕竟不是社交沙龙，谈判人员都肩负着重要的使命，要付出巨大的努力去完成各项重要任务，双方都应该在积极进取的气氛中认真工作。谈判人员要准时到达谈判场所，仪表端庄整洁，精力要充沛，充满自信，坐姿要端正，发言要响亮有力，要表现出追求进取、追求效率、追求成功的决心，不论有多大分歧，有多少困难，相信一定会获得双方都满意的结果。谈判应在这样一种积极进取、紧张有序、追求效率的气氛中开始。

7.1.2　营造良好开局气氛的策略与技巧

1. 营造良好开局气氛策略的种类

谈判开局策略是谈判人员谋求谈判开局有利形势和实现对谈判开局的控制而采取的行动方式或手段。营造良好的谈判气氛实质上就是为实施谈判开局打下基础。商务谈判开局策略一般包括以下几种。

(1) 一致式开局策略。一致式开局策略是指以协商、肯定的语言进行陈述，使对方对己方产生好感，创造双方对谈判的理解充满“一致性”的感觉，从而使谈判双方在友好、愉快的气氛中展开谈判工作。

一致式开局策略比较适用于谈判双方实力比较接近，双方过去没有商务往来的经历，第一次接触，都希望有一个好的开端。要多用外交礼节性语言、中性话题，使双方在平等、合作的气氛中开局。比如，谈判一方以协商的口吻来征求谈判对手的意见，然后对对方意见表示赞同或认可，双方达成共识。要表示充分尊重对方意见的态度，语言要友好礼貌，但又不刻意奉承对方。姿态上应该是不卑不亢，沉稳中不失热情，自信但不自傲，把握住适当的分寸，顺利打开局面。

(2) 坦诚式开局策略。坦诚式开局策略是指以开诚布公的方式向谈判对手陈述自己的观点或意愿，尽快打开谈判局面。

坦诚式开局策略比较适合双方过去有过商务往来，而且关系很好，互相了解较深，将这种友好关系作为谈判的基础。在陈述中可以真诚、热情地畅谈双方过去的友好合作关系，适当地称赞对方在商务往来中的良好信誉。由于双方关系比较密切，可以省去一些礼节性的外交辞令，坦率地陈述己方的观点以及对对方的期望，使对方产生信任感。

坦诚式开局策略有时也可用于实力不如对方的谈判人员。己方实力弱于对方，这是双方都了解的事实，因此没有必要掩盖。坦率地表明己方存在的弱点，使对方理智地考虑谈判目标。这种坦诚也表达出实力较弱一方不惧怕对手的压力、充满自信和实事求是的精神，这比“打肿脸充胖子”高调掩饰自己的弱点要好得多。

（3）慎重式开局策略。慎重式开局策略是指以严谨、凝重的语言进行陈述，表达出对谈判的高度重视和鲜明的态度，目的在于使对方放弃某些不适当的意图，以达到把握谈判的目的。

慎重式开局策略适用于谈判双方过去有过商务往来，但对方曾有过不太令人满意的表现，己方要通过严谨、慎重的态度，引起对方对某些问题的重视。例如，可以对过去双方业务关系中对方的不妥之处表示遗憾，并希望通过本次合作能够改变这种状况。可以用一些礼貌性的提问来考察对方的态度、想法，不急于拉近关系，注意与对方保持一定的距离。这种策略也适用于己方对谈判对手的某些情况存在疑问，需要经过简短的接触摸底。当然慎重并不等于没有谈判诚意，也不等于冷漠和猜疑，这种策略正是为了寻求更有效的谈判成果而使用的。

（4）进攻式开局策略。进攻式开局策略是指通过语言或行为来表达己方强硬的姿态，从而获得谈判对手必要的尊重，并借以制造心理优势，使谈判顺利进行下去。这种进攻式开局策略只有在特殊情况下使用：例如发现谈判对手居高临下，以某种气势压人，有某种不尊重己方的倾向，如果任其发展下去，对己方是不利的，因此要变被动为主动，不能被对方气势压倒。采取以攻为守的策略，捍卫己方的尊严和正当权益，使双方站在平等的地位上进行谈判。进攻式策略要运用得好，必须注意有理、有利、有节，不能使谈判一开始就陷入僵局。要切中问题要害，对事不对人，既表现出己方的自尊、自信和认真的态度，又不能咄咄逼人，使谈判气氛过于紧张，一旦问题表达清楚，对方也有所改观，就应及时调节一下气氛，使双方重新建立起一种友好、轻松的谈判气氛。

2. 营造良好开局气氛策略的实施

事先对谈判气氛的构思是非常必要的，但这种构思毕竟还只是停留在观念上，谈判是否能形成预料的那种气氛，从根本上取决于双方在谈判中的做法和采取的策略。从双方正式接触的开始，谈判人员首先必须设法使预料的气氛能够现实地出现，而这就关系到具体策略的制定与实施。在商务谈判中有几个重要的因素影响谈判气氛的形成，我们对开局阶段谈判策略的分析将主要围绕着这几个因素展开。

（1）谈判双方之间的关系。谈判双方的关系主要有以下几种情况：①双方曾有过业务往来，关系良好；②双方过去有过业务往来，关系一般；③双方过去有过业务往来，但某一方对另一方的印象不佳；④双方在过去没有业务往来。双方之间的关系不同，在谈判策略的选择和运用上就存在较大的差异。

如果双方过去曾经有过业务往来，且关系很好，谈判就可以这种友好关系作为基础。在这种情况下，开局阶段的气氛应该是友好、真诚、轻松愉快的。在开局时，己方谈判人员应该以比较自由、放松、亲切的姿态与对方沟通。在语言上应是热情洋溢的；内容上则可以畅谈双方以往的友好合作历程，或者是双方人员之间的交往，也可以适当地赞扬对方企业近来取得的成绩。在寒暄结束时，可以这样来将话题引入实质性谈判："我们在过去进行了富有成效的合作，我想，这次我们仍然会取得一个彼此都能满意的结果。"

如果双方过去有过业务往来，但彼此关系一般，在开局阶段就要争取营造一个比较友好、随和的气氛。但是，己方在语言上应该有所控制，不宜过分热情；在内容上可以一般地叙谈双方过去的业务往来和人员交往，或者双方人员在日常生活中的兴趣爱好；在姿态上可以随和自然。在寒暄结束时，可以这样将话题转入实质性谈判："过去我们一直保持着业务往来，我们希望通过这一次的合作，将我们之间的关系推进到一个新的高度。"

如果双方过去曾经有业务往来，但己方对对方的印象不佳，则开局阶段的气氛应该是严肃、凝重的。己方人员在语言上既应注意礼貌，同时又应该是比较严谨的；在交谈内容上，可以对双方过去的关系表示不满、遗憾，希望通过这次谈判来改变以往的状况，也可以谈谈途中见闻或文艺动态等中性话题；在姿态上应该充满正气，注意与对方保持一定的距离。在寒暄结束时，可以这样将话题引入实质性谈判："过去我们有过一段合作关系，但遗憾的是并不那么愉快，希望这一次的合作是令人愉快的合作，让我们共同努力吧。"

如果双方过去没有业务往来，在开局阶段，就应努力营造一个友好、真诚的气氛，设法淡化和消除彼此的陌生感和戒备心理，建立良好的信任关系。因此，己方人员在语言上应该表现得礼貌、友好，又不失身份；在内容上宜以旅途见闻、个人爱好、天气状况等比较轻松的话题为主；在姿态上应该是不卑不亢，沉稳而不失热情，自信而不倨傲。在寒暄结束时，可以这样来将话题引入实质性谈判："这是我们双方的第一次合作，希望它能够成为我们建立长期友好合作关系的一个良好开端。我们都是怀着希望而来，相信只要我们共同努力，就一定能带着满意而归。"

（2）谈判双方的实力。谈判双方的实力强弱对谈判策略的选择也有着重大的影响。如果双方谈判实力相差不大或势均力敌，任何一方都缺乏足够的力量来左右对方，从而单方面地对谈判的进程施加影响，那么，双方都应致力于营造一种互利的谈判气氛。在谈判的开局阶段，应尽力弱化对方可能存在的敌对情绪，消除彼此在心理上的戒备状态，使双方的沟通建立在友好、轻松、和谐的基础上。己方谈判人员在语言和姿态上应该是轻松而不失严谨，礼貌而又不失自信，热情而又不乏沉稳。

如果己方的谈判实力明显强于对方，谈判的结果在通常情况下将更有利于己方。在这种情况下，谈判人员仍然可以设法去营造互利的谈判气氛。但应该让对方清醒地意识到彼此的实力对比关系，以使对方在谈判中不抱过高的希望，从而产生一定的威慑作用，同时又不至于令对方生畏而退出谈判。在开局阶段，己方谈判人员的语言和姿态，既要表现得礼貌友好，又要充分展现出己方的自信和气势。

如果己方谈判实力明显弱于对方，那么己方对利益的追求较之对方就显得更为艰难。在这种情况下，“先追求平等对话，后创造友好气氛”的做法，将是十分必要的。为了不使对方一开始就在气势上占据上风，从而影响随后的实质性谈判，在开局阶段，己方谈判人员无论在语言还是姿态上，既要表示友好、合作的意愿，又要充满自信，举止谈吐得体大方，不使对方轻视自己。

（3）双方谈判人员之间的关系。商务谈判既是双方寻求一致的过程，也是双方谈判人员人际交往的过程，个人感情对双方的沟通及其效果有着很大的影响作用。如果双方谈判人员过去有过交往，并结下了一定的友谊，谈判人员就应该立足于彼此业已存在的友情来营造谈判气氛。在双方都倾向于建立互利气氛的情况下，可以畅叙友谊，回忆以往愉快的交往情景，努力巩固和增进双方之间的个人感情。即使其中一方有意建立起赢输式的谈判气氛，另一方也完全可以借助于个人感情的力量影响对方，促使谈判气氛朝有利于己方的方向发展。如果双方谈判人员过去没有交往，互不相识，那么彼此做到坦诚相待，以求大同存小异的积极心态，努力去适应彼此的需要，就容易形成互利的谈判气氛。在这种情况下，己方谈判人员应充分尊重对方人员，热情友善，同时又应与对方保持适当距离。谈判人员首先要消除彼此在感情上的隔阂，在互相理解、相互信任的基础上建立友谊。

除了上述三个方面的因素之外，谈判人员的形象、谈话的语气、声调以及目光举止等，也会对谈判气氛的形成产生一定的作用。总之，在谈判的开局阶段，谈判人员不仅要预先考虑选择怎样的谈判气氛，并尽量了解对方对谈判气氛所抱有的希望，还必须运用适当的策略，与对方共同来营造谈判的气氛。值得注意的是，谈判人员应该避免在一开始便讨论有分歧的意见。在双方最初的接触过程中，建立一种于己方有利，并符合总体目标要求的谈判气氛才是最重要的任务。

7.1.3 开局阶段的禁忌

1. 谈判组成员行为的禁忌

（1）缺乏信心。在激烈的谈判中，特别是同强者的谈判中，缺乏求胜的信心，是很难取得成功的。即便达成了交易，也必将付出巨大的代价。在谈判开局阶段，尤其不能在对方面前表现出信心不足。开局阶段是双方正面交锋的开始，谈判各方为了实现自己的目标，都会试图调整自己的心理状态，争取一开始就从气势上压倒对手，以充分运用各种谈判策略与技巧。所以，成功的信念是谈判人员从事谈判活动的必备心理要素，只有具备这一条件，谈判人员才能充分展示自己的才能，充分发挥自己的潜能。如果信心不足，则很可能无力支撑谈判的全过程，在对方的攻击下，中途就败下阵来。所以，无论如何，谈判人员一定不能表现出信心不足，即使谈判出现十分困难的情形。

（2）过度热情。进行商务谈判时，忌讳表现出过于热衷的谈判态度。适度的热心和关怀，会使对方乐意和你交往，但过分热情，就会暴露出你的缺点和愿望，给人以有求于他的感觉。这样就削弱了自己的谈判力，提高了对手的地位，本来比较容易解决的问题可能就要付出更大的代价。作为谈判人员，做出任何反应都要首先考虑到对手的反应，要用自己的一言一行来牵制对方，让谈判向有利于自己的方向发展。

对于热情的把握，主要是一个“度”的问题。如果己方实力较强，对于对方的提案，则不要过于热心，只要表示稍感兴趣，就会增加己方的谈判力量，因为此时实力较弱的对方会自然地迎己方而来。相反，如果己方的谈判力较弱，则应该先缓和一下两者之间的冷漠感，掌握双方之间亲切的人际关系。同时要表现出热心但不过度，感兴趣却不强求，不卑不亢，泰然处之，这样有时会使对方对自身产生怀疑，从而增加己方的谈判力量。

（3）缺乏耐心。耐心是在心理上战胜谈判对手的一种战术与谋略，它在谈判中表现为不急于求得谈判的结果，而是通过自己有意识的言论和行动，使对方知晓合作的诚意与可能。耐心是提高谈判效率赢得谈判主动权的一种手段，让对方了解自己，又使自己详尽地了解对手。只有双方互相了解和彼此信任的谈判才能获得成功，才能不因为某一句话或某一个要求而导致谈判夭折。如果谈判双方都通过细致踏实的准备工作，让对方了解自己、相信自己，并且不厌其烦地倾听对方的陈述，就可以精诚合作、互相默契，并在较短的时间内签署谈判协议。

2. 开局进度安排的禁忌

开局阶段，因为双方刚刚见面，彼此还不是太熟悉，气氛容易冷场，所以不要太急于切入正题，需要一些中性话题开头。优秀的谈判人员总会利用谈判技巧，创造出轻松、诚挚、愉快的开局气氛，引起对方的合作兴趣。如谈一些有关气候和季节的话题，谈谈关于体育、文艺、新闻等共同爱好方面的话题。若对方是熟悉的客户，则可回顾以往愉快的合作、成功的经历等。这些话题具有积极向上、令人愉快的特点，容易被人接受，有利于消除陌生感和尴尬的心理。当然，开局时也要切忌离题万里地夸夸其谈，同时要避免伤害对方自尊的言辞和行为出现。当然，寒暄时间也不宜过长，以免冲淡谈判的气氛。时间的把握，以让双方有初步的了解，不至于尴尬冷场为宜。

3. 己方报价陈述的禁忌

（1）陈述时间过长。己方的报价，一般两三分钟即可。若要连续陈述，一般需征得对方的同意。发言的时间双方要平分秋色，尤其当己方是主场时，切不可挟地主之便造成独霸江山的局面。

（2）拐弯抹角地绕圈子。说明己方的观点时应简明扼要，突出重点，要让对方感到己方的坦率和真诚，应选择准确的词句，恰如其分地明确表达自己的想法和态度，尽量不要引起对方的误解。

（3）语言生硬。报价阶段的语气要轻松愉快，要尽量满足对方的合理需要，创造一致感，为继续谈判奠定基础，不能在一开始的阶段就因为用词不当和态度生硬让对方感觉不愉快，造成分歧。

4. 倾听对方报价陈述的禁忌

在对方进行报价陈述时，要认真倾听，并注意记录和分析，不能漫不经心，左顾右盼。认真倾听是对对方的尊重，同时，在投石问路、探听虚实的阶段，应特别谨慎留心。认真倾听，还可以在获取对方信息资料的同时，给对方造成一种心情愉快、乐意继续讲述的气氛。为此，可适当采取一些点头之类的形体语言，以表示对对方讲述的理解和赞同。

7.2 国际商务谈判磋商阶段的策略

开局以后，谈判双方就要将话题转入有关交易内容的正题，向对方提出自己的所有要求了。这一阶段，双方首先要详细地表达各自的观点和谈判意图，然后就彼此意图的差距展开激烈的讨价还价。这是整个国际商务谈判最核心，也是最困难的阶段，谈判双方最后是否能达到既定的谈判意图，获得期望的谈判价值，基本上都是在这个阶段确定下来的。

7.2.1 己方谈判意图表达

进入磋商阶段以后，双方要做的，首先就是明示己方的意图和观点。由于在这一阶段双方互摆观点和互提问题，所以容易产生分歧，鉴于此，无论是表达观点，还是想要问清对方的观点，谈判双方应特别重视说话语气平和亲切，讲究说话技巧，不可把提问、查问变成审问或责问，引起对方反感。还要注意所表达的意图和所提问题应与谈判内容要密切相关，切不可离题。

1. 表达己方意图的技巧

（1）谈判内容要明确清晰，充分具体，同时留出充分的讨价还价空间。因为已经进入实质性磋商阶段，双方此时需要向对方摆明己方的全部交易条件，然后再考察双方的意图差距，从而展开讨价还价。因此，每一方此时表达的谈判意图，内容都应该是十分确定的，要让对方清晰地了解己方的意图，而不能产生任何模棱两可的印象。同时内容要完整充分，所有需要双方磋商的交易条件都要包括在内，而不应该有遗漏然后再补充，否则会让对方觉得己方做事情缺乏逻辑和条理。最后，己方提出的交易条件应该留出充分的讨价还价空间，这样才能在接下来的讨价还价阶段不至于被动。

（2）语言和表达方式要适当。在商务谈判中，双方的接触、沟通与合作都是通过表达来实现的。表达的内容和方式不同，对方接受的信息、做出的反应也不尽相同。在商务谈判进入磋商阶段后，在表达己方的谈判意图时，需要注意以下几点：

第一，正确地应用语言。表达己方谈判意图是为了协商合同条款，明确双方各自的责任、义务，因此，必须使用具体、准确并有数字证明的语言。

第二，不伤对方的面子和自尊。在国际商务谈判中，维护面子与自尊是一个极其敏感而又重要的问题。多数一方感到失了面子，即使是最好的交易，也会留下不良的后果。因此，表达己方观点时，在运用语言上更要认真地推敲。在谈判中应避免的言词主要有：①极端性语言；②针锋相对的语言；③涉及对方隐秘的语言；④有损对方自尊心的语言；⑤催促对方的语言；⑥以自我为中心的语言；⑦模棱两可的语言；⑧赌气的语言。

第三，注意说话方式。讲话过程中的一些细节问题，如停顿、重点、强调、语速等，往往容易被人忽视，而这些方面都会在不同程度上影响说话的效果。语速和说话的节奏对意思的表达有较大的影响。说话太快，一下子讲得很多而无停顿，就会使对方难以抓住你说话的主要意思，难以集中注意力正确领会和把握你的实际表达，有时还会使对方误认为你在为完成某项工作而敷衍了事，于是他不再费神倾听，从而导致双方的语言交流不畅、难以沟通。在有翻译的情况下，要注意照顾翻译的工作，不要长篇大论，只顾自己发挥。一般来讲，如果说话者要强调谈话的某一重点时，停顿是非常有效的。试验表明：说话时应当每隔30秒钟停顿一次，一是加深对方印象，二是给对方机会，对提出的问题做出回答或加以评论。当然，适当重复也可以加深对方的印象。同样，说话太慢，节奏不当，吞吞吐吐，欲言又止，易被人认为不可信任或过度紧张。因此，谈判中陈述意见应尽量平稳中速进行，特殊需要时适当改变一下语速，以期引起特别注意或加强表达效果。

说话时的语调、声音表达出不同的含义，声音的大小则反映说话者一定的心理活动、感情色彩或某种暗含的意思。在谈判中，一般问题的阐述应使用正常的语调，保持能让对方清晰听见而不引起反感的高低适中的音量。适当的时候为了强调自己的立场、观点，尤其在针对有分歧的问题表达意见时，可调整语调和音量来增加话语的分量，加强表达的效果。一般来说，升调表达的是一种惊讶、不可思议、难以接受或不满的感情和意思；降调则反映某种遗憾、无可奈何或失望灰心的心理活动；声音高低的起伏表明说话者的某种情绪波动。谈判中说话的音调、音量有时是有意识的表达需要，有时则是潜意识的自然流露，需对谈判对手的话语敏锐把握，同时对自己的话语表达加强控制，不能出现音调、音量失控的情况，否则就不符合谈判活动的本来目的，也有损自己的礼仪形象。

在表达己方观点时，应注意根据对方是否能理解你的讲话以及对讲话重要性的理解程度，控制和调整说话的速度。在向对方介绍谈判要点或阐述主要议题的意见时，说话的速度应适当减慢，要让对方听清楚并能记下来。同时，也要密切注意对方的反应。如果对方感到厌烦，那可能是因为你过于详尽阐述了一些简单易懂的问题，说话冗长啰嗦。

总之，要收到良好的表达效果，就必须注意说话的方式。语言表达要努力做到：态度诚恳、观点明确；准确真实、通俗易懂；主次分明、层次紧凑；语言生动、叙述流畅。

（3）注重礼仪的应用。不同性格、不同文化素养、不同心理素质的人，在谈判中会有不同的表现，其对礼仪水准的敏感程度也不相同。在谈判桌上，进攻型的人以取得成绩为满足，对礼仪的敏感程度弱一些；关系型的人，以与人保持良好的关系为满足，对礼仪方面的敏感程度比较强，并以对方的礼仪周全与否来判断其诚意并决定与其亲疏的程度；而权力型的人，习惯于对别人和谈判形势施加影响，这种人往往会从礼仪着手，通过礼仪所携带的信息来软化和改变对方态度。因此，在谈判明示阶段，在表达己方意图的时候，不要急于战胜对方，而应设法给对方施加某些影响。这样会对即将开始的讨价还价阶段产生潜移默化的作用。

2. 表达的时机

关于谈判双方中哪一方先表达己方的观点和意图，是个微妙的问题。意图表达的先后在某种程度上对谈判结果会产生实质性影响。一般而言，先表达己方意图有利也有弊。

谈判方一般都希望谈判尽可能按己方意图的轨道进行，因此需要己方以实际的步骤来树立自身在谈判中的影响力。己方首先表达就为此迈出了领先的一步，为以后的讨价还价树立了一个界碑，实际上等于为谈判划定了一个框架或基准线，最终谈判将在这个范围内达成，先表达意图对谈判的影响较大。比如，卖方报价某种材料每公吨 FOB 1000 美元，那么双方磋商结果的最终成交价一定不会超过 1000 美元。但是，先报价如果出乎对方的预料和期望值，就会使其失去信心，比如，卖方报价 FOB 1000 美元 1 吨的货物，买方能承受的价格只有 400 美元，与卖方报价相去甚远，即使经过磋商也很难达成协议，因此只好改变原部署，要么提价，要么放弃。总之，先报价在整个谈判中都会持续地起作用，因此先表达比后表达影响要大得多。

反过来，先表达己方意图也有一定的弊端。一方面，卖方了解己方的意图后，可以对他们原有的想法做出最后的调整。由于己方先说明，对方对己方的交易起点有所了解，他们可以修改预先准备的方案，获得本来得不到的好处。如上面所举例子，卖方报价 1000 美元 1 吨的材料，若买方预先准备的报价 1100 美元。在这种情况下，很显然，在卖方报价后，买方会马上修改其原来准备的报价条件，于是其报价肯定会低于 1000 美元。那么对买方来讲，后报价至少可以使他获得 100 美元的好处。另一方面，先表达了己方意图后，对方还会试图在磋商过程中迫使己方按照他们的思路谈下去。其常用的做法是：采取一切手段，调动一切积极因素，集中力量，攻击己方的立场。逼迫己方一步一步地降价，而并不透露他们自己究竟肯出多高的价格。既然有利也有弊，那么己方究竟应先于对方，还是让对方先表达意图呢？一般来说，通过分析比较谈判双方的谈判实力，可以采取不同的策略。具体来看，有以下几种情况：

（1）如果预期谈判将会出现你争我斗、各不相让的气氛，那么“先下手为强”的策略就比较适用。通过先表达己方意图来规定谈判过程的起点，并由此来影响往后的谈判过程，从一开始就占据主动是比较有利的。

（2）如果己方的谈判实力强于对方，或者说与对方相比，己方在谈判中处于相对有利的地位，那么己方先表达是有利的。尤其是在对方对本次交易的市场行情不太熟悉的情况下，先提出交易条件的好处就更大。因为这样可以为谈判划定一个基准线，同时，由于己方了解行情，还会适当掌握成交的条件，对己方无疑利大于弊。

（3）如果谈判对方是老客户，同己方有较长时期的业务往来，而且双方合作一直较愉快，在这种情况下，谁先表达意图对双方来说都无所谓了。

（4）就一般惯例而言，发起谈判的人应带头先发表观点。

（5）如谈判对方是谈判行家，自己也是谈判行家，则谁先均可。如谈判对方是谈判行家，自己不是谈判行家，则让对方先说明可能较为有利。

（6）如对方是外行，姑且不论自己是不是外行，自己先表达可能较为有利，因为这样做可以对身为外行的对方起一定的引导或支配作用。

（7）按照惯例，由卖方先说明谈判意图。卖方先说明的目的不是为了扩大影响，而只是投石问路，用这样的方法直接刺探对方的思路反应。简单地说，卖方报价是一种义务，买方还价也是一种义务。

7.2.2 对方谈判意图识别

在正确表达己方谈判意图的同时，准确识别对方的谈判意图，是讨价还价之前另一个重要的环节。己方在清楚了解了对方表达的全部内容后，进一步要做的，就是透过其表达的内容，来判断对方的意图，在此基础上可以分析出：什么样的条件能使对方感到满意；怎样能使交易既对己方有利又能满足对方的某些要求。

所谓“知己知彼，百战百胜”如果不清楚对方的真实目的，要么可能因为误解了对方的意图导致对方的目标无法实现而使谈判陷入僵局或者失败，要么可能导致己方为了谈判达成让步过大而损失了应得利益。可见，“知彼”和“知己”是一样重要不能忽视的。为了尽量准确地识别对方的谈判意图，需要注意以下几点：

1. 认真地倾听

通常，在一方陈述的过程中，另一方不要进行干扰。一方面，打断或有意干扰他人的陈述是一种不礼貌的行为，容易引起对方的反感；另一方面，干扰还会影响对方对有关内容的表述，增加双方在信息沟通上的困难。比较可取的做法是，在一方陈述的过程中，另一方应认真倾听，力求完整、准确地理解对方的报价内容。同时，应将己方对陈述内容的理解进行复述，以确认己方听到和接收到的信息准确无误。

2. 正确地提问

如果对于对方陈述的内容，有不清楚之处，可在结束后就相应的问题要求对方解答。需要注意：首先，不能突然打断对方或者突如其来地贸然查问；其次，不能问与谈判内容或者对方陈述不相干的问题；最后，提问的方式和语气要礼貌恰当。

3. 准确地判断

在听完对方的陈述并且就不清楚的地方提问之后，不要对对方的陈述立即做出回应。在正常情况下，应设法通过对方的陈述，探测和把握对方的真实意图，及时调整或修改己方的预定方案，以便有针对性地采取相应措施，避免盲目决策。通常，己方在完整、准确理解对方的陈述内容之后，应该进一步要求对方进行相关问题的详细解释，根据对方所作的解释以及己方所掌握的有关资料，两相对比，可以发现对方陈述中不合理或虚假的成分。同时，还应该注意观察对方的言谈举止，综合考虑各种因素，判断对方陈述的实质、意图及诚意。然后，己方就可据此做出策略上的安排。

7.2.3 双方意图差异分析

己方在判断清楚了对方的意图之后，就需要将双方的意图和要求逐一进行比较，估计什么是对方的谈判重点，弄清双方的分歧所在。

谈判双方的分歧可分为实质性分歧和假性分歧两种。实质性分歧是原则性的、根本利益的真正分歧；假性分歧是由于谈判中的一方或双方为着要达到某种目的人为设置的难题或障碍，是人为的故意制造出的分歧，使自己在谈判中有较多的让步余地。其实要区分这两种分歧并不困难。只要谈判人员细心观察和分析，是可以发现的，只不过当双方都用同一种方法时，就都不捅破这层窗户纸了。这样一来，假的就当真的来对待，以假当真了。不过，假的终归是假的，它只是一种过渡性的手段，不影响谈判的最后结局。所以，对待假性分歧，只要认真识别，看出其虚张声势时，不要被对方的气势吓倒，只要坚持说理，就一定会取得最后成功。

对待实质性分歧要认真，要反复研究做出某种让步的可能性，并下定是否让步的决心。同时，根据预期的目标做出让步的阶段和步骤。当然，谈判人员的这种分析是受到经验和水平限制的，不一定准确，但允许在谈判的过程中不断地修正。

经过分析，才能勾画出一个大体的谈判进程，才能规定出每个议题中双方较量的实力。通过分析得出：若己方还盘，还价的幅度应如何掌握为好；在其他各项交易条件上所作的针对原报盘的变动、补充和删减中，估计哪些能为对方所接受，哪些又是对方急于讨论的问题。以此为基础，设想出双方最终可能签订的合同的大致面目。这样，在谈判中，就可据此把握谈判的总的方向和讨论范围。

在国际商务谈判中，要达成最后的协议，就必须学会“领悟”对方的需要，而需要是多纬度的。当双方分歧过大，己方提供的条件不足以满足对方的直接需要时，可了解其整体业务范围，从中发掘和寻找利益衔接点，从而从别的途径来实现双方的相互妥协。一般来说，发现双方差异后，通过满足对方的其他需要来使双方达成一致，可以遵循以下原则和程序进行：首先，发掘和寻找对方其他需求和利益点，这种利益点有表象的和潜在的、直接的和间接的、物质的和精神的。其次，强调该需求或利益点对其重要性并尽可能使其与己方达成高度共识。然后，己方用极少的成本或不用额外成本满足其需求或利益点。最后，作为回报，希望其在原先谈判的条件上给予己方更大的优惠。

7.2.4 让步策略

谈判中讨价还价的过程就是让步的过程。怎么让步，分几次让步，每次让步幅度为多少，都大有学问。经验丰富的谈判人员能以很小的让步换取对方较大的让步，并且还让对方感到心满意足，愉快地接受。相反，也有的做出大幅度的让步，对方还不甚满意。

让步实际上是一种侦察手段，是一步步弄清楚对方的期望到底是什么的过程。让步的方式灵活多样。无论是以价格的增减换取原则条款的保留，或是以某些次要条款或要求的放弃换取价格的效益，还是以次要条款或要求的取舍换取主要条款或要求的取舍，都要掌握好尺度和时机，如何把握尺度和时机，都没有既成的公式和程序可以遵循，只能凭借谈判人员的经验、直觉和机智来处理。但这些并非说谈判中的让步是一种随心所欲、无法从科学的角度去认识、把握、计划和运筹的。恰恰相反，有经验的行家无不在谈判之前就胸有成竹，只不过在进入实际让步阶段后，再凭借自己的经验、直觉和机智来临阵发挥，变换和发展自己胸中已有的让步方案罢了。

1. 让步的基本原则

谈判中的让步不仅仅取决于让步的绝对值的大小，还取决于彼此让步策略，即怎样做出这个让步，以及对方怎样争取到这个让步的。在具体的讨价还价过程中，要注意以下几方面的让步基本原则：

（1）不要做无谓的让步，应体现对己方有利的宗旨。每次让步都是为了换取对方在其他方面的相应让步和策略。

（2）让步要让在刀刃上，让得恰到好处，使己方较小的让步能给对方以较大的满足。

（3）在己方认为重要的问题上要力求对方先让步，而在较为次要的问题上，根据情况的需要，己方可以考虑先做让步。

（4）不要承诺作同等幅度的让步。例如，对方在某一条款项目上让我 60%，而己方在另一项目上 40% 让他。假如对方说："你也应该让我 60%"，己方则可以"己方无法负担 60%"来婉拒他。

（5）考虑做出让步时要三思而行，不要随随便便，掉以轻心。要知道每一个让步都实实在在地包含着己方的利润损失甚至成本增加。

（6）如果做了让步后又觉得考虑欠周全，想要收回，也不要不好意思，因为这不是决定，完全可以推倒重来。

（7）即使己方已决定做出让步，也要使对方觉得己方让步不是件轻而易举的事，他就会珍惜所得到的让步。

（8）一次让步的幅度不要过大，节奏不宜太快，应做到步步为营。因为一次让步太大，会使人觉得己方这一举动是处于软弱地位的表现，会建立起自信心，让对方在以后的谈判中掌握了主动。

2. 让步的方式

在国际商务谈判实践中，人们总结出常见的八种理想的让步方式。每一种方式对对方传递的信息不同，对不同的对象也就有不同的结果。选择并采取哪种让步方式，取决于以下几个因素：谈判对手的经验；准备采取什么样的谈判方针和策略；期望让步后对方给予我们何种反应。

让步方式

让步方式	预定让步	第一期让步	第二期让步	第三期让步	第四期让步
1	60元	0	0	0	60
2	60元	15	15	15	15
3	60元	13	8	17	22
4	60元	22	17	13	8
5	60元	26	20	12	2
6	60元	46	10	0	1
7	60元	50	10	–1	1
8	60元	60	0	0	0

下面具体地探讨这八种常见让步方式的特点及优缺点。

（1）方式一。采用该方式，在让步的最后阶段一步让出全部可让利益。该方式让对方感觉一直没有什么妥协的希望，因而被称作坚定的让步方式。如果买方是一个意志比较软弱的人，当卖方采用此方式时，买方可能早就放弃讨价还价了，因而得不到利益；如果买方是一个意志坚强、坚持不懈、不达目的不罢休的人，那么买方只要不断地迫使对方让步，即可达到目的，获得利益。这种方式在运用时，买卖双方可能往往都要冒着形成僵局的危险。

①特点：让步方态度比较果断，往往被人认为有大家风度。这种方式是，在开始时寸步不让，态度十分强硬；到了最后时刻，则一次让步到位，促成和局。

②优点：在起初阶段寸利不让，坚持几次“不”之后，足以向对方传递己方坚定信念。如果谈判对手缺乏毅力和耐性，就有可能被征服，使己方在谈判中获得较大的利益。再者，在坚持了几次“不”之后，一次让出己方的全部可让利益，对方会有险胜感。故此会特别珍惜这种让步，不失时机地握手言和。再次，会给对方既强硬、又出手大方的印象。

③缺点：由于谈判让步的开始阶段一再坚持寸步不让的策略，则可能失去伙伴，具有较大的风险性。同时，易给对方传递己方缺乏谈判诚意的信息，进而影响谈判的和局。

④适用：适用于对谈判投入少，依赖性差，因而在谈判中占有优势的一方。实践证明，谁在谈判中投入少、依赖性差，谁就有承担谈判失败风险的力量，或在某种意义上说，不怕谈判的失败。总之，此种让步方式有其利，也有其弊；有时在卖方一再坚持

“不”的情况下，还有可能迫使恐惧谈判的买方做出较大的进步。

（2）方式二。这是一种等额地让出可让利益的让步方式。只要遇到耐心等待的买主，此种方法就能鼓励买方对进一步的让步有所期待。

①特点：态度谨慎，步伐稳健。在国际商务谈判让步的过程中，不断地讨价还价，像挤牙膏一样，挤一步让一步，让步的数量和速度都是均等、稳定的，国际上称这种让步方式为“色拉米”香肠式谈判让步方式。

②优点：首先，由于此种让步平稳、持久，本着步步为营的原则，因此不易让对方轻易占到便宜。其次，对于双方充分讨价还价比较有利，容易在利益均沾的情况下达成协议。再次，遇到性情急躁或无时间长谈的对方时，往往会占上风，削弱对方的议价能力。

③缺点：首先，每次让利的数量相等、速度平稳，给人的感觉平淡无奇，容易使人产生疲劳厌倦之感。其次，该谈判效率极低，通常会浪费大量的精力和时间，因此谈判成本较高。再次，对方每次讨价还价一次，都有等额利润让出，这样会给对方传递一种信息，即只要耐心等，总有希望获得更大的利益。

④适用：等额让步方式目前适用极为普遍。在缺乏谈判知识或经验的情况下，以及在进行一些较为陌生的谈判时运用，往往效果比较好。对于一些商务性质的谈判，讨价还价比较激烈，分利必争，价格的谈判也就采取步步为营的原则。另外，对于没有谈判经验的人，以及进行较为陌生的谈判，常常采用这一方式。

（3）方式三。这是一种先高后低，然后又拔高的让步方式。

①特点：比较机智、灵活、富有变化。在国际商务谈判的让步过程中，能够正确处理竞争与合作的尺度，在较为恰当的起点上让步，然后缓速减量，给对方传递一种接近尾声的信息。这时，如果买方已知足，即可收尾。如果买方仍要穷追不舍，卖方再大步让利，在一个较高的让步点上结束谈判。

②优点：起点恰当、适中，能够向对方传递合作、有利可图的信息。其次，使谈判富有变化，如果谈判不能在缓速减量中完成，则可采取大举让利的方法，使谈判易于成功。再次，在二期让步中减缓一步，可以给对方造成一种接近尾声的感觉，容易促使对方尽快拍板，最终能够保住已方的较大利益。

③缺点：首先，让步这种方式是一种由少到多、不稳定的让步方式，容易鼓励对方继续讨价还价；其次，由于二期让步就已向买方传递了接近尾声的信息，而后来又作了大步让利，让人感觉不诚实，因此，对于友好合作关系的谈判来说往往不利；再次，由于初期让步比较适当、给对方留下了很好的印象，可二期让步却向对方传递了一个不真实的信息，因此反而影响了初期留下的美好印象。

④适用：这种方式适用于竞争性较强的谈判，由谈判高手来使用。该策略在运用过程中要时时刻刻观察谈判对手对己方让步的反应，以调整己方让步的速度和数量，因此，实施起来难度较大。

（4）方式四。这是一种小幅度递减的让步方式。即先让出较大的利益，然后再逐期减让，到最后一期让出较小的利益。

①特点：比较自然、坦率，符合商务谈判活动中讨价还价的一般规律。以较大的让利作起点，然后依次下降，直到可让的全部利益让完为止。因此，这种让步策略往往给人以和谐、均匀、顺理成章的感觉，是谈判中最为普遍采用的一种让步方式。

②优点：首先，易为人们所接受，给人以顺乎自然，无须格外劳神之感。其次，由于让利采取先大后小的方式，这往往有利于促成谈判的和局。再次，在让步的程度上一步较一步更为谨慎，一般不会产生让步上的失误。最后，达成的协议是在等价交换、利益均沾的条件下完成的。

③缺点：让步由大到小，对于买主来讲，越争取利益越小，因而往往使买主感觉不太好，故终局情绪不会太高。其次，这是谈判让步中的惯用方法，缺乏新鲜感。

④适用：此种谈判让步方式一般适用于国际商务谈判的提议方。原因是谈判方对谈判的和局更为关切，理应以较大的让步做出姿态，以诱发对方从谈判中获利的期望。

（5）方式五。这是一种从高到低的，然后又微高的让步方式。这种让步方式往往显出卖方的立场越来越坚定，表示着卖主愿意妥协，但不会轻易让步，也告诉买方，让步的余地越来越小，到最后，以一个适中的让步结束谈判。

①特点：合作为首，竞争为辅，诚中见虚，柔中带刚。在初期以高姿态出现，并做出较高的礼让，向前迈进两大步，然后再让微利，以向对方传递已无利再让的信息。这时，如果买方一再坚持，则以较为适中的让步结束谈判，效果往往不错。

②优点：首先，由于谈判的让步起点较高，富有较强的诱惑力。其次，大幅度的让步之后，到三期仅让微利，给对方传递了已基本无利可让的信息，因此比较容易使对方产生获胜感而达成协议。再次，如果三期所做微小让步仍不能达成协议的话，再让出最后稍大一点的利润，往往会使对方很满意而达成协议。

③缺点：一是让步策略的一开始让步很大，容易造成己方软弱可欺的不良印象，可能会强化对方的进攻势头。二是，头两步的大让利和后两步小让利形成鲜明对比，容易给对方造成己方的诚意不足的印象。

④适用：适用于以合作为主的谈判。以互惠互利为基础的谈判，在开始时做出较大的让步，有利于创造出良好的合作气氛和建立友好的伙伴关系。

（6）方式六。这是一种开始时大幅度递减，但又出现反弹的让步方式。此种方式在初期让出绝大部分可让的利益，目的是表示己方的诚意。

①特点：给人以软弱、憨厚、老实之感，因此成功率较高。这种方式在让步初期即让出绝大部分利益，二期让步即达己方可让利益的边际，到三期拒绝让步，这就向对方传递了该让的利益已基本让完了的信息。如果对方仍一再坚持，再让出最后一步，以促成谈判的成功。

②优点：首先以求和的精神，让出多半利益，因此有可能换得对方较大的回报。其次，三期让步时做出了无利可让的假象，这有可能打消对方进一步要求己方再一次让利的期望。再次，最后又让出小利，即显示了己方的诚意，又会使通达的谈判对手难以拒绝签约，因此往往收效不错。最后，尽管其中藏有留利，但客观上仍表现了以和为贵的温和态度。

③缺点：一是开始时表现软弱，大步让利，如果遇到贪婪的对手，会刺激对手变本加厉，得寸进尺；二是这种方式可能由于三期让步遭受拒绝后，导致谈判僵局或败局的出现。

④适用：这种方式适用于在谈判竞争中处于不利境地，但又急于获得成功的谈判一方。它使己方有三次较好的机会获得达成协议的可能。

(7) 方式七。这是一种在起始两步全部让完可让利益，三期赔利相让，到四期再讨回赔利相让部分的让步方式。这是一种在谈判中最具有特殊性的一种让步方式，也是最富有戏剧性的一种方式。

①特点：风格果断诡诈，又具有冒险性。在一期的大部分让利和二期的小部分让利后，便把可让利益全部让完。三期并非消极拒绝，而是诱惑性地让出本不该让的一小部分利益，然后再从另外的角度进行讨价还价，在第四期收回该部分利益。可见，这是一种具有很高技巧的让步方式，只有非常富有谈判经验的人才能灵活运用。

②优点：首先，开始两步让出全部利益，具有很大的吸引力，往往会使陷入僵局的谈判起死回生。其次，若前两期的让利尚不能打动对方，再冒险让出不该让出的利益，这样就会产生一种诱惑力，使对方沿着己方思路往前走。再次，对方一旦上路，并为谈判付出了代价，再借口某原因，从另一角度调回自己所需的利益，就容易促成和局了。

③缺点：首先，开头两期的全部可让利益的让出，会导致对方期望值增大，在心理上强化了对方的议价能力。其次，三期的额外让步，如四期中不能讨回，就会损害己方的利益。再次，在四期中讨回让利时，极易出现谈判破裂的局面。

④适用：这种让步方式一般适用于陷入僵局或危难期的谈判。由于己方处于危险境地，又不愿使已付出的代价付之东流，因此不惜在初期就大步相让，以牺牲自己的利益为代价来挽救谈判，以促成谈判和局。

(8) 方式八。这是一种一次性让步的方式，即一开始就让出全部可让利益的方式。

①特点：态度诚恳、务实、坚定、坦率。在谈判进入让步阶段，一开始即亮出底牌，以达到以诚取胜的目的。

②优点：首先，由于谈判人员一开始就向对方亮出底牌，让出自己全部可让利益，比较容易打动对方采取回报行为，以促成和局。其次，率先大幅度让步，富有强大诱惑力，会在谈判桌上给对方留下美好印象，有利于获取长远利益。再次，一步让利，坦诚相见，提高谈判效率，有利于速战速决，降低成本。

③缺点：首先，由于这种让步操之过急，给对方传递一种可能尚有利可图的信息，导致对方继续讨价还价。其次，由于一次性的大步让利，可能失掉本来能够力争到的利益。

④适用：对于己方处于谈判的劣势或谈判各方之间关系较为友好的谈判，可以采用本策略。本策略表现得积极、坦诚，以诚动人，以自己的最大让步感召对方，使对方以同样的方式予以回报，并建立友好的关系。

以上八种让步方式基本上概括了国际商务谈判中的各种让步方式。从实际情况来看，采用较多的是第四种和第五种，适应一般人心理，易为对方接受。第六种、第七种让步方式，其运用需要有较高的艺术技巧和冒险精神。有可能作少量让步，迅速达成交易；也有可能，因运用得不好而造成僵局。而第二种方式和第八种方式在实际中采用得较少，而第一种方式则基本上不采用。

3. 合理选择适当的让步策略

磋商中，每一次让步，不但是为了追求自己的满足，还同时要充分考虑到对方的最大满足。谈判双方在不同利益问题上相互给予对方让步，以达成谈判和局为最终目标。以己方的让步换取对方在另一问题上的让步的策略，称为互利互惠的让步策略；在时空上，以未来利益上的让步换取对方近期利益上的让步称为予远利谋近惠的让步策略；若谈判一方以不作任何让步为条件而获得对方的让步也是有可能的，称为己方丝毫无损的让步策略。

（1）互利互惠的让步策略。谈判不会是仅仅有利于某一方的谈判。一方做出了让步，必然期望对方对此有所补偿，获得更大的让步。

一方在做出让步后，能否获得对方互惠互利的让步，很大程度上取决于该方商谈的方式：一种是所谓的横向谈判方式，即采取横向铺开的方法，几个议题同时讨论，同时展开，同时向前推进；另一种是所谓的纵向深入方法，即先集中解决某一个议题，而在开始解决其他议题时，已对这个议题进行了全面深入的研究讨论。采用纵向商谈，双方往往会在某一个议题上争持不下，而在经过一番努力之后，往往会出现单方让步的局面，而横向谈判把各个议题联系在一起，双方可以在各个议题上进行利益交换，达成互惠式让步。

争取互惠式让步，需要谈判人员开阔的思路和视野。除了某些己方必须得到的利益必须坚持以外，不要太固执于某一个问题的让步。而应统观全局，分清利害关系，避重就轻，灵活地使己方的利益在其他方面能够得到补偿。

为了能顺利地争取对方互惠互利的让步，国际商务谈判人员可采取的技巧如下：

①当己方谈判人员提出让步时，向对方表明，我们做出这个让步是与公司政策或公司主管的指示相悖的。因此，己方只同意这样一个让步，即贵方也必须在某个问题上有所回报，这样，我们回去也好有个交待。

②把己方的让步与对方的让步直接联系起来。表明己方可以做出这次让步，只要在己方要求对方让步的问题上能达成一致一切就不存在问题了。

比较而言，前一种言之有理，言中有情，易获得成功，而后一种则直来直去，比较生硬。

（2）予远利谋近惠的让步策略。在商务谈判中，参加谈判的各方均持有不同的愿望和需要，有的对未来很乐观；有的则很悲观；有的希望马上达成交易；有的却希望能够等上一段时间。因此，谈判人员就自然也表现为对谈判的两种满足形式，即对现实谈判交易的满足和对未来交易的满足，而对未来的满足程度完全凭借谈判人员自己的感觉。

对于有些谈判人员来说，可以通过给予其期待的满足或未来的满足而避免给予其现实的满足，即为了避免现实的让步而给予对方以远利。比如，当对方在谈判中要求我们在某一问题上做出让步时，己方可以强调保持与己方的业务关系将能给对方带来长期的利益，而本次交易对是否能够成功地建立和发展双方之间的这种长期业务关系是至关重要的，向对方说明远利和近利之间的利害关系。如果对方是精明的商人，是会取远利而弃近惠的。其实，对己方来讲，采取予远利谋近惠的让步策略，并未付出什么现实的东西，却获得近惠，因此，何乐而不为呢？

(3) 丝毫无损的让步。丝毫无损的让步，是指在谈判过程中，当谈判的对方就某个交易条件要求己方做出让步，其要求的确有些理由，而对方又不愿意在这个问题上做出实质性的让步时，采取这样一种处理的办法，即首先认真地倾听对方的诉说，并向对方表示：我方充分地理解您的要求，也认为您的要求是有一定的合理性的，但就我方目前的条件而言，因种种因素的限制，实在难以接受您的要求。我们保证在这个问题上给予其他客户的条件，绝对不比给您们的好。希望您们能够谅解。如果不是什么大的问题，对方听了上述一番话以后，往往会自己放弃要求。

谈判是具有一定艺术性的。人们对自己争取某个事物的行为的评价，并不完全取决于最终的行为结果，还取决于人们在争取过程中的感受，有时感受比结果还重要。在此，己方认真倾听对方意见要求，肯定其要求的合理性，满足了对方受人尊敬的要求；保证其条件待遇不低于其他客户，进一步强化了这种受人尊敬需求的效果，迎合了人们普遍存在的一种心理：互相攀比，横向比较。

7.2.5　迫使对方让步的策略

谈判是一项互惠的合作事业，谈判中的让步也是相互的。但在现实的谈判活动中，谈判双方又各有其追求的目标，在许多情况下，谈判人员并不会积极主动地做出退让，双方的一致是在激烈的讨价还价中逐步达成的。精明的谈判人员往往善于运用一些策略迫使对方做出让步，从而为己方争取尽可能多的利益。这些策略大致可区分为两类，即施压策略和诱导策略。

1. 施压策略

通过向对方施加压力迫使其做出不利让步的做法，在国际商务谈判中的应用是相当普遍而又繁杂的，下面我们介绍一些常见的施压策略。

(1) 制造竞争策略。当谈判的一方存在竞争对手时，另一方完全可以选择其他的合作伙伴而放弃与他的谈判，那么，他的谈判实力就将大大减弱。在国际商务谈判中，谈判人员应该有意识地制造和保持与对方的竞争局面，在筹划某项谈判时，可以同时邀请几方，分别与之进行谈判，并在谈判过程中适当透露一些有关竞争对手的情况。在与其中一方最终形成协议之前，不要过早地结束与另外几方的谈判，以使对方始终处于几方相互竞争的环境中。

有的时候，对方实际上并不存在竞争对手，但谈判人员仍可巧妙地制造假象来迷惑对方，以借此向对方施加压力。

（2）虚张声势策略。在有些谈判中，双方在一开始都会提出一些并不期望能实现的过高的要求，随着时间的推移，双方再通过让步逐渐修正这些要求，最后在两个极端之间的某一点上达成协议。谈判人员可能会将大量的条件放进议事日程中，其中大部分是虚张声势，或者是想在让步时给对方造成一种错觉，似乎他们已做出了巨大牺牲，但实际上只不过舍弃了一些微不足道的东西。

过分的要求并不一定表示实力的强大，但却可能动摇对方的信心，迫使其修改自己的期望，并降低自己的目标和要求。

（3）各个击破策略。如果对方的谈判班子由几个成员构成，成员之间必然会存在理解力、意见及经验等方面的差异，这些差异可能在开始时表现得并不明显，然而只要存在极小的差异，就可能会被扩大。利用对方谈判人员之间不一致的方面来分化对手，重点突破，这就是所谓的各个击破。其具体做法是，把对方谈判班子中持有利于己方意见的人员作为重点，以各种方式给予鼓励和支持，与之结成一种暂时的无形同盟，反之则采取比较强硬的态度。如果与你谈判的是由几方组成的联盟，你的对策就是要使联盟的成员相信，你与他们单个之间的共同利益要高于联盟成员之间的利益。

（4）威胁策略。谈判人员有时可能会直接或间接地威胁对方，以达到逼迫对方让步的目的。通过威胁来施加压力的方式主要有两种：①行动威胁。这是直接向对方显示自己的力量，比如谈判人员可能会这样说："除非你这样做，否则我们将取消贵方的特权，停止运输。"②人身攻击。这是一种间接的方式，通过打击对方谈判人员的品格，或对他的公正与诚实提出疑问等，刺伤其自尊，达到施压的目的。比如可以这样说对方："你根本没有合作的诚意。""你的做法与贵公司的形象很不相称。"迫使对方调整自己的行为，并做出某些让步。

（5）最后通牒策略。这是谈判人员以退为攻，用终止谈判等理由来迫使对方退让的一种策略。在谈判双方的目标差距很大而又相持不下时，谈判一方向对方发出最后通牒，告诉对方"这是我们的最后报价"，或者向对方声明"谈判即将破裂"，往往能迫使对方作出某些让步。

在国际商务谈判中，谈判人员固执地坚持自己的立场和观点，往往源于他们对未来所持有的希望。正是因为他们期待出现更好的结果，他们才不愿在现在就做出让步，一旦意识到不作退让就无法将谈判继续下去，他的立场是会发生某些变化的。

运用最后通牒策略应该注意以下几个问题：①己方的谈判实力应强于对方，该项交易于对方的重要性超过己方。②谈判人员已使用过其他方法，但效果均不理想，最后通牒成为己方最后的唯一选择。③己方确实已把条件降到了最低限度。④在经过旷日持久的磋商之后，对方已无法承担失去该项交易而造成的损失，已经到了非与己方达成协议不可的地步。

2. 诱导策略

在国际商务谈判中，诱导策略是应用最广泛的一类策略。谈判人员通过某些间接的途径，有意识地诱导或引导对方，使之将其自身行为纳入你所预期的方向和轨道。

（1）简化策略。这是将某些繁杂的事项转变为简单的问题加以处理的一种策略。一般来说，用简单的办法解决复杂的问题，对谈判双方都具有直接的吸引力，这样可以避免复杂思维所带来的不确定性。我们之所以喜欢用整数，是因为简单、好记。但事物被我们主观地加以简化之后，就很难与其本来的面目保持绝对的一致。有些谈判人员会说："不要用 9.999 了，用整数 10 不是很好吗？"如果仔细考虑一下，当交易量是百万、千万的时候，0.001 的差额所带来的实际绝对值却是一个相当大的数字。"这一差额双方各负担 50%"，似乎是一种公平又互惠的简单提议，但如果你投入了 2/3 的资金及 80% 的劳动，那么，50% 对 50% 的做法对你而言就是极不公正的了。

（2）对比策略。就是有意识地在前后报价或不同方案之间造成鲜明反差，以诱导对方做出退让。通常，谈判人员在一开始会提出一个很高的要求，当对方表示反对之后，再"十分宽宏大度"地大幅降低原先的要求，这一新的报价实际上仍比对方认为是合理的数字高出许多。但是两次报价的强烈对比有时足以使有些谈判人员确信你的合作诚意，从而相应地降低自己的要求。

（3）积少成多策略。积少成多策略也称挤牙膏策略，就是一点一点地迫使对方妥协，使谈判朝有利于己方的方向发展。其基本做法是不向对方提出过分的条件，而是分多次，从不同的侧面向对方提出一些似乎微不足道的要求。随着时间的推移，对方可能会做出一系列小小的让步，到最后才发现，实际上他已做出了极大的让步。运用这种策略，有时会使对方在不知不觉中就放弃了自己大量的利益。这也提醒我们，在讨价还价过程中，任何急于求成或表现豪放的做法都是不明智的。

（4）软硬兼施策略。软硬兼施策略也称红白脸策略，就是在谈判人员的角色搭配及其手段的运用上软硬相间，刚柔并济。在某一方的谈判班子中，有的人扮演"强硬者"，坚持己方的原则和条件，向对方进行胁迫；其他的人则以"调和者"的面孔出现，向对方表示友好，或者予以抚慰。这种做法的效果就是，当"强硬者"寻找借口离开谈判现场之后，对方变得更愿意向扮演"调和者"的"好人"提供更多的材料。从某种意义上讲，这实际上是一种变相的"对比"效应。通常，这种策略在对付那些初涉谈判场合的对手时作用较大，而那些谈判老手对此则是会应付自如的。

7.3　国际商务谈判成交阶段的策略

7.3.1　场外交易

当国际商务谈判进入成交阶段，双方已经在绝大多数的议题上均已取得一致意见，只仅在某一两个问题上存在分歧、相持不下而影响成交时，即可考虑采取场外交易，比如酒宴上、游玩场所等。因为这时仍把问题摆到谈判桌上来商讨，往往难以达成协议。一是经过长时间的谈判，已经令人很烦闷，影响谈判人员的情绪，相应地还会影响谈判协商的结果。二是谈判桌上紧张、激烈、对立的气氛及情绪迫使谈判人员自然地去争取对方让步。三是即使某一方的主谈或领导人头脑很清楚冷静，认为做出适当的让步以求尽快达成协议是符合己方利益的，但因同伴态度坚决，情绪激昂而难以当场做出让步的决定。

场外轻松、友好、融洽的气氛和情绪则很容易缓和双方剑拔弩张的紧张局面。轻松自在地谈论自己感兴趣的话题，交流私人感情，有助于化解谈判桌上激烈交锋带来的种种不快。这时适时巧妙地将话题引回到谈判桌上遗留的问题上来，双方往往会很大度地相互做出让步而达成协议。

需要指出的是，场外交易的运用，一定要注意谈判对手的不同习惯。有的国家的商人忌讳在酒席上谈生意，为此必须事先弄清，以防弄巧成拙。

7.3.2 最后的让步

一般来说，针对磋商阶段遗留的最后一两个有分歧的问题，需要通过最后的让步才能求得一致。求得最后的让步要把握两方面的问题：一是让步的时间，一是让步的幅度。

让步的时间上，过早会被对方认为是前一阶段讨价还价的结果，而不是为达成协议做出的终局性的最后的让步。过晚会削弱对对方的影响和刺激作用，并增加了前面谈判的难度。

时间上的策略是将最后的让步分为两部分。主要部分在最后期限之前做出，以便对方有足够的时间来品味；次要部分安排在最后时刻，作为最后的“甜头”。这犹如一桌丰盛的酒宴，最后让步中的主要部分恰似最后一道大菜，掀起最后一个高潮，而次要部分亦如酒宴结束前上的一碟水果，让人心满意足。

让步的幅度上，太大会让对方认为这不是最后的让步，仍步步紧逼；如果幅度太小，对方会认为微不足道，难以满足。

那么最后的让步幅度为多大才合适呢？在决定最后让步的幅度时，要考虑的一个重要因素是对方接受让步的个人在对方组织中的地位或级别。在许多情况下，到谈判的最后关头，往往对方管理部门中的重要高级主管会出面参加或主持谈判。这时我们最后让步的幅度必须满足以下两项要求：（1）幅度比较大，大到刚好满足该主管维持他的地位和尊严的需要。（2）幅度又不能过大，如果过大，往往会使该主管指责他的部下没有做好工作，并坚持要求他们继续谈判。做出最后的让步后，谈判人员必须保持坚定。因为对方会想方设法来验证己方立场的坚定性，判断该让步是否真正的终局或是最后的让步。

7.3.3 不忘最后的获利

通常，在双方将交易的内容、条件大致确定，即将签约的时候，精明的谈判人员往往还要利用最后的时刻，去争取最后的一点收获。

在成交阶段最后收获的常规做法：在签约之前，突然提出一个小小的请求，要求对方再让出一点点。由于谈判已进展到签约的阶段，谈判人员已付出很大的代价，也不愿为这一点点小利而伤了友谊，更不愿为这点小利而重新回到磋商阶段，因此往往会很快答应这个请求，以求尽快签约。

7.3.4　注意为双方庆贺

在国际商务谈判即将签约或已经签约的时候，可谓大告成功。此时，己方可能心中暗喜，以为自己在交易中比对方得到的更多，但这时己方一定要注意为双方庆贺，强调谈判的结果是我们共同努力的结晶，满足了双方的需要。同时，不要忘记赞扬对方谈判人员的才干。这样做会使对方心理得到平衡和安慰，并感到某种欣慰。相反，如果我们只注意自己高兴，并沾沾自喜，喜形于色或用讥讽的语气与对方交谈，这纯属自找麻烦。因为如果己方这样做了，不论什么结果对己方均是不利的。

7.3.5　慎重对待协议

谈判的成果要靠严密的协议来确认和保证，协议是以法律形式对谈判成果的记录和确认，它们之间应该完全一致，不得有任何误差。但实际情况中，常常有人有意无意地在签订协议时故意更改谈判的结果，比如故意在日期上、数字上，以及关键性的概念上做文章。如果己方对此有所疏忽，在有问题的协议上签了字，那么协议就与以前的谈判无关了，双方的交易关系一切都应以协议为准，再想后悔已经没有办法了。因此，在将谈判成果转变为协议形式的成果是需要花费一定力气的，不能有任何松懈。所以在签订协议之前，应与对方就全部的谈判内容、交易条件进行最终的确定，协议签字时，再将协议的内容与谈判结果一一对照，在确认无误后方可签字。

◎本章案例

奥康一次成功的国际商务谈判过程

2008年，浙江奥康集团与意大利GEOX公司进行了一场成功的谈判，通过对奥康总裁王振滔先生的采访，我们可以了解到许多谈判过程及内幕，此次谈判是中外合作成功谈判的典型案例之一。

浙江奥康集团是国内知名鞋业生产企业，GEOX公司是意大利排名第一的功勋企业、世界鞋业巨头之一。2008年2月14日，两家企业达成协议：奥康负责GEOX在中国的品牌推广、网络建设和产品销售，GEOX借奥康之力布网中国，而奥康也借GEOX的全球网络走向全球。

GEOX把目光对准了中国，意图在中国建立一个亚洲最大的生产基地。2007年，GEOX总裁POLEGATO先生开始到亚洲市场调研。经过一段时间的实地考察，他将目标对准了中国奥康集团。但奥康能否接住GEOX抛过来的红绣球，实现企业发展的国际化战略，最终起决定作用的是对商务谈判整个过程各个环节的准确把握。

一、进行谈判准备

“凡事预则立，不预则废”，进行商务谈判，前期准备工作非常重要。只有事先做好充足准备，谈判人员才会充满自信，从容应对谈判中出现的突发事件、矛盾冲突，才能取得事半功倍的谈判结果。更进一步说，即便只有1%成功的希望，也要做好100%的准备，不管自己在谈判中处于优势还是劣势。

GEOX曾用两年时间对中国市场进行调研，先后考察了8家中国著名鞋业公司，为最终坐到谈判桌前进行了周密的准备。谈判中，POLEGATO能把几十页的谈判框架、协议条款熟练背出，令在场的人叹为观止。POLEGATO的中国之行安排得非常满，去奥康考察只有20%的可能，谈判成功的预期更是低，对一个合作可能如此小的机会，POLEGATO竟作了如此深厚的准备，是值得国内企业学习和借鉴的。

尽管奥康对与GEOX合作成功的心理预期也是极低的，但他们的宗旨是，即便是0.1%的成功机会也决不放过。奥康为迎接POLEGATO一行进行了周密的准备和策划。首先，他们全面了解了对手公司的情况，包括对手的资信情况、经营状况、市场地位、此行目的以及谈判对手个人的一些情况。其次，为了使谈判对手有宾至如归的感觉，奥康公司专门成立了以总裁为首的接待班子，拟定周密的接待方案。从礼仪小姐献给刚下飞机的谈判方POLEGATO一行的鲜花，到谈判地点的选择、谈判时间的安排、客人入住酒店的预定，整个流程都是奥康公司精心策划、刻意安排的，结果使得谈判对手“一直很满意”，为谈判最终获得成功奠定了基础。

二、营造谈判气氛

人有感情，并且丰富的情感影响着每一个人的行为。谈判是否成功尽管很大程度上取决于双方利益的互惠，但有时情感的一致和交融却是谈判的制胜法宝。在谈判中，认可和考虑人的情感是十分重要的。一个好的谈判人员，应该善于了解对手的需要、希望，努力寻找与之建立和维持长久的友谊的契合点，为谈判向成功方向发展营造良好的气氛。

（1）寻找共同点，英雄惜英雄。王振滔努力寻找奥康与GEOX公司的共同点，并把此次谈判的成功归结为“除了缘分，更重要的是奥康与GEOX有太多相似的地方”。的确，GEOX以营销起家，短短10多年时间年产值15亿欧元，产品遍及全球55个国家和地区，增长速度超过50%，由一家酿酒企业跨入世界一流制鞋企业行列。而奥康是从3万元起家，以营销制胜于中国市场，15年的发展，产值超过10亿元。年轻、富有远见和同样的跳跃性增长轨迹，奥康与GEOX在很多方面是如此惊人地相似，难怪两位老总惺惺相惜。

（2）营造氛围，消除利益对抗。谈判的氛围包括自然环境、社会环境、心理环境、语言环境，涉及的范围相当广。营造良好的氛围对促成谈判有良好的催化作用。奥康在上海黄浦江，以包下豪华游轮的方式宴请谈判对手，借游船赏月品茗之美好氛围消除利益冲突引发的对抗，平衡谈判双方实力，此举可以称为谈判领域的经典案例。

三、在磋商和妥协的过程中注重妥协互补原则

在各方立场不同、利益相异的谈判中，为了达成协议，各方都必须互相让步，

放弃自己的某些利益，以互相补足对方的需要。只取不给，各不相让，谈判必然以失败而告终。在许多人眼中，“妥协”是和投降联系在一起的，它意味着根本利益的让步。其实，这里的妥协是中性的。它是用让步的方法避免冲突和争执。在谈判中出现僵局是常有的事，对谈判或谈判人员都是一个考验，而惟有某种妥协才能打破僵局，使谈判得以继续。然而，妥协并不是目的，它是实施以退为进策略求得利益互补、达成双赢协议的手段。

GEOX公司有备而来，拟订了长达几十页的协议文本，每一条都相当苛刻，为了达成合作，双方都进行了让步。但在两件事上出现了重大分歧，一件事是对担保银行的确认上，奥康一方提出以中国银行为担保银行，对方不同意，经过权衡，双方本着利益分沾的原则，最后以香港某银行为担保达成妥协。另一件事是双方关于以哪国法律解决日后争端的问题，此问题使谈判一度陷入破裂边缘。POLEGATO提出必须以意大利法律为准绳，因王振滔对意大利法律一无所知，而予以坚决抵制。王振滔提议用中国法律，也因POLEGATO对中国法律一窍不通而遭到了坚决反对。眼看所作的努力将前功尽弃，最后还是双方各让了一步，以第三国法律（英国）为解决争端法律依据而达成妥协。

四、在最后阶段重视互利互惠

中国有一句谚语叫和气生财，商务谈判的双方尽管有各自的利益需要，但互利是商务谈判的基本目标。因此，在谈判的最后阶段，双方必须协调利益，找到一个利益的平衡点，最终达成双赢。

奥康和GEOX的合作无疑是一项互利的合作。

王振滔认为，GEOX看中的不仅仅是奥康的“硬件”，更多的还是其“软件”，是一种积极向上、充满活力的企业精神。还有奥康人一直倡导的“诚信”。而奥康看中的则是GEOX这艘大船，他要借船出海，走一条迅速国际化的捷径。

从表面看谈判双方即得利益是不均衡的，奥康所得（借船）远远低于GEOX所得（奥康的“硬件”、“软件”），因此，引来诸多专业人士的担忧或谴责，王振滔平和的背后并不缺少商人的精明，“许多人预言说我们‘引狼入室’，我们是‘与狼共舞’、‘携狼共舞’”。其豪情不亚于慷慨悲歌之士。

与狼共舞也好，携狼共舞也好，都需要有掌控“狼”的本领和能力。我们这里对奥康有没有这种本领和能力暂不作评说。但我们可以分析一下奥康冒此巨大风险究竟所追逐的潜在利益是什么。王振滔认为奥康与GEOX合作，就等于与世界最先进行业技术合作，因为世界鞋业首推意大利，意大利一流鞋业当属GEOX。通过合作，奥康可以轻而易举地获得行业第一流的技术支持，不出家门就可以学习世界先进的管理经验，并且可以实现销售淡旺季互补。

事实上，这是一场双赢的博弈。与之合作有风险，而放弃它让它与别人合作则风险更大，与其被动等待别人来撬动蛋糕，不如与之共同分享蛋糕。王振滔心里比谁都清楚。

“双赢才能共生，共生才能长久”，这是王振滔的考虑，也是GEOX的追求。

在国际化路径的选择上，奥康走出了自己坚实而又睿智的一步，通过成功地策划了这次谈判实现了奥康梦寐以求的强强联合的国际化道路，其中诸多谈判原则的有效运用是值得中国企业借鉴的。

资料来源：刘藏岩：《商务谈判制胜原则的运用——奥康与 GEOX 公司谈判的案例分析》，《企业经济》2004 年第 10 期。

◎思考题

1. 要创造良好的开局，需要综合考量哪些要素？
2. 在分析出了谈判双方意图的差异以后，应该做些什么？
3. 国际商务谈判让步的原则有哪些？举例说明如果不遵守可能会出现什么问题？
4. 比较 8 种让步方式的优劣？选其中的 2 种举例说明在谈判中如何应用。
5. 迫使对方让步的策略有哪些？使用的时候需要注意什么？

第8章 国际商务谈判中的价格谈判

◎**本章要点**

本章首先介绍了价格谈判的哲学，包括国际商务谈判中定价的要素、国际定价的不同情况及价格谈判前的计划工作等；紧接着重点介绍了国际商务谈判中的报价策略和技巧与国际商务谈判中的还价策略和技巧；最后提出了国际商务谈判中价格谈判应注意的主要事项。

8.1 价格谈判的哲学

价格是国际商务谈判的核心内容，在谈判过程中，如何确定和调整己方的价格目标，如何判定谈判双方可能接受的价格范围，诱使对方接受己方的价格目标，为己方赢得更多的谈判利益，都需要合理运用不同的价格策略。因而，价格谈判的哲学在国际商务谈判中显得尤为重要。

8.1.1 定价要素

价格是商品价值的直接外在体现，它能以最直接的方式为企业获取价值，即有利的回报。这一点早就得到了证明。麦肯锡（McKinsey）曾对2500家企业所作的一份调查显示，价格提高了1%，能使运营利润增长11.1%；这大大超过了销量增加1%、可变成本或固定成本削减1%所带来的影响。定价的艺术和其中的科学性值得人们予以更密切的关注。

在国际商务谈判中，定价需要考虑三个方面的因素：第一，内部工具和技巧，比如价格结构或价格捆绑；第二，竞争价值战略；第三，对消费者的洞察力。这些因素必须相互平衡，才能为企业创造利润，为客户创造可持续的价值。

8.1.2 国际定价面面观

国际定价是指确定产品在各国市场上的价格。从原则上讲，这与为不同细分市场确定价格并无不同。如果各国市场可以明确划分开来，那么我们只需为每个国家的市场确定最优价格。这可能会导致价格差异，差异的大小取决于各国市场的价格弹性、价值以及竞争地位的差异有多大。各公司在各国市场的价格差异要比其在国内市场的价格差异大。

价格是市场营销组合的一个重要因素。产品价格的高低，直接决定着企业的收益水平，也影响到产品在国际市场上的竞争力。国内定价原本就很复杂，当产品销往国际市场时，运费、关税、汇率波动、政治形势等因素更增加了国际定价的难度。所以，企业必须花大力气研究确定国际营销中的定价策略。

国际定价的基本方法与国内相同，也分为成本导向定价法、需求导向定价法和竞争导向定价法。不同的是在具体的价格制定当中，需结合以上分析的各因素来制定价格。在定价策略上与国内营销相似，包括新产品定价策略、心理定价策略、折扣与折让定价策略和地理定价策略。

随着经济全球化的发展，一方面，各国市场进一步扩大开放度；另一方面，各国政府为了保护国内市场，对价格控制力度加强，控制的形式多样化。政府对企业定价的调控是多方面的，既可以是宏观的，也可以是微观的；既可以是法律形式，也可以是行政命令形式。国际营销中的定价要同时受本国政府和外国政府的双重影响，国内政府多半采用价格补贴形式来降低企业出口产品价格，增强其竞争实力。国外政府对价格的管制主要通过立法形式或行政手段规定产品价格的上限与下限；以反倾销法来反对倾销政策；政府通过直接定价来限制进口货的消费及保护国内市场，例如，日本政府曾一度对进入日本市场的美国小麦定价高于日本国产小麦定价的两倍；政府在国内经济滞胀时期，往往在一定时期内冻结一切价格。此外，各国政府对国际市场上某些产品定价起着日益重要的作用，诸如咖啡国际协定、可可国际协定、白糖国际协定，以及部分小麦价格通过政府间谈判来决定。面对政府价格管制的加强，企业既要遵循东道国的立法，也必须善于运用“大市场营销”策略，特别是要注重运用政治力量这一手段，来赢得对企业有利的定价环境。

8.1.3　价格谈判前的计划工作

谈判的核心问题是价格问题。然而，出人意料的是，商务谈判中由于谈判失败而丧失客户的主要原因，往往并不是价格，由此可见谈判技巧的重要性。要使谈判取得成效，必须注重价格谈判前的计划工作。

1. 掌握全面的信息

商品价格的决定因素有很多，在国际商务谈判中，要尽可能了解各价格决定因素的信息，做到知己知彼，这样才能在价格谈判中处于主动地位。比如，商品的定价是由生产成本、人力成本、企业战略、销售渠道等诸多因素决定的，那么，在就国际商品买卖的价格进行谈判时，就必须全面了解商品的生产成本、人力成本、企业战略、销售渠道等的具体情况。

2. 对自己进行准确定位

国际商务谈判不是互摆姿态、亮立场，消磨时光，而是要做成生意。应尽量避免一些无实际意义的谈判。有必要建立双方之间的信任，可以让对方充分认识自己公司的业绩、实力、买方经济可靠性等。这项工作可为谈判顺利进行铺平道路。

3. 善于应付持久的压力

谈判进行很长一段时间后若还是处于互不让步的状态，分析一下是否还有缓和空间，以“双方都回去考虑考虑再决定”尽可能结束谈判，做出缓兵之计。

4. 做好处理意外情况的充分准备

在国际商务谈判中，对手有可能在谈判中列举出乎己方意料之外的文件、资料、信息、证明等。对方甚至有可能利用一些特殊情境或人物来说情压价，对于这样的情况，必须做好充分的准备。

8.2 国际商务谈判中的报价策略与技巧

8.2.1 报价的依据

从理论上来说，商务谈判报价依据有三个：第一，谈判标的的市场价值，任何报价都不能偏离谈判标的市场价格太远，否则，不利于商务谈判顺利进行。第二，对报价者最为有利，即卖方报出最高价，在预期成交价基础上加上虚头；买方报出最低价，在预期成交价基础上扣减虚头；以便在后期谈判中讨价还价让虚头。第三，成功的可能性最大，报价时，要考虑到对方的接受能力和市场背景，避免狮子大开口吓跑对方。

在实际商务谈判中，报价需遵循以下依据：（1）随行就市；（2）以主要出口或进口国家成交价为依据；（3）参照买主或买主当地批发价；（4）国际经济行情的状况及发展趋势；（5）国际市场同类商品的供求状况及发展趋势；（6）国际市场代用商品的供求状况及发展趋势；（7）有关商品的生产、库存变化，主要地区的安全稳定状态等。

当然，以上依据并不是一成不变的“死”依据，在报价时仅起参考作用，不起决定性作用。在报价时，最根本的依据是我们想不想买（或卖），想在何时买（卖）。如果我们确实想买（卖），我们的报价就可以适当的高（低）一些；如果我们确实不想买（卖），我们的报价就可以拼命压低（哄抬高价）。具体在谈判中如何报价，应该随行就市，以情况而定，灵活掌握。

8.2.2 报价的方式

谈判双方在经过摸底之后，就开始报价。谈判报价的方式有两种，一种是己方先开价，对方后开价；另一种是对方先开价，己方后开价。究竟应该选择哪一种报价方式，要根据己方的条件和每种报价方式的利弊关系来决定。先开价的有利之处在于：一方面，先行报价，对谈判施加影响大，它实际上是给对方规定了谈判框架或基准线，谈判的最终协议将在这个范围内达成。另一方面，先报价如果出乎对方的预料和设想，往往可以打破对方原有的部署，甚至动摇对方原来的期望值，使其失去信心。总之，先报价在整个谈判中都会持续地起作用，因此，先报价比后报价的影响要大得多。

8.2.3 报价的策略

国际商务谈判中的报价，有时也指向对方报出的价格或提出的所有要求。报价标志着价格谈判的正式开始，也标志着谈判人员的利益要求的“亮相”。报价是价格谈判中十分关键的步骤，它不仅给谈判对手以利益信号，从而成为能否引发对方交易欲望的前奏，而且在实质上对影响交易的盈余分割和实现谈判目标具有举足轻重的意义。

报价绝不是报价一方随心所欲的行为。报价应该以影响价格的各种因素、所涉及的各种价格关系、价格谈判的合理范围等为基础。一方在报价时，不仅要以己方可能获得的利益为出发点，更要考虑对方可能的反应和能否被对方接受。因此，报价的一般原则应当是，通过反复分析与权衡，力求把握己方可能获得的利益与被对方接受的概率之间的最佳结合点。可以说，如果报价的分寸把握得当，就会把对方的期望值限制在一个特定的范围，并有效控制交易双方的盈余分割，从而在之后的价格磋商中占据主动地位。反之，报价不当，就会助长对方的期望值，甚至使对方有机可乘，从而陷入被动境地。由此可见，报价策略的运用，直接影响价格谈判的开局、走势和结果。

在价格谈判中，报价策略主要涉及以下方面：

1. 报价起点策略

价格谈判的报价起点策略，通常为，作为卖方，报价起点要高，即“开最高的价”；作为买方，报价起点要低，即“出最低的价”。其具体是指卖方提出一个高于己方实际要求的谈判起点来与对手讨价还价，最后再做出让步达成协议的谈判策略，有时也被称为“狮子大开口”策略。

显然，谈判双方报价起点的这种“一高一低”的策略，是合乎常理的。而不可能是“一低一高”，因为那是背理的。也不可能是“一中一中”，因为那可能是经过数轮讨价还价后的结果，不可能是开盘的局面。从对策论的角度看，谈判双方在提出各自的利益要求时，一般都含有策略性虚报的部分。这种做法，其实已成为商务谈判中的惯例。同时，从心理学的角度看，谈判人员都有一种要求得到比他们预期得到的还要多的心理倾向。并且研究结果表明，若卖方开价较高，则双方往往能在较高的价位成交；若买方开价较低，则双方可能在较低的价位成交。

“开价要高，出价要低”的报价起点策略，有以下作用：

(1) 这种报价策略可以有效地改变对方的盈余要求。当卖方的报价较高并振振有词时，买方往往会重新估算卖方的保留价格，从而价格谈判的合理范围会发生有利于卖方的变化。同样，当买方的报价较低，并有理有据时，卖方往往也会重新估算买方的保留价格，从而价格谈判的合理范围便会发生有利于买方的变化。

（2）卖方的高开价，往往为买方提供了评价卖方商品的价值尺度。因为在一般情况下，价格总是能够基本上反映商品的价值。人们通常信奉："一分钱一分货。"所以，高价总是与高档货相联系，低价自然与低档货相联系。这无疑有利于实现卖方更大的利益。

（3）这种报价策略中包含的策略性虚报部分，能为下一步双方的价格磋商提供充分的回旋余地。因为，在讨价还价阶段，谈判双方经常会出现相持不下的局面。为了打破僵局，往往需要谈判双方或其中一方根据情况适当做出让步，以满足对方的某些要求和换取己方的利益。所以，开盘的"高开价"和"低出价"中的策略性虚报部分，就为讨价还价过程提供了充分的回旋余地和准备了必要的交易筹码，这可以有效地造成做出让步的假象。

（4）这种报价策略对最终议定成交价格和双方最终获得的利益具有不可忽视的影响。这种"一高一低"的报价起点策略，倘若双方能够有理、有利、有节地坚持到底，那么，在谈判不致破裂的情况下，往往会达成双方满意的成交价格，从而使双方都能获得预期的物质利益。

当然，价格谈判中这种报价起点策略的运用，必须基于价格谈判的合理范围，切不可漫天要价和胡乱杀价，否则，就会失去交易机会和导致谈判失败。

2. 报价时机策略

价格谈判中，报价时机也是一个策略性很强的问题。有时，卖方的报价比较合理，但并没有使买方产生交易欲望，原因往往是此时买方正在关注商品的使用价值。所以，价格谈判中，应当首先让对方充分了解商品的使用价值和为对方带来的实际利益，待对方对此产生兴趣后再来谈价格问题。经验表明，提出报价的最佳时机，一般是对方询问价格时，因为这说明对方已对商品产生了交易欲望，此时报价往往水到渠成。

有时，在谈判开始的时候对方就询问价格，这时最好的策略应当是听而不闻。因为此时对方对商品或项目尚缺乏真正的兴趣，过早报价会徒增谈判的阻力。这时应当首先谈该商品或项目能为交易者带来的好处和利益，待对方的交易欲望已被调动起来再报价为宜。当然，对方坚持即时报价，也不能故意拖延，否则，就会使对方感到不尊重甚至反感，此时应善于采取建设性的态度，把价格同对方可获得的好处和利益联系起来。

总而言之，报价时机策略，往往体现着价格谈判中相对价格原理的运用，体现着促进积极价格的转化工作。

3. 报价表达策略

报价无论采取口头或书面方式，表达都必须十分肯定、干脆，似乎不能再做任何变动和没有任何可以商量的余地。而"大概"、"大约"、"估计"这一类含糊其辞的词语在报价时使用，都是不适宜的，因为这会使对方感到报价不实。另外，如果买方以第三方的出价低为由胁迫时，你应明确告诉他，"一分钱，一分货"，并对第三方的低价毫不介意。只有在对方表现出真实的交易意图，为表明至诚相待，才可能在价格上开始让步。

4. 报价差别策略

同一商品，因客户性质、购买数量、需求急缓、交易时间、交货地点、支付方式等方面的不同，会形成不同的购销价格。这种价格差别，体现了商品交易中的市场需求导向，在报价策略中应重视运用。例如，对老客户或大批量需求的客户，为巩固良好的客户关系或建立起稳定的交易联系，可适当实行价格折扣；对新客户，有时为开拓新市场，亦可给予适当让价；对某些需求弹性较小的商品，可适当实行高价策略；对方"等米下锅"，价格则不宜下降；旺季较淡季价格自然较高；交货地点远程较近程或区位优越者，应有适当加价；支付方式，一次付款较分期付款或延期付款，价格须给予优惠等。

5. 报价对比策略

价格谈判中，使用报价对比策略，往往可以增强报价的可信度和说服力，一般有很好的效果。报价对比可以从多方面进行。例如，将本商品的价格与另一可比商品的价格进行对比，以突出相同使用价值的不同价格；将本商品及其附加各种利益后的价格与可比商品不附加各种利益的价格进行对比，以突出不同使用价值的不同价格；将本商品的价格与竞争者同一商品的价格进行对比，以突出相同商品的不同价格等。

6. 报价分割策略

这种报价策略，主要是为了迎合买方的求廉心理，将商品的计量单位细分化，然后按照最小的计量单位报价。采用这种报价策略，能使买方对商品价格产生心理上的便宜感，容易为买方所接受。

8.3 国际商务谈判中的还价策略与技巧

在市场交易中，有报价就有还价。在国际商务谈判中，一方报价后，双方要经过还价的阶段，才能最终达成一致，实现成交。因此，还价的策略与技巧在国际商务谈判中也非常关键。

8.3.1 还价的依据

还价阶段，它是谈判的关键阶段，也是最困难、最紧张的阶段。在这个阶段，谈判双方就价格问题展开激烈的讨论。经过多次磋商，最终达成协议。

国际商务谈判中还价的依据是什么呢？概括地说，还价依据就是买卖双方的各自利益最大化（一般卖方的报价都包含10%的销售利润）。整个国际贸易的磋商过程是个讨价还价（bargaining）的过程，只有双方相互的妥协（meeting each other half way）才可能使合同成立。

8.3.2　还价的方式

在国际商务谈判的还价中，谈判人员要确保自己的利益和主动地位，首先就应善于根据交易内容、所报价格，以及讨价方式，采用不同的还价方式。

1. 按可比价还价与按成本还价

按照谈判中还价的依据，还价方式分为按可比价还价和按成本还价两类。

（1）按可比价还价。这种还价方式，就是指己方无法准确掌握所谈商品本身的价值，而只能以相似的同类商品的价格或竞争者商品的价格作参照进行还价。这种方式的关键是所选择的用以参照的商品的可比性及其价格的合理性，只有可比价格合理，还价才能使对方信服。

（2）按成本还价。这是指己方能计算出所谈商品的成本，以此为基础再加上一定比率的利润作为依据进行还价。这种还价方式的关键是所计算成本的准确性，成本计算的比较准确，还价的说服力就比较强。

2. 总体还价、分别还价与单项还价

按照谈判中还价的项目，还价方式又可分为总体还价、分别还价和单项还价三种。

（1）总体还价。总体还价即一揽子还价，它是与全面讨价对应的还价方式。这种还价方式适用于大规模、多品种的国际商务交易。

（2）分别还价。分别还价是分别讨价后的还价方式，是指把交易内容划分成若干类别或部分，然后按各类价格中的含水量或按各部分的具体情况逐一还价。

（3）单项还价。单项还价一般是与针对性讨价相应的还价方式，是指按所报价格的最小单位还价，或者对某个别项目进行还价。

3. 还价的策略

讨价还价是谈判中一项重要的内容，一个优秀的谈判人员不仅要掌握谈判的基本原则、方法，还要学会熟练地运用讨价还价的策略与技巧，这是促成谈判成功的保证。根据国际商务谈判的实践经验，我们总结出讨价还价的一些技巧，主要包括：

（1）投石问路策略。要想在谈判中掌握主动权，就要尽可能地了解对方的情况，尽可能地了解掌握某一步骤，对对方的影响以及对方的反应如何，投石问路就是了解对方情况的一种战术。例如，在价格阶段讨论中，想要试探对方对价格有无回旋的余地，就可提议："如果我方增加购买数额，贵方可否考虑优惠价格呢?"然后，可根据对方的开价，进行选择比较，讨价还价。

（2）抬价压价策略。在谈判中，通常是没有一方一开价，另一方就马上同意，双方拍板成交的，都要经过多次的抬价、压价，才相互妥协，确定一个一致的价格标准。由于谈判时抬价一方不清楚对方要求多少，在什么情况下妥协，所以这一策略运用的关

键就是抬到多高才是对方能够接受的。一般而言，抬价是建立在科学的计算，精确的观察、判断、分析基础上，当然，忍耐力、经验、能力和信心也是十分重要的。在讨价还价中，双方都不能确定谈判能走多远，能得到什么。因此，时间越久，局势就会越有利于有信心、有耐力的一方。压价可以说是对抬价的破解。如果是买方先报价格，可以低于预期进行报价，留有讨价还价的余地，如果是卖方先报价，买方压价，则可以采取多种方式：

①揭穿对方的计谋，揭示价格相关的真实信息。比如算出对方产品的成本费用，挤出对方报价的水分。

②制定一个不断超过预算的金额，或是一个价格的上下限，然后围绕这些标准，进行讨价还价。

③用反抬价来回击，如果在价格上迁就对方，必须在其他方面获得补偿。

④召开小组会议，集思广益思考对策。

⑤在合同没有签订以前，要求对方做出某种保证，以防反悔。

⑥使对方在合同上签署的人越多越好，这样，对方就难以改口。

(3) 合理让步策略。价格让步的方式、幅度直接关系到让步方的利益，理想的方式是每次作递减式让步，它能做到让而不乱，成功地遏止了对方能产生无限制让步的要求，这是因为：第一，每次让步都给对方一定的优惠，表现了让步方的诚意，同时保全了对方的面子，使对方有一定的满足感；第二，让步的幅度越来越小、越来越困难，使对方感到己方让步不容易，是在竭尽全力满足对方的要求；第三，最后的让步方式不大，是给对方的警告，己方让步到了极限。在有些情况下，最后一次让步幅度较大，甚至超过前一次，这是表示己方合作的诚意，发出要求签约的信息。

(4) 最后出价策略。最后出价的时间应掌握好时机和方式，因为如果在双方各不相让，甚至是在十分气愤的对峙状况下最后报价，无异于是发出最后通牒，很可能会使对方认为是种威胁，危及谈判顺利进行。当双方就价格问题不能达成一致时，如果报价一方看出对方有明显的达成协议的倾向，这时提出最后的报价，较为适宜。实际上，最后出价策略的本质就是考虑退出谈判，其目的是给对方设置心理障碍，增加对方确定最后价格的紧迫感。

当然，最后出价能够帮助，也能够损害提出一方的议价力量。如果对方相信最后出价，提出方就胜利了；如果对方不相信，提出方的气势就会被削弱。

8.4 国际商务谈判中价格谈判的注意事项

作为国际商务谈判的核心环节，价格谈判往往主导着谈判的过程，并决定着谈判的成败。那么，在国际商务谈判过程中，价格谈判有哪些需要特别注意的事项呢？

8.4.1 实事求是

商品价格是商品价值的货币表现，因而，价值是价格的基础。国际商务谈判中，我们对于谈判标的商品的价格的确定，无论是买方还是卖方，都应遵守实事求是的原则，既不刻意抬高价格，也不大肆压低价格。谈判各方的物资供应部门应将生产部门所需材料和设备计划书汇总，以表格的形式注明产品的名称、规格型号、用途、质量要求、生产厂家，向有关厂商公开招标，根据情况采取面对面或背对背的报价方法进行，使谈判双方能做到开诚布公，实事求是，增进信任。

8.4.2　循序渐进

国际商务谈判中的价格是一种动态价格，因而，价格谈判也应该是一个动态的过程。这里的动态价格，是指谈判标的物的价格随着相关因素的变动而不断变化的价格形成和运行机制。作为一名优秀谈判人员，首先必须洞悉特定环境下影响标的物的价格因素，再通过分析各种因素对谈判价格的影响程度，来确定己方的价格方案。

具体而言，国际商务谈判的价格谈判应该根据市场供求关系、对方需求偏好、交易量与交易方式、生产成本与技术水平等情况，进行循序渐进的动态谈判，切实顺应国际市场的变化趋势，满足谈判双方的需求。

例如，某一个生产型的企业，要保证正常生产所需的原料供给，就需要根据自身的发展战略、采购策略、采购原物料的特点、原物料供应商现状等制订供应商开发计划，并根据开发计划进行供应商开发工作，定期储备和引入一定数量的供应商，营造供应环境中的竞争氛围，提高供应水平。企业对于合作供应商可以开展日常考评和定期考评工作，并根据考评中发现的问题进行有针对性的调整，督促供应商加以改进，对于无法满足战略合作要求的供应商将其降级为普通供应商，对于符合企业供应商退出标准的供应商在不影响供货的情况下果断退出。这就是动态价格谈判的一个重要方面。

8.4.3　价格谈判的有效性

谈判的有效性是指谈判最终达成的协议能够持久的程度。在国际商务谈判中，谈判各方的利益被满足的程度越高，则协议越能持久，价格谈判的有效性也越高。如果价格谈判只较高程度地满足了一方的利益而忽视了另一方的利益，那么谈判的有效性就会弱化。从经济学的角度来说，价格谈判的有效性也是降低谈判过程中交易成本的必然要求。

谈判方的地位、谈判人员的素质等因素会影响价格谈判的战略选择，从而产生不同的谈判结果和不同程度的价格谈判有效性。在多轮重复价格谈判的情况下，不同的谈判结果和谈判有效性又会反过来影响谈判的战略选择。

8.4.4　必要的妥协和让步

妥协和让步是国际商务谈判得以成功的必备条件。因而，关于价格的谈判，谈判双方必须要做出必要的妥协和让步。价格永远是让步的焦点，当然，我们要注意，让步的类型有很多种方式，不同的让步方式会产生不同的结果。而且，第一次让步需要比较合理，要充分激起买方的商务谈判欲望，在商务谈判中期不要轻易让步，每一次让步幅度都要递减，并且要求买方在其他方面给予回报，最后的让步要表现出异常的艰难，必要时要使用上级领导策略，引导买方顺着你的思路进行商务谈判，最终取得双赢的交易。

哈佛商学院教授马尔霍查指出，谈判时要愿意让步，才能获得对方让步，让步时需要注意四个技巧，即突显出让步、要求并且界定对方应有的对等回报、有条件的让步、分期付款式的让步。

在国际商务谈判实践中，成功的谈判人员所作的让步，通常都会比对方作出的让步幅度小，但他们善于"放大"这种让步，善于渲染夸张让步的艰难性。

总之，国际商务谈判中的价格谈判是最为核心和关键的环节，必须高度重视，采取合理方式和策略，以实现谈判的圆满成功。当然，要实现价格谈判的成功，也需要谈判人员能具备较为全面的信息和较高的综合素质。

◎本章案例

NEC产品进口价格谈判案例

20世纪80年代，我国某电子产品进出口公司与日本著名的NEC公司进行洽谈，准备订购一批产品投放市场。在80年代，消费者对日本NEC公司的产品知道得还很少，尽管它在世界市场上销路不错，但在中国市场上还是一片空白。

在谈判中，双方对产品价格发生分歧。日商代表坚持以当时国际市场的价格报价，而我方则要求其降低售价。双方各执一词，相持不下。

日商认为他们的报价是国际市场的价格，不能让步。

而我方代表则十分诚恳地说："不错，你们的报价确实是国际市场的价格。但你们是否考虑过，虽然你们的产品在国际市场上已经有了很好的销路，但在中国市场上还没有你们的产品，中国消费者还不了解你们的产品的优点。所以，我方进口你们的产品后，准备先进行一系列的广告宣传，使中国消费者了解你们的产品。一旦宣传成功，则中国市场的潜力是非常大的，到那时，NEC产品的需求量将会迅速上升，而作为中国最具实力的电子产品进出口公司，我们也肯定能给贵公司下大量订单。"

"而眼下你们提出的价格肯定会影响该产品在中国市场的竞争。"

"因为我们要进行大规模的广告宣传，费用将进入产品的售价中。这样一来，你们的产品价格就会高于其他同类产品，而中国消费者对这个产品的优点还不够了解，这样很可能导致试销失败。"

"如果我们试销失败了，其他公司也不会轻易再做尝试，这个产品在中国市场上相当长的一段时间里仍然会是个空白。希望你们慎重考虑，怎样做才比较合适。"

日方听了我方有理有据且十分诚恳地阐述后，意识到这次洽谈并不仅仅是一次普通的商品交易，而是关系到开拓中国市场、长期发展合作的大事。牺牲眼前利益，降低产品售价，做出小的让步，会赢得与日俱增的广阔的市场，孰重孰轻，一目了然。

日方当即表示：为了配合开拓中国市场，可以先以成本价小批量供应一批产品，以后再逐步向国际市场靠拢。为了帮助中方进行产品宣传，日方还愿意提供一笔无息贷款，以解决广告费用问题。

经我方公司的大力宣传，加上 NEC 产品的优良性能，在很短的时间内，NEC 公司的产品就得到了中国消费者的认可，NEC 公司获得了丰厚的利润。

资料来源：赵立民：《外贸谈判策略与技巧》，中国海关出版社 2009 年 7 月出版。

◎思考题

1. 国际商务谈判中的定价要素有哪些？
2. 国际商务谈判中，价格谈判前的计划工作有哪些？
3. 国际商务谈判中的报价策略与技巧有哪些？
4. 国际商务谈判中的还价策略与技巧有哪些？

第9章 国际商务谈判中的语言技巧

◎本章要点

国际商务谈判的过程，其实就是谈判各方进行洽谈、沟通的过程。语言艺术在商务谈判沟通中起着十分重要的作用。本章从国际商务谈判语言的使用原则出发，探讨商务谈判中应遵循的基本原则和基本要求；接着分别具体介绍国际商务谈判中应注意的说话、倾听、提问以及答问的技巧，以提高谈判人员的临场应对素质；最后分析国际商务谈判语言使用中“听”“说”“问”等技巧的禁忌。在国际商务谈判中，必须熟练运用听、问、答、叙、辩、说服等语言技巧，不断地观察和训练，最终提高个人的语言能力。

9.1 国际商务谈判语言使用的原则

9.1.1 语言表达的作用

在谈判中，语言表达能力十分重要，因为叙事清晰、论点明确、证据充分的语言表达，能够有力地说服对方，取得谅解，协调双方的目标和利益，保证谈判的成功。在谈判中，双方的接触、沟通都是通过语言表达来实现的，说话的方式不同，对方接受的信息，做出的反应也都不同。也就是说，说话的效果不仅取决于说话的内容，也取决于表达的方式。举个简单的例子，当你没理解对方的某一观点时，你可以说：“对不起，我没能理解你的意思，你是说……”你也可以说：“你说什么？我不明白。”前者婉转、客气，把责任归为己方；后者尖锐直接，暗示责任在对方。这两种表达方法内容没有太大的差别，但口气、态度却很不同，自然，造成对方的反应也会很不一样，前者显然让对方更容易接受。谈判中语言表达的重要性由此可略见一斑。

1. 表明意图

谈判双方聚在一起，讨论某项交易内容，都要介绍各自的观点、要求。能否运用语言把它准确、清晰、简要地表达出来，就要看谈判人员的说话艺术了。谈判的开场白要措辞得当，能简明扼要地表明己方的主要观点、态度，以及达成协议的诚意。在阐述问题时，要论点突出，论据充分，逻辑清楚。在解释问题时，则可以详细、具体一些，尽量通俗易懂，深入浅出，避免使用鲜为人知的行话、术语。

2. 说服对方

在谈判中，谈判双方常常为各自的利益争执不下，这时，如果能说服对方接受自己的观点，做出让步，就获得了成功；反之，就不能克服谈判中的障碍，很难取得理想的谈判结果。

当你提出一个观点要对方理解和接受时，首先必须清楚地说明它的作用，特别是对对方的好处。许多实际经验表明，强调双方处境相同、愿望一致，要比强调双方的差异分歧更容易使人理解和接受。当你认为某一问题十分重要，必须要取得对方的谅解与合作时，可以试着从多个角度去阐述，正面不行，侧面进攻；直接不行，迂回进攻，争取使对方在不知不觉中接受你的观点。

首先，要说服对方，就必须认真听取对方的要求，进而明确哪些要求可以接受，哪些可以理解，哪些必须拒绝。寻找机会把正在争论的问题和已经解决的问题联系在一起，这样，可以使对方认识到不能让争执的问题影响协议的达成，促使对方改变坚持的立场，做出妥协。

其次，要说服对方，运用实例证明或逻辑分析也十分有效。善于劝说的人大都清楚，人们做出判断主要受个人具体经验的影响，因此抽象的大道理远不如经验和实例更有说服力。

“二战”期间，一些美国科学家试图说服罗斯福总统重视原子弹的研制，以最有效地打击德国法西斯，尽快结束战争。他们委托总统的私人顾问——经济学家萨克斯出面说服总统。但无论是爱因斯坦的长信，还是萨克斯的陈述，总统一概不感兴趣，但是为了表示歉意，总统邀请萨克斯次日共进早餐。第二天一见面，罗斯福就以攻为守地说：“今天不许再谈爱因斯坦的信，一句也不谈，明白吗?”萨克斯说：“英法战争期间，在欧洲大陆上不可一世的拿破仑，在海上屡战屡败。这时，一位年轻的美国发明家富尔顿来到了这位法国皇帝面前，建议把法国战船的桅杆砍掉，撤去风帆，装上蒸汽机，把木板换成钢板。可是拿破仑却想，船没有帆就不能行走，木板换成钢板就会沉没，于是他二话没说就把富尔顿轰了出去。历史学家们在评论这段历史时认为，如果拿破仑采纳了富尔顿的建议，欧洲历史可能就得重写。”萨克斯说完，目光深沉地望着总统。罗斯福总统默默沉思了几分钟，然后取出一瓶拿破仑时代的法国白兰地，斟满了递给萨克斯，轻缓地说：“你胜利了。”萨克斯顿时热泪盈眶，他终于成功地说服了总统做出美国历史上一个重要的决策。

最后，要说服对方，必须要寻找对方能接受的谈话起点，即寻求与对方的共鸣。先表示出自己对对方的理解，然后步步深入，把自己的观点渗透到对方的头脑中，不能急于求成，否则，往往事与愿违。

3. 融洽人际关系

谈判是双方面对面的交锋，它自始至终受谈判气氛的影响，而气氛也是随双方的交谈而不断变化的。形成和谐融洽的谈判气氛，往往需要双方的艰苦努力，而要破坏它，可能仅仅只需要一两句话。所以，精明的谈判人员，往往在语言表达、措辞上都十分谨慎小心。即使是讨论双方的分歧问题，也决不会轻易发火、指责，当然，更不会出现侮辱人格、伤害感情的语言。

9.1.2 谈判语言的伦理性

在国际商务谈判中，双方都力争实现利益最大化，于是，谈判中必然会出现言语的冲撞。如果这种冲撞超越了一定的范围和程度，就会出现僵局，甚至导致谈判的破裂。所以，在商务谈判领域必须建立起一定的语言伦理规则，并允许谈判人员的言语在规则内有合理的冲撞。

1. 商务谈判语言的伦理性规则

通常，国际商务谈判的主要内容可以分为两部分，一是有关标的的描述，二是有关商情的磋商。对标的的品质、特点（包括优缺点）等的描述应当是全面、清楚的，这是谈判的基础；否则，即是故意隐瞒事实真相，既是不道德的也是违法的。但是，在商情的谈判方面，获取谈判利益的语言手段只要不是恶意的（即使不是善意的），一般来讲是可以接受的。因为，再好的谈判人员有时也会用些不诚实的语言手段，而作为谈判人员，对方谈判人员应该清楚它只是一种谈判技巧，其中的言语表述并非绝对全面、清楚、真实。因此，在商务谈判中，双方在进行言语交际的同时也必须进行道德观念的互动。而且，这种言语交际既要受社会公德的影响，又要受商业道德的约束。一般来讲，社会公德既要求谈判人员言语内容要真实，又要求谈判人员言语行为要真诚；而商业道德则给它们都附加了一些条件。但不管怎样，两者都承认，“言实”是谈判双方合作的前提，“言诚”是双方合作的保证。

（1）言语真实。无论从道义上，还是从客观上，社会都不允许出现一个充满谎言的社会。但是，“我们不可能在所有的时空条件下都言语真实，而不打折扣。这是社会所不允许的，就如同不允许出现一个充满谎言的世界一样。同样，在国际商务谈判中，如果双方都说假话，最后肯定达不成协议，因为这样双方就没有沟通的基础，合作缺乏前提；反之，如果双方都说真话，最后可能也难以达成协议，因为这样双方就没有讨价还价的本钱，也不可能称为真正的谈判。所以，虽然商务谈判人员尽管只是出于己方的利益，他在言语表达上也会尽量让对方析出对其有利的因素，但这也并不意味着谈判人员说的每一句话都有实际内容，也不意味着他说出己方的全部谈判条件。很多时候，言之无物、话语信息内部逻辑混乱反倒是一种有效的谈判技巧。

（2）言语真诚。“言语真诚”包括两方面的内容：一是言语行为所反映的言语主体的动机和情感真实，不虚伪，即说写者的言语表达应与其实际心理一致；二是言语及时，即在言语交际过程中出于善良的动机，及时为交际对象提供必要的信息。但在国际商务谈判中，言语真诚是有条件的。因为，为了要顾及己方的利益，在尽可能告知对方应该知道的信息的同时，双方谈判人员往往都会竭力掩藏己方的关键弱点和底线。只要不是最后签订协议，他们就有可能做一些虚假的表述向对方施压（但决不是以误导对方为目的，而且商人一旦达成协议是“重合同，守信用”的），只要不及时提供信息对己方是有利的，他们就有可能故意拖延甚至隐瞒一些信息。但这样就有一个风险问题，如果虚假的比例过大，甚至严重误导了对方，致使对方做出了错误的判断，就要承担协商失败，甚至失信于对方的风险。另外，如果双方一开始都不进行真实表述的话，也不可能达成任何有意义的协议。所以，何时言诚，何时言虚，以及在多大程度上可以言虚，就涉及商务谈判语言的伦理问题。

2. 商务谈判中语言的伦理性表现

“伦理”与“语言”的关系牵涉语言的两个方面：一是言语行为，二是言语内容。

（1）言语行为。言语行为是指言语表达的方式，其伦理性要求言语表达要“真诚”。但是在生活中，同样的话有的人说出来好听，有的人说出来难听。国际商务谈判中，谈判人员“要让对方接受自己的言语表达并心悦诚服，含蓄得体的语言艺术同样不可少”。这种言语表达的可接受性也就是商务谈判语言的伦理性。当地位不平等的谈判已预示不平等的结果时，居于优势地位的谈判人员首先要让对手感到伦理上的合理性；当处于劣势地位时，谈判人员也可以运用谈判伦理去争取更好的谈判条件，在不利之中争回一点利益。谈判中，如果双方经过努力最终无法达成协议，那么，这时候维护双方的友好关系就变成了语言的伦理性要求。

但是，假如谈判人员总是一脸严肃或哭丧着脸，即使他说得天花乱坠对方也不会愿意接受他的言语内容，也不会认为他是一名具有良好素养的对手。所以，在谈判过程中轻松自然的表情是十分必要的，如果能始终保持微笑则是更为得体的做法。

（2）言语内容。言语内容是指言语表达的具体内容，其伦理性要求言语内容要“真实”。但在实际商务谈判中，这种伦理性要求也应包括：提供模糊信息，提供不完整信息和隐藏信息。因为商务谈判与其他的言语交流方式并不完全相同，它有自己的一套游戏规则。

①提供模糊信息。有时候，谈判人员为了迷惑对方，表述时故意虚虚实实，让对方难以做出准确的判断。

另外，有时候谈判人员为了向对方施加压力或为了寻找借口，也会做一些虚实不定的模糊表达。在谈判中，谈判人员总是通过不断的“假如”、“如果”来迷惑对方，并合法取得有用信息，从而做出最佳的商业判断，比如，“如果我们订货数量增加一倍呢”？“如果我们和你方签订一年的合同呢”？“假如我们需要分期付款呢”？但这并不表明每一个“如果”都是他的真实意愿，有的甚至是与其真实想法相悖的。正是通过这种方法，他获得了足够的资料，对谈判对手有了一个较为清楚的认识，从而为自己争取有利的谈判条件打下了基础。这些看似无害的问题，想拒绝回答是很不容易的，尽管你也清楚他不可能有那么多的选择。当然，有些谈判对手也会故意在不经意间泄露出一些真实或不真实的信息，让人无法掌握其真实情况，从而被其牵着鼻子走。显然，这些做法是符合商务谈判语言的伦理要求的，因为谈判人员并未明确或直接指向某人或某笔交易。信息有用没用，是真是假，全凭接受者自己判断。

②提供不完整信息。在国际商务谈判中，谈判人员言语信息的表达并不总是完整的，有时候故意吞吞吐吐，有时候以偏概全，有时候断章取义。这里所说的不完整信息就是指谈判人员为了己方的利益，故意只做有利于己方的表达，而且这种表达具有很大的片面性，有时甚至存在一定的不真实性。这种不完整的表达有的是故意的，有的是非故意的，但不是恶意的，所以并不违背商业道德。

③隐藏信息。在商务谈判中，谈判人员常常隐藏谋求己方利益的真实意愿，尽量站在对方的角度表达言语，表明自己所提出的要求、建议等对对方有什么好处，从而让对方从友好美妙的言辞中析出有利于己方的解释。只要不是出于不诚实的目的，这在商业上是允许的。

国际商务谈判人员隐藏信息的另一种情况就是，只要对方未提及，也不违背商业惯例的明确要求，就可以不说出来。这既是合法的，也是符合商业道德要求的。比如，甲公司与乙公司洽商购买一批冰冻家禽，甲公司默认其目的在于“供人食用”，结果甲公司收到货物后提出异议：“到货因屠宰前喂养了鱼粉而有鱼腥味”，要求退货并赔偿损失。但乙公司辩称，商检证书表明“本产品加工及冰冻良好，完全适合人类食用”。至于鱼腥味的问题，谈判时甲公司并未提及，合同中亦未有任何限定。结果，虽然乙公司隐藏了自己产品可能有鱼腥味这一信息，但依然胜诉。因为这符合商业习惯做法，在商业上这并不违背“言语真诚”的语言伦理规则。

在商务谈判中，为了己方能够获得较好的谈判条件，谈判人员常常玩弄语言技巧，尽量不说出己方的关键性弱点和底线。但是，谈判人员运用语言的目的是为了达成交易，同时也是为了建立起友好的合作关系。所以，它需要诚实的交际，要求谈判人员在尽可能的范围内告知对方其应知道的信息。为了能够很好地协调好两者之间的关系，商务谈判中就必须确立起语言的伦理性规则。这样，谈判人员就可以用它来保护自己，同时也可用它来约束对方。

9.1.3 谈判语言的礼貌原则

商务谈判实质上是通过语言进行的经济活动，其成功与否在很大程度上取决于语言的运用。谈判双方既有合作的一面，又有冲突的一面。谈判的任何一方在与对方合作的同时，都力图赢得最大利益，而利益的争取都需要用适当的语言来表达，因此，使用有效的谈判策略及语言是不可缺少的。其中，礼貌策略及其相关的语言起着重要的作用。为了达成有利于双方的协议，文明礼貌的语言，含蓄委婉的表达，彬彬有礼的举止都是谈判成功的必要因素。商务人员在对外商务谈判中既要坚持己见又要尊重对方，既礼貌得体又不卑不亢。

1. 礼貌原则的准则

礼貌是指一方对另一方的态度，因此它必然涉及双方，这双方称为“自身”（self）和“他人”（other）。在会话中，“自身”一般就是指说话人，“他人”可能是听话人，也可能指第三者。在这里，我们把它暂定为在交际现场的另一方。与礼貌有关的另一个重要因素是动作，这个动作或是说话人希望听话人去做的动作，或是说话人自己承诺为听话人做的动作。就其言外功能而言，可以称为“指令”和“承诺”。而“指令”和“承诺”行为中的动作又涉及另外两个因素，即“惠”（benefit）和“损”（cost）。说话人要听话人为他做一件事，受惠的一方是说话人，受损的一方便是听话人；如果说话人自告奋勇地提出愿为听话人效劳，那么受惠的便是听话人，受损的便是说话人了。这里的“惠”和“损”是最广泛意义上的“惠”和“损”，并不专指物质上的得和失。以下是几条具体的礼貌准则：

（1）策略准则（用于指令和承诺）Tact maxim（in impositives and commissives）；

（2）宽宏准则（用于指令和承诺）Generosity maxim（in impositives and commissives）；

（3）赞扬准则（用于表情和表述）Approbation maxim（in expressives and assertives）；

（4）谦虚准则（用于表情和表述）Modesty maxim（in expressives and assertives）；

（5）赞同准则（用于表述）Agreement maxim（in assertives）；

（6）同情准则（用于表述）Sympathy maxim（in assertives）。

在这六条准则中，最根本的是策略准则。首先，这是因为策略准则用于指令，而指令是各种言外行为中最需要讲究礼貌，也最能体现礼貌的一种行为，因此，策略准则是应用最广、最不可缺少的一条准则。实际上，“策略”是礼貌的根本，礼貌地使用语言就意味着策略地使用语言。

2. 礼貌原则的得体性

我们在国际商务谈判中礼貌客气，尊重对方的同时，也要清楚地意识到，礼貌的语言并不是谈判中的灵丹妙药，最礼貌的语言也并不一定是最恰当的。适用于一种情况最礼貌的形式在另一种情况也许就显得过分了。在谈判中礼貌地使用语言的同时，不能忘记语言的得体性。骄傲自大，粗暴无理固不可取，过分礼貌，矫揉造作却显得幼稚好欺。

此外，我们还应该考虑到不同国家的文化差异性。比如，美国某大公司访华时曾抱怨说，关于美方愿不愿意修改某一提议，中方竟问了他们三次，而每一次美方都清楚肯定地说了“不”。其实他们不明白，按中国人的礼貌，任何东西需要再三退让才接受，中国人正是为了表达对他们的尊重，才会问了一次又一次。而中方人员却不知道美国人素以“直率”为荣，“不”就是“不”，这样的礼貌客气反而容易令对方反感。

因此，如果我们在掌握了礼貌原则的同时，注意一下语言运用的得体性，并钻研一下文化差异，那么在商务谈判中，就可以避免许多迷惑和困窘。

3. 商务谈判中的礼貌原则和语言策略

礼貌不全是语言表达问题，但表达礼貌的方式往往都通过语言，因此可以说语言是表达礼貌的重要手段。我们往往会在交际中“给面子”、“丢面子”、“留面子”，面子是人们相互交往中备感珍贵的东西。因此，如果人们在交际中要互相合作，那么，说话时就要在保留面子方面进行合作。这就是说，每个人在交往中的面子要靠对方给予或保留。由于面子在受到威胁时人们会设法保住自己的面子，而且会在保留自己面子的同时又威胁着别人的面子，所以，在交往中为了给自己面子，也为保留对方的面子，最好的办法就是使用礼貌语言。人们在交际中要考虑的面子有正和负两个方面。所谓正面面子，指希望得到别人的肯定和赞许。这种愿望一旦获得满足，正面的面子就得以保留。所谓负面面子，指有自主的自由，不因迁就别人或受到干扰妨碍而使自己感到丢面子。

由于言谈中的“威胁面子的行为”总在威胁着交际双方的面子，于是，说话人为了给自己面子，也为了保住对方的面子，最好的办法就是使用礼貌语言。使用礼貌语言实际上是一种语言策略，它要求在话语中恰当对待“威胁面子的行为”，尽量使交际双方在正、负两方面的面子都得以保留。为保证对方的负面面子不受威胁，说话人就要有负面的礼貌策略。这就是说，说话人要通过道歉、贬己、勉强而为、含糊其辞、消极无奈等途径来维护听话人的面子，使其行为不至于受到阻碍和干扰。为保住对方正面面子不受威胁，说话人有必要懂得使用正面的礼貌策略，也就是说千方百计让听话人的面子得到尊重。说话人可以通过迎合听话人心意和取悦听话人的语言，让其感到自己的行为获得说话人的承认和赞许。

正如谈判专家科恩·赫伯特所言，成功的谈判叫“并非以一方独得而赢，而以双方各有所得而赢”。基于此，使用恰当的语言是必不可少的。礼貌语言是符合礼貌原则而使用的语言，以体现说话人对别人的礼貌行为，如友好、尊重、不伤害别人面子等行为。不同的语言表达方式体现出不同礼貌程度差异，就国际商务谈判礼貌语言的表达而言，主要表现有模糊表达、委婉暗示、低调陈述、称赞对方等方法。

模糊表达在商务谈判中常被当作一种礼貌语言策略来使用，它常起到一种意想不到的积极的作用。它的表达方式多种多样。常适合于一些商务谈判交际的有：限于授权、避免直言、提供台阶等。例如，“我们大体上同意你的意见”。句中的“大体上”就是一种模糊表达，言外之意有可能保留不同的看法甚至于拒绝。这种方式不仅可以试探彼此的意图，而且可以减轻和缓和说话人的语气，减弱威胁对方面子行为的程度，同时给自己留有余地等，从而增加谈判的灵活性。

委婉暗示指谈判时使用委婉的语言，不仅表示客气，缓和气氛，而且能体现说话人的文化修养，从而更好地达到谈判的目的；特别在表达不同意见时，可避免直接伤害对方的感情，因而这种表达方式易被人接受。这也是礼貌原则在商务谈判中的一种非常有效的正面的积极的具体应用。例如，“我很同意你的看法，但……”其中“但”字暗示自己有不同的意见。这种委婉暗示尽管说话人本身的负面面子受到了威胁，但是却保住了对方正面面子不受威胁，从而使谈判能成功地进行。

低调陈述是一种表达自己优势的有效方法，避免给人一种自吹自擂，口气傲慢而夸张的印象。但这并不是“自贬”，而是为了降低对方的不信任感，甚于反感。若盲目地自贬，只会给对方留下无能的印象，有损己方的面子，因而可能导致一项协议的失败。例如，“你也许知道有个叫查理的总工程师上个月和我们签了一份合同，一次就赚了五万多美元”。这种低调陈述一方面是表达了自己优势的有效方法，以事实说话；另一方面又避免给人一种自吹自擂、口气傲慢而夸张的印象。这种低调陈述就是一种体现了礼貌原则中谦逊准则的礼貌语言策略，它能增加谈判成功的机会。人人似乎都有渴望别人认同的心理，或多或少地喜欢别人的称赞，因此，恰当的赞誉之辞可满足对方的心理需求，从而赢得对方的好感和信任，增加成功的几率。称赞对方也是一种体现了礼貌原则中赞誉准则的礼貌语言策略，它在商务谈判中起着至关重要的作用。

简言之，礼貌语言策略在商务谈判中起着非常重要的作用。上述对礼貌语言策略在商务谈判中的阐述，证明了礼貌语言策略能增加谈判人员之间的信任度，提高谈判中的自觉性，增加谈判成功的机会。因此，在理论和实践上，礼貌语言策略对商务谈判起着一定的指导作用。

4. 礼貌原则在商务谈判英语中的应用

在现代商务谈判中，很多时候需要我们的商务谈判人员运用英语进行交流，而礼貌原则在英文当中的应用与其在中文中的应用有很大的区别。如何在商务谈判中充分发挥英语语言的力量，礼貌得体地获得自己想得到的利益，也是我们要掌握的内容。在商务谈判英语中，礼貌原则可以在以下几个方法中得到体现：

（1）淡化主观态度，尊重对方立场。一场成功的商务谈判，其结果是“双赢”，而不是尽量压倒对方。一个高明的谈判人员在谈判中，即使目的是宣扬自己的产品，也不会口口声声地讲“我”，“我们”。而应该采取对方的立场，对方的态度，变“我（我们）”为“你（你们）”，使对方感到自己的重要性和受到尊重。这样容易获得对方好感，促进交易的成功。

（2）运用疑问句式，避免生硬刻板。按照礼貌程度递减的次序排列，商务谈判人员可以分别使用虚拟疑问句、疑问句、祈使句和肯定句来向对方提出要求。很明显，运用疑问句式，把祈使句和肯定句变为问句形式，意思表达要更加婉转，例如，“Will you please pass me the salt ?”就比”Pass me the salt .”礼貌客气。如果我们将此策略运用到商务谈判中，恰到好处地使用疑问句，避免过多地使用祈使句和肯定句，同样会收到很好的效果。在礼貌原则的策略准则中，疑问句属于间接指令，肯定句属于直接指令。指令越间接，说话人留给听话人余地越大，说话人受损（的可能性）越大，听话人受惠（的可能性）越大。礼貌的程度和语言的间接程度一致。在商务谈判中运用此策略，运用疑问句提出要求，说话人的语气显得礼貌委婉，就给对方留有余地，避免了生硬刻板。

（3）使用虚拟语气，表达客气委婉。说话人要求听话人做某事时，虚拟疑问句是最礼貌的句式。实际上，为了使自己的谈话更加客气、委婉，人们在商务谈判中也经常使用虚拟语气。

(4) 采用被动语态，委婉指出错误。商务谈判中涉及的条款繁多，错误难免。当发现对方出现错误时，要婉转指正而又不伤和气。

在礼貌原则中，要使自己的语言礼貌得体，要尽力缩小对他人的贬损。

(5) 利用复合句型，表达不同意见。在礼貌原则的赞同准则中，要尽力缩小自身和他人之间的分歧，尽力夸大自身和他人之间的一致，以达到礼貌的效果。但是在实际生活和商务谈判中，我们经常有和别人意见不统一的时候。怎样才能既表达出了自己的不同意见，又不刺激对方，让对方觉得没面子呢？可以采用 I'm sorry，I'm afraid，it seems to me 等句型来缓和语气。

9.1.4 商务谈判语言使用的基本要求

谈判中需要在恰当的时机选择适当的言语，表明自己的立场、观点和态度。常见的谈判用语有五种：礼节性的交际语言、专业性的交易语言、弹性语言、幽默语言，以及劝诱性语言。谈判语言和一般的语言表达有着明显的区别，谈判是双方意见、观点的交流，谈判人员既要清晰明了地表达自己的观点，又要认真倾听对方的观点，然后找出突破口，说服对方，协调双方的目标，争取双方达成一致。要想掌握、运用好谈判语言，首先应该了解谈判语言运用的基本原则。

1. 准确性

策动谈判的动力是需要和利益，谈判双方通过谈判说服对方理解、接受己方的观点，最终使双方在需要和利益方面得到协调和适应。所以这是关系到个人和集体利益的重要活动，语言表述上的准确性就显得至关重要了。谈判双方必须准确地把己方的立场、观点、要求传达给对方，帮助对方明了自己的态度。如果谈判人员传递的信息不准确，那么对方就不能正确理解你的态度，势必影响谈判双方的沟通和交流，使谈判朝着不利的方向转化，谈判人员的需要便不能得到满足。如果谈判人员向对方传递了错误的信息，而对方又因错就错地达成了协议，那么，就会招致巨大的利益损失。

在谈判中，谈判人员经常会出于表达的策略上的需要，故意运用一种模糊语言，但是使用模糊语言时，也要求它具有准确性。因为模糊语言反映了谈判人员对某一个客观事物的一定的认识程度，而这种程度的表现必须是相对准确的。换句话说，使用模糊语言正是为了更准确地传递复杂信息，表达错综的思想。模糊语言规定了一定的理解范围，如果抛开了准确性原则，超出了它的理解范围，模糊语言就变成糊涂语言了。

2. 针对性

谈判无所不在，谈判对象也各有不同，要取得谈判的成功，谈判人员就必须遵循针对性原则，要针对不同的谈判对象，采取不同的谈话对策，因人施语。

谈判对象由于性别、年龄、文化程度、职业、性格、兴趣等的不同，接受语言的能力和习惯使用的谈话方式也完全不同。语言工作者发现男性运用语言理性成分较多，喜欢理性思辨的表达方式，而女性则偏重情感的抒发，使用情感性号召效果明显；性格直爽的人说话喜欢直截了当，对他们旁敲侧击很难发生效用，而性格内向又比较敏感的人，谈话时喜欢琢磨弦外之音，甚至无中生有地品出些话里没有的意思来。如果在谈判中无视这种个人差异，想怎么说就怎么说，势必难以取得良好的效果，进而影响谈判的顺利进行。

除了个人差异之外，谈判双方还有老幼尊卑、亲疏远近、上下左右等各种关系的差异，谈判人员在谈判中还要考虑各种差异对语言应用的影响。跨国谈判更要注意语言的针对性，不同的文化背景决定了对语言的不同的理解。所以，在谈判时必须考虑对方的接受能力。

3. 灵活性

在谈判过程中，谈判双方你问我答，你一言我一语，口耳相传，当面沟通，根本没有从容酝酿、仔细斟酌语言的时间。而且谈判进程常常是风云变幻，复杂无常，尽管谈判双方在事先都尽最大努力进行了充分的准备，制定了一整套对策，但是，因为谈判对手说的话谁也不能事先知道，所以任何一方都不可能事先设计好谈话中的每句话，具体的言语应对仍需谈判人员临场组织，随机应变。

谈判人员要密切注意信息的输出和反馈情况，在自己说完话以后，认真考察对方的反应。除了要仔细倾听对方的话，从话里分析反馈情况，还要察言观色，从对方的眼神、姿态、动作、表情来揣测对方对自己的话的感受，考察它是否对正在进行的话题感兴趣，是否正确理解了得到的信息，是否能够接受自己的说法。然后，根据考察的结果，谈判人员要及时、灵活地对自己的语言进行调整、转移或继续话题，重新设定说话内容、说话方式，甚至终止谈判，以保证语言更好地为实现谈判目的服务。如果谈判中发生了意料之外的变化，切不可拘泥于既定的对策，来个以不变应万变。不妨从实际出发，在谈判目的的规定性许可的范围内有所变通，以适应对方的反应。如果思想僵化、死板，不能及时以变化了的方式去对付变化了的形势，必将在谈判中失去优势，被动挨打。

4. 适应性

国际商务谈判需要注意特定的言语环境。所谓言语环境主要是言语活动赖以进行的时间和场合、地点等因素，也包括说话时的前言后语。言语环境是言语表达和领会的重要背景因素，它制约并影响了语言表达的效果。掌握谈判语言艺术就一定要重视言语环境因素，如果谈判时不看场合，随心所欲地想说什么就说什么，不仅语言不能发挥效果，甚至还会引人反感，产生副作用。要根据不同的场合随时调整语言表达的策略，采用与环境最为契合的表达方式。如果发现环境根本就不适合谈判，就要及时换个环境或者改变谈判计划中止谈判，以免谈判失败。言语环境在某种特定的条件下，还可以充做谈资，谈判人员可以利用它，突出主题的表达。比如，如果谈判在某一个具有纪念意义的日子和具有特殊意义的地点进行，谈判人员就可以在说话时把它和谈判内容联系起来，让环境帮助自己说话。

在符合这些要求之外，在商务谈判中还应避免使用以下几个方面的言辞：

(1) 极端性的语言。这类语言如“肯定如此”、“绝对不是那样”，即使自己看法正确，也不要使用这样的词汇。

(2) 针锋相对的语言。这类语言特别容易引起双方的争论、僵持，造成关系紧张。如“开价5万元，一点也不能少”，“不用讲了，事情就这样定了”。

(3) 涉及对方隐秘的语言。这类语言如“你们为什么不同意，是不是你的上司没点头?”

(4) 有损对方自尊心的语言。这类语言如“开价就这些，买不起就明讲”。

(5) 催促对方的语言。这类语言如“请快点考虑”，“请马上答复”。

(6) 赌气的语言。它往往言过其实，造成不良后果，如“上次交易你们已经多赚了5万元，这次不能再占便宜了”。

(7) 言之无物的语言。这类语言如“我还想说……”　“正像我早些时候所说的……”“是真的吗……”许多人有下意识的重复习惯，俗称口头禅，它不利于谈判，应尽量克服。

(8) 以我为中心的语言。过多地使用这类语言，会引起对方的反感，起不到说服的效果。如“我的看法是……”　“如果我是你的话……”在必要的情况下，应尽量把“我”变为“您”，一字之差，效果会大不相同。

(9) 威胁性的语言。“你这样做是不给自己留后路”，“如果你这样做，后果自负”。

(10) 模棱两可的语言。这类语言如“可能是……”　“大概如此”，“好像……”“听说……”，“似乎……”等。

这些只是谈判用语使用的一些基本原则和要求，在实际谈判活动中，谈判用语的选择要视具体情况而定，用语是否能准确地表达意思，表达的效果如何，是否充分，有没有可能引起曲解，这些问题涉及多方面的素质和要求，难以作细致分析，必须在实际操作中具体把握。

9.2　国际商务谈判中的说话技巧

9.2.1　谈话中的随机应变

语言的运用要达到说服人的效果，针对说话对象、客观环境的变化加以灵活调整是十分重要的。语言的魅力或艺术性，就在于它的创造性。只有创造性的语言，才具有鲜活的生命力，才能很好地发挥语言的作用。

有这样一个事例，一位愿意把大量时间和金钱都奉献给心脏病研究的慈善家一直想要建立一个心脏病研究基金会，经过一番努力，美国参议院委员会终于开始对设立这个基金会的可能性进行调查，并请这位慈善家到会作证。慈善家精心准备了内容翔实的演说词。但到开会时，他发现被安排在第六个发言，前面发言的是那些在各个领域学有专长的医生、科学家等。于是，他决定临时改变发言内容。他对议员们说："先生们，我准备了一篇发言稿，但我决定不用它了，因为我怎么能同刚才发表过高见的那几位杰出人物相提并论呢？他们已向你们提供了所有的事实和资料，而我在这里，则是要为你们的切身利益而向你们做出呼吁。像你们这样辛劳的人，正是心脏病的受害者，你们正处于生命最旺盛的时期，处于一生事业的顶峰，但是，你们也正是最容易得心脏病的人。"接着，他一口气说了 45 分钟，那些参议员们似乎还没听够。不久，全国心脏病基金会就由政府创办了，他被任命为首任会长。

9.2.2　谈话的语速与语调

选择适当的语言达方式，当然也包括考虑用多快的语速，何种语调，多高的音量去进行洽谈。

语速和节奏会对意思的表达产生较大影响。（1）语速太快，一口气讲很多而无停顿：会使对方难以抓住你说话的重心；难以集中注意力正确领会你的实际含义；有时还会误认为你在为完成任务而敷衍了事，于是不再费神认真倾听，从而导致双方的语言交流不畅，难以沟通。尤其是在有翻译的情况下，要注意顾及翻译的工作，不要长篇大论，只顾自己发挥。（2）说话太慢，节奏不当，吞吞吐吐，欲言又止：易被人认为不可信任，或过于紧张。因此，洽谈中陈述意见时尽量平稳中速进行，有特殊需要时，可以适当改变语速，以引起特别注意或加强表达效果。

语调对表达也有一定影响，不同语调可以使同一句话表达出不同的含义。在洽谈中，一般问题的阐述应使用正常的语调；适当的时候为了强调自己的立场、观点，尤其在针对有分歧的问题表达意见时，可调整语调和音量来增加话语的分量，加强表达的效果。一般来说，升调表达的是惊讶、不可思议、难以接受或不满的态度和情绪；降调则表达遗憾、无可奈何或失望灰心的心理活动。

语言表达的语速和语调要由具体情况快定，但一定要在人为控制中。谈话者不能失去内心的平衡，这样才可根据洽谈的气氛、洽谈的具体内容来正确运用商务洽谈的语言，达到预期的效果，实现预期的目标。

9.2.3　说话的方式

讲话过程中的一些细节问题，如停顿、重点、强调、说话的速度等，往往容易被人们忽视，而这些方面都会在不同程度上影响说话的效果。

一般来讲，如果说话者要强调谈话的某一重点时，停顿是非常有效的。试验表明，说话时应当每隔 30 秒钟左右停顿一次，一是加深对方印象，二是给对方机会，对提出的问题进行思考或加以评论。当然，适当的重复，也可以加深对方的印象。有时，还可以运用加强语气，提高说话声音以示强调，或显示说话者的信心和决心。这样做要比使用一连串的形容词效果要好。

说话声音的改变，特别是如能恰到好处地抑扬顿挫，会使人消除枯燥无味的感觉，吸引听话者的兴趣。此外，清晰、准确地发音，圆润动听的嗓音，也有助于提高讲话的效果。

在商务洽谈中，应注意根据对方是否能理解你的讲话，以及对讲话重要性的理解程度，控制和调整说话的速度。在向对方介绍谈判要点或阐述主要议题时，说话的速度应适当减慢，要让对方听清楚，并能记下来。同时，也要密切注意对方的反应。如果对方感到厌烦，那可能是因为你过于详细地阐述了一些简单易懂的问题，说话啰嗦或一句话表达了太多的意思。如果对方的注意力不集中，可能是你说话的速度太快，对方已跟不上你的思维了。

总之，要收到良好的说话效果，就必须注意说话的方式。

9.3 国际商务谈判中的倾听技巧

倾听和讲话一样具有说服力。谈判专家麦科马克认为：如果你想给对方一个丝毫无损的让步，你只要注意倾听他说话就行了，倾听就是你能做的一个最省钱的让步。倾听是人们交往活动的一项重要内容。据专家调查，人在醒着的时候，至少有1/3的时间花在听上，而在特定条件下，倾听所占据的时间会更多。谈判就是需要更多倾听的交际活动之一。

在交际中的倾听可以分为积极和消极的两种。在重要的交谈中，倾听者会聚精会神，调动知识、经验储备及感情等，使大脑处于紧张状态。大脑接收信号后，立即加以识别、归类、编码，做出相应的反应，表示出理解或疑惑、支持或反对、愉快或痛苦等。这种与谈话者密切呼应的倾听，就是积极倾听。积极倾听既有对语言信息的反馈，也有对非语言信息，即表情、姿势等的反馈。听一番思想活跃、观点新颖、信息量大的谈话，倾听者甚至比谈话者还要疲劳。因为倾听的人总要不断调动自己的分析系统，修正自己的见解，以便与说话人同步思维。而对一般性质的谈话，倾听者会处于比较松弛的状态中，如闲谈、一般性介绍等。这时，人们都在一种随意状态中接收信息，这就是消极倾听。

一般地讲，积极倾听有助于我们更多地了解信息，启发思考。但在多数情况下，消极倾听也是一种必要的自我保护形式。人们由于生理上的限制，不可能在任何情况下都能做到全力以赴、全神贯注地倾听，人们的注意力集中的时间是有限度的，因此，消极倾听会有助于人们放松神经，更好地恢复体力、精力。此外，人们在积极倾听的时候，要受到各种因素的干扰，在一定程度上影响了倾听的效果，使信息传递受到阻碍，这点应适当注意。

9.3.1 倾听的作用

倾听是了解对方需要，发现事实真相的最简捷的途径。谈判是双方沟通和交流的活动，掌握信息是十分重要的。一方不仅要了解对方的目的、意图、打算，还要掌握不断出现的新情况、新问题。因此，谈判的双方十分注意收集整理对方的情况，力争了解和掌握更多的信息，但是没有什么方式能比倾听更直接、更简便地了解对方的信息了。

倾听使你更真实地了解对方的立场、观点、态度，了解对方的沟通方式、内部关系，甚至是小组内成员的意见分歧，从而使你掌握谈判的主动权。例如，一家日本公司同美国公司的谈判，就是运用倾听的方法获得了谈判的成功。日本一家公司向美国某公司购买技术设备，方案确定后，他们先派了一个谈判小组到美国去。谈判小组成员只是提问题，边听边作记录，然后还是提问题。美国人对此项交易很有信心，也做了认真的准备，用三台放映机展示各种图片，整个谈判一直是美国人滔滔不绝地介绍。日本人在第一个谈判小组回国后，又派出了第二个谈判小组，又是提问题，作记录，美国代表照讲不误。然后日本人又派了第三个谈判小组，还是故技重演，美国人已讲得不耐烦了，但也搞不清日本人要什么花招。等到美国人几乎对达成协议不抱什么希望时，日本人又派出了前几个小组联合组成的代表团来同美国人谈判，弄得美国人不知所措。因为他们完全不了解日本人的企图、打算，而他们自己的底细则全盘交给了日本人。当然，结果是日本人大获全胜，以最不利的交易条件争取到最大的利益。可见，会利用倾听也是一种非常有用的谈判战术。

不能否认，谈话者也会利用讲话的机会，向你传递错误的信息或是对他有利的情报，这就需要倾听者保持清醒的头脑，根据自己所掌握的情况，不断进行分析、过滤，确定哪些是正确的信息，哪些是错误的信息，哪些是对方的烟幕，进而了解对方的真实意图。

注意倾听是给人留下良好印象，改善双方关系的有效方式之一。因为专注地倾听别人讲话，则表示倾听者对讲话人的看法很重视，能使对方对你产生信赖和好感，使讲话者形成愉快、宽容的心理，变得不那么固执己见，更有利于达成一个双方都妥协的协议。迪特公司的经理迪特先生运用倾听改变了客户的敌对立场就是生动的一例。

一天，一位客户突然专程赶到迪特公司，声称他接到一份通知，催他归还欠迪特公司的15美元的欠款。这使他感到特别恼火，因为他从不欠这个公司的款项，而且还是这么小的一笔。同时，他生气地告诉公司经理，以后再也不买这个公司的产品了。迪特先生耐心地倾听，让他讲了个痛快，最后感谢他专程来芝加哥提意见，承认可能错误在公司方面，很大度地向他推荐其他公司，并按惯例请他吃饭。结果，这位客户不仅消了气，反而又在这个公司签了一大笔订单。回去后他重新检查了自己的账目，发现有一张放错了位置，正是这15美元的账单，他马上给公司寄了一张支票，并附上一封道歉信。迪特的做法很简单，就是耐心地听对方的倾诉，甚至是指责，就使对方消了气，因为对方感到受到了尊重和理解。但如果迪特不这样做，而是更加严厉地指责对方，并拿出证据让他下不来台，后果会怎样呢？也许客户会当场归还所欠的15美元，但以后的关系就可想而知了。

倾听和谈话一样具有说服力，它常常使我们不花费任何力气，取得意外的收获。有一家美国汽车公司，想要选用一种布料装饰汽车内部，有三家公司提供样品，供汽车公司选用。公司董事会经过研究后，请他们每一家来公司做最后的说明，然后决定与谁签约。三家厂商中，有一家的业务代表患有严重的喉头炎，无法流利地讲话，只能由汽车公司的董事长代为说明。董事长按公司的产品介绍讲了产品的优点、特点，各单位有关人员纷纷表示意见，董事长代为回答。而布料公司的业务代表则以微笑、点头或各种动作来表达谢意，结果，他博得了大家的好感。

会谈结束后，这位不能说话的业务代表却获得了50万码布的订单，总金额相当于160万美元，这是他有生以来获得的最大的一笔订单。事后，他总结说，如果他当时没有生病，嗓子还可以说话的话，他很可能得不到这笔大数目的订单，因为他过去都是按照自己的一套办法去做生意，并不觉得让对方表示意见比自己头头是道地说明更有效果。

倾听还会使我们了解、掌握许多重要语言的习惯用法。这些习惯用法在谈判中往往会成为人们运用谈判策略的技巧之一。例如，我们经常听到有人说："说来……"这表示说话者故意给人一种印象是他刚想到什么，但十之八九，他所要说的是重要内容，却以随便的口吻伪装成不重要，掩人耳目。再如，一个人说话之前可能会用"坦白地说"，"说实在的"，这很可能表示他根本不坦白、不实在，用这种说话方式，也属于一种掩饰。

我们理解和应用上述惯用语，不仅仅限于其语言上的意义，更要注意其心理上的意义。在许多情况下，它都是暗示说话者心中所想的问题。因此，我们要仔细倾听对方说什么、怎么说。这样，对方比较隐蔽的动机和企图一旦流露出来，你就能立刻捕捉到，为你所用。

倾听对方的谈话，还可以了解对方态度的变化。有些时候，对方态度已经有了明显的改变，但是出于某种需要，却没有用语言明确地表达出来，但我们可以根据对方"怎么说"来推导其态度的变化。

9.3.2 影响倾听的障碍

倾听可以使我们更多地了解对方，隐蔽自己。倾听可以使我们做出更好的决策，掌握谈判的主动权。但是，许多谈判人员只注意怎样在谈判中更好地表述自己的立场，劝说对方，他们字斟句酌地精心筹划发言提纲，常常陶醉在自我表达的良好感觉之中，却不肯用一点时间考虑一下怎么样去倾听，从对方的谈话中获取什么，接受什么。

是什么影响谈判人员更好地倾听呢？归纳起来，至少有以下几种原因：(1) 许多人认为只有说话才是表白自己、说服对方的唯一有效方式，若要掌握主动，便只有说。(2) 先入为主的印象妨碍了我们耐心地倾听对方的讲话，如对某人看法不佳。(3) 急于反驳对方的观点，好像不尽早反对，就表示了我们的妥协。(4) 在所有的证据尚未拿出之前，轻易地做出结论。(5) 急于记住每一件事情，结果主要的事情反而没注意到。(6) 常常主观地认定谈话没有实际内容或没有兴趣，不注意倾听。(7) 因一些其他事情而分心。(8) 有时想越过难以应付的话题。(9) 忽略某些重要的叙述，因为它是由我们认为不重要的人说出来的。(10) 从心理学角度来讲，人们会主动摒弃他们不喜欢的资料、消息。

9.3.3　学会倾听

许多人忽略了倾听对方，但却常常自我安慰，没有什么，他讲的没有什么内容，对于重要的内容我们已掌握了或以后会掌握的。不幸的是，他并没有掌握，而且以后再也不会掌握了。如果这种花费最小、最直接、最方便的信息来源渠道不加以利用，那么，你只能付出更大的代价。在谈判中，倾听是重要的，也是必需的。一个优秀的谈判人员，也一定是一个很好的倾听者。富兰克林认为，与人交谈取得成功的重要秘诀，就是倾听，永远不要不懂装懂。这就告诉我们要学会倾听，善于倾听。

当然，要很好地倾听对方谈话，并非像人们想象得那样简单。专家的实验证明，倾听对方的讲话，大约有 1/3 的内容是按原义理解，1/3 被曲解地听取了，1/3 则丝毫没听进去。

首先，要求倾听者一定要心胸开阔，要抛弃那些先入为主的观念。只有这样，才能尽可能正确地理解对方讲话所传递的信息，准确地把握讲话者的重点，才能很好地与对方沟通和交流。

其次，要全神贯注，努力集中注意力。倾听对方讲话，必须集中注意力，同时，还要开动脑筋，进行分析思考。注意是指人对一定事物的指向和集中。由于心理上的原因，人的注意力并不总是稳定、持久的，它要受到各种因素的干扰。在一般情况下，人们总是对感兴趣的事物才加以注意。同时，注意还受到人们的信念、理想、道德、需求、动机、情绪、精神状态等内在因素的影响，受外界因素的影响就更多了。如讲话者的讲话内容，人们说话并不总是套在一定的框架里，有时，出于某种需求，要掩饰主要内容，强调不重要的内容；有时条理不清，内容杂乱，这些都会干扰和分散听者的注意力。因此，要认真倾听对方讲话，必须善于控制自己的注意力，克服各种干扰，始终保持自己的思维跟上讲话者的思路。

最后，倾听对方讲话，还要学会约束、控制自己的言行。如不要轻易插话，或打断对方的讲话，也不要自作聪明地妄加评论。通常人们喜欢听赞扬的语言，不喜欢听批评、对立的语言。当听到反对意见时，总是忍不住要马上批驳，似乎只有这样，才说明自己有理。还有的人过于喜欢表露自己。这都会导致在与对方交流时，过多地讲话或打断别人讲话。这不仅会影响自己倾听，也会影响对方对你的印象。

要学会倾听，善于倾听，也包括创造倾听的机会。就是说，倾听者要采取一些策略方法，促使讲话者保持积极的讲话状态。其主要有以下三种形式：

第一，鼓励。面对讲话者，尤其是没有经验、不善演讲的谈话者，需要用微笑、目光、点头等赞赏的形式表示呼应，显示出对谈话的兴趣，促使对方继续讲下去。

第二，理解。这种方式比较常见，也比较自然。在对方讲话时，可以“是”、“对”等表示肯定，在停顿处，也可以指出讲话者的某些观点与自己一致，或者运用自己的经历、经验，说明对讲话者的理解，有时可以适当复述。这些方式都是对讲话者的积极呼应。

第三，激励。适当地运用反驳和沉默，也可以激励谈话。这里的反驳不是指轻易打断对方讲话或插话，有时对方在讲话时，征求你的意见或停顿，只有这时，反驳才是适宜的。沉默不等于承认或忽视，它可以表示你在思考，是重视对方的意见，也可能是在暗示对方转变话题。总之，倾听是谈话艺术的重要组成部分，要想掌握谈话的技巧，就必须学会倾听，善于倾听，这是一个优秀谈判人员的基本技能。

9.4 国际商务谈判中的提问与答问技巧

要了解对方的想法和意图，掌握更多的信息，倾听和发问都是必要的，这两者相辅相成。倾听也是为了发问，而发问则可以更好地倾听。当我们了解、掌握了倾听的一般技巧与方法后，发问则成为我们研究的内容。

9.4.1 问话的作用

（1）引起他人的注意，为他人的思考提供既定的方向。例如，“你好吗?”“今天天气很好，是不是?”“你能否告诉我……”这是最为普遍、应用十分广泛的问话。由于这种问话往往得到的是期望之内的回答，问话的内容也比较明确，很少会引起别人的紧张和焦虑，许多时候是为谈话做铺垫的。

（2）获取自己所需要的信息。发问人通过问话，希望对方提供自己不了解的情况。例如，“这个卖多少钱?”“你们对这一点是怎么考虑的?”这类问话归结起来，有一些典型的、常见的引导词，如“谁”、“什么”、“什么时候”、“怎么”、“哪个方面”、“是不是”、“会不会”、“能不能”等。在提出这类问话时，如果不事先把问话的意图表明，很可能引起对方的焦虑与担心。比如，双方在洽谈商品交易中一项条款，如果买方在提出了自己对价格的看法后，再询问卖方的意见，那么卖方心里就会踏实，他会根据对方所提供的信息，斟酌自己的回答。但如果对方并没有讲述自己的观点，径直问卖方要开什么价，那么，他很可能有些担心和焦虑，因为他不知道对方是怎么想的，会对他的开价做出什么反应。

（3）传达消息，说明感受。有许多问题表面上看起来似乎是为了取得自己希望的消息或答案，但事实上，却同时把自己的感受或已知的信息传达给对方。例如，“你真有把握保证质量符合标准吗?”这句问话像是要对方回答保证质量的依据，但同时也向对方传达了问话人担心质量有问题的信息，如果再加重语气，就说明你十分重视这一问题。这样的问话也给对方一定的压力，但切忌不要形成威胁。

（4）启发对方思考。这种问话常是“你是否曾经……”“现在怎么……”“这是指哪一方面?”“我是否应该……”

（5）鼓励对方继续讲话。当你觉得对方的话还没有说完，或有些问题你还不清楚，那么，可以提问的形式鼓励对方继续讲下去，如“你说完了吗?”“还有什么想法?”等，进而了解更详细的情况。

（6）当出现冷场或僵局时，可运用提问打破沉默，如“我们换个话题好吗?”

（7）做出结论。借助问话使话题归于结论，例如，“我们难道还不应该采取行动吗?”总之，问话的功能是很多的。许多问题在某些特定的场合具有特殊的功能。如制止别人行动时，你可以说“请不要这样做，难道你就没有别的办法吗?”问话在什么条件下发生什么样的作用，关键是看使用者怎样运用，达到什么目的，这就是我们将要阐述的第二个问题。

9.4.2　问话的技巧

问话的技巧重要吗? 许多人对此不以为然，这里有个小例子很能说明这个问题。有一位牧师问一位长老：“我可以在祈祷时吸烟吗?”他的请求遭到坚决的拒绝。另一位牧师又问同一位长老：“我可以在吸烟时祈祷吗?”因为提出问题的措辞不同，结果，他被允许了。这就是问话的技巧。后者从不同的角度，请求了与前者同样的问题，却得到了不同的结果。

掌握问话的技巧，应注意以下三个方面。

1. 明确提问内容

提问的人首先应明确自己问的是什么。如果你要对方明确地回答你，那么你的问话也要具体明确。例如，“你们的运费是怎样计算的? 是按每吨重计算的，还是按交易次数估算的?”提问一般只是一句话，因此，一定要用语准确、简练，以免使人含糊不清，产生不必要的误解。问话的措辞也很重要，因为发问容易使对方陷入窘境，引起对方的焦虑与担心。因此，在措辞上一定要慎重，不能有刺伤对方、为难对方的表现。即使你是谈判中的决策人物、核心人物，也不要显示自己的特殊地位，表现出咄咄逼人的气势，否则，问话就会产生相反的效果了。要更好地发挥问话的作用，问话之前的思考、准备是十分必要的。思考的内容包括：我要问什么? 对方会有什么反应? 能否达到我的目的等。必要时也可先把提出问题的理由解释一下，这样就可避免许多意外的麻烦和干扰，达到问话的目的。

2. 选择问话的方式

问话的方式很重要，提问的角度不同，引起对方的反应也不同，得到的回答也就不同。在谈判过程中，对方可能会因为你的问话而感到压力和烦躁不安。这主要是由于提问者问题不明确，或者给对方以压迫感、威胁感。这就是问话的策略性没有掌握好。例如，“你们的报价这么高，我们能接受吗?”这句话似乎有挑战的意思，它似乎告诉对方，如果你们不降价，那么我们就没什么可谈的了。但如果这样问：“你们的开价远超出我们的估计，有商量的余地吗?”很显然，后一种问话效果要比前一种好，它使尖锐对立的气氛缓和了。同时，在提问时，要注意不要夹杂着含糊的暗示，避免提出问题本身使你陷入不利的境地。例如，当你提出议案，对方还没有接受时，如果问：“那你们还要求什么呢?”这种问话，实际上是为对方讲条件，必然会使己方陷入被动，是应绝对避免的。有些时候，之所以提出问题，并不是为了从对手那里获得利益，而是在澄清疑点，因此，提出的问题要简明扼要，一针见血，指出关键所在。

3. 注意问话的时机

提问的时机也很重要。如果需要以客观的陈述性的讲话作开头，而你则采用提问式的讲话，就不合适。就谈判来讲，双方一接触，主持人就宣布："大家已经认识了，交易内容也都清楚，有什么问题吗？"显然，这是不合适的。因为这时需要双方代表各自阐述自己的立场、观点，提出具体条件，过早的问话使人摸不着头脑，也使人感到为难。把握提问的时机还表现为，交谈中出现某一问题时，应该等对方充分表达之后再提问，过早或过晚提问会打断对方的思路，而且显得不礼貌，也影响对方回答问题的兴趣。掌握问话的时机，还可以控制谈话的方向。如果你想从被打岔的话题中回到原来的话题上，那么，你就可以运用发问。如果你希望别人能注意到你提的话题，也可以运用发问，并借连续的提问，把对方引导到你希望的结论上。最后，考虑问话对象的特点也很重要。对方坦率耿直，提问就要简洁；对方爱挑剔、善抬杠，提问就要周密；对方羞涩，提问就要含蓄；对方急躁，提问就要委婉；对方严肃，提问要认真；对方活泼，提问可诙谐。

9.4.3 答问的技巧

正像提问是交谈中所必需的一样，回答也是交谈中不可缺少的部分。通常人们认为，提问是主动的，回答是被动的，回答是遵循提问的内容。如果你仅仅这样认为，那么你就不会很好地掌握和运用回答的技巧，发挥它的作用。美国心理学家钱德勒教授曾提出了回答问话的一些技巧，有些很值得我们借鉴。以下我们提出几种回答对方问话的策略：

1. 不要彻底回答

不要彻底回答，就是指答话人将问话的范围缩小，或只回答问题的某一部分。有时对方问话，全部回答不利于己方。例如，对方问："你们对这个方案怎么看，同意吗？"这时，如果马上回答同意，时机尚未成熟，你可以说："我们正在考虑、推敲，关于付款方式只讲两点，我看是否再加上……"这样，就避开了对方问话的主题，同时，也把对方的思路引到你讲的内容上来。

2. 不要马上回答

对于一些问话，不一定要马上回答。特别是对一些可能会暴露己方意图、目的的话题，更要慎重。例如，对方问："你们准备开价多少？"如果时机还不成熟，就不要马上回答，可以找一些其他借口谈些别的，或是闪烁其词，所答非所问，如产品质量、交货期限等，等时机成熟再摊牌，这样，效果会更理想。

3. 要确切回答

模棱两可、弹性较大的回答有时很必要。许多谈判专家认为，谈判时针对问题的回答并不一定就是最好的回答。回答问题的要诀在于知道该说什么和不该说什么，而不必考虑所答的是否对题。例如，对方问“你们打算购买多少?”如果你考虑先说出订数不利于讲价，那么就可以说“这要根据情况而定，看你们的优惠条件是什么?”这类回答通常采用比较的语气，“据我所知……”“那要看……而定”，“至于……就看你怎么看了”。

4. 使对方失去追问的兴趣

在许多场合下，提问者会采取连珠炮的形式提问，这对回答者很不利。特别是当对方有准备时，会诱使答话者落入其圈套。因此，要尽量使问话者找不到继续追问的话题和借口。比较好的方法是，在回答时，可以说明许多客观理由，但却避开自己的原因。例如，“我们交货延期，是由于铁路运输……许可证办理……”但不说自己公司方面可能出现的问题。

有时，可以借口无法回答或资料不在，回避难以回答的问题，冲淡回答的气氛。此外，当对方的问题不能予以清晰、有条理地回答时，可以降低问题的意义，如“我们考虑过，情况没有你想的那样严重”。

9.5　国际商务谈判语言使用中的禁忌

9.5.1　谈判中“听”的禁忌

（1）在对方讲话时，只注意与自己有关的内容或只顾考虑自己头脑中的问题，而无意去听对方讲话的全篇内容。

（2）精力不集中，或思想跟不上对方，或在某种观点与对方的看法不同时而对对方讲话内容少听、漏听。

（3）在听讲时，把注意力放在分析、研究对方讲话的内容以及根据内容而思考自己的对策上，所以没能听全对方的讲话。在碰到对方的讲话中有出乎己方意料之事或隐含意义而一下子难以看清时更是如此。

（4）对听到的内容只根据自己的感情、兴趣来理解，往往会曲解对方的原意，特别是在谈判中，人们思想或意见的表达有的是很直截了当、准确的，有的则是比较含糊暧昧的，甚至是正话反说或反话正说，如果不注意分析就容易误解。

（5）受知识、语言水平的限制，特别是专业知识与外语水平的限制，而听不懂对方的讲话内容。

（6）选择的环境太差，使交谈严重受到干扰，无法听清楚对方的谈话。

那么，怎样才能克服以上的障碍而做到有效地倾听呢？

第一，有效地倾听关键在于精神集中，而精神集中除了受身体状况的影响以外，在很大程度上取决于倾听者的态度，即要抱着积极的，而不是消极排斥的态度去听，这样倾听成功的可能性就比较大。

第二，使大脑保持警觉有助于集中精神，而身体保持适当的姿势则有利于大脑处于兴奋状态。因此，为了能够专心倾听，不仅要有健康的体质，而且要使身体的躯干、四肢和头部处于适当的位置。

第三，记笔记是听讲者集中精力的手段之一。人们即席记忆并把记忆保持下去的能力是有限的，为了弥补这个不足，应该在听讲时做笔记。一方面，有了笔记，不仅可以帮助自己回忆和记忆，而且也有助于在对方发言完毕之后，就某些问题向对方提出质询，同时自己也有时间作充分地分析、理解对方讲话的确切含义与精神。另一方面，听众记笔记或者停笔抬头来看看讲话者，会对讲话者产生一种鼓励作用。

第四，说话的目的是为了让对方听到并正确理解发言者的讲话内容及其含义。因此作为发言者，为了使对方能够有效地听取自己的讲话，并正确、全面地加以理解，应该注意口齿清楚、内容精练、重点突出；每次发言的时间不能太长，每句话之间应该有必要的时间间隔，以便于对方思路能够跟上。

第五，选择一个适宜的谈判场所，使谈判现场有利于双方的交流。有利的场所能增强自己谈判地位和谈判力量。对一些重要的谈判，能在自己熟悉的场所内进行是最理想的，但如找不到这样的场所，至少也应选择一个双方都不熟悉的中性场所，以减少由于失去“场地优势”而导致的错误，避免不必要的损失。

9.5.2 谈判中“说”的禁忌

（1）在使用礼节性的交际语言时，发言不逊，恶语伤人。在商务谈判中，融洽友好的气氛是谈判顺利进行的首要条件。因此，谈判人员必须使自己的语言表达文明礼貌，言辞得当，使谈判双方始终处于一种尽可能的友善气氛中。

（2）在使用专业性的交易语言时，对专业性语言的理解不准确，措辞不严密，逻辑性不强。专业性的交易语言是商务谈判中的主体语言。该语言的特征表现为专业性、规范性、严谨性。

（3）说话不留余地，缺乏必要的弹性。辩证法告诉我们，世界上没有绝对不变的事物，对事物的发展要估什到有两种可能性。在谈判中运用留有余地的弹性语言能使谈判人员进退有余地，并且可以避免过早地暴露己方的意愿和实力。

（4）滥用威胁性语言。威胁性语言具有干脆、简明、坚定、自信、不容质疑、对抗性强、冷酷无情等特征。适当地运用，可以加速谈判的进程，但使用不适当，就会带来很坏的效果，因此使用时千万要谨慎。

（5）不合时宜地乱用幽默语言。在日常生活中，具有幽默感的人几乎毫无例外地受到欢迎，在谈判桌上也是一样。幽默性语言是思想、学识、智能和灵感在语言运用中的结晶，它诙谐、生动、富于感染力，能引起听众的强烈共鸣。但在谈判时使用也要注意时宜和分寸，不要用来挖苦对方和伤害对方的感情，或者破坏谈判的气氛。

9.5.3 谈判中“问”的禁忌

（1）提问有关对方个人生活、工作的问题，以及涉及对方国家或地区的政治、宗教等方面的问题。不应该提问有关对方个人生活、工作的问题，这对大多数国家与地区的人来讲是一种习惯。如对方的收入、家庭情况、婚姻情况、女士或太太的年龄等。也不要涉及对方国家或地区的政党、宗教方面的问题。国内谈判则不一样。中国人既希望介入别人的生活圈子，也希望别人来关心自己。因此，问候对方个人生活及家庭情况往往容易博得对方的信任感、亲切感。

（2）提出的问题含有敌意，具有挑战性。不要提出含有敌意的问题。一旦问题含有敌意，就会损害双方的关系，最终会影响交易的成功。

（3）提出有关对方品质的问题。不要提出有关对方品质的问题，例如指责对方在某个问题上不够诚实等。这样做非但无法使他变得更诚实，反而会引起他的不愉快，甚至怨恨。

（4）胡乱提问。不要故意提出一些问题，特别是与谈判内容无关的问题，以显示自己的“好问”。别人不会认为你“好问”是谦虚的表现。问得太多，对方也许会认为你浅薄、无知。

9.5.4 谈判中“答”的禁忌

（1）不加思考，马上作答。回答问题之前，要给自己一些思考的时间。谈判中对问题回答得好坏不是看你回答的速度，即不是回答问题的速度越快越好。

（2）未完全了解对方提出的问题就急促作答。在未完全了解问题之前，千万不要回答。其原因不仅在于你可能回答得不完整或答非所问，更在于你可能把不该说的事情说出来了。在谈判中，自己的任何一句话都近似于诺言，说出来的话一般情况下是很难收回的。因此，对问题一定要考虑充分以后再作回答。

（3）不管什么问题，总是予以彻底地回答，毫无保留。不要彻底地回答问题、在谈判中并非任何问题都要回答，要知道有些问题并不值得回答。

（4）不问自答。不问自答是最愚蠢的行为，除非需要，千万不要自作聪明回答一些并不需要回答的问题。不问自答很容易暴露自己的底细，是对方求之不得的事。

（5）回答问题时留下尾巴，授人以柄。回答问题时要减少问话者继续追问的兴致和机会，即回答问题要特别注意不让对方抓住某一点继续发问。

（6）滥用“无可奉告”。有些问题你可以直率地告诉对方“无可奉告”，但千万不能滥用这一词，过分直率、近于冷酷地拒绝回答对方的问题，会令对方不快。拒绝回答问题的方法要温和。

◎本章案例

运用语言技巧缓和谈判气氛

广东某玻璃厂与美国某玻璃公司谈判引进设备过程中，在全部引进还是部分引进这个问题上僵住了，大家各执一词，相持不下。这时广东玻璃厂的首席代表认为：我们既要拿到真正好的东西，又要省钱。要达到这个目的，就不能让事情弄僵。为了缓和气氛，他就笑了笑，换了一个轻松的话题。他说，贵公司技术、设备和工程师都是世界上第一流的，你们投进设备，搞科技合作，帮我们搞好工厂，只能用最好的东西。因为这样，我们就能成为全国第一，这不但对我们有利，而且对你们更有利。美方的首席代理是位高级工程师，他听了这话很感兴趣。接着，广东玻璃厂代表话锋一转："我们厂的外汇的确很有限，不能买太多的东西，所以国内能生产的就不打算进口了。现在，你们也知道，法国、日本和比利时都在跟我们东方的厂家搞合作，如果你们不尽快跟我们达成协议，不投入最先进的设备、技术，那么你们就要失去中国的市场。"这样一来，濒临僵局的谈判气氛立即缓解，最后，双方达成协议。这家广东的玻璃厂为此省下了一大笔费用，而美方公司也因帮助该厂成为全国同行业产值最高、能耗最低的企业而名声大噪。

资料来源：马金章：《广东人赚钱绝招》，海天出版社 1996 年 11 月出版。

◎思考题

1. 语言艺术在商务谈判沟通中能起到怎样的作用？
2. 什么是消极地听和积极地听？
3. 如何说服谈判中的"顽固者"？
4. 国际商务谈判的语言使用中"听""说""问"各有哪些禁忌？

第 10 章 国际商务谈判中的非语言技巧

◎**本章要点**

本章研究的是国际商务谈判非语言沟通的问题，通过本章的学习，可以系统地了解非语言沟通的各种表现形式和特点，掌握非语言沟通的基本技巧和方法，从而能在实际的国际商务谈判过程中加以应用。

首先，本章介绍了国际商务谈判中非语言沟通的含义，以及如何界定非语言沟通的作用。然后，重点讲述了国际商务谈判中非语言沟通的表现形式和使用技巧，包括面部表情与眼神、衣着、体态和手势、时间观、个人空间这五种非语言沟通方式的具体表现形式和它们在国际商务谈判中的各种使用技巧。

10.1 国际商务谈判中非语言沟通的作用

10.1.1 非语言沟通的界定

非语言沟通是相对于语言沟通而言的，是指通过身体动作、体态、语气语调、空间距离等方式交流信息、进行沟通的过程。在沟通中，信息的内容部分往往通过语言来表达，而非语言则作为提供解释内容的框架，表达信息的相关部分。

在形形色色的谈判场合，非语言行为是一种不见诸文字，但大家全都理解的精心设计的代码。人的非言语行为，不管是有意的还是无意的，都是一种符号，传递一定的信息。因为，人的任何举止神态或动作，都是人作为一个完整机体在神经系统各个部分的统一协调下对外界的一种表示或反应，所以谈判人员的非言语行为像一种文字语言一样，能为人们所理解和接受。非言语交往的形式包括谈判协商与人际沟通中的目光、体势、声调、衣着、饰品、礼物，乃至时间和空间的运用等。

非语言沟通有非常鲜明的特点：

1. 无意识性

例如，与自己不喜欢的人站在一起时，保持的距离比与自己喜欢的人要远些；有心事，不自觉地就给人忧心忡忡的感觉。

正如弗洛伊德所说，没有人可以隐藏秘密，假如他的嘴唇不说话，则他会用指尖说话。一个人的非言语行为更多的是一种对外界刺激的直接反应，基本都是无意识的反应。

2. 情境性

与语言沟通一样，非语言沟通也展开于特定的语境中，情境左右着非语言符号的含义。相同的非语言符号，在不同的情境中，会有不同的意义。同样是拍桌子，可能是“拍案而起”，表示怒不可遏；也可能是“拍案叫绝”，表示赞赏至极。

3. 可信性

当某人说他毫不畏惧的时候，他的手却在发抖，那么我们更相信他是在害怕。英国心理学家阿盖依尔等人的研究表明，当语言信号与非语言信号所代表的意义不一样时，人们更相信的是非语言信号所代表的意义。因为语言信息受理性意识的控制，容易作假，人体语言则不同，人体语言大都发自内心深处，极难压抑和掩盖。

4. 个性化

一个人的肢体语言，同说话人的性格、气质是紧密相关的，爽朗敏捷的人同内向稳重的人的手势和表情肯定是有明显差异的。每个人都有自己独特的肢体语言，它体现了个性特征，人们时常从一个人的形体表现来解读他的个性。

10.1.2 非语言沟通的作用

传播学家艾伯特梅拉比安曾提出一个公式：信息的全部表达=7%语调+38%声音+55%表情。

我们把声音和表情都作为非言语交往的符号，那么在人际交往和谈判过程中信息沟通就只有7%是由言语进行的。当然，在一般谈判场合，我们的非言语行为是很少独立担当起沟通功能的，它往往是起着配合、辅助和加强言语的作用，所以又可称为“伴随语言”，完全离开了口头言语的非言语行为并不比哑语高明多少，其传播的范围是有限的，也难以表达一些抽象的谈判议题。

然而有趣的是，一旦口头言语与非言语行为结合起来之后，言语只是起了方向性或规定性的作用，而非言语行为才准确地反映出话语的真正思想和感情，担当起绝大部分的传播职能。同样一句话，可以反话反说，也可以反话正说；可以是郑重其事的，也可以是有口无心的，甚至是冷嘲热讽的，这都取决于语调、面部表情和身体动作等非言语行为。

如果你在谈判中也精心运用好这种无声的语言，那一定能大大丰富你的交往语汇，使你和别人的谈判更为成功，效率更高。

在谈判交往活动中，人的非言语行为主要起三个方面的作用，我们分别以日常生活交往中最普遍的眼神沟通来说明。

第一，支持、修饰或否定言语行为。有时一句很普通的话，我们如果分别采用敌视的或友好的、冷漠的或热情的、凝神的或回避的等各种不同的眼神，就可分别表示各种特定的含义。这时，人们只有通过察言观色才能辨别其真正的含义。

第二，直接代替言语行为。有时我们的非言语行为已经能够十分明确地表明一定意思，那么即使不用言语也可起到沟通作用。

第三，表达言语所难以表达的思想感情。这可以说是非言语行为的一大优点，在许多情况下弥补了言语沟通上的不足，避免了交往上的窘迫感。千言万语难以表达的思想信息，或一时说不出口的心里话，往往仅有一个微妙的眼神，彼此就心神领会了。

10.2　非语言沟通的表情、衣着与体态

总的来说，在传播和沟通中，非语言沟通起着其他沟通方式所不能代替的作用，非语言沟通既能起到补充和支持语言沟通的作用，又能体现谈判人员自身的魅力。非语言符号可用来传递信息、沟通思想、交流感情，这些已被人们所熟悉。有人估计，人的脸部能表现出约 25 万种不同的信息，教室内可以有 7000 多种课堂手势，这些非语言符号都有着丰富的含义，在特定的场合，非语言符号都可起到特有的作用。在体育比赛中，当运动员进行训练时，无论所做的动作成功或失败，教练对运动员或是抚摩头或是拥抱，都是一种思想情感的表露和传达。

非语言沟通的表现形式多种多样。一般认为，目光、衣着、微笑是三个最为重要的方面，体势、声调、时间观等也都是很重要的方面。

10.2.1　面部表情与眼神

面部表情是内心情感的重要体现。人的表情十分丰富，有极强的感染力，通过面部各个器官的动作，展示出内心多样的情绪和心理变化。在谈判活动中，有人嘴唇紧闭，唇角下垂，眼睛睁大紧盯对方，有时甚至从牙缝中挤出话来，这表明他是一个有攻击性和敌意的人，有一种不是你死就是我活的心态。有人满脸堆笑，目光闪烁，眉头不动，这反映了其人内心游移不定。有人面带微笑，脸露真诚，眉目平和安定，虽无咄咄逼人的气势，但却反映了一种内在的力量，可能是个有能力，难以对付的强手。

一些谈判家把面部表情分为上半部分和下半部分，分别加以研究，结果出人意料地发现：嘴在表达各种思想感情、态度要求方面的作用比眼睛还要重要。因此，你想要更好地表达自己，不妨恰到好处地运用眼睛、眉毛、嘴形等各种脸部表情。

然而，不管面部表情如何复杂微妙，在谈判交往中最常用也是最有用的面部表情就是你的笑容。愿不愿、会不会恰到好处地笑，实际上完全能反映你适应社会，进行社交和成功谈判的能力如何。

微笑，应该发自内心，自然坦诚。纯洁真诚的笑是人人都喜爱的。比如，你在公共汽车上为老幼让座时不是毫无表情，而是带着欣然情愿的微笑，那么别人就会感到你确

实是一片诚意。总之，人们之间多一点这样的微笑，在家庭中能创造幸福，在单位里能增强团结，在商店里能吸引顾客，在工作中能鼓舞干劲，在谈判中能获得圆满成功。

在谈判交往中，谈判人员会笑往往还是具有幽默感的标志。因为幽默往往是通过恰到好处的嫣然一笑流露出来的。例如，初次见面，说句笑话，在笑声中就消除了双方的拘束感；身处窘境，自嘲地开个玩笑，也可摆脱窘境；别人对你有所冒犯，你可大度地一笑了之，算是“相逢一笑泯恩仇”；对方如若出了什么差错，你一句笑语也许就能为对方解围。总之，可以肯定地说，不善笑便不善交往，善意而恰到好处的笑，则使自己轻松自如，使别人心旷神怡。

微笑来自快乐，它带来快乐也创造快乐。在谈判桌上，微微一笑，双方都从发自内心的微笑中获得这样的信息：“我是你的朋友”、“你是值得我微笑的人”，微笑虽然无声，但是它道出了如下许多意思：高兴、欢悦、同意、赞许、尊敬。作为一名成功的谈判人员，请你时时处处把笑意写在脸上。

在面部表情中，眼睛是最富表现力的。“眼睛是心灵的窗户”，谈判人员必须正确运用自己的目光。一般地，目光以看着对方脸部的上部三角部分，即双眼为底线，前额为上顶角的部位为宜，这样既能把握谈判的进行，又不至于因无礼而导致对方不快。视线接触对方脸部的时间正常情况下应占全部谈话时间的30%～60%。超过或不足都有点失态。时间过长，特别是如果对方谈判人员为女性，就显得更为失礼。如注视对方的时间太短，表明其对谈话兴趣不大，有点心猿意马，三心二意了，目光注视对方的正规做法是散点柔视，这样既显真诚，又不致使对方感到不自在。对视的时机要正确把握，一般视交谈内容而定，当强调某一问题时，或当对方注视你，发出交流信号时可对视。其他情况下要视对方脸部为一个整体，不要将目光集中于对方的某一部位，目光要求柔和。瞪与盯是非常规的目光，须慎用。斜视是无礼的举动，不应使用。

需要注意的是，由于文化背景、心理心态习惯的不同，对目光的运用在各国有较大差异，这在进行涉外商务谈判时要格外小心。欧美国家的人大多倾向于在谈话时双方对视，认为这样方显坦诚相待，相互信赖，他们认为只有心怀鬼胎、居心不良者才害怕看别人的眼睛。然而也有例外，比如英国人一向以传统保守著称，他们在交谈时不喜欢打量对方，特别对两眼盯着对方很是反感，认为这使得别人紧张难堪，不是礼貌的绅士淑女行为。日本人交谈时一般看着对方的脖子。在地中海沿岸，人们的行为习惯不同于欧洲大陆其他地区，他们普遍认为目光呆滞无神是某种凶险的预兆，因而忌讳瞪眼直视，尤其是直而失态地盯视，害怕由此带来不吉祥。总之，了解对方的习惯很重要，如一时仓促上场，应尽量以平静目光注视对方，显出坦诚与尊重，表明认真地倾听对方的意见，或认真回答对方的提问，阐述你的意见，减少表情、目光运用的复杂性，同时注意随时观察对方的心理活动，及时做出应有的调整。

目光接触，是人际间最能传神的非言语交往。我们以眼神自然地传递思想，沟通信息。人的目光，有严厉的，也有慈祥的；有凶狠的，也有友善的；有灼人的，也有胆怯的。彼此之间简单地对视，可以是脉脉含情的暗送秋波，也可以是带有威胁和警告的暗示，是想从精神上压倒对方。

在相互不太亲密的交往对象之间，直愣愣地盯着对方，在许多文化背景中是失礼行为，而若上下打量人更是一种轻蔑和挑衅的表示。所以，人们在一般谈判和社会活动中，常常不会以过分好奇的眼光打量对方，同样也不喜欢对方过于直露地凝视自己。但是在中东一些地区，人们则以相互凝视为正常的交往方式。

在谈判和交际性活动中，听讲者应看着对方，表示关注；而讲话者不宜再迎视对方的目光，除非两人关系已经密切到了可直接"以目传情"。讲话者说完最后一句话时，才将目光移向对方的眼睛这是在表示一种询问"你认为我的话对吗"或者暗示"现在该轮到你讲了"。对方就会移开目光，开谈起来，你用眼看我，我一定也会注视你，目光接触是谈判活动中一种最常见的沟通方式。

在人们交往与谈判活动中，彼此之间的注视还因人的地位和自信而异。谈判学家在一次实验中，让两个互不相识的女大学生共同讨论问题，预先对其中一人说，她的交谈对象是个研究生，同时却告知另一个人说，她的交谈对象是个高考多次落第的中学生。观察结果是，自以为自己地位高的女学生，在听和说的过程都充满自信地不住地凝视着对方，而自以为地位低的女学生，说话时就很少注视对方。在日常生活中我们能观察到，往往主动者更多地注视对方，而被动者较少迎视对方的目光。

在空间较大的谈判厅和社会场合中，目光交往还有一个作用，即可以通过相互对视，弥补双方交往距离过远的不足，从而使交往气氛更加融洽和亲切。

目光接触的学问不少：可以表示坦诚——互相正视片刻；可以表示敌意——互相瞪眼，眈眈而视；可以表示鄙夷——斜着眼扫一下；可以表示命令：——正视、逼视；可以表示挑衅——不住上下打量对方；可以表示困窘——左顾右盼，低眉偷觑；可以表示专注——较长时间凝视对方；可以表示尊敬——行注目礼；可以表示反感——白对方一眼；可以表示吃惊——双目大睁或面面相觑；可以表示疑问——眼睛眨个不停；可以表示高兴——眯着眼看，这也可以表示轻视。在双方谈判过程中，目光与眼神所起的作用是不可低估的。

10.2.2　衣着

在谈判桌上，人的衣着也在传播信息、与对手沟通，意大利影星索菲亚罗兰说："你的衣服往往表明你是哪一类人物，它代表你的个性，一个与你会面的人往往自觉不自觉地根据你的衣着来判断你的为人"。一个人穿什么衣服，不仅是为了取暖，而且是为了与人交往。"人分三等，衣分五色。"衣着可以反映出一个人的地位。古时候，皇帝的皇冠和龙袍是至高无上的象征。"满朝朱紫"是一个等级，"青衫司马"又是一个等级，白衣或布衣则是平民了。

人们的衣着还可表明他们的职业和身份。我们穿上军服或便服、运动服或工作服，在与人交往时就会表现出与身份相符的举止。一个交通民警穿着制服站在公路上，意味着他在值勤，而若换上便服，则是一个普通人了。

人们还常常以某种特殊的衣着，反映出对社会和人生的特定看法。现代西方社会中流行的称为"朋克"的青年群体。他们的外表象征为：常穿灰色、黑色等低调的衣服，把头发染成大红大绿，或是两边剃光，中间留一道，像古代的武士。他们就是以奇形怪状的服饰来表现出自己是某种类型的人，显示出他们对社会或对人对事的态度。

在谈判交往中，人们总是恰当地选择与谈判环境、社交场合和对手相称的服装衣着，一个人去赴约会或社交舞会，总要在服饰上修饰一番，衣着打扮不仅仅是为了显示外表风度的美，而且还表明自己对谈判或聚会的注重。谈判桌上，可以说衣着是谈判人员“自我形象”的延伸扩展。同样一个人，穿着打扮不同，给人留下的印象也完全不同，对谈判交往对象也会产生不同的影响。美国有位谈判专家做过一个实验，他本人以不同的打扮出现在同一地点：当他身穿西服以绅士模样出现时，无论是向他问路或问时间的人，大多彬彬有礼，而且基本上是绅士阶层的人；当他打扮成无业游民时，接近他的多半是流浪汉，或是来找火借烟的。如果衣衫不整地去赴会谈判，对方会觉得你缺乏诚意。若你去参加工作招聘面试，或去商谈贸易生意，则应穿得素雅庄重一些为好，因为这有利于谈判的顺利进行。

10.2.3 体态和手势

体态是通过说话者的身体姿态表达特定含义的一种身体语言。在谈判中，有些谈判人员会有一些不经意的动作，会透露出有关他们内心动静的有用信息。例如，在某种环境下，人可以通过意识的控制，在语言、语气等方面显示出强硬和雄辩，表现得信心十足，但如果内心不踏实，没有把握，有可能会下意识地借助一些动作来掩饰和平衡内心的紧张和冲突。比如频繁地擦汗，抚摸下颌，敲击桌面等都反映了心情的紧张不安。因此有经验、训练有素的谈判人员一方面要会观察对方的体态语言，一方面还要能自我控制，最大限度地避免无意识动作，在任何情况下都镇定自若，显示出风雨不动、稳如泰山的气度。

而且，有意识的体态运用也能微妙地影响对方的心理。如抱着胳膊，表示警觉和戒备心理；摸鼻梁，扶眼镜，同时闭目休整，表示正在集中精力思考某个问题，准备做出重大决策，或者表示进退两难的境况在内心引起的紧张；握拳或紧握双手是信心不足、自我鼓劲的反应。以上这些体态能增加一个人的潜在影响力，在谈判活动中是不可或缺的增效剂。

手势是另一种重要的身体语言，主要是通过手部动作来表达特定含义。在谈判过程中，手势的合理运用有助于表现自己的情绪，更好地说明问题，增加说话的说服力和感染力。手势的运用要自然大方，与谈话的内容和说话的语速、音调、音量以及要表达的情绪密切配合，不能出现脱节的滑稽情况。同时运用手势时应把握好手势的力度，给人以轻重合适、表达自然、恰到好处的感觉。切忌：（1）太刻意的运用某种手势，易给人虚假做作的感觉；（2）手势运用过多过密，会分散对方的注意力，甚至引起对方的厌烦心理；（3）做手势时动作太大，或是将手伸过了双方距离的中界线，会让对方感觉你侵入了他的身体空间，有故意挑衅之嫌；（4）比划双手时超出双肩的范围，容易给人手舞足蹈，乃至轻狂不实的印象；（5）运用手势太过拘谨，生硬怯懦，缩手缩脚，显得缺乏自信，难以引起他人对你的信赖感。

达芬奇曾经说过，精神应该通过姿势和四肢的运动来表现。同样，在谈判和人际交往中，人们的一举手一投足，一昂头一弯腰都能体现特定的态度，表达特定的含义。

首先，谈判人员的体势倾向会流露出他的态度。在谈判交往时，身体各部分肌肉如果绷得紧紧的，可能是由于紧张、拘谨、畏怯，在与地位高于己者交往常会如此；也可能是由于内心充满敌意，不准备与对方友好交往。在这种情况下，不论出于哪种因素，对方都很难与你坦率交往。而身体各部分都十分放松，坐立都无定姿，就显得内心十分坦率，是一种开放式的交往神态。但有时过于随便，显得无所谓，乃至随便拍拍对方的肩，这在社交场合就不太雅观，乃至引起对方的不快。谈判专家们认为，身体的放松程度是一种信息传播行为。向后倾斜 15 度以上是极其放松；前倾约 20 度，向一边倾斜不到 1 度是较为自然的交往姿态；最拘谨的是肌肉紧张、姿势僵硬，这就缺乏应有风度了。人的思想感情也会从体势中反映出来，略微倾向于对方，表示热情和兴趣；微微起身，表示谦恭有礼；身体后仰，显得若无其事和轻慢；侧转身子，表示嫌恶和轻蔑；背朝人家，表示不屑理睬；拂袖离去，则是拒绝交往的表示了。这些都是我们习以为常和彼此心照不宣的体势交往和沟通行为。

其次，谈判人员的手势动作也可以看作极其丰富复杂的符号。乐队指挥慢慢举起了双手，就是一种准备信号，于是整个乐队和全场听众就会寂静下来，一旦这双手挥动起来，便能指挥着各种乐器奏出和谐动听的音乐。在舞蹈动作中，手势也是最基本的语汇。国外传播学家指出，夏威夷的草裙舞就是通过舞蹈者的手来表现故事内容的，正如夏威夷一支民歌所说的“让眼睛盯着手”，中国传统是很重视交往中的姿态的，认为这是一个人是否有教养的表现，因此素有大丈夫要“站如松，坐如钟，行如风”之说。

在谈判交往时，手的动作更能起到直接沟通的作用。对方向你伸出手，你也迎上去握住它，这是表示友好与交往诚意；而你若无动于衷地不伸出手去，或懒懒地稍稍握一下对方的手，则意味着你不想与他交朋友。在交谈中，你向对方伸出拇指，自然是表示夸奖，而若伸出小指，则是贬低对方，对此都是应该双方不言自明的，不可随意滥用的符号。而人们常常因在人际交往中，不由自主地表现出一些不适当的手势动作，从而影响双方的友好交往与沟通。

如果你在谈判中想给对方一个良好的第一印象，那么你首先应该重视与对方见面的姿态表现。如果你和人见面时耷拉着脑袋、无精打采，双方就会猜想也许自己不受欢迎；如果你不正视对方、左顾右盼，对方就可能怀疑你是否有谈判的诚意；如果你双眼朝天、趾高气扬，对方就认为你也许目中无人、不可接近，怀疑你此行是否别有用心。所以在一般谈判场合，和对方见面时你的姿态应当不卑不亢、落落大方，眼睛正视对方，微微欠身颔首，并主动伸出手来向对方表示问候。

体态和手势是比较难把握的无声语言，如没有十足的把握，可以尽量少用，要把避免出错失礼放在首位。一旦由于情绪激动而做出某种失礼的姿态和手势，应勇于承认错误，主动向对方道歉。总而言之，体态和手势的运用要视具体情况而定，以文雅含蓄为准，切不可失控失态。

10.3 非语言沟通的时间和空间

10.3.1 时间观

时间对每个人都是一样的，但是人们怎样运用时间则也可表示不同的态度和思想。在谈判协商和人际交往中，对时间的掌握可以体现一个人的地位和身份。在一些重要的谈判场合，重要人物往往姗姗来迟，等待众人迎接，这才显得身份尊贵。在情人约会时也会常有这种现象，为了抬高自己的身份，有些人故意来得迟一些，或来了先躲起来，待对方等得心焦才装着若无其事地出现。然而，以迟到来抬高身份，毕竟不是一种公平的交往，这常会引起对方的不满而影响彼此之间的合作与交往。

你应邀谈判赴会是否准时，这里面也有学问。如果对方约你7时见面，你准时或提前片刻到达，你就用无声的行动告诉了对方：我尊重你，对你的邀请很重视。他一定会领会到你用时间所表达的非语言信息，对方因为你满足了他的自尊需要而相应地回报你，这样彼此的谈判与合作就会顺利进行下去。反之，你若7点半或8点钟才到，尽管你口头上表示抱歉，也必然会使对方不悦，对方会认为你不尊敬或不重视他，而无形之中为谈判设下障碍。

准时，能体现出交往的诚意。如果朋友请你做客，并约定了时间，你到得太晚，是缺乏诚意的表现；可到得太早，对方还没有做好准备，也会弄得彼此尴尬。而准时赴会则表明你对这次聚会、谈判的看重，显示出你是个重诺言守信用的人。

文化背景不同，社会地位不同的谈判人员的时间观念也有所不同。如德国人讲究守时、准时；如果你应邀参加法国人的谈判约会，千万别提早到达，否则你会发觉只有你一个人到场，迟到一点也无妨。这种观念上的差别会影响不同文化背景的人们之间的交往与谈判。

10.3.2 谈判中的个人空间

个人空间，也是非言语交往的一种特殊形式。在人际交往与谈判活动中，我们能够体会到，与哪些人交往应该保持多大的空间距离，我们也总是按照与人的关系而自觉地调节着与他人的相隔距离，因为在一般谈判场合，我们对一个人是靠近还是疏远，就等于我们在有意或无意地表示对他是亲密还是矜持，是融洽还是戒备。

人与人之间的空间距离与心理距离联系密切，空间距离大小直接影响谈判双方心理上的距离。一般情况下，人们交谈时，无论站、坐，都要保持一定的角度，避免直接相对，而在谈判活动中，双方却是直接面对，没有什么回旋余地的。这使谈判活动中，空间距离变得更为敏感。谈判中，较合适的双方距离应为1~1.5米，这个距离也是谈判桌的常规宽度。距离过大，双方交谈不方便，难以相互接近。距离太近，声息相通，却显得人为地过分亲近，使人觉得不自在，浑身难受，难于进行良好的交流。距离的变化可以传递某种信息，反映交谈者的不同心态。相互间移近可能表示交流良好，有兴趣，有好感，是一种友善认同愿望的自然流露。但也可能是攻击前的一种威胁姿态，是一场针锋相对的斗争的前兆，这与谈判的气氛和双方的心理活动是密切相关的。相互间的距离变远，反映谈判的分歧正在加大，或双方都想冷静一下头脑，整理一下思路。一方加大距离表现了一种占优势的自我感觉，特别是伴随后仰动作时，就有点显示胜券在握了。如一方增加距离，另一方却想缩小距离，多半说明有一方想逃避，出现软弱心理。顺便提一下，双方距离无论远近，都是以中间线来划分势力范围的，中线两边为各自的身体空间，如一方侵入，是极具攻击性和无礼的举动。

1. 个人空间的含义

在幽静的公园里，有人坐在一条长椅独自沉思或看书。如果你也想到那长椅上坐一会，一般你会坐在哪里呢？往往你会不假思索地坐在离他尽可能远的一端，尽管这条长椅能够容得下三四个人。这样你才觉得心理上自然舒坦一些。可你是否想过是什么因素在支配着你的这种无意识活动呢？

如果，这一次你故意靠近那人坐下，甚至已接触到那人的身体，那么会发生什么情况呢？结果往往是，那人开始是很不自然地尽可能往一旁挪动，或者皱起眉头瞥你一眼。如果你还是不知趣地往他身边靠近，他就可能站起身来，不满却又无可奈何地瞪你一眼，拂袖而去。那么，你又是否想过，在他的心理上又是什么原因在起作用呢？

美国谈判学专家罗伯特索默经过观察和实验研究得出，人具有一个把自己圈住的心理上的个体空间，它就像一个无形的“气泡”一样，为自己割据了一定的“领土”。一旦这个“气泡”被人触犯，就会感到不舒服或不安全，甚至恼怒起来。

人们都有一种保护自己的个体空间的需要，这并非表示拒绝与他人交往，而只是想在个体空间不受侵占的情况下自然地交往。个体空间实际上是使人在心理上产生安全感的“缓冲地带”，一旦受到侵占，就会做出两种本能的反应：一是觉醒反应，如手脚的许多不自然动作，眨眼的次数增加。二是阻挡反应，如挺直身子，展开两肘呈保护姿势，避开视线接触。觉醒反应是引起的紧张状态，阻挡反应是对待情境的一种方式。如果实在忍无可忍，只要有可能机会，就会退而避之了。例如，在一所大学的宽敞而空闲的阅览室里，一个女学生独自坐在一张大桌子前。如果有人故意在她身旁坐下，她就会产生本能的觉醒反应和阻挡反应。“闯入者”靠她越近，她的不自然动作就越多，显得有点心神不定，当靠她只有3英寸（7～8厘米）时，也许就到了她能忍受的极限，她一般就会愤愤然地走开了。

在许多谈判活动中还发现一个有趣的现象：一般男性对于坐在对面的“闯入者”反应较强烈，因为他们感受到一种竞争式的威胁；而女性对坐在身旁的“闯入者”更敏感些，也许是因为她们觉得毗邻的应是她的亲密朋友的座位，被陌生人占去就会感到不安。在日常生活中，我们也常会观察到这种情景：有些人喜欢在桌子对面或身旁用书籍或拎包之类物品占个位置，即使有时他们知道这个占着的位置并不是专门为谁准备的，而只是想给自己留下个较为自由的个体空间而已。不管怎样，在谈判交往中随意闯入对方的个体空间是犯忌的，也是失礼的举止。

2. 个人空间的范围

谈判双方交往中的个体空间需要多大呢？这就需考虑到各种具体情况，如交往对象、交往内容、交往场合、交往心境等主客观因素，就一般而言，谈判双方的人际关系以及所处情境决定着双方相互之间个体空间的界域。

（1）亲密距离。这是人际交往中的最小间隔，即我们常说的“亲密无间”。其近段在6英寸（约15厘米）之内，彼此可能肌肤相触，耳鬓厮磨，以至相互能感受到对方的体温和气息。其远段在6～18英寸（15～44厘米），身体上的接触可能表现为挽臂执手或促膝谈心，仍体现出交往双方亲密友好的人际关系。

就交往情境而言，亲密距离属于私下情境，在社会场合与大庭广众之下，两个人如此贴近稍欠雅观。在近段距离中，基本上只谈论相互间有切身利益的私事，而少谈正式公事，否则可能意味着有不想为人所知的私下交易，这里最适宜窃窃私语，说贴心话。就交往对象而言，亲密距离内最具排他性，在同性别的人之间，往往限于贴心朋友，彼此十分熟识和随和，可以不拘小节，无话不谈。在异性之间一般只限于夫妻和情人之间，超出这种感情关系之外的第三者闯入这个空间，就会引起十分敏感的反应和冲突。

因而，在谈判交往中，一个不属于别人亲密距离圈子内的人，随意闯入这个空间，都是不礼貌的，会引起对方的反感，也会自讨没趣。

（2）个人距离。这在人际间隔上稍有分寸感，宜较少直接的身体接触。近段在1.5～2.5英尺(46～76厘米)，正好能相互亲切握手，友好交谈。这是与熟人交往的空间。远段距离从2.5～4英尺（76～122厘米），宜有一臂之隔，恰在身体接触之外。一般的个人间的交往都在这个空间之内，它有较大的开放性。任何朋友和熟人都可以自由地进入这个空间，但对陌生人来说，则要视具体情境而定。当一个人在独自思考什么或专心做什么事情时，素昧平生的人冒冒失失地闯入这个空间，就会引起他的不满和不安。

（3）社交距离。这已超出了亲密或熟悉的人际关系，而是体现出一种社交性的或礼节上的较正式的关系。近段在4～7英尺（1.2～2.1米），一般出现在工作环境和社交聚会、谈判协商场合。远段在7～12英尺（2.1～3.7米），表现了一种更加正式的交往关系。国外有些大公司的董事长或总经理往往有个特大的办公室，这样在与下属谈话时就能保持一定的距离。

谈判过程中保持社交距离，并不仅从相互关系不够亲密的角度考虑，在很多情况下是从交往的正规性和庄重性来考虑的。如企业或国家领导人之间的谈判，工作招聘时的面谈，教授和学生之间的论文答辩，往往都要隔一张桌子或保持一定距离，这样就增加了一种庄重的气氛。

社交距离中彼此说话响亮而自然，因此交谈的内容也较为正式和公开。一些本来只宜在私下情景中交谈的话题就不宜在社交距离中谈论。一位小伙子向一位姑娘求婚，遭到了当众拒绝。姑娘事后恼怒地说：“他竟在离我8英尺之外的地方谈这件事。”自然，社交距离不是谈论婚嫁之事的最佳场合，社交距离已没有直接的身体接触，说话时也要适当提高音量，同时更需要借助眼神目光来交流思想、沟通信息。

（4）公众距离。在这个空间中，人际之间的直接沟通大大减少了。其近段在 12 ~ 15 英尺（3.7 ~ 4.6 米），远段则在 25 英尺之外，这是一个几乎能容纳一切人的“门户开放”空间。人们完全可以对处于这个空间内的其他人“视而不见”，不予交往，因为相互之间未必发生一定联系。

在公众距离内交往，大多适合谈判这种交锋辩论、协商式的对话，因为此时彼此离得太远，所以很难进行亲密性交谈协商。

3. 个人空间的伸缩性

个体空间的范围是具有伸缩性的。不同的谈判人员所需的个体空间范围有所不同，同一个谈判人员在不同心理状态下所需的个体空间也会发生变化。这就涉及文化背景、社会地位、性格特征、情绪心境，乃至特定场合等因素。

（1）从文化背景或民族差异而言，需要不同的个体空间。现代谈判学家对不同民族交往距离的研究表明，地中海国家的人交往时允许较多的身体接触，相互靠得较近；而北欧国家的人则相互离得较远，很少有身体接触。同是欧洲国家，法国人与英国人交谈时，法国人总是保持较近的距离，乃至对方会感受到其呼吸，而英国人会感到很不习惯，步步退让，维持适合于自己的空间范围。同是美洲国家，对两个成年的北美人来说，最适宜的交谈距离是相距一臂至 4 英尺，即在个人距离之间，而南美人交谈则喜欢近一些。所以很容易闯入北美人的亲密距离。有人曾观察到这样一个有趣的情景：一个南美人与一个北美人在大厅的一端交谈，由于前者按照自己觉得最适应的距离而不断向前靠，而后者也自然地保持着自己的个体空间而不断往后退，当谈话结束后，两人已不知不觉地移到了 20 英尺长的会议大厅的另一端了。有时候，北美人为了避免文化差异造成的个体空间不协调，就以桌椅作为隔开的障碍物，以便达到他感到适宜的交谈距离。所以，当不同文化背景的人交往时常会因个体空间的不同需要产生误解，一方会觉得另一方粗俗无礼，而另一方则会觉得对方冷淡傲慢，这样就可能影响谈判双方之间的融洽与传播沟通。

（2）性格开朗，喜欢交往的人乐意接近别人，也较能容忍别人的靠近，他们的个体空间就较小。而性格内向、孤僻自守的人不愿主动结识别人，宁愿把自己孤立地封闭起来，所以对靠近他的人就十分敏感，他们的个体空间受到侵占，最易产生不舒服感和焦虑感。

（3）由于谈判人员的社会地位不同，也会表现出个体空间的差异。地位尊贵的人物，往往需要较大的个体空间，总是有意识地与下属和人群保持一定距离，而不大能容忍地位低的人跟他紧靠着说话，乃至抚肩拍背。如果他们故意靠近下属，并做出亲热的表示，则地位低的人就会感到高兴，因为后者的个体空间相比之下要小得多。同样，就年龄而言，任何人可以抚摸儿童的头和脸，可如此对待一个成年人常是不尊敬的表现。

（4）谈判人员的情绪状态也会造成个体空间的伸缩性。心情舒畅时，个体空间就会有较大的开放性，允许别人靠得很近，甚至不熟识之人的接近也不会引起反感；而若独自生闷气时，个体空间就会非理性地扩张，甚至亲朋好友也可能被拒之门外。一个久处喧闹人群中的人，会希望有个不受干扰的个体空间；而一个长期被隔绝人群而孤独生活的人，有机会与人接近时就会有很强的亲密感，所以乐于让人接近。

(5) 特定的场合下，人们对个体空间的需要会自然发生变化。在拥挤的公共汽车上或电梯上，人们无法考虑自己的个体空间，因而也就能容忍别人靠得很近，这时已没有亲密距离还是公众距离的界限。但在这种情况下，人们会以背靠背来避免视线或呼吸相接触，还常把手放在身体两侧来阻挡别人贴得太近。如果是面对面时，则眼睛注意头顶或空间某个位置而不相互对视或对量对方。

然而，若在较为空旷的公共场合，人们的个体空间就会扩大，如谈判会场、公园、阅览室，别人毫无理由地挨着自己坐下，就会引起怀疑和不自然的感觉。

在谈判活动中，你、我、他懂得了空间、方位、距离所蕴含的意义后，可以帮助我们更好地了解对方，帮助我们说出不便说、不想说，但又希望对方了解的感情和信息，从而有助于谈判的成功。

总之，当我们了解了谈判活动和人际交往中人们所需要的个体空间及其适当的交往距离，并考虑到这种个体空间因在民族、地位、性格、情绪、场合等方面的差异，我们作为谈判人员就能有意识地选择与谈判对手交往的最佳空间距离。既避免不识趣地闯入别人的个体空间而遭人反感和讨嫌，又避免离对方太疏远而使对方感到冷淡难堪，从而促使双方的谈判协商活动取得圆满成功。

◎本章案例

美剧 *Lie to Me* 引发测谎热潮——看人的表情如何透露内心世界

2008 年，有一部风靡全球的剧集《千谎百计》(*Lie to Me*) 讲述了一个神奇的故事。测谎专家卡尔·莱特曼 (Cal Leightman) 是善于辨别谎言的高手：眉间的一皱或是嘴唇一瘪，在他眼中都是对方内心活动的流露。他比测谎仪更精确，任何人或任何事在他面前都无法隐瞒。虽然进行了艺术加工，但是剧中主人公莱特曼博士确有原型。这就是美国著名的心理学家保罗·艾克曼 (Paul Ekman)。他在加利福尼亚医学院研究人类的欺骗行为已逾40 年，每年都要向数以百计的机场警卫系统、反恐机构、外交官员和来自中央情报局、联邦调查局的人员传授“辨谎”的策略。在现实生活中，艾克曼和他的同事们正穿梭在人群之中，甄别那些真实或虚伪的面孔。

艾克曼最傲人的成果就是他 1978 年发布的面孔动作编码系统 (Facial Action Coding System, FACS)，其中综合了声音和语言测量。小于 1/5 秒时间内出现的“微表情 (micro-expression)”被看作是人们无意中泄露的表情讯号，特别是平时难以察觉的愤怒和羞愧，都可以通过“微表情”检测捕捉到。不过“微表情”并非总意味着谎言，有时无辜的人也可能表现出负罪的表情。这套系统对表情的捕捉准确率已达到90%，并且还在进一步的完善中。

弗吉尼亚大学的博士生温迪·莫里斯 (Wendy Morris) 和德保罗博士对法庭欺

骗行为诊断的研究为我们提供了谎言的蛛丝马迹：当人们撒谎时，瞳孔通常放大，预示着紧张和高度集中的注意。此外，说谎者会因为紧张而提高说话的声调，并紧闭双唇。不过出乎大多数人的意料之外，说谎者不会表现出惴惴不安的样子，也没有眨眼或坐立不安的姿态。只有在巨大赌注的驱动下，他们才会不敢正视他人的注视，以免暴露了自己的内心。

在艾克曼看来，好的辨谎专家应当是优秀的直觉心理学家。他们能准确判定人们在各种状况下的所知所想，并能寻觅到这些想法在行为上的蛛丝马迹。当然，辨谎的最终目的还是寻找真相，“发现真相比发现谎言要难得多。一个好的辨谎者应当更加擅长识别真相”，艾克曼如是说。

一位看过此片的观众说：“我是边看边回想，结果发现那些撒谎时的动作很多我都做了，看完之后我总会不自觉地留意别人对我说话的表情。”而另外一位6岁孩子的父亲则在该剧的贴吧中抱怨：“我不想叫儿子看电视太晚，于是对他说电视有点问题看不成了，他竟然对我说：‘从你一摸额头开始，我就知道你在骗我，因为我看过《千谎百计》，从今往后你休想再骗我。’”

为了让观众感受到剧中结论的真实性，《千谎百计》在每一集都有个很特别的安排。每发现一个说谎者的典型说谎表情，剧情就会穿插一系列明星名流的经典照片和访谈视频，主角是克林顿、小布什、奥巴马、帕丽斯·希尔顿……他们都印证了莱特曼博士的谎言定律，比如人在假笑时没有鱼尾纹，而佩林面对媒体的笑容正是如此；伸出中指哪怕是无意识地伸出来撩头发都带有蔑视的情绪，而奥巴马在竞选谈到麦凯恩时做了。

很常用的一些测谎高招：

（1）真正的吃惊表情转瞬即逝，超过1秒钟便是假装的；

（2）撒谎者不像惯常理解的那样会回避对方的眼神，反而更需要眼神交流来判断你是否相信他说的话；

（3）男性鼻子下方有海绵体，摸鼻子代表想要掩饰某些内容；

（4）手放在眉骨附近表示羞愧；

（5）叙事时眼球向左下方看，这代表大脑在回忆，所说的是真话；而谎言不需要回忆的过程；

（6）说话时单肩耸动，表示对所说的话极不自信，是说谎的表现；

（7）人在害怕时会出现生理逃跑反应——血液从四肢回流到腿部（做好逃跑准备），因此手的体表温度会下降；

（8）明知故问的时候眉毛微微上扬；

（9）如果对方对你的质问表示不屑，通常你的质问会是真的；

（10）假笑眼角是没有皱纹的；

（11）当面部表情两边不对称的时候，极有可能该表情是装出来的；

（12）摩挲自己的手，是一种自我安慰的表现，当你不相信你自己所说的话，这样使自己安心；

（13）抿嘴两次；摇头之前先轻轻点一下头，典型的模棱两可；

（14）双手抱胸、退一步——肢体抗议，说明他的话不可信；

（15）虚情假意不会有眨眼。

资料来源：马婷：《美剧 *Lie to Me* 引发测谎热潮》，《信息时报》，2009 年 4 月 5 日。

◎思考题

1. 非语言沟通如何界定？与语言沟通的区别是什么？
2. 在国际商务谈判过程中，应用面部表情和眼神需要注意哪些问题？
3. 正式的国际商务谈判场合，着装有哪些基本要求？
4. 举例说明国际商务谈判场合中有哪些手势不宜出现？
5. 中国人的时间观和西方人相比，有哪些不同？在国际交往中，有哪些需要注意的地方？
6. 在国际商务谈判中，如何把握和谈判对手的空间距离？

第11章 国际商务谈判的僵局处理

◎**本章要点**

任何谈判都有可能陷入僵局，国际商务谈判也不例外。了解僵局的本质与成因，寻求合适的策略、方法避免和遏制僵局的形成，成功处理已发生的僵局，对于国际商务谈判活动极其重要。

本章首先从哲学和博弈论的角度揭示了僵局的本质，之后分析了僵局的成因和种类。接着，分别针对潜在僵局和已发生的僵局，提出了化解的原则、策略、技巧方法和时机选择。在避免和遏制僵局形成时，可以采取姿态、回避、假动作或转移视线策略，运用直接或间接的技巧与方法。对于已经发生的僵局，可以采取屈从、强硬、逃避、妥协或合作策略，运用灵活多样的技巧和方法，以成功地化解僵局。

11.1 僵局的本质与成因

11.1.1 僵局的本质

1. 从哲学的角度分析僵局的本质

我们把难以解决的谈判广泛定义为僵局。僵局是一种冲突没有明显快速或简单解决方式的状态或情况。当僵局存在时，谈判方不可能达成同时满足双方愿望和期望的交易。从哲学的角度来看，僵局的本质如下：第一，僵局并非总是坏的或是破坏性的。第二，僵局并非永恒不变的。僵局只是谈判的一种状态，在给定的谈判背景、过程或人员的情况下，很多冲突和争端都是不能解决的。因此，如果改变谈判背景、过程或人员，或仅仅只是随着时间的推移、环境的变化，谈判是可以摆脱僵局，问题是能够得以解决的。第三，僵局可以是战术上的或善意的。战术上的僵局一般是在谈判方故意拒绝进行谈判的情况下发生的，是一种寻求杠杆或制造压力迫使对方作出让步的方式。相反，善意的僵局发生在当谈判人员感到不牺牲自己的一些重要利益，谈判就无法进行下去时。

一般来说，战术上的僵局有可能转化成善意的僵局。第四，僵局感知和现实是有区别的。战术上的或善意的僵局可以是感知到的而不是真实的，但即使是感知到的，也足以真实到使谈判方认为他们已经处于僵局的状态。不妥协的谈判人员会创造一种僵局的感知，从而迫使对方有具体的让步。如果不妥协的谈判方通过妥协或让步仍不愿撤退，那么，在讨价还价中的这种强硬如果会产生协议，则可能带来短期利益，但是如果一方的强硬引发了另一方的强硬，将不会产生任何协议，从而使得这种策略成为一种虽强有力但却是很危险的谈判技巧。

2. 从博弈论的角度分析僵局的本质

既然僵局是谈判无法继续维持的表现，那么继续维持谈判的基础是什么？有谈判经验的人都会回答：是通过谈判实现的共同利益。的确，共同利益是维持谈判的基础，缺乏共同利益的商务谈判是难以想象的，甚至可以说是不存在的。商务谈判中大部分问题的产生都与共同利益的实现有关。因此，共同利益是理解商务谈判僵局并寻找其成因的核心概念，是否存在共同利益、以什么样的条件实现共同利益等问题直接决定了僵局的本质、成因及种类。

通过对谈判僵局产生条件的模拟可以设计出一个谈判博弈均衡模型，该模型能简练准确地描述谈判双方所面对的基本选择，通过分析谈判中的共同利益理解谈判僵局的本质。模型的假设条件如下：

（1）博弈的参与者——陷入僵局的谈判双方；

（2）博弈方的策略选择——接受或不接受对方提出的交易条件；

（3）博弈的次序——两个参与者同时进行选择，即谈判中的讨价还价；

（4）某一参与者的选择结果会受到另一参与者的选择结果的影响——交易条件由谈判双方共同决定。

（5）博弈的得益——不同的选择会导致双方的得益出现以下四种可能的情况：

①谈判双方都愿意接受交易条件，僵局化解，双方从合作中各自获得 1 单位收益（假设总的共同收益为 2 单位）；

②谈判甲方愿意接受交易条件并主动与谈判乙方接洽，但乙方不愿接受，则僵局导致谈判破裂，甲方要支付主动接洽所耗费的成本 0.2 单位，乙方则维持谈判前的状态，收益为 0 单位；

③谈判乙方愿意接受交易条件但甲方不愿接受，则甲乙双方收益情况与上述情况相反；

④谈判双方都不接受交易条件，僵局导致谈判无法进行，双方维持谈判前的 0 收益状态。

根据以上假设和分析，得到谈判僵局博弈均衡模型如图 11-1 所示：

谈判乙方 \ 谈判甲方	接受	不接受
接受	情况 1 （1，1）	情况 3 （0，-0.2）
不接受	情况 2 （-0.2，0）	情况 4 （0，0）

图 11-1

在该模型中，假设双方都是理性的，期望利益最大化，比较每种情况下的双方的利益所得，可以推断出实际谈判中最后出现的只可能是情况 1 或情况 4（如图 11-1）。

双方面对交易条件（该模型假设为平分共同利益）都有接受或不接受两种选择。在甲方接受的情况下，乙方的不同选择会产生 1、2 两种情况：如果乙方接受，则谈判的 2 单位共同利益得以实现，乙方的收益为 1；如果乙方不接受，则谈判破裂，甲方因为较为主动而额外付出成本 0.2，乙方收益为 0；乙方经过比较，肯定会选择接受，因为接受交易条件所获得的利益 1 大于不接受时所获得的利益 0。而在甲方不接受交易条件的情况下，乙方的不同选择会产生 3、4 两种情况：如果乙方不接受，则双方的收益都为 0，双方不会为谈判付出更多的精力；如果乙方接受，则要因主动接洽而额外付出成本 0.2；经过利益比较，乙方必然选择不接受。因此，在甲方接受交易条件的情况下，乙方也会接受；在甲方不接受交易条件的情况下，乙方也会选择不接受。同样的选择也适用于甲方。所以在实际谈判中只可能出现情况 1 和情况 4。

那么在情况 1、情况 4 两种情况中谈判双方又会如何选择呢？判断的标准只有一个：共同利益。如果双方选择情况 1 的话，相对于情况 4 而言，就能共同获得 2 单位额外收益，这就是谈判双方期望通过合作实现的共同利益，也是维持谈判的基础。

那么谈判双方是否一定会选择情况 1 呢？当然不一定。虽然双方通过合作能够实现共同利益，但以什么样的交易条件瓜分共同利益也同样重要。如果交易条件不能令双方满意，谈判也无法成功。既然 2 单位的共同利益是固定的，任何一方自然都想多分一些，因而不会心甘情愿接受平分的交易条件。而一旦某一方不接受现有交易条件，另一方为了避免损失（步入 2、3 两种情况）也会选择不接受，从而使情况 4 出现，此时双方都不愿意让步，因为首先让步必然意味着首先损失，从而使谈判陷入僵局。

因此，谈判僵局是个体理性与集体理性的悖论的必然结果。集体理性要求个体通过合作实现集体利益的最大化，但如果集体利益最大化要求与个人利益最大化要求不能有效结合的话，合作协议就是不稳定的。虽然集体合作可以创造共同利益，但是在瓜分共同利益的时候个体利益最大化的需要可能会破坏合作的基础，最终导致共同利益无法实现。一个典型的例子是石油输出国组织（OPEC）的谈判。OPEC 通过谈判号召其成员国控制石油产量以便能够提高国际油价，增加组织总体收益。这虽然对每一个成员国有利，但成员国总是试图私下提高产量以进一步增加自身收益，而且即使自己不增产，其他成员国一样会增产。最终的结果是各成员国都没有遵守限产协议，OPEC 总体产量上升，国际油价大幅度下降，各成员国都遭到了损失。

抓住共同利益这一关键问题，通过上述分析可以得出僵局的本质：谈判双方在实现共同利益的交易条件上分歧过大、暂时无法妥协而造成谈判难以继续进行的状态，是共同利益相对固定条件下个体理性与集体理性出现冲突的结果。由此也可以推断出避免僵局产生的两个必要条件：（1）能以双方都接受的合理条件分配共同利益；（2）谈判中的个体利益最大化与共同利益最大化目标不冲突。缺少其中任何一个条件都可能使谈判陷入僵局。

由此可以推论出，产生僵局的谈判有三个鲜明特征：（1）谈判各方个体利益最大化与谈判的共同利益最大化之间存在一定矛盾；（2）很难找到有效的途径统一个体利益与共同利益；（3）虽然存在能同时满足个体利益与共同利益的交易条件，但该交易条件由于谈判各方实力的悬殊而暂时难以实现。具有前两个特点的谈判容易出现真僵局，具有后一个特点的谈判容易产生假僵局。

对于谈判人员而言掌握上述特点具有三个方面的实践意义：（1）有利于提高谈判人员的判断力和敏感度。上述特点可以作为判断僵局是否产生的依据，使谈判人员不会在谈判中把正常的观点争论误认为是僵局，也不会在僵局已经潜伏于谈判中时还浑然不知。（2）有利于谈判人员更准确地把握僵局的程度。使谈判人员能有效地分析谈判中出现的分歧，明确哪些分歧是暂时的、可消除的，由此引发的僵局容易破解；哪些分歧是本质上的重大分歧，双方对此都无法让步，由此引发的僵局难以破解。（3）有利于谈判人员寻找突破僵局的方法。虽然引发僵局的具体原因多种多样，但本质原因都是相同的。因此在寻求突破方法时也要透过现象看本质，从共同利益分歧出发来解决问题，这样做往往能得到很多全新的思路和方法。

通过以上分析还可以看出，在商务谈判中真正的坏事并不是出现僵局，而是没有实现双方的共同利益。僵局虽然会使谈判难以继续，但它能暴露双方的分歧，使双方重新考虑交易条件和谈判方法。如果能有效地突破僵局往往能取得双方都意想不到的效果，达成令人满意的协议。所以，一个成功的谈判人员不但不会为僵局而头痛，而且还会做好心理准备随时应付僵局，甚至善于抓住机会，利用僵局达到自己的目的。总之，只要我们正视僵局、分析僵局、利用僵局，就能化被动为主动，使谈判由僵变活。有一点应该明确：僵局决不是谈判的终止，而是新一轮谈判的开始。正所谓“山重水复疑无路，柳暗花明又一村”。

11.1.2 僵局的成因

国际商务谈判一旦陷入僵局，作为谈判人员既不能轻易地放弃努力，也不应盲目地屈从于对方的压力而随便做出承诺。通常的做法应当是全面地回顾迄今为止谈判的来龙去脉，找出造成僵局的原因之所在，然后才能根据目前谈判所面临的形势制定相应的对策。

国际商务谈判中造成僵局的原因主要有以下几类：

1. 协调余地较少

谈判，不可能是单方面利益的满足，而是一种相互满足的过程。在国际商务谈判中，双方在经历了激烈的争讨之后，可能会发现相互可能成交的价格相差太大，根本不可能达成交易；或者由于双方在谈判之前没有做好调查研究和可行性分析，到后来才发现即使双方的谈判勉强成功，双方也受益甚微，致使谈判人员进退两难，最终不得不停止谈判。例如，一桩进口机械设备买卖，卖方要价为 20 万元，而买方报价为 10 万元，卖方要一次性付款，买方坚持二次付清。这样一来，要协调双方的要求就比较困难。通常的办法是双方各打 50 大板，都做同等让步，以 15 万的价格成交，如果任何一方不妥协，僵局就会形成。这种僵局的产生，是由于双方缺乏甚至根本不具备谈判的协议区造成的。但是，绝大多数的谈判，之所以陷入僵局，并非因为谈判本身缺乏可行性，而是由于谈判双方的主观因素所致。通过谈判人员的努力，完全可以突破这些僵局，促成谈判的成功。

另外，如果谈判的双方势均力敌，同时，双方各自的目的、利益都集中在某几个问题上，如一宗商品交易，买卖的双方都非常关注商品价格、付款方式这两个条款，这样双方通融、协调的余地就比较小，很容易在此问题上抬价压价，互不让步，形成僵局。

2. 立场分歧较大

谈判双方由于只对某些具体问题的不同认识而引起争执。在这种争执中，一方越是坚持，另一方就越会抱住自己的立场不变，而双方真正的利益被这种表面的立场争执所掩盖。所以双方在立场问题上关注的越多，就越难调和双方的利益，达成协议的可能性也就越小。

例如，甲方（中国一家实力雄厚的出口公司）与乙方（美国进口商）已稳定友好地合作了十多年。甲方最关注的是如何扩大业务量，乙方注重的是如何节省费用。然而甲乙双方的代表却在付款方式问题上发生了争执。乙方代表说“只要付款方式不采用信用证，己方的订单可考虑增加一倍”；甲方的代表说“我们公司规定既要扩大业务量，又要保证安全收汇，因此，必须采用信用证付款”。谈判进入了僵局。这是一个典型的立场争执的例子。其实，甲方完全可以考虑采用其他付款方式，因为甲方已与该进口商合作多年，信誉没有问题，还能扩大业务量。甲方只是被表面的立场所掩盖而忽略了真正的长远利益。

3. 信息沟通障碍

由于双方文化背景的差异，一方语言中的某些表述难以用另一种语言来表达而造成误解。例如，某跨国公司总裁访问中国一家著名的企业，中方总经理很自豪地向客人介绍说：“我公司是国家二级企业……”此时，译员很自然地用“Second-class enterprise”来表述。不料该总裁闻此，原来很高的兴致突然冷淡下来，敷衍了几句即起身告辞。归途中，他向翻译抱怨：“我怎能同中国的二流企业合作？”可见，一个小小的沟通障碍会直接影响到双方合作的可能与否。另一种沟通障碍是由于对信息的理解受职业习惯、受教育的程度以及受某些领域的专业知识所制约而造成的一方未能理解另一方所提供的信息内容。在多数的国际商务谈判中，由于翻译人员介于其中，双方所有的信息在传递过程中都要被多转换一次，这种转换必然要受到翻译人员的语言水平、专业知识、理解能力以及表达能力等因素的影响。信息传递过程中的失真会使谈判双方产生误解而出现争执并因此而使谈判陷入僵局。

4. 策略技巧欠缺

尽管谈判双方可能在立场、人事关系乃至交流方面都十分注意，但有时候也会因为表达、讨价还价等方面欠缺一些技巧而使谈判僵持不下，无法进展。下面是比较常见的几种情况。

（1）强迫手段。强迫，对于谈判来说是具有破坏性的。因为强迫意味着不平等、不合理，意味着恃强凌弱，这是与谈判的平等原则相悖的。在国际商务谈判中，由于谈判的一方采取了强迫手段而使谈判陷入僵局的事情是经常发生的。况且在国际商务谈判中，谈判人员除了考虑己方的经济利益外，还必须维护企业乃至国家的尊严以及长远利益。因此，他们往往越是受到强迫，越是不会退让，谈判的僵局也就难以避免。

（2）谈判中形成一言堂。参与国际商务谈判的企业并非都是实力相当、经营性质一致的。经常存在着洽谈双方一方强、一方弱、一方大、一方小等差别。这种情况往往容易使双方在进入谈判时的角色定位产生偏差，从而造成某方在谈判中形成一言堂的情况。谈判中的任何一方，不管出自于何种欲望，如果过分地、滔滔不绝地论述自己的观点而忽略了对方的反应和陈述的机会，必然会使对方感到不满与反感，从而造成潜在的僵局。更严重的是谈判中的一方认为自己理由充分，唯恐对方不了解。或是认为只有从不同角度反复陈述自己的观点才能取得对方的理解与信任，希望以此获得成功。他们并没有考虑到对方表达观点的机会，剥夺了对方的发言权，造成了“曲终人散”的局面，从而形成僵局。

（3）过分沉默、反应迟钝。谈判中的任何一方，无论出于什么目的，不能或不愿在谈判桌上与对方进行充分交流，过分地沉默寡言，看似认真、专注倾听，实际上反应迟钝或不置可否，会引起对方的种种猜疑和戒备、甚至引起不满，从而给对方造成严重的心理压力，形成谈判的难堪局面，造成僵局。

（4）偏激的感情色彩。偏激的感情色彩，是指谈判人员对所商谈的议题过分地表现出强烈的个人感情色彩，提出一些不合乎逻辑的议论、意见，形成强烈的个人偏见或成见，引起对方的强烈不满，造成谈判的僵局，甚至使谈判破裂。例如谈判中的买方认为供货方的要价过高，便喋喋不休地旁征博引，说某某企业的货物如何好，条件又如何优惠等，引起供货方的厌烦，导致谈判陷入僵局。或者，在谈判中，由于一方言行不慎，伤害对方的感情或使对方丢了面子，也会形成僵局，而且较难处理。一些有经验的谈判专家认为，许多谈判人员维护个人的面子甚于维护公司的利益。如果在谈判中，一方感到丢了面子，他会奋起反击，挽回面子，甚至不惜退出谈判。这时，这种人的心态处于一种激动不安的状况，态度也特别固执，语言也富于攻击性，明明是一个微不足道的小问题，也毫不妥协退让，自然双方就很难继续交谈，陷入僵局。

（5）软磨硬抗式的拖延。软磨硬抗，尽管是商业谈判中常用的手法，但是如果谈判人员为了达到某种不公开的目的，采取无休止的拖延，软磨硬抗，会使对方厌恶，促成对方产生更大的反感，致使谈判陷入僵局和破裂。例如，“对不起，我眼下有件急事要处理一下，谈判之事由己方的某某代表负责”。而接替者又不置可否，谈判没有任何实际意义，明显地拖延。不仅不尊重对方，而且是隐藏着某种其他含义和动机，使对方产生反感，造成僵局。

5. 战略战术引发

有时，谈判人员为了达到最终取胜的目的，从战略战术的角度出发，会故意在谈判中制造僵局，打乱对方的方寸，迫使对方改变立场，先做让步。制造僵局的一般方法是对对方提出较高要求，要对方全面接受自己的条件。对方可能只接受己方的部分条件，即作出少量让步后要求己方做出让步，己方此时如果坚持自己的条件，而对方又不能再进一步做出更大让步时，谈判便陷入了僵局。僵局通常是谈判人员不愿面对的情形，因为僵局是一种带有强烈暗示性的不确定状态。若此时，己方是对方需要满足的唯一提供者，僵局对对方的压力就会变得很大，对方感受到不确定状态所带来的压力，必然就要思考分析僵局出现的原因、结果以及自己因此可能承担的责任。这些考虑可能促使对方作出让步的决策，以化解僵局的压力。正因为僵局有可能使对方出现这种反应，因此，有些谈判人员在己方已做出让步或者已作出很大让步但尚不能成交的情况下，拒绝作出进一步的让步，有意识地制造僵局，以达到迫使对方做出最大可能让步的目的。但是如果这种伎俩被对方识破，则会使己方陷入被动的尴尬境地。

6. 人员素质低下

谈判人员的素质是谈判能否成功的重要因素，尤其是当双方合作的条件较好、共同利益较一致时，谈判人员素质的高低往往会起决定性的作用。如果谈判人员缺乏专业知识，或者好自我表现，或怕承担责任，就会给所达成的交易带来风险，而且也是造成谈判僵局的重要原因。在国际商务谈判的实践中，有些风险是否产生以及损失大小在一定程度上取决于谈判人员的素质。如果对这种风险的预知存在严重差异，双方在谈判中对于利益的考虑与划分就会不一致，谈判也就极易陷入对峙状态。另外，谈判人员不适宜地隐瞒真相、拖延时间、最后通牒等手段也是导致谈判过程受阻、对方感情受损的原因。

7. 外部环境变化

谈判中因环境变化，谈判人员对已经做出的承诺不好食言，但又无意签约，采取不了了之的拖延，使对方忍无可忍，造成僵局。例如，市场价格突然变化，如按双方原洽谈的价格签约，必然给一方造成损失。若违背承诺又担心对方不接受，双方都不挑明议题，形成僵局。这是由于谈判人员缺乏应有的坦诚态度，又都企图从对方那里获得需求，造成久拖不决的僵局。

造成谈判僵局的原因还有很多，比如谈判双方所坚持的成交条件相距太大等。当我们确切地把握导致一个谈判僵局的症结所在，我们也就如同大夫找到了病因一样，接下来就是要对症下药，开出有效的药方了。

11.1.3 僵局的种类

谈判中的僵局按人们对谈判本身的理解角度不同，有不同的分类。了解僵局的种类，有助于我们更好地理解僵局的实质和内容，为应对僵局做好准备。

1. 按照谈判主体的主观因素差异程度划分

许多谈判之所以陷入僵局，多是因为谈判主体基于情感、立场、观点、原则之上的主观因素所引发，从主观因素差异程度来看，僵局可以划分为以下三大类。

策略性僵局，即谈判的一方有意识地制造僵局，给对方造成压力的同时为己方争取时间、创造条件的延迟性质的一种策略。

情绪性僵局，即在谈判过程中，一方的讲话引起对方的反感，冲突升级，出现唇枪舌战、互不相让局面的僵局。情绪性僵局往往是双方在商务谈判中由于激烈的气氛造成情绪失控所引发的，多是由于措辞不当引发口角僵局形成。如一次价格谈判，一方冲口而出“价格太高，你们简直是漫天要价!”对方立刻反击“那你开的这个价格闻所未闻，难道要我白送给你!”一言不和立马走人。情绪不能代替原则，情绪不能带来效益。谈判双方是为谋求共同利益而来，赌气斗狠互相妨碍了谈判进程。这毕竟是双方违背初衷，违背来意的，静心自问作出反思双方还是会继续下去的。

实质性僵局，即双方在谈判过程中涉及商务交易的核心——经济利益时，意见分歧差距较大，难以达成一致意见，双方又固守己见，毫不相让，就会导致实质性僵局。

2. 按照项目合作的不同过程划分

从广义上来看，谈判不仅仅是从交换意见到签订合作协议的过程，而是伴随着整个合作过程始终的全过程。在谈判中双方的观点、立场的交锋是持续不断的，当利益冲突变得不可调和时，僵局便出现了。所以，从广义上讲，僵局的发生也是伴随整个合作过程随时随地都有可能出现的。项目合作过程分为合同协议期和合同执行期，因此，谈判僵局就分为协议期僵局和执行期僵局两大类。

协议期僵局，谈判双方在磋商阶段意见产生分歧而形成的僵持局面，也就是人们一般认为的狭义上的谈判过程中出现的各种僵局。

执行期僵局，执行项目合同过程中双方对合同条款理解不同而产生的分歧，或出现了双方始料未及的情况而把责任有意推向他人，或一方未能严格履行协议引起另一方的严重不满等，由此而引起的责任分担不明确的争议。这就是从广义角度来理解的僵局。

3. 按照谈判的不同阶段划分

在大多数人看来，谈判就是交换意见，达成一致看法，签订协议的过程，这是对谈判所作的狭义上的理解。从这种狭义的角度来理解谈判，那么其僵局的种类不外乎包括：谈判早期僵局、中期僵局、后期僵局等三种。

早期僵局，谈判初期，主要是双方彼此熟悉、了解、建立融洽气氛的阶段。这一阶段发生僵局的概率相对较小。因为此时双方对谈判都充满了期待，而且刚开始时一般也不会涉及核心利益问题。除非由于误解或者双方对谈判准备得不够充分，又或者一方感情受到很大伤害，才会导致谈判一开始就草草收场。

中期僵局，谈判的中期，这是谈判的实质性阶段，双方需要就有关技术、价格、合同条款等交易内容进行详尽的讨论、协商。在合作的背后，客观地存在着各自利益上的差异，这就可能使谈判暂时向着使双方难以统一的方向发展，产生谈判中期的僵局。而且，中期僵局常常具有此消彼长、反反复复的特点。有些中期僵局通过双方之间重新沟通，矛盾便可迎刃而解，有些则因为双方都不愿在关键问题上退让而使谈判长时间拖延，问题悬而难解。因此，中期僵局是最为纷繁多变的，也是谈判破裂经常发生的阶段。

后期僵局，谈判后期是双方达成协议的阶段。在已经解决了技术、价格等关键性问题之后，还有诸如项目验收程序、付款条件等执行细节需要进一步商议，特别是合同条款的措辞、语气等经常容易引起争议。但谈判后期的所谓僵局不像中期僵局那样难以解决，只要某一方表现得大度一点，稍作些让步便可顺利结束谈判。需要指出的是，后期阶段的僵局也不容轻视，如果掉以轻心，有时仍会出现重大问题，甚至使谈判前功尽弃。因为到了后期，虽然合作双方的总体利益及其各自利益的划分已经通过谈判确认，但是只要正式的合同尚未签订，总会有未尽的权利、义务、责任、利益和其他一些细节尚需确认和划分，因此不可疏忽大意。

4. 按照谈判的具体内容来划分

从谈判的具体内容来看，不同的谈判主题也会造成不同类型的谈判僵局。例如：标的技术要求、标的的价格、付款方式、付款条件、进度安排及其交付期限、履约地点、运输方式、验收标准与验收程序、违约责任等，也就是说只要是可能写入合同文本的内容，都有可能成为谈判僵局的导火线。需要指出的是，在所有可能导致谈判僵局的谈判主题中，价格是最为敏感的一种，是产生僵局频率最高的一个方面。因此，从内容上讲，不论是国内还是国际商务谈判，价格僵局是经常存在的。其次，支付方式、运输方式、期限等也都十分重要，有可能在谈判中形成以其为内容的僵局。

11.2　避免和遏制僵局形成

在谈判出现僵局的时候，要想妥善处理好僵局，不仅要分析原因，而且还要搞清分歧的所在环节及其具体内容，例如，是价格条款问题，是法律合同问题，还是责任分担问题等。在分清这些问题的基础上，进一步估计目前谈判所面临的形势，检查一下自己曾经做出的哪些许诺可能存在不当之处，并进而认真分析对方为什么在这些问题上不愿意做出让步，困难之所在等。特别是要想方设法找出造成僵局的关键问题和关键人物，然后再认真分析在谈判中受哪些因素的制约，并积极主动地做好与有关方面的疏通工作，寻求理解、帮助和支持，通过内部协调，我们就可对自己的进退方针、分寸做出大致的选择。最后，要认真研究突破僵局的具体策略和技巧，以便确定整体的行动方案，最终妥善地处理好谈判的僵局。一般来说，妥善处理谈判僵局的策略和技巧是尽力避免和协调、化解。所以，要应对僵局，首先要尽量避免和遏制僵局的形成。

11.2.1 原则

妥善处理谈判僵局的最有效途径是将形成僵局的因素消灭在萌芽状态。为此，应遵循以下几项原则：

1. 坚持闻过则喜，摆正谈判心态

俗话说："褒贬是买主。"谈判出现意见分歧是正常的事，提出反对意见，是一种对议题感兴趣或想达成协议的表示。因此，听到对方的反对意见要"闻过则喜"，应诚恳地表示欢迎。问题的关键是谈判双方从指导思想上都应坚持正确的谈判态度。提出反对意见者，说话要有充分依据，尊重对方；被提意见者要谦虚，欢迎对手畅所欲言。

2. 语言诚恳亲切，力求冷静客观

在谈判中形形色色的反对意见中，有相当一部分是不合理的。谈判人员在解释回答这些反对意见时，决不能用针锋相对的愤懑的口吻来反驳；而是应该态度冷静、诚恳，解释时语言适中，既不多讲，也不寡言。这样，可以减轻对方的负担，满足对方自尊心的需要，而且可以在倾听对方意见的基础上探出对方的动机和真实目的，为制定对策做准备，同时，亦应将自己的看法和对方意见的不实之处反馈给对方，从而形成谈判的对等局面。

谈判既是智力的角逐，又是感情的交流。当谈判中的分歧较大时，双方都会不同程度地流露出各自的真实感情，即使在理智的控制下，言谈都难免会出现一些冷嘲热讽的现象，甚至于发生情绪上的对立。为此，谈判人员必须有较强的自控能力，防止变争论为争吵，不要为观点分歧的争论而出言不逊，注意语言的委婉性、艺术性，以充分的理由来强化说服力，同时注意对方的情绪变化，分析其心理状态，因势利导，寻求解决分歧问题的途径，使谈判得以顺利进行。

3. 迎合对方兴趣，兼顾彼此需要

国际商务谈判要面对的谈判对象来自不同国家或地区。由于世界各国的政治经济制度不同，各民族间有着迥然不同的历史、文化传统，各国客商的文化背景和价值观念也

存在着明显的差异。因此，他们在商务谈判中的风格也各不相同。在国际商务谈判中，如果不了解这些不同的谈判风格，就可能闹出笑话，产生误解，既失礼于人，又可能因此而失去许多谈判成功的契机。如欲在商务谈判中不辱使命，稳操胜券，就必须在谈判前了解各国商人的特点，熟悉世界各国商人不同的谈判风格，采取灵活的谈判方式。做好谈判前的准备工作也是预防冲突激化的有效手段。谈判桌上风云变幻，谈判人员要在复杂的局势中左右谈判的发展，则必须做好充分的准备。只有做好了充分准备，才能在谈判中随机应变，灵活处理，从而避免谈判中利益冲突的激化。由于国际商务谈判涉及面广，因而要准备的工作也很多，一般包括谈判人员自身的分析和谈判对手的分析、谈判班子的组成、精心拟定谈判目标与策略，必要时还要进行事先模拟谈判等。

在谈判中，还应通过努力建立互惠式谈判，兼顾彼此需要，避免僵局发生。所谓互惠式谈判，是谈判双方都要认定自身需要和对手的需要，然后双方共同探讨满足双方需要的一切有效的途径与办法。即谈判人员视对手为解决问题的合作者，而不是对手。谈判人员对于谈判对手所提供的资料采取审慎的态度，而不要不信任对手；谈判中要态度温和，眼光紧盯在利益目标上，而不是在不同立场上的纠缠；双方要寻求共同利益，而不是单纯从自身利益考虑。为了使互惠式谈判能够有效地开展，可以采用“多头并进”的谈判方法。多头并进，就是同时议论有待解决的各个项目，如价格、付款条件、交货条件及售后服务等。由于各个具体项目之间有较大的伸缩性可以调整，当其中的一项遇到难题时，可以暂时搁放一下，移到下一项，或是当某一项不得不做退让时，也可以设法从其他项目得到补偿。这种谈判的办法，又叫做横向谈判。这种做法尽管进展缓慢，但可以减轻谈判人员的压力，有利于避免僵局。如果采用单项深入式的谈判，每次只集中谈论一个项目，待这个项目双方认定达成协议之后，再转到另一个项目。这种谈判方法虽然进度快，但是各个项目之间缺乏呼应，易使谈判双方承受较大的压力，导致谈判陷入僵局。互惠式谈判的核心是谈判双方既要考虑自己的利益，也要兼顾对方的利益，是平等合作式的谈判。

4. 妥协不是牺牲，而是造就双赢

谈判并非“非此即彼”，并非是“你得的多了我就少了”的单线思维，这与很多人的意识或隐约本能并不同。在一方强权下形成的谈判方案，其执行基础无疑极为薄弱，即使某方在某种短期压力下履行了，那么未来实力、环境一旦发生变化时，必将陷入对抗或者开始新的谈判。但也许是过于追求“战斗胜利”的片刻喜悦，我们绝大多数人往往忽视了单方胜利的不稳定性架构。完美的谈判结局是双赢的结果，因为这样的谈判方案才是可执行的，才会长久有效。

谈判的思维需要有一种悖论思想：为了获得，必须首先付出；在你取得期望利益与成果时，你需要致力于帮助对方获得他所期望的利益与成果。你对对方的帮助越大，你自己获得的才能越多。如果能够超越历史成见、情感纠葛，你与谈判对手在多数情形下并不存在根本性的冲突。也许你根本还未挖掘到对方的核心需求和利益，或者你不愿为了对方的核心需求而放弃或改变你那微不足道的利益、目标，或者你不能创造性地设计

出一个方案，用各自非核心利益的付出换取对方核心利益的实现。其实，满足对方核心需求的过程，就是你创造价值、传递价值的过程。最完美的情形就是你用很低的成本为对方创造出重要价值，而这时最需要也最体现智慧。谈判并不仅仅是“等价交换”那么简单，高手们、大师们都是先找寻价值、创造价值，然后才是传递价值、交换价值。

所谓变通，有变才会通。所以谈判中的妥协不但不是牺牲，反而是造就双赢的获得，不但事情因此会有所进展，谈判气氛也自然会逐渐转好。

11.2.2 策略

1. 姿态策略

该策略是由英国谈判学家马什在其1971年出版的《合同谈判手册》一书中提出来的。所谓姿态策略，是指在谈判过程中，谈判方采取的旨在应对对方姿态的一种主观性策略。其作用在于创造有利于己方的谈判气氛，借助主观姿态来影响谈判进程和结果，避免和遏制僵局的形成。姿态策略具有针对性和传递性两个特征。前者指的是它必须针对对方在谈判中的姿态采取一定的策略，后者是指借助于这一策略向对方传递己方的主观姿态信息，如情绪爆发、微笑路线等，都是典型的姿态策略的运用。姿态策略又分为两种，一种是积极姿态策略，旨在影响对方作出有利于己方，或向对方强调如其行为能与己方合作定会获利。另一种是以否定姿态和行为报复为特点的消极姿态策略。这两种策略在具体的谈判僵局发生前，多半会结合起来使用，以选择合适的谈判方式，创造轻松、和谐的谈判氛围。

2. 回避策略

国际商务谈判中的回避策略，是指在谈判中避开对方的“要价”，而又不使谈判破裂或影响谈判气氛的策略。回避不等于妥协，妥协是做出实际的让步，甚至是实质性的让步，而回避却没有做出让步，或是通过其他途径接触对方，彼此了解，联络感情之后再进行谈判，以迂回的方式，从侧面避免和遏制僵局的形成，促进谈判的顺利进行。这种策略使谈判方可以做到“进可攻，退可守”。同时，谈判双方为了谋求各自的利益，必然会在一些问题上产生分歧，而分歧则是僵局的前奏。所以，分歧发生以后，也要采取回避的态度，防止感情冲动，保持冷静，尽可能地避免争论，因为争论于事无补，且只会使事情更糟糕，最终导致僵局的发生。

3. 假动作策略

该策略是指采用一种虚张声势或障眼法的手段转移对方的注意力，使之对事物的识别判断产生某种错误，进而己方以暗渡陈仓的方式达到自己的目的。比如，对方关心的是价格问题，而己方关心的是交货时间。此时，谈判的焦点就不要直接放在可能引发僵局的价格和交货时间上，而是先放到其他问题上。

4. 转移视线策略

有时候谈判之所以出现僵局，是僵持在某个问题上。在僵局形成之前，可以把这个问题避开，磋商其他条款。例如，双方在价格条款上互不相让，僵持不下，可以把这一问题暂时抛在一边，洽谈交货日期、付款方式、运输、保险等条款。如果在这些问题处理上，双方都比较满意，就可能坚定解决问题的信心。如果一方特别满意，很可能对价格条款做出适当让步。

11.2.3 技巧与方法

1. 间接避免和遏制僵局形成的技巧与方法

所谓间接处理法，就是谈判人员借助有关事项和理由委婉地否定对方的意见。其具体的办法有：

(1) 先肯定局部，后全盘否定。谈判人员对于对方的意见和观点，持不同的看法时，或是发生分歧时，在发言中首先应对对方的观点和意见中的一部分略加肯定，然后以充分的根据和理由间接委婉地全盘否定。例如，买方说：“用这种包装的商品，我们不能要！”卖方经过通盘分析，了解到买方这是借包装问题来讨价还价找借口。于是卖方回答道：“是啊！许多人都认为这种包装的商品不好卖，但是如果真正认识到这种包装的好处，自然会改变看法的。已经有很多顾客专门挑选这类包装的商品了。”又如，买方说：“我们不需要送货，只要价格优惠！”卖方不直接答复，却说：“您的意见有一定的道理，可您是否算过这样一笔账，价格优惠的总额与送货的好处相比，还是送货对您更有利。”卖方先肯定对方的一部分意见，然后进行核算比较，最后间接否定了买方的意见。

(2) 先重复对方的意见，尔后再削弱之。这种做法是谈判人员先用比较婉转的口气，把对方的反对意见重复一遍，再做回答。在重复时原意不能改变，语言顺序可以变动。这样做可以缓和谈判气氛，显得比较温和。因为，你复述对方的意见时，对方感到你是充分尊重他的意见的，心理压力相对减轻些，洽谈气氛就不会因观点不同，而形成僵局，而能缓解潜在的对立情绪。实际上就意味着削弱了反对意见。运用这种方法时，要注意研究对方的心理活动和承受能力，要因时、因人、因事而宜，不能机械式地套用。

(3) 用对方的意见去说服对方。就是谈判人员直接或间接地利用对方的意见去说服对方，促使其改变观点。例如，卖方对买方说：“你方要货数量虽大，但是要求价格的折扣幅度太大了，服务项目要求也过多，这样的生意实在是难做了。”买方便可以这样去说服对方：“您说的这些问题都很实际，正像您刚才说的那样，我们要货数量大，这是其他企业根本无法与我们相比的。我们要求价格折扣幅度大于其他企业也是可以理解的嘛！是正常合理的。再说，以后我们会成为您的主要的长期合作伙伴。而且您还可以减少对许多小企业的优惠费用。从长远看，我们还是互惠互利的。”

（4）以提问的方式促使对方自我否定。这种做法是谈判人员不直接回答问题，而是提出问题，使对方来回答他自己的反对意见，从而达到否定原来意见的目的。例如，供方为争取一份销售合同，派一名业务员前去一家零售企业洽谈。零售方说：“我们目前还不需要你们的商品，某某企业的货倒是很适合我们的需要。”业务员必须使对方认识到购买他的货有什么好处，便说：“请问你们那么好的营业场所，柜台都摆满了吗?”零售方：“摆满说不上，但够卖的了。”业务员：“你们经营的商品，着重花色，还是利润，还是商品的质量?”零售方：“首要的是商品的销路，看利润如何?”业务员：“我们的商品销路不错，无须我多说了！但我们的价格及各种优惠条件是其他企业无法相比的。”零售方：“你的优惠条件是相当不错，但我还要看看质量。”业务员说：“你们的营业面积有多大？经营品种有多少?”零售方回答道：“营业厅面积足有5000多平方米，经营品种倒不多。”业务员接着说：“看来，你们柜台商品陈列并不是很丰满，我的这种商品是可以摆得下的吧！”零售方回答道：“摆是没有问题的……”业务员：“怎么样？对我的商品有什么想法?”零售方：“让我考虑一下……”零售方经过分析，认为购进这种商品有利可图，于是达成了协议。在整个洽谈过程中，供方业务员通过提问的方式，促使零售方否定了自己原来的观点，进而达成了协议。

以上所述避免和遏制僵局形成的间接处理技巧与方法，都有一定的局限性，实践中能否行得通，完全取决于谈判人员的灵活运用。

2. 直接避免和遏制僵局形成的技巧与方法

（1）站在对方立场上说服对方。说服，是以充分的理由和事实使对方认可。但是，在商业谈判中仅有充分的理由和事实并不一定能使对方信服。为此，当谈判中一方坚持固有意见不变时，要使说服有实效，除了以无可辩驳的证据和严密的推理外，还必须使对方的需要得到一定的满足。所以，要站在对方的立场上，去讲清道理，使对手确实感到他原来所坚持的意见必须改变才行，以扭转谈判的僵局。

（2）归纳概括法。这是谈判中将对方的各种反对意见进行归纳整理、集中概括，然后有针对性地加以解释和说明，从而起到削弱对方观点与意见的效果。如，买方代表对卖方提供的商品提出很多意见：“商品的外观不新颖，包装有问题，质价不相称，顾客不欢迎”等，买方提了一连串的反对意见，无非是在为讨价还价做准备，若逐一回答，不但啰嗦，而且买方也未必听得进去。对此，卖方代表可以将对方的这一连串的反对意见进行归纳、整理，概括为商品的质量问题，进而抓住质量问题去进行解释和说服对方。这样，针对性强，说服力强，可以把对方的疑虑及早消除，有利于避免出现僵局。

（3）反问劝导法。谈判中，常常会出现莫名其妙的压抑气氛，这就是陷入僵局的苗头。原因极为复杂，有的是谈判人员个人心理变化所致，有的是一方虽有反对意见但尚未表露所致，等等。这时谈判人员适当运用反问法，以对方的意见来反问对方，可以防止陷入僵局，而且能够有效地劝说对方。例如，买方说：“你提供的商品，无论是质量，还是价格都可以，只是目前我不打算进货。”卖方摸不清需方的真实意图，可以巧妙地说："向您提供的这些商品，正像您说的那样，一切都不错。看来，您是真识货！目前这种商品的销路看好，举手之劳，何乐而不为呢?"待买方进一步解释或回答时，卖方便可知买方的真实意图了，尔后便可以有针对性地进行劝导工作，从而避免谈判陷入僵局。

（4）幽默方法。幽默在谈判中运用得好，可以起到意想不到的效果。当谈判出现沉闷的征兆时，谈判人员可以信手拈来几句诙谐的话语，使剑拔弩张的紧张气氛顿时化为乌有。这是因为谈判人员在紧张中忘情地一笑，心理上得到了享受，精神会为之一振，可以使错综复杂的谈判活动在轻松愉快的气氛中进行。

有一位大学生思想很活跃，且为人诙谐，他在当了推销员之后，萌发出一个好主意。他有一次走进一家报馆问："你们需要一名有才干的编辑吗?""不。""记者呢?""也不需要。""印刷厂如有缺额也行。""不，我们现在什么空缺也没有。""那你们一定需要这个东西。"年轻的推销员边说边从皮包里取出一块精美的牌子，上面写着："额满，暂不雇人。"如此轻而易举地促成推销。

美国俄亥俄州的著名演说家海耶斯，当他还是一个初出茅庐、畏首畏尾的实习推销员的时候，一个老练的推销员带着他到某地推销收款机。这位推销员并没有明星推销员那种堂堂相貌，他身材矮小、肥胖，红通通的脸，却充满着幽默感。当他们走进一家小商店时，老板粗声粗气地说："我对收款机没有兴趣。"这时，这位推销员就倚靠在柜台上，咯咯地笑了起来，仿佛他刚刚听到了一个世界上最妙的笑话。店老板直愣愣地瞧着他，不知所以然。这时，这位推销员直起身子，微笑着道歉："对不起，我忍不住要笑。你使我想起了另一家商店的老板，他跟你一样地说没有兴趣，后来却成了我们熟悉的主顾。"而后这位老练的推销员一本正经地展示他的样品，历数其优点，每当老板以比较缓和的语气表示不感兴趣时，他就笑哈哈地引出一段幽默的回想，又说某某老板在表示不感兴趣之后，结果还是买了一台收款机。旁边的人都瞧着他们，海耶斯又窘又紧张，心想他们一定会被当作傻瓜一样赶出去。可是说也奇怪，老板的态度居然转变了，想搞清楚这种收款机是否真有那么好。不一会儿，他们就把一台收款机搬进了商店，那位推销员以行家的口吻向老板说明了具体用法。结果这位推销员运用幽默的力量取得了成功。

（5）适当馈赠。谈判人员在相互交往过程中，适当地互赠些礼品以表示友好和联络感情的做法，西方学者幽默地称之为"润滑策略"。它对于防止谈判出现僵局是个行之有效的途径，这就等于直接明确地向对手表示"友情第一"。所谓适当馈赠，就是说馈赠要讲究艺术，一是注意对方的习俗，二是防止"贿赂"之嫌，突出"礼轻情义重"。

（6）场外沟通。谈判会场外沟通亦称场外交易，会下交易等。它是一种非正式谈判，双方可以无拘无束地交换意见，达到沟通，消除障碍，避免出现僵局之目的。对于正式谈判出现的僵局，同样可以用场外沟通的途径直接进行解释，消除隔阂。场外沟通，亦应提高警惕，不要作单方面的表白，以免泄露己方机密，也不要在轻松的气氛中轻信对方提供的虚假消息。

11.2.4 时机选择

在谈判实践中，选择最佳时机去避免和遏制僵局的形成，往往会取得意想不到的效果。谈判活动在不同的时间呈现不同的特征，那么，在不同的时间采取相应的措施避免和遏制僵局形成的效果大不一样。这方面的技巧和方法主要有：

1. 及时答复对方的反对意见

谈判中双方都希望自己的意见得到对方的尊重和重视，若对方不能给予明确的答复，往往会造成心理障碍，形成谈判进行中的潜在僵局。为此，只要对方提出明确的反对意见后，都应及时给予答复，若一时无法答复的，亦应解释清楚，这样可以采取主动，使对方感到你的诚意，有利于将僵局扼杀在萌芽状态。

2. 适当拖延对棘手问题的答复时间

谈判中碰到很多棘手的问题，使谈判人员不能即刻答复。可以推延时间再作答复，以取得更好的效果。但拖延答复时间不宜过长，而且应当向对方说清楚。若出现下列各种情况，则可以推延答复：（1）对方提出的反对意见，使你感到不能做出满意的答复时；（2）反驳对方意见缺乏足够的证据时；（3）即刻回答会使己方陷入被动时；（4）确实有把握控制谈判局势，使对方的反对意见随着谈判的深入会逐渐削弱时；（5）对方的反对意见明显偏离议题时；（6）对方由于心理原因而提出的“发泄性”的反对意见时，都可作适当的拖延，从而避免制造僵局。

3. 争取主动，先发制人

若谈判人员事先发现对方会提出某种反对意见，未等对方提出，抢在他之前便把问题提出来，作为自己的论点，劝导对方重新认识问题，可以有效地避免和消除僵局。这种做法必须善于察颜观色，随时注意对方的态度，掌握好时间，可以避免争论，达到避免僵局的目的。但值得注意的是，“先发制人”决不是“强加于人”。

11.3 已发生僵局的处理

尽管采取了各种方法预防和遏制谈判僵局的发生和发展，但有些时候，由于双方立场和分歧无法轻易调和，谈判僵局仍然不期而至。所以，学会处理已经发生的僵局也是十分重要的。之前我们也已经谈到过，谈判僵局按照各种不同的划分方式可以分成许多不同种类。一般说来，各种不同的谈判僵局既有共性，又有特性。因此要制定打破僵局的策略，既要遵循其中可以共同利用的规律，也要具体考察每个僵局的不同特征。

11.3.1　原则

1. 抛弃传统，正确认识

许多谈判人员把僵局视为失败的概念，企图竭力避免它，在这种思想指导下，不是采取积极的措施加以缓和，而是消极躲避。在谈判开始之前，就祈祷能顺利地与对方达成协议，完成交易，别出意外麻烦。特别是当他肩负与对方签约的使命时，这种心情就更为迫切。这样一来，为避免出现僵局，就事事处处迁就对方，一旦陷入僵局，就会很快地失去信心和耐心，甚至怀疑起自己的判断力，对预先制定的计划也产生了动摇，还有的人后悔当初如何如何……这种思想阻碍了谈判人员更好地运用谈判策略，事事处处迁就的结果，就是达成一个对己不利的协议。

2. 以客为尊，以诚相待

在许多商务谈判中，双方在主要方面有着共同的利益，但在具体问题上存在着利益的冲突而又都不肯让步。这时，有关键的一个原则是要坚持客观诚恳的态度，不能因为利益的分歧走入偏执的胡同，更不能因为僵局的出现而钻入牛角尖。专业的商务谈判人员应该始终保持专业的谈判态度，只有这样才能使谈判顺利进行。并且以诚相待，有助于赢得对方的信任，建立长期的合作关系。

3. 人和问题，分开处理

由于国际商务谈判所涉及的是有关双方利益的问题，如产品质量、规格、价格、成本、运输、保险等，而不是谈判人员，参与谈判的人只是这些问题的载体，所以在谈判陷入僵局时，对问题的态度应该是强硬的，坚持原则的，而对人则应该是友善的。这就是分开处理人和问题原则的理念。

在国际商务谈判中，当双方出现争执，陷入僵局时，想解决问题达成协议是非常困难的。这是因为参加谈判的是活生生的人，而不是一个抽象的各方代表，他们有感情、有自己的价值观、有不同的背景和看问题的角度。他们有时让人捉摸不透，而我们自己也是如此。只有建立在信任、理解、尊敬和友谊基础上的谈判才会是顺利和有效的。相反，一些消极的情绪，如愤怒、敌视、沮丧等，会让谈判人员把感觉与现实混淆在一起，通常他们会误解你所表达的东西，也表述不清他们的真正意图。误解会加剧偏见，引起逆反应，最终形成恶性循环，理性分析不再可能，谈判从僵局走向破裂，双方的实际利益均遭到损失。

当谈判陷入僵局时，必须把发生的问题与谈判的对手分开。比如客户使用的发电机频繁出现故障，在向售后服务商投诉时，抱怨说："你们怎么搞的啊？你们保修的转缸式发电机又坏了……真不知道你们是怎么修的？"显然，客户将人的问题和谈判的问题混杂在一起。这是在谈判陷入僵局时必须努力避免的情况。相反，如果客户这样表达："你们保修的转缸式发电机又坏了。上个月就坏过三次了。第一次坏了整整一周。我们工厂需要一台性能好的发电机，怎样才能让发电机不出毛病呢？我想听听你们的意见。我们是该换家售后服务商，还是该起诉生产商，或是有其他什么办法？”不容置疑，这一种谈判方式是极为可取的，在谈判中没有掺杂情感问题，而是尝试和对方讨论各自对问题的认识。只要做到态度坦率、诚恳，双方不从自己的角度出发指责对方，这样的谈判就能让双方怀着一份理解，认真倾听对方的真正意图。如果谈判人员在面对面交锋中视彼此为对手，就很难将人际问题同实质问题分开。这样一来，双方互相防备，反应强烈，完全忽略了各自的合法利益，不利于僵局的化解。

4. 着眼利益，而非立场

我们知道，谈判僵局是个体利益与集体利益相矛盾的结果，但是要重视的是，谈判双方的共同利益是实现各方利益的基础。因此，在谈判僵局发生时，双方都要考虑到共同利益，为最终实现互利的结果，有时需要放弃一些局部的各自利益。

谈判双方开始是为了实现共同利益而坐到一起来的。然而在实际的谈判中，谈判人员往往把更多的注意力集中在各自所持的立场上，当双方的立场出现矛盾或对立时，僵局就不可避免了。形成这种立场的关键是利益，但当双方处于僵持状态时，谈判人员似乎不愿意再去考虑双方潜在的利益是什么。如果能认识和发现在对立立场背后所存在的共同利益，就能为谈判僵局的突破带来契机。

11.3.2 策略

应该看到，僵局出现对双方都不利。如果能正确认识，恰当处理，会变不利为有利。在僵局发生之后，谈判人员应该因时因事，采取权变谈判策略。谈判的策略变化多端，而选择合宜的谈判策略基调，应考虑两个因素：实际利益（现在获得这个利益对己方有多重要），以及彼此关系（己方和对方的良好关系对己方有多重要）。具体策略包括以下几种：

1. 屈从策略（关系↑利益↓）

彼此关系的重要性大于眼前利益。僵局发生时，己方会认为，就让他吧，这次先不赚钱，跟他维持个好交情，下次才会有更大生意。但必须认识到，屈从策略的运用是有限的，即使你所拥有的让步资源比较丰富，但是在谈判中对手对于你的让步的体会也是不同的，并不能保证取得预先期望的价值回报。因此，为了突破僵局而作的让步，必须事先确定并严格遵守底线，防止给己方造成过大的损失，得不偿失。

2. 强硬策略（利益↑关系↓）

眼前利益重于彼此关系。僵局发生时，己方会认为，不在乎你怎么看待我，即使你不喜欢我提出的方案，我也无所谓，反正我就是要这么做，坚持一切以我自己的得益为重。有时候，软弱或弱势的一方，可能因为对方的这种策略而主动妥协，从而化解僵局。

3. 逃避策略（利益↓关系↓）

眼前利益与彼此关系都不重要。僵局发生时，己方会认为，没必要再继续了，我要不要那些得益是无所谓的，跟对方是否保持良好的关系也不重要。这种逃避策略不是简单的回避，而是放弃可能会获得的利益和与对方之间的良好关系。一般来说，在万不得已的情况下，才会选择这种策略。

4. 妥协策略（利益=关系）

眼前利益与彼此关系都有些重要，僵局发生时，己方会认为，好吧，那彼此各退一步，折中解决问题。比如，我在价格方面让你一步，以换取你在付款方式方面让我一步。这是解决僵局过程中最常用的一种策略。

5. 合作策略（利益↑关系↑）

利益与关系都很重要。僵局发生时，己方会努力寻求可以让彼此皆大欢喜的解决方案，从而达到双赢的目的。

虽然在大多数情况下，我们不太赞成那种把僵局视为一种策略，运用它胁迫对手妥协的办法，但也不能一味地妥协退让，这样，不但僵局避免不了，还会使自己十分被动。只要具备勇气和耐心，在保全对方面子的前提下，灵活运用各种策略、技巧与方法，僵局就不是攻克不了的堡垒。

11.3.3　技巧与方法

要突破僵局，除了要了解造成僵局的原因，还要了解僵局的具体内容，搞清楚谈判双方是在哪个环节上产生了分歧，进一步估计目前谈判所面临的形势，找出造成僵局的关键并认真研究突破僵局的策略技巧。但是无论是哪一类的僵局，有一些技巧和方法是通用的，可以在不同的情况下适当地组合运用。

1. 了解分歧，归类分析

由于造成僵局的原因存在差异，故对于不同类型的僵局也应该采取不同的化解策略。以我们之前提过的第一类僵局为例，如果对方的僵局属于策略性僵局，那么应该主要以揭露为重心，一旦对方的玄机被识破，对方这一招也就失灵了。对于情绪性僵局，主要是从回避的角度出发，想方设法排除误会，疏通障碍。对于实质性僵局，应该从理解的角度按照原则谈判法排解矛盾，消除分歧，拉近距离，恢复正常渠道。从总体上应从看法、情绪、谈判三方面入手，即当对方看法不正确时，应寻求机会让他纠正；如果对方情绪太激动时应给予一定理解；当发生误解时，应设法加强双方的沟通。

2. 标准客观，平等互利

在谈判的过程中，有时候一方已经充分理解了对方的利益所在，并且绞尽脑汁为双方寻求各种互利的解决方案，也非常重视与对方的发展关系，然而，令人非常棘手的利益冲突问题仍然会出现，僵局仍然无法避免。通常在上述情况下，一般谈判人员多数会采取立场式的谈判方法。这时，解决的方法有可能是，一方如果极力坚持自己的立场，那么另一方就不得不做出一定的让步来达成协议。那么结果如何呢？这样，谈判就演变成为一场意愿的较量，看谁最固执或谁最慷慨。谈判的内容就集中在，要看谁更加愿意达成协议。许多情况下，谈判会陷入另一场持久的僵局中，其结果可能不利于双方以后的进一步合作。因此谈判专家建议，在利益冲突不能采取其他的方式协调时，客观标准的使用在商务谈判中就起到了非常重要的作用。

实践证明，当国际商务谈判发生僵局时，坚持此种原则进行谈判是非常有效的，可以不伤和气地快速取得谈判成果。但是，谈判人员运用客观标准时应注意以下几个问题：

第一，建立公平的标准。通常商务谈判中，一般遵循的客观标准有：市场价值、科学的计算、行业标准、成本、有效性、对等和相互的原则等。客观标准的选取要独立于双方的意愿；公平和合法，并且在理论和实践中均是可行的。

第二，建立公平的分割利益的步骤。例如，有一个两个小孩分橘子的经典例子，“一个切，另一个先选”；大宗商品贸易由期货市场定价进行基差交易；在两位股东持股相等的投资企业中，委派总经理采取任期轮换法等；都是一些通过步骤来分割利益的例子。

第三，将谈判利益的分割问题局限于寻找客观依据。在谈判中，多问对方：您提出这个方案的理论依据是什么？为什么是这个价格？您是如何算出这个价格的？

第四，善于阐述自己的理由，也接受对方合理正当的客观依据。一定要用严密的逻辑推理来说服对手。对方认为公平的标准必须对你也公平。运用你所同意的对方标准来限制对方漫天要价，甚至于两个不同的标准也可以谋求折中。

第五，不要屈从于对方的压力。来自谈判对手的压力可以是多方面的如贿赂，最后通牒，以信任为借口让你屈从，抛出不可让步的固定价格等。但是无论哪种情况，都要让对方陈述理由，讲明所遵从的客观标准。

3. 诚恳对待，耐心说服

现代市场进入关系营销时代，生意往来越来越建立在人际关系的基础之上。人们总是愿意和他所熟知的人、信任的人做买卖。熟话说“生意场上是对手，私下里是朋友”，“买卖不成仁义在”。而获得信赖的最重要的东西就是待人以诚，童叟无欺。当谈判陷入僵局之时，可通过一些有说服力的信息如市场行情、产品质量、售后保证等来对对方进行劝说、提醒和引导。只要待人以诚加之以耐心说服，有理有据坦诚相处，那么相信对方也会受到感化，切合实际的考虑自己眼前的主张，从而作出适当调整，僵局自然随之消失。

4. 适当让步，以柔克刚

如果对方是有意识地制造僵局，那么其目的是在于试探己方的实力、决心和诚意，在这种情况下，如果对方的要价在己方允许的范围内，不妨以弱者的形象出现，一再向对方声明己方的立场、观点和诚意，与此同时，可以做一些小的让步，以满足对方的虚荣心。通过这种“给面子”的方式，以柔克刚，打破僵局。

5. 寻找替代，避重就轻

谈判中一般存在多种可以满足双方利益的方案，而谈判人员经常简单地采用某一种方案，当这种方案不能为双方同时接受时，僵局就会形成。如果双方能越过所坚持的立场，去寻找符合双方利益的方案，僵局就可以突破。在谈判中，谁能创造性地提出可供选择的既能有效地维护自身的利益，又能兼顾对方的利益要求，谁就掌握了谈判中的主动。

例如：某出口商曾就某项高级技术设备的交易同国外某买方进行谈判。在谈判过程中，双方在交货的地点问题上发生争执并使谈判陷入僵局。因为出口商从自己的利益出发，要求在自己一方的工厂交货，而买方则坚持只能在货物交到买方工地后方可接受，其中牵涉到三个遥远的工地。为了使这场交易不至于落空，双方都积极寻找变通方案。最后，经过出口商方面的提议，决定采取一种新的折中方案：先在出口商的工厂做临时交货，然后在买方的中心仓库作最后交货。并且规定，买方仅有权按照出口商的检验程序和规格复验，如果设备到达买方中心仓库后 30 天内未能进行复验，应视同交货完毕。由于这个提议比出口商原来的条款有所改进，满足了买方关于设备只能在运抵买方国家之后才能作最后交货的愿望，并且基本上按照过去其他合同的先例，不至于引起买方法律部门的异议，所以被买方接受和采纳，谈判很快取得了成功。

面对僵局，出口商巧妙变通，努力寻找到了合适的替代方案，使谈判迅速摆脱了困境。在具体运用这种方法时，必须注意两点：第一，在寻找替代方案时，既要考虑自己利益又要考虑对方利益，否则，提出的方案不会被对方接受；第二，不能试图在新方案中把原来没有实现的企图重新兑现，否则，不但不能摆脱困境，反而会使谈判陷入更为难堪的局面，既伤了感情又两败俱伤。

有时谈判出现了僵局，双方只是僵持在某个问题上。这时可以先把这个问题避开，磋商其他条款。如果谈判双方因为某一方面的利益僵持不下就轻易地让谈判破裂，这实在是不明智之举。比如，购货方有时可以考虑接受稍高的价格，而在购货条件方面就更有理由向对方提出更多的要求，缩短交货期、分期付款等。

6. 审时度势，换位思考

换位思考就是要设身处地地从对方角度观察问题。谈判双方如能多从对方的角度来思考问题，彼此之间就能有更多的相互理解。因为不同的人看问题的角度不一样。人们往往用既定的观点来看待事实，对与自己相悖的观点往往加以排斥。彼此交流不同的见解和看法，站在对方的立场上考虑问题，并不是让一方遵循对方的思路解决问题，而是这种思维方式可以帮助你找到问题的症结所在，最终解决问题。这对于消除误解与分歧，找到更多的共同点，构筑双方都能接受的方案，会有积极的推动作用。在国际商务谈判中，如果能善于用对方思考问题的方式去分析问题，就会获得更多突破僵局的思路。这种换位思考有时是很有效的，一方面可使自己心平气和，通情达理；另一方面可从对方的角度提出解决僵局的方案，这些方案有时确实是对方所忽略的，所以一旦提出，就很容易被对方所接受，使僵局得以突破。

7. 利用矛盾、借题发挥

谈判僵局有时不是由于双方协调不够造成的，而是对方内部矛盾的结果，这时如能抓住对方内部的矛盾，以其之矛攻其之盾，就会使对方陷入进退两难的境地。这样就可能使谈判僵局得以突破并使对方不得不付出造成谈判僵局一定的代价。

借题发挥是个贬义词。然而对于谈判对方某个人或某几个人的不合作态度或试图恃强欺弱的做法，不借题发挥是很难让他们有所收敛的。事实上，在一些特定的形势下，抓住对方的漏洞而小题大做或借题发挥，会给对方一个措手不及，这对于谈判僵局的突破会起到意想不到的效果。

8. 抓住要害，据理力争

谈判陷入了僵局，并不只有客气的商议、相互的谅解才是解决问题的唯一方法。有时对于对方提出的不合理要求，特别是在一些原则问题上蛮横无理时，要做出明确而又坚决的反应。如果对方明显理亏，任何其他替代性方案都将意味着无原则的妥协，只会助纣为虐，而己方则要受到损害。己方应据理力争，让对方自知观点站不住脚，对方就可能做出相应的让步。

在商务谈判中要善于拨开笼罩在关键问题上的迷雾，找出问题症结所在。否则，无休止地在表面问题上争执，既会伤害双方的和气，又会使问题变得更加复杂，还可能会被对方抓住破绽，使自己陷入被动的境地。因此，善于抓住本质的问题，抓住对方的破绽，这确是突破僵局的一种策略。

9. 破釜沉舟、欲擒故纵

这是一种有风险的方法。破釜沉舟是指在谈判陷入僵局时有意将合作条件绝对化，并明确表示自己已无退路，希望对方能够让步，否则情愿接受谈判破裂的结局。运用这种方法的前提是双方利益要求的差距不超过合理限度，对方有可能委曲求全，忍痛割舍部分的期望利益。因此，这一方法不是轻易可以采用的。只有当谈判陷入僵局而又实在无计可施时，才可选择。

与此类似，有时还可以巧用欲擒故纵的方法，主动提出放弃进一步谈判或合作，而另就高明，对方很有可能会做出妥协和让步，放弃原来的过分要求。因为，“纵”会使对方觉得失去合作伙伴之后，自己不但得不到这个要求所带来的大利益，而且连最起码合作能带来的最低利益也不能获得，因此不得不做出让步，抛弃过分的要求，这就达到了“擒”的目的。

美国一家大的航空公司要在纽约城建立航空站，想要求爱迪生电力公司以低价优惠供应电力，但遭到电力公司的拒绝，并推托说是公共服务委员会不批准，因此谈判陷入窘境。后来，航空公司索性中止谈判，声称自己建电厂更有利，决定不依靠电力公司而自己建立发电厂。这一招果然非常灵验，电力公司急忙改变态度，请求公共服务委员会给予批准以优待价格供电。但此时航空公司却不接受，坚持建厂，最后电力公司再次降价，双方才最终达成协议。面对自己的要求被拒绝，航空公司使用了“纵”的奇招，停止谈判，声明自己建厂，使电力公司感到巨大的压力：不仅要损失一位大客户，还可能增加一位大的竞争对手。于是立刻改变了态度，这就达到了“擒”的目的。这一“纵”一“擒”使航空公司控制了谈判的局面。在具体运用时，必须注意：第一，“纵”是手段，“擒”是目的，“纵”要为“擒”服务；第二，要考虑好何时“纵”，何时“擒”，“纵”什么，“擒”什么，以及各自程度如何，要把握好分寸和火候，只有这样才能取得预期的效果。

10. 暂时休会，及时换人

在谈判中双方就某个问题产生争执，矛盾尖锐、言语声调升级，情绪处于失控时，冷战变为热战，暗战变为明战，讨论问题变为人身攻击之时，应及时地协商休会，脱离接触。在心态上进行修复，靠时间缓冲一下，调整失控的心理以转换气氛，以免僵局变成死局。

如果谈判僵局是由谈判人员失职或素质不高等原因造成的，如随便许诺、随意践约或缺乏专业知识等，如不调换他们就有可能损害与对方的友好合作甚至不能维护自身的利益，就应考虑调整谈判人员。这种策略也可以是一种自我否定，用调换人员的方式来表明以前己方提出的条件不能算数，因而也就包含着向对方致歉的意思，从而为己方重新回到谈判桌前找到一个借口。在新的谈判氛围里，双方可能会更加积极、迅速地消除分歧，找到共同点，甚至做出必要灵活的妥协，僵局由此而得以突破。

当然，也不能忽视不同文化背景下，人们不同的价值观念的影响。据某资料介绍：美国一家公司与日本一家公司进行一次比较重要的贸易谈判，美国派出了认为最精明的谈判小组，大都是 20 岁左右的年轻人，还有 1 名女性。但到日本后，却受到了冷遇，不仅总公司经理不肯出面，就连分部的负责人也不肯出面接待。在日本人看来，年轻人，尤其是女性，不适宜主持如此重要的会谈。结果，美方迫不得已撤换了这几个谈判人员，日本人才肯出面洽谈。

在有些情况下，如协议的大部分条款都已商定，却因一两个关键问题尚未解决而无法签订合同。这时，可指派地位较高的负责人出面谈判，表示对僵持问题的关心和重视。同时，这也是向对方施加一定的心理压力，迫使对方放弃原先较高的要求，做出一些妥协，以利协议的达成。

11. 借用外力，调解仲裁

谈判出现僵局后，容易使谈判人员产生压抑、沉闷，甚至烦躁不安的情绪。在这种情况下，作为东道主的一方可以组织一些轻松的活动。例如建议双方人员去游览、观光、出席宴会，观看文艺节目，也可以到游艺室、俱乐部等处玩乐、休息。通过游玩、休息、私下接触，双方可以进一步熟悉、了解，消除彼此之间的隔阂，也可以不拘形式地就僵持的问题继续交换意见。此时，彼此之间心情愉快，人也变得慷慨大方。谈判桌上争论了几小时无法解决的问题，也许会迎刃而解了。

当谈判，特别是重大的国际商务谈判，进入立场严重对峙、谁也不愿让步的状态时，找一位中间人来帮助调解，有时可能很快使双方的立场出现松动。因为双方陷入僵局时，双方的信息沟通就会发生严重障碍，互不信任，互相存在偏见甚至敌意。这时由第三者出面斡旋可以为双方保全面子，使双方感到公平，相互的交流可以变得畅通起来。中间人在充分听取各方的解释的基础上，能很快找到双方冲突的焦点，分析其背后所隐藏的利益分歧，据此寻求弥合这种分歧的途径。

如果借用外力和中间人调解都不奏效，那么可以考虑仲裁的方式。仲裁是指通过专门的仲裁机构，按照其仲裁规则进行解决纠纷的一种办法。仲裁必须是双方自愿，其结果具有强制执行力，对双方都有约束作用。通过第三者的调解和仲裁处理谈判僵局固然有效，但是，当发现调解、仲裁人员不公正时，谈判人员应及时地明确提出，必要时也可以通过诉诸法院的形式对他们的不公正行为予以起诉，以保护自己的合法权益。

在这里，仲裁人或调解人可以起到以下的作用：提出符合实际的解决办法；出面邀请对立的双方继续会谈；刺激启发双方提出有创造性的建议；不带偏见地倾听和采纳双方的意见；综合双方观点，提出妥协的方案，促进交易达成。调解人可以是公司内的人，也可以是公司外的人。最好的仲裁者往往是和谈判双方都没有直接关系的第三者，一般要具有丰富的社会经验、较高的社会地位、渊博的学识和公正的品格。总之，调解人的威望越高，越能获得双方的信任，越能缓和双方的矛盾，达成谅解。

11.3.4 时机选择

化解谈判僵局的时机，应该根据具体情况而有所不同。但与避免和遏制僵局的形成不同的是，对于已经发生的僵局，多半选择后发制人，迫使对方就范。在僵局发生后，己方不妨多听少说，多问少答，冷眼旁观，沉着应战，不到关键时刻不拿出杀手锏。待时机一到，反戈一击，常能出奇制胜。比如，美国一家公司代表与我方某电缆厂购买无氧铜主机组合炉时，报价从220万美元、150万美元下滑至130万美元。见中方代表仍不同意签约大叫道："你们毫无诚意，不谈了！"我方代表说："这样高价还谈什么诚意，我们早就不想再谈了。"对方见中方不为所动又坐下来交涉，下了最后通牒："120万美元，不能再降了！"结果谈判降入僵局。美方拿着已订好的机票与中方作告别性会晤，这时中方代表才拿出两年前美方以95万美元将组合炉卖给匈牙利的资料给对手看。美方惊叫着："这是两年前的事了，现在价格自然上涨了。""不！"中方代表反驳。"物价上涨指数是每年 6%，按此计算价格是 106.7 万美元。”美方代表此时瞠目结舌，想不到中方还有这一手。最后，双方以 107 万美元成交。

以上列举了一些妥善处理国际商务谈判僵局的策略、技巧与方法，谈判实践中还有许多策略，在此不可能一一列举。其实有些策略是凭谈判人员自己去感知的，是难以用文字来表达清楚的。但是，不管怎样，要想处理好谈判中出现的僵局，就要对僵局的前因后果作周密的研究，然后在分析比较各种可能的选择之后，才能确定实施某种策略或几种策略的组合。策略运用的成功，从根本上讲，还是要归结于谈判人员的经验、直觉、应变能力等素质因素。从这种意义上讲，僵局处理是谈判的科学性与艺术性结合的产物，在分析、研究及策略的制定方面，谈判的科学成分大一些，而在具体运用上，谈判的艺术成分大一些。需要指出的是，在具体谈判中，最终采用何种策略应该由谈判人员根据当时当地的谈判背景与形势来决定。一种策略可以有效地运用于不同的谈判僵局之中，但一种策略在某次僵局突破中运用成功，并不一定就适用于其他同样的起因、同种形式的谈判僵局。只要僵局构成因素稍有差异，包括谈判人员的组成不同，各种策略的使用效果都可能截然不同。问题还在于谈判人员本人的谈判能力和己方的谈判实力，以及实际谈判中的个人及小组力量的发挥。相信应变能力强、谈判实力也强的一方配以多变的策略，能够应付各种谈判僵局。

◎本章案例

峰回路转 10 小时——中欧纺织品贸易谈判实录

2005 年 6 月 11 日零点，在上海西郊宾馆 7 号楼的中欧纺织品谈判室外，闪光灯泛起一片银潮。中国商务部部长薄熙来把一件灰色短袖翻领 T 恤衫送给了欧盟贸易委员曼德尔森。看到这件特殊的礼物，曼德尔森和欧盟大使都不禁大笑起来，这一场景第二天出现在世界上许多报纸的显要版面上。

这件在中国生产的法国鳄鱼牌 T 恤衫是薄熙来选定的礼物。众所周知，欧盟最早对中国纺织品提出磋商并打算设限的产品就是 T 恤衫。现在，中欧纺织品贸易争端已画上了句号，无怪乎这件意味深长的礼物引起了在场记者的阵阵笑声和掌声。

这轻松愉快的气氛显然是来之不易的。此前的 10 个小时，在这个谈判室外，包括法新社、路透社、美联社、德新社、BBC 等境外媒体在内的近百名中外记者一直焦急地等待着，他们目睹了神色严峻的中欧官员进进出出，每个记者都试图通过他们的表情揣测谈判的进程。

中欧闭门交锋。双方官员竟然站着谈判了好几个小时。

欧盟贸易委员曼德尔森是在 6 月 10 日下午 2 点来到谈判地点的，从他最终决定启程到第二天抵达上海，其间不过十来个小时。薄熙来把曼德尔森迎进谈判室后，双方即开始闭门谈判。

在外等候的记者们从谈判室偶尔打开的门缝中发现，中欧双方的官员居然是站着谈判。一位参加谈判的中方官员后来证实了这一点，他介绍说，谈判刚开始的时候，双方是按照惯例坐在谈判桌前展开讨论的。曼德尔森在阐明了欧方的立场以后表示，6月11日是结束中欧关于亚麻纱和T恤衫两种纺织品正式磋商的最后期限，欧盟总部25国的代表正在等候他的消息，希望谈判在下午4点钟以前有结果。薄熙来则回应道，如果按照欧方的要价，谈判不可能在下午4点钟结束，晚上9点能谈完就不错了。他让曼德尔森决定是否需要马上就给欧盟总部打电话，谈判的气氛骤然紧张起来。此后，双方围绕着如何确定中国输欧纺织品数量的基数，在谈判桌前展开辩论，双方都拿出了各自测算的大量数据和图表。中方还有商务部副部长高虎城和部长助理傅自应，有外贸司、世贸司和谈判办的十来个人；欧方则有来自英、法、德和西班牙、丹麦的十来位官员和专家。大约谈了两个多小时以后，曼德尔森提议稍事休息，让各自的技术官员们对测算的数据重新进行分析。于是双方都站了起来，但谁也没有离开谈判室，而是自然而然地走到一起，围成一个一个小圈子继续情不自禁地谈起来，一谈又是两个小时，但谁也没有再回到座位上。有旁观者出来说：谈得可热闹呢！站累了，他们就靠在谈判桌上；困了，就喝咖啡。一位曾经参加过许多谈判的官员表示，像这样几个小时站着谈判的场景他从未经历过。

薄熙来与曼德尔森避开众目，在宾馆园林冒雨边走边谈，来回走了好几公里。

傍晚6点左右，欧方官员离开了谈判室，据说他们要回房间进行内部讨论。随后，薄部长和中方官员也到谈判室外的小咖啡厅休息。看见这么多在外等候的中外记者，薄熙来走过来。记者们马上发出连珠炮似的问题，薄熙来微笑着告诉大家，谈判还要进行一阵子，提醒“大家不要饿坏了，先去吃点东西”。按照薄熙来的安排，现场工作人员很快拿来了几箱矿泉水和一些点心，犒劳苦苦等候的记者们。此后，记者们又找机会向部长追问谈判是否“卡壳”，薄熙来只说了一句“今天天气不错”，而此时窗外正飘着蒙蒙细雨。

随后，薄熙来离开了谈判现场。据知情人士透露，这期间他和曼德尔森跑到西郊宾馆的大院里溜达去了，冒着雨，撑着伞，来回走了好几公里，好像是围绕谈判的主要分歧在交换意见，边走边谈。可惜不知情的记者们错过了这些场景。

本该正常开始的晚餐却拖了4个多小时，欧方一度缩回到原来的立场。

晚上7点多，现场传出消息，双方即将开始晚餐。随后，中欧双方的官员进入餐厅。可是晚餐并没有像外界想象的那样如期开始。据西郊宾馆的服务员介绍，尽管厨师精心准备的第一道菜已经端上餐桌，但是就餐者却仍然固执地站在餐桌边上展开辩论，服务员们只好一次次给大家拿来矿泉水和小饼干充饥。

有人透露，这时谈判的焦点仍然是基数问题，因为能否确定一个合理的基数，对最后确定增长量至关重要，所以薄熙来一直在谈这个问题，而欧方也十分顽强。几经反复，听说欧方终于在五六个小时的长谈之后同意了中方的意见，但在其他方面又出了问题。眼看双方就要达成一致的时候，欧方似乎突然回到原来的立场，谈判又陷入僵局，餐厅里沉寂下来，薄熙来起身离开了谈判现场。下一步怎么样？是个悬念，谁也不知道会发生什么。40多分钟以后，他重新回到餐厅，对曼德尔森说“我们吃饭吧”。有人看了表，已经晚上 10 点半了，而此时曼德尔森却要求再谈 5 分钟。双方这一谈又是 40 多分钟。

零点刚过，双方宣布和解。曼德尔森说，中欧达成的协议是个“Win、Win、Win”的协议。

晚上 11 点半，薄熙来走出餐厅，再次出现，等待十分辛苦的记者马上追问结果，他请大家不要着急，“也许再过几个小时，结果就会出来了”。当他返回餐厅不久，里面就传出一阵响亮的掌声，服务员告知，两方面的人都站起来鼓了掌。随后，晚餐终于开始了。只见，双方官员拿着文件频频进出餐厅，工作人员也开始布置新闻发布会的会场。疲倦不堪的记者们又兴奋起来，把新闻发布台围了个水泄不通，等待着最后的消息。大家都知道，无论是万里之遥的欧洲大陆、欧盟总部，还是成千上万的中国纺织企业，这时都在期待着谈判的结果。

零点刚过，薄熙来和曼德尔森终于步出餐厅，他们径直走到新闻发布台前，共同宣布中欧双方已就纺织品贸易问题达成一致。一时间，现场沸腾了，许多记者拿起手机，以最快的速度抢先发出新闻。

在随后的发布会上，曼德尔森说，中国是个“负责任和很有价值的合作伙伴”，中欧达成的协议是个“Win、Win、Win”的协议，即三赢的协议，是符合欧洲纺织产业、中国出口商及其他出口国等各方利益的共赢结果。他十分认真地把一枚带有欧盟标志和中国国旗的徽章别在薄熙来的西装上，并说“这次中欧贸易谈判的成功本身就是一枚纪念章”。

上百组、近万个数据成为中方最有说服力的谈判武器。“这次的结果是值得用 10 个小时的!”

薄熙来表示，曼德尔森先生专程来谈纺织品问题，即使谈不成，这种寻求解决问题的举动也是值得称赞的。因为这表明了对中国业界的尊重。双方最终达成一致，说明中欧战略合作伙伴关系不是一句空话，双方都很珍视它。协议将为中国纺织企业创造稳定、可预见的出口环境，也将为欧盟营造稳定的进口市场。他说，“我们从昨天已经谈到了今天，这 10 个小时让大家都累了，但谈判的结果说明，谈这 10 个小时还是值得的”。

10 个小时峰回路转的谈判，已为中外媒体所见证。商务部一位工作人员深有感触地说，谈判最终能取得成果，远非这 10 个小时所能涵盖。中欧纺织品贸易问题，中央领导始终高度重视和关心。中欧谈判前，商务部的官员每天都要通过越洋电话和欧方进行磋商。这些天来，仅薄熙来就和曼德尔森进行了 3 次长时间的电话交谈。临近谈判，工作人员又在部长的授意和亲自督战下，夜以继日地工作，针对各种方案仔细测算核对了上百组、近万个数据。这两天，上海西郊宾馆 7 号楼简直成了办公楼。谈判结束后，记者们都发稿去了，中欧官员还没完事，又花了一整夜的时间来仔细核对文本。据说，商务部条法司的官员还为此专门赶来“审稿”。

10 个小时的艰苦谈判，令人满意的双赢结果，为解决当前的纺织品贸易问题开了一个好头，也体现出中国作为负责任的贸易大国，在处理摩擦和争端时越来越沉稳的心态和对应的技巧。薄熙来和曼德尔森在谈判结束后相视开怀而笑的那个场景，给所有在场的人留下了难忘的印象，不论是官员、专家，还是守候的记者、酒店经理和服务员。它再次表明，在处理贸易争端时，只有友好磋商才是解决问题的正确选择，才可能让双方有最后的开怀一笑。

资料来源：陈何、龚雯：《峰回路转 10 小时——中欧纺织品贸易谈判实录》，《人民日报》，2005 年 6 月 16 日。

◎思考题

1. 僵局的本质和成因是什么？僵局有哪些种类？

2. 遏制和避免僵局的形成应遵循哪些原则？如何采取策略、技巧和方法避免和遏制僵局的形成？请举例说明。

3. 破解已发生僵局的策略有哪些？请以你亲身经历的事情为例说明如何使用合理的技巧与方法处理已发生的僵局。

第 12 章

国际商务谈判中的文化差异与各国商人的谈判风格

◎**本章要点**

文化差异对国际商务谈判而言，是极其重要而又繁琐的变量。了解文化差异对谈判活动可能造成的影响并做出充分的准备对于谈判的成功十分重要。

本章首先介绍了对国际商务谈判中的文化因素的四种不同界定：作为习得行为；作为共享价值观、作为辩证法以及作为背景下的文化定义。然后，分别从实践者（管理者）和研究者的角度分析了文化差异对国际商务谈判的影响。接着介绍了文化差异的一个重要方面——各国商人的谈判风格。最后，针对跨文化谈判的复杂性以及各国商人的谈判风格，给出了如何处理国际商务谈判中的文化差异的方法，包括制定有文化针对性的谈判战略、谈判前对策、谈判过程对策和谈判后对策等。

12.1 国际商务谈判中的文化因素

12.1.1 文化的概念与谈判

在国际商务谈判中讨论的最多的一个方面是文化问题。文化这个概念有许多不同的含义，但所有的定义都涵盖两个重要方面：第一，文化是群体层面的现象，也就是说定义为一个特定群体都接受的信仰、价值和行为预期（behavioral expectations）。第二个共同因素是文化信仰、价值和行为预期被习得并且传递给这个群体的新成员。过去有诸多关于文化对国际商务谈判的影响的研究，实践者和研究者归纳出了对国际商务谈判中的文化因素的四种不同的界定。

1. 作为习得行为

第一种理解国际商务谈判中的文化因素的途径是记录（documents）不同文化中人们的系统性谈判行为，这种方法着重对于即将进入东道国文化进行谈判的外国谈判人员所应该预期的内容进行归类，而不是探讨在一个特定的文化背景下人们为什么以特定的方式行事。许多有关国际谈判的通俗的杂志或文章把文化视作一种习得行为（learned behavior)，列举出许许多多人们在国际商务谈判中能够做的以及不能做的相关事项。例如，所罗门（Solomon，1987）指出国际谈判人员必须关注中国谈判人员的谈判风格：即在谈判之前，先建立关系。

2. 作为共享价值观

第二种定义文化的途径侧重于理解一种文化的核心价值观和规范，并构建模型来说明这些规范和价值观是如何在该文化中影响国际商务谈判的。这种方法把文化视作一种共有的价值观（shared values)，其中，最全面、最权威的研究是由荷兰文化协作研究所所长霍夫斯蒂特（Hofstede）进行的。他归纳了对国际商务谈判产生重要影响的四个文化维度，即个人主义/集体主义倾向、权力距离（power distance)、职业成就/生活质量（自信)、不确定性规避。其中，权力距离维度是指“一个组织中的权力较小的成员所能接受的权力不平等分配的程度”，越是能够接受这种不平等，就越可称之为“高权力距离”。职业成就/生活质量维度强调不同文化对职业成就或生活质量的不同看法会对国际商务谈判产生影响。推崇职业成就的文化看重的是金钱及物质的获取，不在乎生活质量；而推崇生活质量的文化更关注人与人之间的关系及个人修养。不确定性规避“标志着一种文化使它的成员在无组织状态下感到不舒服或者舒服的程度”。

表 12-1 分别列举了四个文化维度中排名前十位的国家。把文化视作一种共享的价值观的方法不仅解释了跨文化谈判的困难，而且试图找到跨越跨文化谈判障碍的途径。例如，美国文化的核心价值观是个人主义，美国人重视单独决策，对于那些关乎自身利益的问题采取强硬立场。而与之相反的是，中国文化崇尚集体主义，中方谈判人员倾向于集体决策，对于那些关乎集体利益的问题采取强硬立场。显而易见，当中美双方进行谈判时，个人主义/集体主义倾向这一文化维度会对谈判过程及结果产生多方面的影响。又如，具有“高权力距离”文化背景的谈判人员其决策往往由高层领导作出，重要的决策必须最终由最高领导者定夺。

表 12-1　　**文化维度中排名前十位的国家**

个人主义	权利距离	生活质量（自信）	不确定性规避
1. 美国	1. 马来西亚	1. 瑞典	1. 希腊
2. 澳大利亚	2. 危地马拉	2. 挪威	2. 葡萄牙
3. 英国	3. 巴拿马	3. 荷兰	3. 危地马拉
4. 加拿大	4. 菲律宾	4. 丹麦	4. 乌拉圭
5. 荷兰	5. 墨西哥	5. 哥斯达黎加	5. 比利时
6. 新西兰	6. 委内瑞拉	6. 南斯拉夫	6. 萨尔瓦多
7. 意大利	7. 阿拉伯国家	7. 芬兰	7. 日本

续表

个人主义	权利距离	生活质量（自信）	不确定性规避
8. 比利时	8. 厄瓜多尔	8. 智利	8. 南斯拉夫
9. 丹麦	9. 印度尼西亚	9. 葡萄牙	9. 秘鲁
10. 法国	10. 印度	10. 泰国	10. 阿根廷
11. 瑞典	11. 西非		11. 智利
			12. 哥斯达黎加
			13. 巴拿马
			14. 西班牙

资料来源：Hofstede G.. Culture and Organizations：software of the mind. London，England：McGraw-hill，1991. 转引自列维奇，桑德斯，巴里著，黄卫平编审．国际商务谈判［M］. 北京：中国人民大学出版社，2008：286.

3. 作为辩证法

第三种通过文化来理解国际商务谈判的途径由贾洛斯基（Janosik）提出，认为所有的文化都包含被称为“辩证法”的维度和张力。以下两个例子形象地描述了这种“辩证法”的维度和张力，即“厨子多了做坏了汤”和“人多智广”，为我们提供了一个个人主义抑或团队合作的“辩证法”：完全的个人主义或完全的团队合作不是在任何条件下都是有效的，而是在特定的环境条件下起作用的。贾洛斯基的观点，将文化作为辩证法比将其作为共有的价值观的理解更有优势，因为它能解释变化中的文化，换言之，不是一个特定文化背景下的所有人都在相同的程度上具有同样的价值观。那么，那些想要在国际商务谈判中取胜的谈判人员需要掌握的是特定文化的精髓。

4. 背景下的文化

第四种对于国际商务谈判中的文化的理解是认为谈判中谈判人员的行为不是由单一因素决定的，而是由不同侧面的因素同时决定的，谈判行为是一种社会行为的复合体，因为国际商务谈判本身是由多种不同的因素决定的，文化因素只是其中的因素之一，其他因素包括个性、社会背景以及环境因素等。换言之，文化因素的影响取决于特定的背景。例如，在某些情形下，文化价值观对谈判有着直接的影响，而在另一些情形下，这种影响则不那么显著。

12. 1. 2　文化对于谈判的影响：管理的观点

从管理者的角度看，文化对国际商务谈判的影响是多层面的。包括以下 10 个方面：

1. 谈判的界定

关于谈判的基本定义、哪些东西是可谈判的以及谈判时可能出现的问题由于文化的不同而存在很大的差异。例如，美国人倾向于把谈判视作一种发盘和还盘的竞争性过程，而日本人倾向于把谈判视为一种信息共享的机会。

2. 谈判机会

文化会影响谈判人员对于谈判机会是竞争性的（distributive）还是综合性的（integrative）理解方式。北美谈判人员倾向于认为谈判机会本质上是竞争性的，然而北美以外的其他地区的谈判人员并非这么认为。谈判人员关于在不同的文化中对于所处的情形是观察性的或综合性的会存在根本的一致意见或分歧，这将在一定程度上影响跨文化谈判。

3. 谈判人员的选择

用于选择谁将参加谈判的标准随着文化的不同而不同。这些标准包括对谈判主体的了解、自立、家庭关系、性别、经验以及职位等。不同的文化对这些标准的评判是不同的，因而关于在不同类型的谈判中什么是最合适的标准的预期也是不一致的。

4. 商务礼仪

在不同的文化中，礼仪或者说人们之间的关系的正式程度是存在差异的。美国商务礼仪是世界上最不正式的，人们之间亲密的沟通方式较为常见，例如，总是直呼其名，而常常忽略正式的头衔。然而许多欧洲国家，如法国、德国、英国，谈判礼仪非常正式，如果称呼别人不使用正式的头衔则被视作是侮辱性的。在太平洋沿岸国家，中国、日本，正式的名片是谈判双方介绍自己的重要方式，谈判人员忘记带名片或者在名片上记录东西都是有悖礼仪且会伤害谈判对手的。甚至名片递交的方式、握手的细节以及对服饰标志的观察都值得谈判人员深究，而且可以作为考察一个人的文化背景以及个性的基础。

5. 沟通方式

沟通是人际之间或群体之间信息的传递和反馈的过程，包括语言沟通和非语言沟通，而文化会对人们的语言沟通和非语言沟通方式产生重要影响。不同文化中的形体语言、动作语言也有所不同；一种举动在有的文化中可能被视作极大的侮辱性，而在另一种文化中则无伤大雅。例如，在法国，直接和专心地看着谈判对手的眼睛很重要。但是，在东南亚直接的目光接触应当避免，除非关系已经牢牢地确立。在西印度群岛，大笑和浅笑表示幽默；在亚洲，它往往表明尴尬和谦逊。

6. 时间敏感性

文化在很大程度上决定了时间的内涵及其对国际商务谈判的影响程度。美国人信守时间，总是在谈判时准时到达现场，总是有不能耽搁他人时间的意识，且认为谈判中的速战速决是高效率的体现。然而，在一些热带国家以及一些较为传统的拉美国家，生活、工作节奏缓慢，人们的时间观念不那么强烈，因而在谈判中关注的焦点是谈判桌上的谈判内容，并不在乎谈判过程所花的时间。

7. 风险倾向

文化的不同表现在人们愿意尝试风险的程度上。有些文化趋于造就官僚、保守的谈判人员，在作出决定之前希望搜集大量的信息。另一些文化造就的谈判人员更具有企业家精神并且信息不完备时也敢于行动和冒险。特定文化中的风险倾向会对谈判内容和谈判结果产生重要影响。敢于行动和冒险的谈判人员往往能在交易上先行一步，抓住更多的机会。而风险规避的谈判人员往往采取观望态度。

8. 集体与个人

文化的不同同样表现在人们对待集体与个人的价值判断上。美国文化是一种个人导向的文化，注重个人的独立性。与之相反，集体导向的文化中，个人需求相对于集体需求来说位居第二位。这种差异对国际商务谈判的影响是多方面的。例如，美国人倾向于在谈判中由个人作出最终决策，而日本则依赖集体来进行最终决策。

9. 协议的性质

文化同样影响国际商务谈判的协议的达成以及双方达成协议的形式。从协议的达成看，在美国，协议的达成通常有其基本的逻辑（例如，低成本制造商往往能得到交易订单），协议是正规的且通过法律使其生效。在其他一些国家，能否得到交易订单往往取决于你的家庭乃至政治背景，而不取决于你能做什么。从协议的形式看，一般来讲，中国人经常用协议备忘录是双方关系正式化并以其表示谈判的开始，然而，美国人通常将同一协议备忘录解释为整个谈判的结束，并在法律上生效。

10. 情绪主义

文化往往影响谈判人员流露情绪的程度。这些情绪可能被用作谈判策略，也可能是谈判人员在谈判过程中对于有利或者不利的谈判环境做出的自然反应。不同文化中指引一般性的情绪流露的规律可能会在谈判过程中体现出来。

表 12-2　**文化影响谈判的十种方式**

谈判因素	一系列的文化回应
谈判的界定	合同← →关系
谈判机会	竞争性的← →综合性的
谈判人员的选择	专家← →信任的员工
商务礼仪	非正式← →正式
沟通方式	直接← →间接

续表

谈判因素	一系列的文化回应
时间敏感性	高← →低
风险倾向	高← →低
集体与个人	集体主义← →个人主义
协议的性质	特定← →一般
情绪主义	高← →低

资料来源：Foster（1992），Hendon（1990），Moran 和 Stripp（1991）和 Salacuse（1998）. 转引自列维奇，桑德斯，巴里著，黄卫平编审. 国际商务谈判［M］. 北京：中国人民大学出版社，2008：291.

12.1.3 文化对于谈判的影响：研究的观点

文化可能对谈判产生影响的理论模型主要由简·布莱特（Jeanne Brett，2001）提出，见图 12-1。该模型考察了谈判双方的文化对谈判利益和优先权的设定、达成综合性协议的潜在可能性的识别以及谈判人员之间的互动模式产生的影响。布莱特认为文化价值会对谈判利益和优先权产生重大影响，而文化规则将会影响谈判战略和谈判人员之间的互动模式。谈判战略和谈判人员之间的互动模式也会受到谈判人员心理过程的影响，而文化会影响这一心理过程。

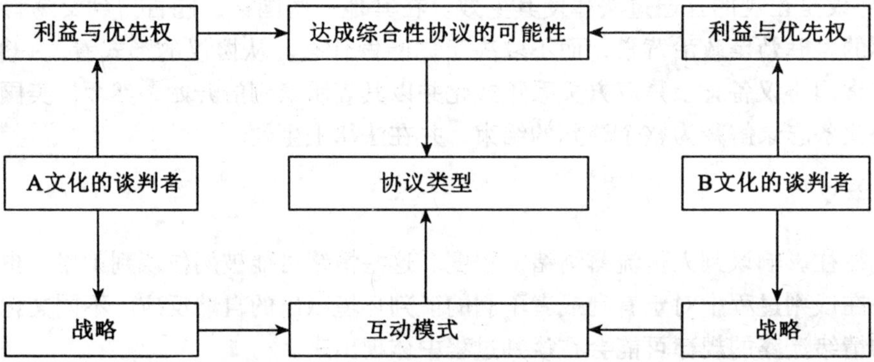

图 12-1　文化如何影响谈判

资料来源：Brett J. M.. *Negotiating Globally*. San Francisco：Jossey-Bass，2001. 转引自列维奇，桑德斯，巴里著，黄卫平编审. 国际商务谈判［M］. 北京：中国人民大学出版社，2008：295.

1. 文化对国际商务谈判结果的影响

研究者们认为文化的确会对商务谈判的结果产生影响，尽管这种影响可能并不直接，并且可能是通过不同文化中的不同谈判过程而产生的。例如，研究者发现来自集体主义文化的谈判人员比来自个人主义的谈判人员更有可能达成综合性结果。此外，也有证据证明，跨文化谈判的谈判结果往往比和同文化内的谈判（intracultural）结果要差，即国际商务谈判的结果往往比国内商务谈判的结果要差。

2. 文化对国际商务谈判过程的影响

研究者们发现文化会对国际商务谈判过程的多个方面产生影响，包括谈判人员如何规划（设计）谈判方案，谈判进程中所作出的承诺，沟通过程以及谈判过程中信息如何共享等。例如，我们看看个人主义/集体主义是如何影响谈判计划的：集体主义文化的谈判人员（如台湾地区）会花更多时间致力于长期目标，而偏重于个人主义文化的谈判人员（如美国）会将更多的时间用在短期目标的计划上。又如，美国人在偏好和优先权方面使用直接信息交换，并且为到达双赢参考谈判双方的相似点及不同之处。日本谈判人员用间接信息交换，通过比对不同发盘和还盘来推断谈判人员的偏好，并且用说服性的语言证明他们的交易是合理的。

3. 文化对国际商务谈判人员心理过程的影响

研究者们考察了文化是如何影响谈判人员谈判过程中的信息加工，进而影响谈判过程和谈判结果。研究发现谈判人员的心理过程的许多方面都显著地受到文化的影响。例如，格尔芬德和里诺（Gelfand & Realo，1999）的研究发现个体主义者的责任感会导致更多的竞争，集体主义者则会产生更高水平的合作。个人主义者在谈判之前拥有更具竞争性的行为意图和思想，在谈判过程中的合作性不强，在谈判之后对其谈判对手评价较低。总之，文化会影响谈判人员心理过程的不同方面，谈判人员不应该认为有关西方谈判人员心理的发现对于所有文化背景下的谈判人员都是通用的。

4. 文化对国际商务谈判伦理的影响

研究者们最近把他们的注意力转移到了考察跨文化的道德伦理和谈判策略方面，通过探讨谈判人员在不同文化中是否具有相同谈判策略的道德评价等广泛的问题来进行。研究者们发现美国和巴西的谈判人员对于谈判策略的接受程度的道德评价是相似的，但是，相对于巴西的谈判人员而言，美国谈判人员在谈判过程中更喜欢使用谈判策略来达到目的，比如美国谈判人员更愿意夸大他们为达成协议所作出的努力。研究者们还发现信任谈判对手的谈判人员较少在谈判中使用值得质疑的谈判策略，即伎俩；反之，不信任谈判对手的谈判人员更多地在谈判中使用谈判伎俩。

5. 文化对谈判人员冲突解决的影响

研究者们考察了个人主义/集体主义倾向对谈判冲突解决风格的影响。他们发现具有集体主义文化背景的谈判人员倾向于包容、避让、综合性的冲突解决方式，而具有个人主义的文化背景的谈判人员倾向于控制性的冲突解决方式。在集体主义文化背景下，冲突的解决往往基于规则；个人主义文化背景下，冲突的解决往往靠个人经验以及训练。对具有个人主义的文化背景的谈判人员而言，调解对于谈判结果的影响更大一些，而对于那些具有集体主义文化背景的谈判人员而言，调解的作用则不是那么大。研究者们还发现，相对于低语境文化（low-context culture）背景、具有个人主义的谈判人员而言，高语境文化（high-context culture）背景、具有集体主义的谈判人员方更偏好于非冲突性的问题解决方式。

12.2 各国商人的谈判风格

12.2.1 美国商人的谈判风格

1. 美国人的文化观念

（1）崇尚个人主义。个人主义是美国文化的核心，其主要内容是自主动机、自主抉择，通过自力更生达到自我实现。在美国人的价值观念中，极为推崇自我奋斗型的成功。追根溯源，美国人的这种人文精神是有历史渊源的。与世界上许多国家相比，美国的历史十分年轻，仅有200多年，大批拓荒者从欧洲来到美国，实现发财致富的梦想。这种开拓精神世代相传，使得现代的美国人仍是世界上进取精神最强烈的民族之一。

而且，美国又是一个由移民组成的国家，各个民族相互交融，创造了一个开放的国度，人们欢迎外来的事物，并能迅速地为己所用。美国的历史虽然短暂，但却充满了活力，开放程度高，没有传统的束缚，所以，美国人又是创新意识和竞争意识极强的国家。专家们的研究结论为：美国人愿意在全世界传播美国的价值标准，热衷于输出美国的思想和美国的制度。但如果你让他认识到你的民族有更好的东西，他们也十分乐于接受，这一点绝不同于欧洲人。

到了现代，美国人的个人主义又是和国家、民族联系在一起的。美国的综合国力是世界上最强大的，在国际贸易中，美国占有举足轻重的地位。英语几乎是各国谈判的通用语言，世界贸易有50%以上用美元结算。所有这些，都使美国人对自己的国家深感自豪，对自己的民族具有强烈的自尊感与荣誉感，这种心理在他们的贸易活动中充分表现出来。他们在国际交往中，自信心和自尊感都比较强，加之他们所信奉的自我奋斗的信条，常使与他们打交道的外国商人感受到美国人的自我优越感，他们喜欢对世界上的事物评头论足、发表意见，并勇于坚持他们的"正义"和"道义"，这些也招致了其他国家人民的不满和批评。所以，对美国民族和文化的评价有褒有贬。讨人喜欢的一面是富有幽默感、大方随和、充满自信、才华横溢、讲究民主、成就辉煌。受人批评的一面是人人讲究个性、独特，个人价值的自我实现是特立独行、变化无常、高傲自大。

（2）推崇自由与平等。美国人的价值观念中与个人主义联系最密切的是自由和平等的价值观。对美国人而言，平等是企求一个更美好的世界的基础，是崇高与道德的基础。它意味着拥有不受专制压迫、不受干涉、不受强制的自由；意味着在法律面前人人平等和人人都有改善自己生活条件的权利。这是自杰弗逊总统把这一思想写入《独立宣言》后，美国人一贯信奉的原则。

美国的社会是建立在和谐、自由和平等的基础上的，美国人自认为不受任何人的恩惠，也不强加于别人。他们不拘泥于等级的礼节，也不要求别人施予这些。崇尚自由和平等的观念是如此深刻地影响着美国人的生活方式。以至于美国三军招募新兵，提出的口号是“捍卫自由”，电话电报公司招徕顾客是“享有用各种各样方式打电话的自由”。美国人是“不自由，毋宁死”。

坚持自由平等的原则。这些都是美国人信奉平等及不可侵犯的权利的主要之点，也是我们认为不仅在国际关系中，即使在日常生活中也必须同样遵循的准则。

平等和自由表现的另一方面就是美国人拒绝专制。拒绝政治专制，也拒绝文化和知识的专制，实施的是民主政治文化。即便在总统竞选时，那些出身高贵的人也要将自己装扮成平民形象或贴近百姓的人物而拉拢选民。相对于其他民族来说，美国人不崇拜权威，也不相信救世主，他们靠的是自己解放自己，自己的事情自己做，想要达到什么目标，就创造条件去实现，而不是等待、期望和乞求。这种精神既是美国活力的根源，也是美国人具有竞争力的表现。

（3）讲究实际，注重利益。美国人的价值观还体现为实用主义的一面。实用主义体现在美国社会生活的方方面面，不玩花样，不讲情面，不喜欢客套，不讲究排场。商业往来，利益优先；人际交往，效率第一；产品销售，最吸引人的广告是“经济实用”。注重实际、追求利益是社会评价的主要标准。

美国人做交易，往往以获取经济利益作为主要目标。所以，他们有时对日本人、中国人在谈判中要考虑其他方面的因素，如由政治关系所形成的“利益共同体”等表示不可理解。尽管他们注重实际利益，但他们一般不漫天要价，也不喜欢别人漫天要价。他们认为，做买卖要双方都获利，不管哪一方提出的方案都要公平合理，所以，美国人对于日本人、中国人习惯的注重友情和看在老朋友的面子上，可以随意通融的做法很不适应。

美国人做生意时，考虑更多的是做生意所能带来的实际利益，而不是生意人之间的私人交情。所以亚洲国家和拉美国家的人都有这种感觉：美国人谈生意就是直接谈生意，不注意在洽商中培养双方的友谊、感情，而且还力图把生意和友谊清楚地分开，这种观念使他们在谈判中的行为显得比较生硬，也与亚洲人的文化观念相去甚远。正如一位美国专家所指出的：美国人感到，在中国，像是到朋友家做客，而不是做生意。同中国人谈判，是“客人”与“主人”的谈判。中国人掌握着谈判日程和议事内容，他们有礼貌，或采取各种暗示、非直接的形式请客人先谈，让客人“亮底”，如谈判出现障碍或僵局时，东道主会十分热情地以盛宴招待对方。中国人的地方之谊、客气和热情，常使美国的“客人”迷惑不解，明明应该是剑拔弩张的对峙，怎么会有那样的笑脸相迎？在有些情况下，美国人不得已会为顾全情面做出慷慨大方的决策。

美国人注重实际利益，还表现在他们一旦签订了合同，就非常重视合同的法律性，合同履约率较高。在他们看来，如果签订合同不能履约，那么就要严格按照合同的违约条款支付赔偿金和违约金，没有再协商的余地，所以，他们也十分注重违约条款的洽商与执行。

2. 美国商人的谈判风格

（1）自信心强，自我感觉良好。美国人的特点之一，就是自信与自强，不喜欢依赖别人。美国谈判专家认为："他们（美国人）意识到自己是公司的一部分之前，首先想到的是，自己是某一领域的专家，他们往往认为自己的水平比对手要高。"这里我们既可以理解为自傲，也可以理解为自信。

美国人的自信还表现在他们坚持公平合理的处事原则上。他们认为双方进行交易，双方都要有利可图。在这一原则下，他们会提出一个"合理"的方案，并认为是十分公平的。他们的谈判方式是"喜欢在双方接触的初始就阐明自己的立场、观点，推出自己的方案，以争取主动。在双方的洽商中充满自信，语言明确肯定，计算也准确精细。如果双方出现分歧他们只会怀疑对方的分析、计算，而坚持自己的看法。正是这种自信、直率的个性，使他们对中国人，特别是日本人的婉转、暗示、含糊的表达方式表现出某种不理解、误会，对中国人与日本人的谦恭、客气也感觉到不适应，这是文化差异的结果。

美国人的自信，还表现在对本国产品的品质优越、技术先进性毫不掩饰的称赞上。他们认为，如果你有十分能力，就要表现出十分来，千万不要遮掩、谦虚，否则很可能被看做是无能。如果你的产品质量过硬、性能优越，就要让购买你产品的人认识到。那种到实践中才检验的想法，美国人认为是不妥的。

美国人的自信与傲慢还表现在他们喜欢批评别人，指责别人。当谈判不能按照他们的意愿进展时，他们常常直率地批评或抱怨。这是因为，他们往往认为自己做的一切都是合理的，缺少对别人的宽容与理解。"我是对的，你是错的"是美国人的普遍心态。

此外，美国专家也指出，美国人的谈判方式也往往让人觉得美国人傲慢、自信。他们说话声音大、频率快，办事讲究效率，而且很少说对不起。他们喜欢别人按他们的意愿行事，喜欢以自我为中心。"想要让美国人显得谦卑，暴露自己的不足，承认自己的无知实在太困难了。"总之，美国人的自信让他们赢得了许多生意，但是也让东方人感到他们咄咄逼人、傲慢、自大或粗鲁。

例如，当年美国总统福特出访日本，由美国 CBS 广播公司现场直播，而当时日本只有 NHK 拥有卫星转播系统，所以，就必须与 NHK 谈判合作事宜。在福特总统预定出访的前两周，CBS 从纽约派遣了一个小组到日本谈判，其负责人是一个年轻的高级官员，这位美国人大模大样、以直言不讳的态度向比他年长许多的 NHK 主管提出各种不合理的要求，其中包括超出实际需要近两倍的人员、车辆及通信设备等。日本人非常恼火，这哪里是请别人帮忙，分明是来讨债的。但日本人并不公开指责美国人，只是在敷衍了事。这使得一向以播送新闻迅速、全面而著称的 CBS 陷入困境。无奈只得由最高层的主管亲自出马，向 NHK 表示道歉，并一再诚恳地请求 NHK 协助转播访问事宜，NHK 马上转变态度，使事情有了圆满的结局。

(2) 坚持区分人与问题。美国人具有较强的客观性，这一点在国际交往中表现在当事人对“人和事物的区分程度”上。在进行国际关系协调和重大问题处理时，美国人丝毫不掺杂个人感情或私情，完全理性化地根据客观事实来处理问题。即使是邻里之间的矛盾和纠纷，也不喜欢私了、中间人的调节，而是聘请律师或提起诉讼，进行程序化处理。这就是美国人坚持“把人和事区分开来”的做法。而在世界上其他国家，“把人和事区分开来”这一观点是很难成立的，也是行不通的。例如，在裙带关系十分盛行的亚洲和拉丁美洲，社会中的诸多利益群体都是根据血缘和亲缘的关系确定的，人们之间交往的密切程度以及怎样交往无法避免“看人做事”。亲属之间的经济往来无须签订什么协议，大家都不要太计较。即使是朋友也会由于熟悉而有一个特殊的位置。

在商业交往中，美国人更注重做生意的技巧，而不是其过程和感情问题，双方在简短的寒暄之后，美国人就会说：“让我们开始谈生意吧。”这常常显得美国人与其他国家的谈判人员不太合拍。在许多文化中，谈判人员之间的个人关系会得到高度重视。例如，在亚洲，任何重要的商业安排都是在建立了大量的人际关系之后进行的，假如你不愿意这样做，未来的谈判进程会困难重重。美国人急于谈判、进入工作的状况，会使其他国家的人感到，人活着似乎就是为了工作，而不是为了生活。

日本问题的美国研究专家博耶·德·门蒂的研究表明，日本人对美国人的工商体制看法是负面效应大于正面效应，他们认为美国人像机器一般雇佣和解雇工人时的那种冷冰冰、不分青红皂白的做法，以及他们所关心的最主要的事情是怎样尽力捞取经济效益的这种态度是不近人情和不道德的。

正是由于美国人不喜欢将其他的关系卷入经济事务中，所以，他们十分愿意使用法律和经济手段解决问题。在国际谈判中，美国人喜欢签署内容明确、责任清晰的书面合同。篇幅较长、内容详尽的文件才是规范的、有效的，这是由于美国社会普遍流行诉讼的结果。但是，留给对方的印象是，美国人不信任任何人，所以，他们专注于法律文件，通过这些来保护自己，这使得不同文化的谈判人员和合作方十分失望。美国著名的耐克公司在寻求与一些亚洲国家，如印度、中国合作时，坚持要将制鞋的标准和惩罚条款明确地写入合同中，但这些合作对象却坚持先合作、再提高的原则，结果，始终无法达成协议。

(3) 热情坦率，性格外向。美国人属于性格外向的民族，他们的喜怒哀乐大多通过他们的言行举止表现出来。在谈判中，他们精力充沛、感情洋溢，不论在陈述己方观点，还是表明对对方的立场态度上，都比较直接坦率。如果对方提出的建议他们不能接受，他们会毫不隐讳直言相告，甚至惟恐对方误会了。美国《新闻周刊》在 1983 年对世界上比较有代表性的 5 个国家法国、日本、英国、巴西、墨西哥的民众对美国人的看法调查表明：美国人最有代表性的四点特征是民族性、有活力、勤奋和有创造力。所以，在某种程度上，美国人可以成为与东方文化相对立的西方文化的代表。

在商务谈判中，美国人与东方人，特别是与日本人和中国人的表达方式有明显的不同，美国人常对中国人在谈判中对不满与不同意采取迂回、兜圈子的做法感到莫名其妙。例如，美国西屋电气公司加拿大分公司，同中国东方汽轮机厂的一个访问团谈妥了向该公司销售几台大型汽轮机，可是接下来的不是签订合同，而是再次在北京紧急磋商，西屋电气公司不得不一次又一次地重申最初的动机，而中方则一次又一次地要求按最初的精神办，兜来兜去，最后西屋电气公司才弄明白，中方无非是要确定一个最理想的购买价格。这项协议，一直到西屋电气公司的代表第二次回国后才通过电传签订了，美国人不理解，中国人一开始为什么不说明要求降低价格。而中国人很恼火，如此高规格的接待，反复的暗示怎么还装糊涂。对于中国人在谈判中喜欢用微妙的暗示来提出实质性的要求，美国人更是感到不习惯，也因此在实际交往中，不少美国厂商因不善于品味中国人的暗示，失去了不少极好的交易机会。

（4）重视合同，法律观念强。美国是一个高度法治的国家，据有关资料披露：平均每450名美国人就有1名律师，这与美国人解决矛盾纠纷习惯于诉诸法律有直接的关系。他们这种法律观念在商业交易中也表现得十分明显。美国人认为，交易最重要的是经济利益，为了保证自己的利益，最公正、最妥善的解决办法就是依靠法律，依靠合同，而其他的都是靠不住的。因此，他们特别看重合同，十分认真地讨论合同条款，而且特别重视合同违约的赔偿条款。一旦双方在执行合同条款中出现意外情况，就按双方事先同意的责任条款处理。因此，美国人在商业谈判中对于合同问题的讨论特别详细、具体，也关心合同适用的法律，以便在执行合同中能顺利地解决各种问题。

在这种法治国家，守信和诚信是每个人的基本准则，也是企业经营的法则，深深植根于每一个公民和企业员工心中。有这样一个事例很有说服力：一个美国人在搬家时，准备换一张床垫。他到某一家具店交了定金，但却在回家的路上遭到了一场事故，使他成为了植物人。不巧的是，由于他留下的地址有错误，使家具店在送货时无法找到他。于是，商家不停地张贴广告，以各种形式发布消息寻找这位顾客，但一直未果。在七年之后，奇迹发生了——已成植物人的顾客苏醒了。这事在报纸上报道后，已换了几任老板的家具店的老板找到了他，将保留的货物送到了顾客手中。这在全美引起了轰动，它不仅反映了商家在经营上的守信，也代表了美国人的诚信精神。

（5）注重时间，谈判效率高。美国是一个经济高度发达的国家，生活节奏比较快，这使得美国人特别重视、珍惜时间，注重活动的效率。所以在商务谈判中，美国人常抱怨其他国家的谈判对手拖延、缺乏工作效率，而这些国家的商人也埋怨美国人缺乏耐心。常常出现这样的情况，美国人认为三天就能解决的问题，其他国家的人在一个星期之后也未必能决策。所以在国际间的谈判中，美国人常显得不合拍。

在美国国内的企业，各级部门职责分明，分工具体。因此，谈判的信息收集、决策都比较快速、高效率。加之他们个性外向、坦率，所以，他们一般谈判的特点是开门见山，报价及提出的具体条件也比较客观，水分较少。他们也喜欢对方这样做，几经磋商后，双方意见很快趋于一致。但如果对手的谈判特点与他们不一致或正相反，那么他们就会感到十分不适应，而且常常把他们的不满直接表示出来，就更显得他们缺乏耐心。人们也就常常利用美国人夸夸其谈、准备不够充分、缺乏必要的耐心的弱点，谋取最大利益。当然，美国人干脆利落，如果谈判对手也是这种风格，确实很有工作效率。

在美国人的时间观念中，“时间就是金钱，时间也是商品”，他们常以分、秒计算时间，比如月薪 1 万美元，每分钟就是 8 美元。因此，在工作中他们时间观念特别强，即使是非常重要的交易谈判，他们也不喜欢进行“毫无意义”的谈话。如果你占用了他的时间，在他的观念中，就认为你偷了他的金钱。所以，美国人十分珍惜时间、遵守时间，他们也希望对方如此，从而保证谈判的高效率。

美国商人重视时间，还表现在做事要井然有序，有一定的计划性，不喜欢不速之客来访，与美国人约会，早到或迟到都是不礼貌的。

与美国人谈判，最好不要指名批评某人，或指责客户公司的某些缺点，也不要把以前与某人有过摩擦的事作为话题，还要避免把处于竞争关系的公司的问题披露出来，加以贬抑，这样做很危险，有时不仅不会达到预想的目的，甚至还会得到相反的效果。

12.2.2　日本商人的谈判风格

1. 日本民族的文化特点

日本地处亚洲，可以说是亚洲国家中发达文化的代表。日本的文化深受中华民族文化的影响，但是，由于社会的进步和生产力的发展不同，又可以认为与中华民族文化有显著的差异。现在日本的文化是全世界最值得研究的文化现象之一。

（1）文化与人格的双重性。日本人的性格上具有双重性，这是举世公认的。但对于形成这种人格双重性的根源，却众说纷纭。笔者认为日本人人格的双重性是由文化和民族性所决定的。在日本人身上有许多东西看起来是十分矛盾的，如日本人在交往上十分谦卑，但骨子里却是不服气、不服输；在诸多生意场合他们不断地称自己的公司是小公司，影响力微不足道，但谈生意的出发点、考虑问题的思路却是做大生意。有一个著名的事例很好地说明了这一点。美国驻日本的同盟国最高司令官道格拉斯·麦克阿瑟将军曾评论日本人好像是 12 岁的儿童，日本人回敬道：“我们具有双重品格，既像 12 岁，又像 40 岁。这两个人同时附着在我们的身上，并在生活中有两种完全不同的生活观。”归根结底，在日本人的性格中有诸多相互矛盾的东西，表面上看有某一种特点，但实质上可能又是另一回事。日本文化研究的权威学者之一，美国人类学家鲁思·本尼迪克特，在 1946 年出版的《菊与刀》一书中，对日本文化进行了系统研究。她根据文化类型理论，将日本文化的特点概括为双重性，即“菊”和“刀”的文化。这里的“菊”是日本皇室家徽，“刀”是日本武家文化的象征。作者以“菊”和“刀”来象征日本人的矛盾性格，进而指出这是日本文化双重性的结果，既爱美而又黩武，尚礼而又好斗，喜新而又顽固，服从而又不驯等。所有这些矛盾的东西在日本人的身上淋漓尽致地体现出来。这是日本民族与世界上其他国家的民族相比，其民族差异性的重要特点。一方面，日本人严格遵守他们所信奉的历史传统观念，以此指导和规范自己的行为；但另一方面，当这种观念与他们行事的目的发生冲突或受到侮辱时，他们又会采取另一套理念或行事原则。

这种二重性表现在商业上就是日本人并不是用传统价值观判断生意中的一切是非，正常情况下，公司奉行的是一套经营哲学与行为规范，但如果这不能有效地改善公司的处境或换一种做法对公司更有利，就要采取行动去实现，而不管这种行动是否有悖于自己的信念，也就是说，在日本不允许道德标准超越个人对集体利益所负有的责任。

（2）社会制度等级森严，礼仪繁多。日本应该说是发达国家或地区中等级制度比较森严的国家，每个人在社会中都分处于不同的利益集团，并恪守集团中的行为规范和道德约束。对于日本人来说，被社会某一团体接纳，不仅增加个人的归属感、安全感，更重要的是这个团体中的人会无条件地支持他。日本的这种等级制度源于日本的封建社会，到了德川幕府时代发展到顶峰。每户的家长必须在门口张贴有关其阶层地位和世袭身份的标志。他的衣着、食物以及可以合法居住的房舍都要按照世袭身份的规定。到了近代，尽管日本的经济逐渐发达，但传统的文化理念和人人尊奉的等级制度却没有多大改变，因为它已深深烙印在日本人的头脑中。当然，在今天日本的等级制度并不就是指社会明文规定的制度体系，而是人们心目中认同的规范与制度。

研究发现，要想深刻了解日本人，必须要弄清日本人人都推崇的“各得其所”（或“各安其分”）这句话的内涵。这代表了日本人对他们社会中秩序、等级制的信念与依赖，这与世界上其他国家或地区，特别是欧美人的自由平等的信仰有很大差别。

在日本，人们的社会交往建立在一个十分和谐和融洽的基础上。但这并不意味着人们都是以平等的身份交往。对于美国人那种从不拘泥于小节、人人可以随意展现自己的行为规范，在日本不仅难以见到，还被视为有失体统。日本人宣布其信奉“各得其所”的信念时，是根据其社会经验所培育的生活准则。但这完全不同于西方式权威主义。日本人在每一次寒暄、每一次相互接触时，都必须表示出双方社会距离的性质和程度。他们甚至在讲“吃”或“坐”等简单和日常用语时，都必须按照社会规则，严格遵守对方与自己的亲疏程度，或双方和辈分，使用不同的词汇。仅“你”这个词就有好几个，在不同的场合使用，动词也有好几个不同的词根。掌握“敬语”的使用在日本极为重要，使用时还伴有适当的鞠躬和跪拜。所有这些动作都有详细的规矩和惯例。不仅要懂得向谁鞠躬，还必须懂得鞠躬的程度。对某一个人来讲是十分适度的鞠躬，在另一个人身上可能会被视为是无礼，因为他们之间的关系不同。而这些必须从孩提时期就得学起。

如果日本人的这些礼节只是在社交场合使用也就罢了，但在日本人的家庭中，这种礼节不但没有减少，反而更加繁琐，这使得世界上多数国家或地区的人感到十分不解。对此，人们的解释是，在日本，恰恰要在家里细致地观察礼仪并加以学习。日本以性别、辈分以及长嗣继承等为基础的等级制是家庭生活的核心。当然也是社会交往的核心。在日本社会中，不懂礼仪的人是无法立足并取得成功的，即便是外国人，也要懂得礼仪的重要性并从内心尊重和理解，日本人才会接纳你。

在现代社会，日本更加注重向发达的欧、美等国学习，科技进步，国力强盛，但日本人遵从礼仪、遵从社会等级的观念却没有多大改善，反而孕育了新的内涵。

（3）群体意识极强，不提倡公开竞争。日本文化所塑造的日本人的价值观念与精神取向都是集体主义的，以集体为核心。例如，日本人很团结，推崇集体主义精神，但是，日本人的团结是建立在对自己人认同的基础上。日本人的自我认同标准是很严格的。要在血统上、法律上、能力上都是日本人才可以。

研究日本问题的专家——美国学者马克·齐默尔曼认为：日本人认为压抑自己的个性是一种美德，人们要循众意而行，日本的文化教化将个人的意愿融入和服从于集体的意愿。所以，日本人认为寻求人们之间人际关系的和谐是最为重要的，任何聚会和商务谈判，如果是在这样的感觉和气氛下进行的，那么它将存在一种平衡，一切也就进行得很顺利。美驻日大使赖肖尔也认为：在日本，合作精神、通情达理、体谅别人是最值得称颂的品德，而个人奋斗、刚直不阿、坚持自己的权利却没有市场。正因为如此，日本人的谈判决策非常有特点，绝大部分美国人和欧洲人都认为日本人的决策时间很长，其根本原因就是群体意识的影响。

与欧美企业相比，在日本的企业中，如果某个职工工作出色。他并不希望得到上司的单独表扬或特殊奖励。这是因为：他们认为这是集体智慧的结果，如果要奖励或表扬，对象往往是整个班组。日本人在提出建议之前，必须与公司的其他部门和成员商量决定，这个过程十分繁琐，日本人决策如果涉及制造产品的车间，那么决策的酝酿就从车间做起，层层向上反馈，直到公司决策层反复讨论协商，如果谈判过程协商的内容与他们原定的目标又有出入，那么很可能这一程序又要重复一遍。对于我们来讲，重要的是要了解日本人的谈判风格不是个人拍扳决策，即使是谈判代表有签署协议的权力，那么合同书的条款也是集体商议的结果。谈判过程中具体内容的洽商要随时反馈到日本公司的总部，所以，当成文的协议在公司里被传阅了一遍之后，它就已经是各部门都同意的集体决定了。需要指出的是，日本人做决策费时较长，但一旦决定下来，一行动起来却十分迅速。

正是由于日本人的群体意识强，所以，日本人并不喜欢公开的竞争。研究发现，在青年人和成年人中，竞争并不有助于加快工作进度和提高工作质量，反倒会降低工作效率。而如果人们单独工作，则效率高、失误少、速度也快。最直接的解释是，在竞争条件下，人们的关注点就会集中于担心失败而使自己丢面子这一点上来，会把注意力转移到与“侵犯者”的关系上，而不是专心于自己的工作。而深层的根源却在于日本人的“耻感”文化。在竞争中必然要有失败者和胜利者，对于失败者来说会因失败而“蒙羞”，这种羞耻感在欧美人身上没有多大的负面效应，更多的是表现为一种动力。但对于日本人则严重得多，则会成为危险的信号，他或者丧失信心、萎靡不振，或者怒发冲冠、“拔刀相向”。因为日本人对失败和无能等的反应极其敏感，高度戒备和自我防御，对于他们来说，承认错误和失败，就必须为此付出代价，辞职或退休。

2. 日本商人的谈判风格

在我们将要介绍的各国谈判人员的风格特点中，无疑日本人是谈判人员中最具个性和魅力的，各国的谈判专家也都公认：日本人是最成功的谈判人员。日本人的谈判风格，主要表现在以下几点：

（1）将信任作为合作的前提。与欧美商人相比，日本人做生意更注重建立个人之间的人际关系，以至于许多谈判专家都认为，要与日本人进行良好的合作，朋友之间的友情、相互之间的信任是十分重要的。许多在日本工作的外国企业家也认为，要想在日本社会取得成功，关键是看你能否成功地与日本人结交。

在商务谈判中，如果你与日本人建立了良好的个人友情，特别是赢得了日本人的信任，那么，合同条款的商议是次要的。欧美人愿意把合同条款写得尽可能具体详细，特别是双方责任、索赔内容，以防日后纠纷。而日本人却认为，双方既然已经十分信任了解，一定会通力合作，即使万一做不到合同所保证的，也可以再坐下来谈判，重新协商合同的条款。曾有这样的事例，某公司要从国外订购一条船，他们与欧洲人洽商时，对欧洲人答应万一拖延交货将赔偿400万美元的条款十分感兴趣，但与日本人洽商时，日本人却说，不用写索赔条款，如果一定要写，随购买一方的意愿填写，愿意写上索赔整条船的价格都行。这使买方大为震惊，最后，合同给了日本人。

合同在日本一向就被认为是人际协议的一种外在形式，如果周围环境发生变化，使得情况有害于公司利益，那么合同的效力就会丧失。要是外商坚持合同中的惩罚条款，或是不愿意放宽业已签订了的合同的条款，日本人就会感到极为不满。但如果根据情况的变化，体谅他们的处境，日本人也会忠诚地与外商合作。我国上海一家鞋厂与日本一家企业达成了一笔布鞋生意，但当鞋运到时，已错过了销售旺季，产品大量积压，日方提出想退货。由于责任不在中方，所以，中方既可以拒绝对方的退货要求，也可以体谅日方的困难，采取一些变通的办法。经认真研究，中方接受了日方退货的要求，想将这批货调到国内其他市场。此事被新闻媒体报道后，马上又有几家日本客户来函要与该厂合作，而原日方的企业则成为中方厂家在国外销售的总代理。

在与日本人的合作中，中间人是十分重要的。在谈判的初始阶段，或是在面对面的讨论细则之前，对谈判内容的确定往往都由中间人出面。中间人告诉你是否有可能将洽谈推向下一步。总之，中间人在沟通双方信息、加强联系、建立信任与友谊上都有着不可估量的作用。专家建议，当外商在同从未打交道的日本企业洽商时，他们要想在谈判前就要获得日方的信任与好感，最好办法是取得日方认为可靠的、一个信誉甚佳的企业的支持，即找一个信誉较好的中间人，这对于谈判成功大有益处。

所以，在与日方洽商时，我们要千方百计地寻找中间人牵线搭桥，中间人既可以是企业、社团组织、皇族成员、知名人士，也可以是银行、为企业提供服务的咨询组织等。需要注意的是，利用中间人，最好寻找男性。日本公司是男性占统治地位的机构，选用女性做中间人会被认为不恰当。中间人的身份、地位要同与之打交道的日方代表地位相等。如果地位相差较大，不论高或低，都可能造成紧张或尴尬的局面。一般来讲，中间人应同中层管理人员接洽最为理想，这主要是因为在日本公司，决策的形成是从中下层开始，逐级向上反馈，而进行商贸谈判的决策也始于中层。另外，中间人与日方的首次接触，最好是面谈的形式，通信和电话联系都不理想，会面也最好在中立场所。

（2）注重交际礼仪，爱面子。我们都知道，日本是一个礼仪的社会，日本人所做的一切，都要受严格的礼仪的约束。比如，见面鞠躬，日本人习以为常。不仅家里人之间如此，商店开门营业，走亲访友，见面都要行礼。再如，“对不起”是日本人的口头禅，在我们看起来是正常的要求与行动，也要附之“对不起”。日本人的礼仪，我们可以从插花、茶道、婚礼、高度礼节性的谈话以及名目繁多的送礼等方面就可以领略到。许多礼节在西方人看起来有些可笑或做作，但日本人做起来却一丝不苟、认认真真。正因为如此，专家们认为，如果外国人不适应日本人的礼仪或表示出不理解、轻视，那么，他就不大可能在推销和采购业务中引起日本人的重视，不可能获得他们信任与好感。

尊重并理解日本人的礼仪，并能很好地适应，并不是要求你学会像日本人那样鞠躬，喜欢喝日本人的大酱汤，而是在了解日本文化背景的基础上，理解并尊重他们的行为。

首先，日本人最重视人的身份地位。在日本社会中，人人都对身份地位有明确的概念。而且在公司中，即使在同一管理层次中职位也是不同的，这些极其微妙的地位、身份的差异常令西方人摸不着头脑。但是，日本的每个人却非常清楚自己所处的地位，该行使的职权，知道如何谈话办事才是正确与恰当的言行举止，而在商业场合更是如此。美驻日商务代表齐默尔曼先生曾讲过这样一个事例：美国一家医药公司准备与日本人谈一笔买卖，他们派出一组认为是“精明的人”来进行谈判。这个小组由一些头脑敏捷的青年人组成，其中包括一名女士，年龄大多在 20～30 岁。结果他们访日三次，均遭挫折，甚至未能让与他们合作的日方部门头脑听一听他们的意见，更不用说讨论他们原打算与日方洽谈的具体内容了。在走投无路的情况下，他们找到了齐默尔曼先生，并听取了他的建议，在谈判小组中增补了一名在公司任职 25 年以上的有经验的人员，职位是公司的副总经理，结果日方立刻转变了态度，双方开始了积极的会谈。原因是，在日本公司中的负责人，都是年龄较大、经验丰富的资深企业家，他们不相信美国公司派来的年轻人有什么实权，更主要的是，他们感到和“毛孩子”谈判有损于他们的尊严，是对他们地位的贬低。

其次，充分发挥名片的作用。与日本人谈判，交换名片是一项必不可少的仪式。所以，谈判之前，把名片准备充足是十分必要的。因为在一次谈判中，你要向对方的每一个人递送名片，绝不能遗漏任何人。齐默尔曼先生就曾有过一次会面交换 112 张名片的记录。他花了整整 15 分钟才完成这个仪式，他知道，除了走遍房间的每一个角落，向每一个人鞠躬，同其交换名片，没有其他方法可以表示相互之间的尊敬和友好。

如果日方首先向我方递上名片，切不要急急忙忙马上塞到兜里或有其他不恭敬的表示，日本人十分看重面子，最好把名片拿在手中，反复仔细确认对方的名字、公司名称、电话、地址，既显示了你对对方的尊重，又记住了主要内容，显得从容不迫。如果收到对方名片，又很快忘记了对方的姓名，这是十分不礼貌的，会令对方不快。同时，传递名片时，一般是职位高的、年长的先出示。另外，很随意地交换名片，日本人也认为是一种失礼。

要面子是日本人最普遍的心理。在日本，最畅销的香皂是“颜”牌，“颜”即指人的脸面，当然无人敢指责这种产品。无论在什么情况下。日本人都非常注意留面子，或者说不让对方失掉面子，这在商务谈判中表现最突出的一点就是，日本人从不直截了当地拒绝对方。许多西方谈判专家明确指出：西方人之所以不情愿同日本人谈判，最重要的一点就是，日本人说话总是拐弯抹角，含糊其词。日本人认为直接的表露是粗鲁的、无礼的。有关调查资料也证明了这一点，美国人喜欢坦率、直接交谈的占大约61%，而日本人采用婉转、含混交谈的也占61%，可见欧美人与日本人截然相反的谈判风格。

日本人对任何事情都不愿意说“不”，因为他们觉得断然拒绝会伤害对方的感情，或使他丢面子。所以，在对方阐述立场、提出要求，甚至讨价还价时，日本人讲的最多的就是“嘿噫”，尽管这个词在词典的解释是“是”，但实际上绝不是表示同意，它是意味着“我在听着你说”。这种情形经常给初次与日本人接触的外国谈判人员造成了极大的误会。特别是西方人，当他们侃侃而谈，不断听到日本人的“嘿噫”之后，便以为一切都很顺利，很快就会大功告成。可是当具体落实合同条款时，却发现一切都得从头来，这使他们大为恼火，也感到不可理解：不同意为什么不在当时讲出来呢？看来，最好的解释就是东西方文化的差异吧。日本著名律师，也是一位谈判专家，为我们讲述了这样一个事例。纽约大学打算成立一家日本经济研究中心，大约需要300万美元的基金，其中的150万美元想在日本筹集。于是他们派了一位很有名望的学者前来日本，拜会了首相和金融界的头面人物，结果得到了相当积极和热忱的回应。日本人一致答复这个美国学者，认为成立这样一个中心非常有意义，他们一定会全力帮助实现这一目标。美国学者以为他得到了保证，兴冲冲地回国了。当筹建工作开始后，问题出现了，日方连一毛钱也没有捐出来，愤怒的学者马上拜会了日本驻美大使，强烈指责日方的不讲信义。其实，问题的关键正如律师矢部正秋指出的：“日本式谈判的最大缺点在于言行不一，尽管嘴里在答应，心里却并不认为正在做出某种承诺。这种情形无论在政府或民间都普遍地存在着。”但是深入了解日本文化的人会感受到日本人这样做是有原因的。日本人在和不太熟悉的人交往时，非常注意礼貌，绝对不会说出拒绝或不满的话，也不会流露出不满意的表情，所以，用“显象”和“意象”两种方式表达比较贴切。“显象”是指看得见、听得见，注重礼貌，但并非真正的心意，而“意象”才是真正的心意，但需要对方去领悟体会。

另外，当对方提出要求，日本人回答“我们将研究考虑时”，不能认为此事已有商量的余地或对方有同意的表示，它只说明，他们知道了你的要求，他们不愿意当即表示反对，使提出者陷入难堪尴尬的境地。同样，日本人也不直截了当地提出建议。他们更多的是把你往他的方向引，特别是当他们的建议同你已经表达出来的愿望相矛盾时，更是如此。

对此，我们在专家意见的基础上，把保全面子作为与日本人谈判需要注意的首要问题，有以下四点需要注意：

第一，千万不要直接指责日本人。否则肯定会有损于相互之间的合作关系。较好的方法是把你的建议间接地表示出来，或采取某种方法让日本人自己谈起棘手的话题，或通过中间人去涉及令人不快的问题。

第二，避免直截了当地拒绝日本人。如果你不得不否认某个建议，要尽量婉转地表达，或做出某种暗示，也可以陈述你不能接受的客观原因，绝对避免使用羞辱、威胁性的语言。

第三，不要当众提出令日本人难堪或他们不愿回答的问题。有的谈判人员喜欢运用令对方难堪的战术来打击对方，但这种策略对日本人最好不用。如果让他感到在集体中失了面子，那么，完美的合作是不存在的。

第四，要十分注意送礼方面的问题。赠送各种礼品是日本社会最常见的现象。日本的税法又鼓励人们在这方面的开支，因为送礼的习惯在日本已是根深蒂固了。

日本人在送礼上的慷慨大方令西方人十分惊讶，但这是亚洲文化的特点。送礼是表示对对方的看重，希望借此加深友谊。既表示一种礼貌，款待客人的热情，又表示一种心意。但日本人的送礼十分注意受礼对象的职位及其他相关因素，精心考虑礼品的价值。同样，对日本人送礼也要注意这一点。要注意根据日方职位的高低，确定礼品价值的大小。如果总裁收到的礼物和副总裁的价值相等，那么前者会感到受到了侮辱，后者也会觉得尴尬。此外，送礼的标志也十分重要。对特殊或重要人物，最好送带有特殊标记的礼品，如高级金笔打上受礼者名字的缩写，一般的可酌情选择如具有民族特色的纪念品等。

(3) 以耐心实现谈判目标。日本人在谈判中的耐心是举世闻名的。

我们前面提到日本人的决策过程十分缓慢，这只是对欧美人而言。欧美人注重时间效率，他们认为如果一个星期能够解决的问题，用上两个星期，就是浪费时间。所以他们常把耐心与缓慢相提并论。对我们而言，日本人的耐心不仅仅是缓慢，而是准备充分，考虑周全，洽商有条不紊，决策谨慎小心。为了一笔理想交易，他们可以毫无怨言地等上两三个月，只要能达到他们预想的目标，或取得更好的结果，时间对于他们来讲不是第一位的。

另外，日本人具有耐心还与他们交易中注重个人友谊、相互信任有直接的联系。要建立友谊、信任就需要时间。像欧美人那样纯粹业务往来，谈判只限于交易上的联系，日本人是不习惯的。欧美人认为交易是交易，友谊是友谊，是两码事。而在东方文化中，他们是密切相联的。所以一位美国专家谈道：“日本人在业务交往中，非常强调个人关系的重要性，他们愿意逐渐熟悉与他们做生意的人，并愿意同他们长期打交道。在这一点上，他们同中国人很相像，中国人在谈判中总是为‘老朋友’保留特殊的位置，所谓‘老朋友’就是那些以前同他们有交往的人，和那些受他们尊重或信任的人介绍来的人。”

耐心使日本人在谈判中具有充分的准备。耐心使他们手中握有利剑，多次成功地击败那些急于求成的欧美人，耐心使他们成功地运用最后期限策略，耐心使他们赢得了利润。所以，与日本人谈判，缺乏耐心或急于求成，恐怕会输得一败涂地。

(4) 善于使用金钱。同时间上的慷慨一样，日本人在金钱上也十分慷慨。在国际商务活动中日本人在金钱的使用上是十分大方的，也可以说喜欢用金钱来实现一切，包括个人感情的表达、商业上的利润、技术专利的获得等。如果日本人与他们认为是重要的客户交往，馈赠贵重礼物是必不可少的。他们会挖空心思，千方百计地考虑和寻找他们认为是恰当的礼物，然后郑重其事地送给对方。他们认为这是表达对对方尊敬和笼络友好感情的必备环节。而对方也给予同样的礼遇的话，日本人就会更加起劲地重复这一方式，使馈赠礼物的行为不断地加码。当然，日本人馈赠对方礼物，不会据此向对方提出额外的要求，也不会带有不良的居心索取本该属于对方的利益。他们认为送礼是表达与对方诚心合作或给对方带来麻烦而表示歉意的理想方式。

日本人善于使用金钱的另一种形式是，安排客人参加各种形式的招待和参观活动：会议、午宴、晚餐、观摩歌舞、洗浴按摩、打高尔夫球、观光等，不胜枚举。这些活动往往开始得很早，常常持续到午夜或更晚的时间。与其他国家或地区的商人相比，日本人的安排与招待更为隆重和认真，过程也更为复杂和繁琐，如同谈判的程序一样也是丝毫马虎不得的。这使得与日本人交往的欧洲人有时会感到不自在。甚至觉得日本人比较做作，虚情假意，一些美国商人就曾这样公开抨击。但实际上日本人还是自觉自愿做这些事情的，他们认为这是商业交往中必备的程序，因此，必须做好。其他亚洲人也推崇日本人的做法，但不一定如此认真或一丝不苟，因为消遣或娱乐是放松的事情，在安排的环节上也可随意或不拘泥于形式。

12.2.3 欧洲商人的谈判风格

1. 德国商人的谈判风格

日耳曼民族，是世界上最令人称道的民族之一，该民族不仅以其文化、历史、习俗、性格、精神和智慧独立于世界民族之林，还产生了许许多多对世界文明发展有重大影响的人物和事件。这是一个不能让人忽视的民族，它具有以下民族特征：（1）德意志民族是一个能吃苦耐劳、坚强勇敢的民族；（2）德国人具有无与伦比的组织纪律性。德国人是世界上最有克制力和纪律性的民族，习惯于服从；（3）德意志民族是一个十分理性的民族。在社会生活中，德国人往往持分析和理性的观点，并且强烈地信奉他们文化中具有普遍性的生活方式。与德国人的民族特征相关联，德国商人的谈判风格主要包括以下几点：

第一，德国在世界上是经济实力最强的国家之一，他们的工业极其发达，生产率高，产品质量堪称世界一流。这主要是由于企业的技术标准十分精确具体，对这一点德国人一直引以为荣。因此，他们购买其他国家的产品，往往把本国产品作为选择标准。如果你要与德国人谈生意，务必要使他们相信你公司的产品可以满足德国人要求的标准。当然，他们也不会盲目轻信你的承诺。但如果你不能信守诺言，那么你就没希望取得大笔买卖的订单。从某种角度说，德国人对你在谈判中表现的评价，取决于你能否令人信服地说明你将信守诺言。

第二，德国人在世界上享有名副其实的讲效率的声誉，他们信奉的座右铭是“马上解决”，他们不喜欢对方“研究研究”、“考虑考虑”等拖拖拉拉的谈判语言，他们具有极为认真负责的工作态度、高效率的工作程序。所以，在德国人的办公桌上，看不到搁了很久、悬而未决的文件。德国人认为，一个谈判人员是否有能力，只要看一看他经手的事情是否快速、有效地处理就清楚了。

他们重视并强调自己提出的方案的可行性，不轻易向对手做出较大的让步，让步的幅度一般在 20% 以内，因为他们坚信自己的报价是科学合理的。

第三，德国人在谈判之前的准备比较充分，他们不仅要研究购买你的产品的问题，而且还包括研究销售产品的公司，公司所处的大环境，公司的信誉、资金状况、管理状况、生产能力等。他们不同于那种只要有利可图就与之做生意的赚钱公司，他们不喜欢与声誉不好的公司打交道。所以，有的人认为德国人比较保守，这可能是一个影响因素。

第四，重合同、守信用。德国人很善于商业谈判，他们讨价还价与其说是为了争取更多的利益，不如说是工作认真、一丝不苟。他们严守合同信用，认真研究和推敲合同中的每一句话和各项具体条款，一旦达成协议，很少出现毁约行为，所以合同履约率很高，在世界贸易中有着十分良好的信誉。

总之，德国人的谈判风格是审慎、稳重，专家建议对德国人不宜以开玩笑的方式打破沉默。此外，德国人在个人之间的交往上也是十分严肃正统的。许多人告诫不要谋求在正式礼仪之外的个人之间的关系。德国人一般与交易者都保持一定距离并希望对方也是如此，这种关系可以一直保持到生意有结果。

2. 法国商人的谈判风格

法国人具有以下民族特征：（1）法国人具有很高的文化修养和艺术修养；（2）法国人的另一个特点是热情浪漫、富有想像力和感染力；（3）法国是一个等级制度比较明确的国家，尽管大多数人属于中产阶级，但是每一个人都清楚自己所属的利益集团，清楚自己所处的角色和地位，不会越权或超越自己的能力范围去行事；（4）善于表达。乐于讲话和会讲话是法国人的通性。与法国人的民族特征相关联，法国商人的谈判风格主要包括以下几点：

第一，喜欢建立个人之间的友谊，并且影响生意。一些谈判专家认为，如果你与法国公司的负责人或洽商人员建立了十分友好、相互信任的关系，那么你也就建立了牢固的生意关系。同时，你也会发现他们是十分容易共事的伙伴。在实际业务中，许多人发现与法国人不要只谈生意上的事，在适当的情况下，与法国人聊聊社会新闻、文化、娱乐体育等方面的话题，更能融洽双方的关系，创造良好的会谈气氛，这都是法国人所喜欢的。顺便提及，足球和橄榄球是法国大众喜爱观看的运动，钓鱼、骑车、网球、徒步旅行、滑雪和划船是大众喜爱从事的个人运动。

第二，法国人具有一个人所共知的特点，就是坚持在谈判中使用法语，而且在这一点上很少让步。即使他们英语讲得很好，也是如此。经常参加国际谈判的人都知道：在法国，商业语言就是法语。因此，专家指出，如果一个法国人在谈判中对你使用英语，那么，这可能是你争取到的最大让步。至于为什么这样，原因有很多，一种说法是法国人爱国的一种表现，法国人具有与美国人一样的种族优越感——对他们本国的文化极端自豪和以自我为中心。此外，也有可能是说法语会使他们减少由语言不通产生的误会。

第三，法国人偏爱横向谈判。就是说，他们喜欢先为谈判协议勾画出一个大致的轮廓，然后再达成原则协议，最后再确定协议中的各项内容。所以，法国人不像德国人那样在签订协议之前认真、仔细地审核所有具体细节。法国人的做法：签署的是交易的大概内容，如果协议执行起来对他们有利，他们会若无其事，如果协议对他们不利，他们也会毁约，并要求修改或重新签约。

与法国人商谈，在概念上要阐述清楚，最好运用法国人喜欢的理性和逻辑进行谈判。如果你是训练有素的谈判人员，你就会发现这种陈述是比较规范的，有较大的信息量，当然理性和克制也是必不可少的。

第四，法国人大都重视个人的力量，很少有集体决策的情况。这是由于他们组织机构明确、简单，实行个人负责制，个人权力很大。在商务谈判中，也多是由于个人决策负责，所以谈判的效率也较高，即使是专业性很强的洽商，他们也能一个人独挡几面。

第五，法国人严格区分工作时间与休息时间，这与日本人是工作狂相比有极大的反差。法国的八月是度假的季节，全国上下、各行各业的职员都休假，这时候你想做生意是徒劳的。一般法国人一年有 5 周假期，4 周在夏季，1 周在圣诞节期间。所以，与法国人做生意有句名言：如果在七月份谈的生意，八月份也不会有结果。

3. 英国人的谈判风格

英国是最早的工业化国家，早在 17 世纪，它的贸易就遍及世界各地。但英国人的民族性格是传统、内向、谨慎的，尽管从事贸易的历史较早、范围广泛，但是其贸易洽商特点却不同于其他欧洲国家。英国人具有以下民族特征：（1）英国人的等级制度比较明显。在对外交往中，英国人比较注重对方的身份、经历、业绩，而不像美国人那样更看重对手在谈判中的表现。（2）英国人十分理性，注重事实依据，不信任个人感情，也避免感情用事。（3）英国人有强烈的个人主义特性，对自己的决策勇于承担责任。英国商人的谈判风格主要包括：

第一，英国人不轻易与对方建立个人关系。即使是本国人，个人之间的交往也比较谨慎，很难一见如故。他们不轻易相信别人、依靠别人。这种保守传统的个性，在某种程度上反映了英国人的优越感。但是一旦与英国人建立了友谊，他们会十分珍惜，长期信任你，在做生意时关系也会十分融洽。所以，如果没有与英国人长期打交道的历史，没有赢得他们的信任，没有最优秀的中间人作介绍，就不要期望与他们做大买卖。

尽管英国是老牌的资本主义国家，但那种平等和自由更多地表现在形式上。在人们的观念中，等级制度依然存在，这就是为什么英国还保留着象征性的王室统治。在人们的社交场合，“平民”与“贵族”仍然是不同的。例如在英国上流社会，人们喜欢阅读的是《时报》、《金融时报》；中产阶层的人阅读《每日电讯报》；而下层阶级则读《太阳报》或《每日镜报》。相应地，在对外交往中，英国人比较注重对方的身份、经历、业绩，而不是像美国人那样更看重对手在谈判中的表现。所以，在必要的情况下，与英国人谈判，派有较高身份、地位的人，有一定的积极作用。

第二，英国人对谈判本身不如日本人、美国人那样看重，相应地，他们对谈判的准备也不充分，不够详细周密。他们善于简明、扼要地阐述立场，陈述观点，在谈判中，表现更多的是沉默、平静、自信、谨慎，而不是激动、冒险和夸夸其谈。他们对物质利益的追求，不如日本人表现得那样强烈，不如美国人表现得那样直接。他们宁愿做风险小、利润也少的买卖，不喜欢冒大风险、赚大利润的买卖。例如，英方与中方曾拟合作一个大项目，当一切都谈妥之后，由于形势有了变化，英方担心中方政策有变，毅然放弃了这个合作项目。这就是英国人的特点。

第三，英国商人的一个共同特征，就是不能保证合同的按期履行。英国人为改变这一点也做了很大努力，但效果不明显。原因是什么？众说纷纭，较为信服的论据就是，英国工业历史较为悠久，但近几个世纪发展速度放慢，英国人更追求生活的秩序与舒适，而勤奋与努力是第二位的。另外，英国的产品质量、性能优越，市场广泛，这又使英国人忽视了作为现代贸易应遵守的基本要求。

第四，英国人在谈判中缺乏灵活性，他们通常采取一种非此即彼，不允许讨价还价的态度。因此，在谈判的关键阶段，表现得既固执又不愿花费很大力气，不像日本人那样，为取得一笔大买卖竭尽全力。

4. 意大利人的谈判风格

第一，在欧洲国家中，意大利人并不像其他国家那样对时间特别看重，约会、赴宴经常迟到，而且习以为常。即使是精心组织的重要活动，也不一定能保证如期举行，但如果他们特别重视与你的交易，情况可能另当别论。

第二，意大利人崇尚时尚，无论是商人还是旅行家，都衣冠楚楚、潇洒自如。他们的办公地点及设施都比较讲究，他们对生活中的住宿、饮食等都十分注重，对自己的国家及家庭也感到十分自豪与骄傲。在商务谈判中，最好不要谈论国体政事，但可以听听他们或引导他们谈谈其家庭、朋友，当然，前提是你与他们有了一定的交情。意大利人性格外向，情绪多变，喜怒常常表现出来。在谈话时，他们的手势也比较多，肩膀、胳膊、手甚至整个身体都随着说话的声音而扭动，以至于有的专家认为，听意大利人说话，简直是一种享受。

第三，意大利人比德国人少一些刻板，比英国人多一份热情。但在处理商务时，通常不动感情。他们的决策过程也比较缓慢，但不同于日本人，他们并不是要与同僚商量，而是不愿仓促表态。所以，对他们使用最后期限策略，效果较好。

第四，意大利人有节约的习惯，与产品质量、性能、交货日期相比，他们更关心的是花较少的钱买到质量、性能都过得去的产品。如果是要他们卖东西，只要能有理想的售价，他们就会千方百计地满足用户的要求。

5. 东欧商人的谈判风格

东欧诸国一般是指捷克、斯洛伐克、波兰、匈牙利、罗马尼亚、保加利亚、前南斯拉夫等。它们与我国的交往比较密切，这些国家的政治体制、经济体制改革对社会文化的影响很大，国家制度的变化给这些国家的人民的思想带来很大冲击。

第一，东欧商人作风散漫，待人谦恭，缺乏自信。在谈判中，他们显得急于求成，注重实利，虽然顾及历史关系，但对现实利益紧抓不放。他们言行随便，谈判准备工作不充分。对此，应采取以律制散的办法，在谈判之前就约法三章，在谈判时循章行事；对于无诚意的对方则应尽早结束谈判，不要再耗费时间和精力。

第二，东欧商人特别看重别人的尊重。所以与他们谈判时，应以尊重为前提，以敬换情，通过一系列尊敬对方的措施感动对方，换取信任，来促进思想的沟通和信息的交流，以使谈判顺利进行。现在的东欧商人更为注重现实利益，因此谈判时，不要过分怀念传统，而应在珍惜传统的同时追求开阔的眼界和更高的利益，对于各种交易条件，都要严格利益均衡，以利换利。对已获得口头承诺的利益，应立即用严格的书面形式明确，确保自己的利益。

除了以上共同特征，东欧商人也有各自的差异。例如，匈牙利人具有东方人的气质，商人大多重视商业道德。在谈判中，良好的人际关系是重要的环节之一；罗马尼亚人非常善于交际，和蔼可亲、快乐、爽朗，比较热衷于做生意，在谈判中，他们长于察言观色，精于讨价还价，遵守时间；波兰人的办事效率较低，进行商务谈判需要多次交涉；捷克人反应迅速，以头脑精明而著称，而且谈判时一向准时赴约。

6. 北欧商人的谈判风格

北欧主要是指挪威、丹麦、瑞典、芬兰等国家，也称斯堪的纳维亚国家。北欧是一个文化、经济高度发达的地区。这几个国家地域广阔，人口稀少，社会政治经济十分稳定，与世界各地的贸易交往也具有较长的历史。北欧商人的谈判风格主要包括以下几点：

第一，北欧人十分讲究文明礼貌，也十分尊重具有较高修养的商人。他们在与外国人交往时比较讲究礼仪。不论是正式谈判，还是非正式谈判，他们如果是东道主，会安排得有条不紊，尽量让客人满意。

第二，北欧人对自己产品的质量非常看重，其产品质量在世界上也是一流的。近几年，他们更倾向于具有高附加值的、高度专业化的产品出口。他们在工作期间严肃认真、一丝不苟，但娱乐时也绝不工作。

第三，北欧人在谈判中十分沉着冷静，即使在十分关键时刻也不动声色，耐心、有礼貌，但他们不喜欢无休止地讨价还价。如果他们与你做生意，主要是因为他们确认你的公司的产品在市场上是十分优秀的，他们信得过你，但如果你只为自己利益着想，忽视了他们的利益或建议，他们就会改变对你的看法，很可能放弃与你合作。

第四，北欧人的一个共同特点就是喜欢桑拿浴，这已经成为他们生活中的一部分。如果你与北欧人洽商，他们请你洗桑拿浴，说明你受到了他们的欢迎，这是个好的开端。但如果你不能适应长时间的热气，也要提出，这不是丢面子的事情。在许多情况下，你可以在洗桑拿浴时与他们交谈，这可以免除正式谈判的许多不便。

第五，北欧人的时间观念极强。相对于亚洲、中美洲等来讲，欧洲人的时间观念极强，北欧人更是视时间为生命。时间对他们来说不仅意味着金钱，还应当是被享用的。主要原因是这些国家经济发达，社会秩序井然，人们工作效率高，注重生活舒适和享受，强调人文精神。

12.2.4　东南亚及南亚商人的谈判风格

1. 新加坡商人的谈判风格

（1）新加坡的民族文化特点。新加坡地处马六甲海峡，是连接太平洋和印度洋的要道，是一个以华人为主的多种族、多宗教、多元文化的移民国家，被人们誉为亚洲“四小龙”之一。新加坡的人口中78%为华人，因而它吸收了中国儒家的伦理思想，儒家思想已成为新加坡的指导思想和国家意识，对人口占绝大多数的华人作用很大，但对其他少数民族却并非如此。尽管如此，经过长期的文化融合，儒家思想在新加坡的社会和经济发展中产生了重要影响，主要体现在：

儒教的仁政思想在现代新加坡社会发展中成为相对集权、重视国家政府权力的“国家主义”，这种伦理思想构成是新加坡政府“家长式”的管理得以有效实施的牢固基石。新加坡实施的政府严厉管制下的市场经济是世界上独一无二的经济体系。

儒教的家族本位思想与家族伦理思想，在经济现代化过程中转化为推动家族资本主义发展的伦理秩序。东南亚社会以家族为本位，这种理念在现代市场中得以体现，企业成为具有浓厚伦理色彩的“大家”，董事长和总经理以父母和家长的身份来经营企业和对待职工，为他们尽可能地创造良好的生活和工作条件，而职工也自觉地以儿女的虔诚来尊敬厂长和关心企业。他们重视儒家文化的伦理功能，或者将传统经营理念运用于现代市场经济的运作中，或者用儒家的伦理来调节企业内外部各种复杂的关系，调动了员工的积极性，提高了企业的经营效率。

（2）新加坡商人的谈判特点。在新加坡的商务谈判对手中以华侨居多。众所周知，华侨的乡土观念很强，团体的同甘共苦的精神也很强烈，同时新加坡商人谦恭、老实，很讲文明和礼貌，他们一般都很愿与中国大陆进行商贸洽谈合作。他们的谈判风格主要包括：

第一是谨慎。新加坡商人不做没有把握的生意。

第二是很讲面子，这些特性与中国大陆极为相似。新加坡年轻的华侨是懂得近代企业的，但对于年老的一代来说，“面子”在商业洽谈中具有决定性的意义。

第三是讲信用。一旦订立了契约，就绝对不会违约。一般很重信义、珍惜朋友之间的关系，对对方的背信行为表现为十分痛恨。

第四是时间观念很强。与人约会要实现约定，准时赴约。

值得注意的是，到新加坡进行商务谈判时应首先了解这个国家的社会生活和风俗习惯，例如，新加坡人禁忌说“恭喜发财”；以为“发财”是指“发不义之财”，因而是对别人的欺侮与漫骂。在新加坡，留长发的男子不受欢迎。新加坡人注重环保和文明卫生，等等。到新加坡从事商务活动的最佳月份是 3 月到 10 月，以避开圣诞节及华人的新年。当地工商界人士多讲英语，见面时要交换名片，名片可以用英文印刷。在会谈中尽可能不要吸烟。与人会谈要回避个人性格、政治得失、种族冲突、宗教信仰等话题。新加坡人不喜欢挥霍浪费，宴请对方不要过于讲排场，尤其是在商务活动中，答谢宴会不宜超过主人宴请的水平，以免对方产生其他想法。

2. 印度商人的谈判风格

（1）印度人的文化特点。在悠悠漫长的历史岁月中，由于印度所具有的独特因素：封闭险要的地理环境、历史久远的宗教传统、多元复杂的社会结构、等级森严的种姓制度、闭关自守的村社结构，使印度文明在具有东方国家共同特征的同时，又被打上了极为独特的烙印，印度文化具有以下特点：

①宗教性。宗教从古至今一直主宰着人们的精神生活，左右着人们的价值观念和行为准则。印度历史上曾先后产生并流行多种宗教。印度教、佛教、耆那教和锡克教均起源于印度。此外，主要的世界宗教如伊斯兰教、基督教、犹太教和琐罗亚斯德教等在印度都有自己的信徒。印度教是印度最古老、最主要也最正统的宗教，对印度社会和文化的影响也最为久远、广泛和深刻。

②多样性。在漫长的岁月中，先后有来自非洲、欧洲和亚洲的黑种人、白种人和蒙古种人到印度定居。印度有数以百计的民族和众多的部落。现人口在五千万以上的民族就有十个。这些民族和部落都有自己的宗教信仰和文化传统。印度还是一个多语言的国家。这些语言可以划分为四个语系，占世界语系总数的四分之一。印度目前使用的主要语言有十八种之多。其中十三种属于印欧语系，四种属于达罗毗荼语系。虽然印地语和英语同为印度联邦的官方语言，但后者才是印度实际通用的语言。

③包容性。印度文化以其极大的包容性迎接了各种异域文化的进入，并吸纳其精华，使印度文化更加博大精深。如果说印度在殖民地时代曾经被迫接受西方文化，那么现在的印度正在积极地吸收世界上的所有先进文化，用以丰富并发展自己的民族文化。20 世纪 90 年代以来，印度实行经济改革，又向世界敞开了自己的大门。可以说，当代印度人的心态是相当开放的，也是善于学习的。凡是受过教育的印度人，都可以直接阅读英文原著并用英语工作。在吸收外来文化成果方面，印度人具有得天独厚的语言优势。印度软件业的崛起，既得益于印度人的数理逻辑能力，也得益于他们的英语能力。

（2）印度商人的谈判风格。由于印度文化的独特之处，很多关于国际贸易的书上都把印度作为一个特殊经济体来看待，一般都有一句类似这样的话：印度的市场潜力尽管很大，却一直发展得很慢，这主要归因于传统文化的根深蒂固和一些阻碍因素，如种姓制度的影响。印度商人的谈判特点主要包括以下几个方面：

第一，印度商人的疑心很重，要在商务往来中建立相互信任需要很长时间，而且无论如何也无法亲密到推心置腹的地步。在没有利害关系时，他们还是比较容易合作的；然而一旦发生利害冲突他们就会判若两人，层层设防，处处猜疑，直到问题解决。印度商人观念传统，思想保守，他们的企业家包括技术人员在内，一般不愿把自己掌握的技术和知识教给别人。在商业洽谈中往往不愿作出负责任的决定，遇到问题时也常常喜欢找借口逃避责任；在工作中出现失误受到指责时，他们会不厌其烦地重复解释。所以，与他们进行商务谈判，合同条款的规定务必要严密、细致，力求消除日后发生纠纷的隐患。

第二，印度商人易出尔反尔。他们今天的承诺，明天只要风向一变，就跟着变，绝不会留丝毫情面。即使签了字的合同，他也能从一些条款找出点麻烦，以致要求增加附加条款。因此在与印度商人谈判过程中，永远不要将主动权交到对方手里。

第三，在谈判中擅长使用拖延术。他们最擅长使用拖延术来充分消磨对方的意志，从而能够彻底探清对方的底牌。对此一定要有坚定的耐心并尽可能先发制人。

需要注意的是印度人的时间观念虽不是很强，但跟他们谈判的时候千万不要认为他们时间观念不强就在见面时迟到。即使等一两个小时也要按约定的时间提前到达，这样会在谈判过程中占主导优势地位。由于英语是印度的商业语言，与印度人相见应递英文名片。资料的翻译要准确，公司和产品的介绍资料一定要是英文的。

3. 孟加拉商人的谈判风格

孟加拉国大约 98% 的人口是孟加拉人，还有说乌尔都语的比哈尔人，以及许多其他的民族。国内超过 4/5 的人信奉官方宗教伊斯兰教，其他宗教的信徒中印度教教徒占最大部分。伊斯兰教在孟加拉国的政治文化生活中占据着特别重要的地位，对国家政治、文化、经济、外交等都发挥着特殊的作用。孟加拉人平均受教育水平不高，社会贫富两极分化很严重，国外移民以英国居多。

孟加拉商人的谈判风格主要包括三个方面：

第一，注重建立关系，包括与政府官员的关系。南亚的政府官员在对待外国商人的态度上，比东亚的政府官员更开放一些。在与孟加拉政府官员接触的过程中，适当的尊重对方是很重要的，这些官员在孟加拉文化中占有很高的地位。在与孟加拉高级政府官员会谈时，一定要做好各种准备。时常有助理或秘书跑进来，要求在纸上签字，有电话打进来，或者朋友和亲戚路过拜访等打断你精心准备的讲话。对此，最好保持镇定，不能表现出不耐烦。这种行为在单一文化中很不礼貌，但在南亚，是很正常的会谈礼节。

第二，时间观念不强。落后的基础设施、频繁的自然灾害和松散的作风，常常使惯于高效工作的人们感到很沮丧。在孟加拉的商业习惯中，由经理制订全部决策。一般来讲，经理从不下放任何权利。因此，如果经理工作非常忙或“出差了”，那么，无论你的传真或邮件多么紧急，也不会有人回复。在与孟加拉国商人进行商务谈判时一定要有足够的耐心。

第三，孟加拉商人友好、热情。孟加拉商人很友好、热情，他们喜欢公平交易，自由地讨价还价。与他们谈判一定要多花些时间。尽管讨论很激烈，也要在脸上保持微笑，这一点很重要。在谈判时，孟加拉国商人若含糊地回答你的建议或问题，通常意味着不同意，孟加拉国人都回避直接用“不”字作回答。在商务约会时要按时到达，在会谈时，对方会给你糖、奶茶，对此不宜拒绝。

值得注意的是，孟加拉国工商界人士多会英语，如果你会英语将很方便，否则对方可能会认为你缺乏教育而瞧不起你。与孟加拉国商人初次见面，一般要交换名片，交换名片时应右手接送。

12.2.5 韩国商人的谈判风格

1. 韩国的民族文化特点

韩民族是单一民族，从他们所居住的地理位置上看，他们主要居于朝鲜半岛，半岛北面是亚洲大陆，主要与中国接壤；另外三面是海洋，西面隔海与中国大陆相望，东面与南面隔海与日本列岛相望。由此可以看出，半岛独特的地理环境必然导致这个半岛的人民在历史发展的过程中，或多或少地受到周围陆地和海洋文化的影响。韩国文化在发展过程中一直存在两个势力：土著固有文化和外来文化。尽管东方和西方的势力一直影响着韩国文化的形成，但韩国文化终究没有被这两种势力完全同化和消灭，传统韩国文化在吸取外来精华的同时与之和谐并存并共同发展。韩国民族文化的主要特点包括：

（1）异质性儒家文化。韩国文化一直被认为是东亚儒家文化的一部分，因此它首先具备了儒家文化的诸如“仁义”、“忠诚”、“谦让”、“中道”等核心价值观的内容。但同时由于特殊的历史进程和地缘地理背景，它在进入近代以后先后融合了佛教和基督教等外来文化，在思想领域实现了对儒家核心价值的改造与异化，那就是使儒家的“忠孝仁义”伦理高度制度化，成为具有韩式特征的伦理政治，实现了伦理与政治的分离，使他们能够一方面固守思想领域的民族文化传统，另一方面又能够在政治、经济领域对西方的文明进行解剖与吸收。而正是这种东方的伦理与西方的文明相结合成就了极具特色的“韩式民族精神”。韩国人崇尚“诚实守信、重义轻利”的价值取向，以及“乐群贵和”、“推己及人”的行为准则。

（2）多元文化的融合与改造。20 世纪 80 年代中期，韩国天主教徒增加到 110 万人，成为世界第四大天主教国家，新教教徒也增加到 900 万人，占总人口的 24%。宗教信仰上的多元性，为韩国的民族精神提供了一种更加可靠的信念和制度基础，为它增加了平等的观念和对独立以外的某种权威的尊重，张扬了民族个性，为传统文化输入了新的血液，这种心灵的“神化”与儒家极具实践性的世俗人生哲学相结合，使韩国人的国家本位主义十分强烈，甚至要求牺牲自我。韩国人把个人价值置于整个国家民族和社会价值之中，以“经世致用”与“内圣外王”作为人格标准，从而以对社会、国家的贡献大小来衡量一个人的价值高低，使整个国家与个人的利益和衷共济，融为一体。

2. 韩国商人的谈判风格

韩国商人在长期的对外贸易实践中积累了许多经验。他们在参照国际惯例的基础上，根据本国的国情采取了一些独特的做法，常在于己不利的贸易谈判中战胜对手，被西方发达国家称为“谈判强手”。

（1）重视谈判前的咨询。韩国商人十分重视贸易谈判。谈判之前，他们通常都要通过海外咨询机构了解对方底细，以及有关商品行情等，做好准备后才会与对方坐到谈判桌前。了解、掌握有关信息是他们坐到谈判桌前的前提条件。一旦韩国商人愿意坐下来谈判，就可以肯定其早已对这项谈判进行了周密准备，胸有成竹了。

（2）重视谈判礼仪和创造良好的气氛。韩国商人很注重谈判礼仪。他们十分重视谈判地点的选择，一般喜欢在有名气的酒店、饭店会晤、洽谈。如果由韩国人选定了会谈地点，他们定会准时到达，以尽宾主之谊；如果由对方选择谈判地点，他们则会推迟一会儿到达。在进入谈判会场时，一般走在最前面的是主谈人或地位最高的人，多半也是谈判的拍板者。

韩国商人比较重视在会谈的初始阶段就创造友好的谈判气氛。一见面总是热情地打招呼，向对方介绍自己的姓名、职务等。就座后，若请他们选择饮料，他们一般会按照对方的喜好进行选择，以示对对方的尊重和了解；然后再寒暄几句与谈判无关的话题，如天气、旅游等，以此创造一个和谐融洽的气氛，尔后才正式开始谈判。

（3）重视谈判技巧。韩国商人喜欢谈判内容条理化，所以谈判开始后，他们往往先与对方商谈谈判主要议题。谈判主要议题虽然每次各有不同，但一般包括各自阐明意图、叫价、讨价还价、协商、签订合同等 5 个方面内容。

韩国商人往往灵活运用以下两种谈判方法：①横向协商法。即在进入实质性谈判时，先把需要讨论的条款统统罗列出来，然后逐条逐款磋商。从头到尾商议一遍后，再从第一条款开始检查有无分歧或需要补充的内容，直至最后一款。在此基础上，就分歧或补充内容进行磋商，寻找共同点。②纵向协商法。即对共同提出的条款，逐项进行磋商，在出现的问题或争议得到解决后，才转入下一条款的磋商。此外，有的韩国商人在谈判中将“横向协商法”和“纵向协商法”结合使用，即在磋商前后两部分条款时分别采用纵、横两种协商方法。这主要视条款内容而定，以选择有利于自己的谈判方法为前提。

韩国商人常用的谈判技巧与策略包括：①“声东击西”。即在谈判中利用对自己不太重要的问题吸引和分散对方注意力。假如在谈判中韩国商人最关注运输问题，而对方把注意力放在价格上，韩国商人就会提出付款问题，把对方注意力引到这一问题上来，以企图迷惑对方，并相应给对方一点好处，以诱迫对方在关键条款上作出让步。同时，也可协商最重要条款争取准备时间，并缓解争议，以变换手法，采取新的对策等。②“先苦后乐”。即在谈判中以率先忍让的假象换取对方最终让步。如韩国商人打算要求对方降低价格，但已探明不增加购货量对方很难接受，而自己又不愿增加购货量，这时，他们会先在产品质量、运输条件、交货期限、付款条件等问题上向对方提出严格要求，然后在磋商上述条款时，极力让对方感到他们是在冒受损风险作出让步，这时再提出降价问题，对方大多会给予考虑的。此外，韩国商人还针对不同的谈判对象，经常使用“疲劳战术”、“限期战术”等。在完成谈判签约时，喜欢使用合作对象国家的语言、英语、朝鲜语三种文字签订合同，三种文字具有同等的效力。

值得注意的是，韩国人既受到儒家文化的影响，也同时受到美国文化的影响比较大。在与韩国人打交道时，应注意两种文化的融合。在韩国不要强行推销，也不要讲话拐弯抹角、含糊不清。因韩国人的个性中既有爱面子、受儒家思想影响很深的一面，又有独立性强、性格直率的一面。所以己方应客观地介绍情况，容对方自我作出反应。韩国人不轻易说“不”，所以如果他们不愿意接受对方的建议，会委婉地告诉，而不轻易说“不”。

12.2.6 俄罗斯商人的谈判风格

原苏联解体后，出现了许多独立的国家，但是，与我国贸易比较频繁、地理位置比较接近的要数俄罗斯。俄罗斯人具有以下民族特征：①俄国文化兼收并蓄，民族性格坚强。②尊崇集体主义，自律性强。集体主义把俄罗斯人与注重竞争的西方人区别开来。③民主意识浓厚，法律意识不强。在俄罗斯的文化中，比法律更为重要的是真理和公正，俄罗斯民众表现出十分强烈的对公正和谐社会的向往。与其民族特征相关联，俄罗斯商人的谈判风格主要包括：

1. 固守传统，缺乏灵活性

在涉外谈判中，一些俄罗斯人还是带有明显的计划经济体制的烙印，在进行正式洽商时，他们喜欢按计划办事，如果对方的让步与他们原订的具体目标相吻合，容易达成协议，如果有差距，要使他们让步特别困难。甚至他们明知自己的要求不符合客观标准，也不妥协让步。

一些俄罗斯人缺乏灵活性，还因为他们的计划制定与审批要经过许多部门、许多环节。这必然要延长决策与反馈时间，这种传统体制也僵化了人的头脑，尽管现在体制上有了较大的变革，但没有真正形成建立在市场经济体制上的制度。正如一位美国专家指出的，由于旧体制严格的计划性，束缚了人的个性、能力的发挥，而且这种体制要求经办人员对所购进商品的适用性、可靠性和质量进行审查，并要对所做出的决策承担全部责任。因此，他们非常谨慎，缺少敏锐性和创新精神，喜欢墨守成规。

需要指出的是，俄罗斯人缺乏灵活性，还与他们的文化观念有关。在他们看来妥协和让步是弱小或无能的表现，是从公正和正确的位置上的退却。因此，俄罗斯人实现目的的手段便只有耐心和意志了。许多与俄罗斯人打交道的谈判人员的一个共同感觉就是，如果你的提案有了新的内容，最好在这之前要与俄罗斯人进行很好的沟通，这样他们才能有时间研究并准备应对。否则会进一步强化俄罗斯人巩固原有立场的做法，更不容易协商问题。

近几年，随着俄罗斯经济体制改革的不断深入，国际贸易的不断扩大，这种情况有所改变。但谁都不否认，俄罗斯人是强劲的谈判对手，尽管他们有时处于劣势，但是他们还是有办法迫使对方让步，而不是他们让步。

2. 对各类细节问题感兴趣

俄罗斯人的谈判能力很强。他们特别重视谈判中的细节，因为对细节的关注，可以使他们争得更有利的条件。专家们认为：由于俄罗斯历史中充满了竞争和战争，导致一些细小的事情反而被放大，以致超过了事情本来的重要性。例如，在商务活动中，俄罗斯人不仅在商讨合同条款、达成协议上比较困难，还表现在执行合同的步骤和过程上经常因为细节问题而障碍重重，当然不能否认官僚体制的层层审批和上报也加重了这一问题。

俄罗斯人注重细节还表现在他们在谈判中尽可能记录一切内容，这是一个好的做法。因为原始协议的用处，不仅仅是记录了哪些已经被讨论，哪些已经达成一致，哪些还有严重的分歧，更重要的是从字里行间分析谈判对手的心态、情绪和关注点，找出可以利用的机会，可能争取的承诺。此外，在比较正规的大规模的谈判中，俄罗斯人喜欢使用英语和俄语两种语言谈判，这一方面有助于记录，研究细节问题，另一方面，俄罗斯人视他们的语言为世界通用语言之一，像法国人一样。

从实际案例研究情况看，俄罗斯人注重谈判中的细节，比如谈判中的技术内容和索赔条款，这是因为引进技术要具有先进性、实用性。由于技术引进项目通常都比较复杂，对方在报价中又可能会有较大的水分，为了尽可能以较低的价格购买最有用的技术，他们特别重视技术的具体细节，索要的东西也包罗万象，如详细的车间设计图纸、零件清单、设备装配图纸、原材料证明书、化学药品和各种试剂、各种产品的技术说明、维修指南等。所以，在与俄罗斯人进行洽商时，要有充分准备，可能要就产品的技术问题进行反复磋商。

另外，为了能及时准确对技术问题进行阐述，在谈判中要配置技术方面的专家。同时要十分注意合同用语的使用，语言要准确，不能随便承诺某些不能做到的条件，对合同中的索赔条款也要十分慎重。例如，在出口方国家的气候条件下，产品可能不会轻易出问题，但不能轻易拍胸脯保证机器在任何温度下工作都没问题，更不能做产品出现问题就愿意赔偿一切损失的承诺。这种情况下，出口方可能会十分被动，其产品有可能被送到西伯利亚的雅库茨克的工厂去，如果其产品在零下 30℃ 的气温中冻住了，使生产线停产，并使工人没有达到生产额度，那么毫无疑问，赔偿金是毫无疑问了。

3. 善于在价格上讨价还价

俄罗斯人十分善于与外国人做生意。说得简单一点，他们非常善于寻找合作与竞争的伙伴，也非常善于讨价还价。他们从来不接受对方的第一次开价，不论这一价格怎样低。如果他们想要引进某个项目，首先要对外招标，引来数家竞争者，从而不慌不忙地进行选择，甚至采取各种离间手段，让争取合同的对手之间竞相压价，相互残杀，最后从中渔利。

俄罗斯人在讨价还价上堪称行家里手。许多比较务实的欧美生意人都认为：不论你的报价是多么公平合理，怎样精确计算，他们也不会相信，千方百计地要挤出其中的水分，达到他们认为理想的结果。所以，专家建议，对俄罗斯人的报价策略有两种形式：第一种是报出你的标准价格，然后力争做最小的让步。你可以事先印好一份标准价格表，表上所有价格都包含适当的溢价，给以后的谈判留有余地。第二种是公开在你的标准价格上加上一定的溢价（如 15%），并说明这样做的理由是同其做生意所承担的额外费用和风险。一般来讲，第二种策略要好些，因为如果在报价之初就定死一个价格，几个星期甚至数月后，情况可能会发生很大变化。

俄国人开低价常用的一个办法就是“我们第一次向你订货，希望你给个最优惠价，以后我们会长期向你订货”，“如果你们给我们以最低价格，我们会在其他方面予以补偿”，以此引诱对方降低价格。要避免这种价格陷阱，专家的忠告：不要太实在，报个虚价并咬牙坚持到底。

4. 喜欢易货贸易方式

在俄罗斯，他们喜欢在外贸交易中采用易货贸易的形式。由于易货贸易的形式比较多，如转手贸易安排、补偿贸易、清算账户贸易等，这样就使贸易谈判活动变得十分复杂。在对外贸易中，俄罗斯人采用易货贸易的形式也比较巧妙。他们一开始并不一定提出货款要以他们的产品来支付，因为这样一来，对需要硬通货做交易的公司就缺乏吸引力，也使自己处于劣势地位。他们在与外国商人洽商时，拼命压低对方的报价后，才开始提出用他们的产品来支付对方的全部或部分货款。由于外国商人已与俄罗斯人进行了广泛的接触，谈判的主要条款都已商议妥当，所以他们使出这一招时，往往使对手感到很为难，也容易妥协让步。

20 世纪 80 年代末期，中俄两国之间的易货贸易发展十分迅速，但近些年来，俄罗斯开始限制生产资料等自然资源的外流，使易货贸易的势头有所减缓。需要指出的是，如果俄罗斯人提出，只有当你接受他们的易货商品，或者帮助他们把某些商品销售给支付硬通货的第三方时，他们才能支付你的货物，那么，你一定要认真考虑其中所涉及的时间、风险和费用。易货是一种好的交易形式，但当你交易的商品没有市场时，那么，还不如没有这种交易的好。

12.2.7 阿拉伯商人的谈判风格

1. 阿拉伯民族的文化特点

（1）阿拉伯人的文化特点。在宗教文化这方面，阿拉伯人创造了世界上最有影响的宗教：伊斯兰教。伊斯兰教是全世界历史最悠久的三大教派之一。

阿拉伯人的文化也极有特色，阿拉伯人的口头文学十分发达，它不像波斯、希腊民族那样有举世闻名的文学巨著，但由于这种口头相传可以使更多的人加入到文化的创造中来，因此，这也是一笔宝贵的文化遗产。例如，阿拉伯的诗歌多得惊人，这些诗歌题材广泛，诗律繁多，表达意境各异，以至于有人认为阿拉伯人人都是诗人，他们做诗如同说话一样容易。

阿拉伯人的谚语和格言也是世界文化的瑰宝之一。谚语与格言在阿拉伯中的地位犹如哲学对希腊人那样重要。它们既来自于阿拉伯人对生活的观察体验，也来自于他们的聪明与智慧。当然，英雄人物、民族勇士也是极好的创作素材。这些文化积淀是阿拉伯人生活方式的基础。

另外，阿拉伯文化兼收并蓄了世界上许多优秀的民族文化。

（2）阿拉伯人的价值观。多数阿拉伯国家如科威特、沙特阿拉伯等都没有成文的宪法。在沙特，《古兰经》就是宪法。伊斯兰教就是法律，而国民的所有行为都依据伊斯兰教准则来判断。人们不愿意接受没有体现伊期兰教价值的任何信息，即使是商人也是根据伊斯兰教教规处理问题。可以说，宗教意识和信仰渗透到一切之中。

一般有影响的男性是群体的核心，也是主要的决策者。尽管他必须尊重群体或集体的一致意见。但一切问题的解决方法都在于对教规的正确解释和运用。个人的领导才能和身份地位都取决于其出身门第以及保护大家庭荣誉的能力。忠诚家庭和绝对服从伊斯兰教教律为人们提供了安全保障。在现代，这些忠诚甚至会影响到阿拉伯人被公司聘用的位置和就业机会。

阿拉伯人具有许多优秀的道德品质，他们慷慨大方，待客热情，善于辞令等。

2. 阿拉伯人的谈判风格

（1）重视感情与朋友关系。如果说中央集权制的国家，商业活动由国家计划控制，那么，在阿拉伯国家，商业活动一般由扩大了的家庭来指挥。实际上，这些国家的统治和管理主要是靠扩大了的血缘关系的家庭成员来维持的。因此，在这些国家中，人们十分看重对家庭和朋友所承担的义务，相互提供帮助、支持和救济，家庭关系在社会经济生活中占有重要地位。

实际上，许多事件表明，如果你漠视了阿拉伯人的感情，或忽视了他们的需要，尽管你可能是无意的，但后果也可能会极其严重。

阿拉伯人十分好客，任何人来访，他们都会十分热情地欢迎并拿出家中最好的食品来款待客人。如果他对你有好的印象，通常会伸出手放在你的右肩并吻你的双颊，如果阿拉伯人拉着你的手走，是对你友好的表示，不要随便将手抽回来。阿拉伯人对客人也十分大方，也非常乐于馈赠礼物。所以，与他们谈判，你必须适应这种习惯，学会见机行事，这样，你就会获得阿拉伯人的信赖。这是达成交易的关键。

（2）时间观念淡漠，不急于决策。由于多年的沙漠传统，阿拉伯人生活节奏一直较慢，即使是生活在现代大都市的阿拉伯人，也不太注重时间观念，洽商中的约会，他们会经常迟到，但如果你太认真，反倒会得罪他们。这使得十分重视时间的西方人不可理解，他们常常对阿拉伯人对待时间的满不在乎的态度感到不满。但实际上，阿拉伯人认为西方人让时间限制来主宰自己是缺乏理智的表现。只有阿拉伯人才将时间视为自己的奴仆。

因此，阿拉伯人会谈迟到、在谈判中随意中断或拖延谈判的现象很常见，他们认为这是“家庭”的延伸，而不是失礼。所以，与他们谈判，你必须适应这种习惯。学会忍耐和见机行事。但也可以与对方预约，到外面单独洽谈。但有一点必须切记，你必须学会与阿拉伯人打交道，必须适应他们的生活方式，只有赢得阿拉伯人的信赖，才是达成交易的关键。

阿拉伯人决策过程比较长，原因可能是多方面的。一种原因是价值观的影响，他们不喜欢快速做出决定，他们认为仓促行事不是理智的行为，也难以有好的结果。另一种原因可能是他们对你的建议有不满之处，而且尽管他们暗示了哪些地方令他们不满，你却没有捕捉到这些信号，也没有做出积极的反应。这时，他们并不当着你的面说“不”

字，而是根本不做任何决定，他们希望时间能帮助他们达到目的，否则就让谈判事宜在置之不理中自然地告吹。

经验表明，与阿拉伯人会谈，会议地点的选择也比较重要。最好不要选在阿拉伯人的办公室内，应在你下榻宾馆的会议室内。一是进出会议室的人将大大减少，二是参加会议的人是对会议内容真正感兴趣的人，三是提供的食品可能更合你的口味。

(3) 不喜欢冲突和激烈对抗。阿拉伯人不喜欢同人面对面地争吵，也会尽量避免直接冲突。但他们却有自己的一套婉拒别人的有效办法或杀手锏，这就是“IBM”。我们不要误以为是美国的IBM公司。阿拉伯词语中的IBM，“I”是“因谢拉”，意为“神的意志”；“B”是“布克拉”，意为“明天”；“M”是“迈利西”，意为“不介意”。这是阿拉伯人在交易谈判中保护自己，抵挡对方的一种有利武器。如果交易与气氛对你有利，他要借口“明天”再谈；如果你为他的上述行为不愉快或恼怒的时候，他会轻松地拍着你的肩膀说“不要介意”。

阿拉伯人也不喜欢一同你见面就匆忙谈生意。他们认为，一见面就谈生意是不礼貌的表现。他们希望能花点儿时间同你谈谈社会问题和其他问题，一般要占去15分钟或更多的时间，有时要聊几个小时。因此，你最好把何时开始谈生意的主动权交给阿拉伯人。但你也要适应阿拉伯人习惯和朋友以及其他客人同时讨论几个问题。你也不要奇怪，当你准时抵达会议地点时，会发现你的对手已经与别人谈上了。

在谈判桌上，阿拉伯人不急不忙，有时还处于沉默状态，这是他们比较欣赏的状况，并不是紧张或不满的表现。在双方都沉默的时候，你没有必要打破沉默，也不要采取其他行为改变状况，这反而使你陷入被动。

如果访问者要想使行程有些成效，最好同中间人认真协商要会见的阿拉伯谈判代表重视什么，包括节日，在阿拉伯国家有两个人人都重视的节日，即开斋节（开斋的节日，宴会持续三天，以庆祝斋月的结束）和古尔邦节（圣餐的宴会，持续三天），在这两个节日期间，不可以谈任何生意。

(4) 代理人、中间人位置十分重要。与阿拉伯人做生意，寻找当地代理人也是十分必要的。专家建议：不论是同私营企业谈判，还是同政府部门谈判，代理人是必不可少的。这些代理人操着纯正的阿拉伯语，有着广泛的社会关系网，熟悉民风国情，而且同你所要洽商的企业有着直接或间接的联系，这些都是你做生意所必需的。阿拉伯人做生意特别重视朋友的关系，许多外国商人都认为，初次与阿拉伯人交往，很难在一两次交谈中涉及业务问题，只有经过长时间的交往，特别是与他们建立了友谊后，才可能开始真正的交易谈判。而有中间人从中斡旋，则可大大加快这种进程。如果是中间人替你推销商品，交易也会比较顺利。

但专家警告，与阿拉伯商人打交道，要很好地发挥中间人的作用，首要的是你能聘请到好的顾问或中间人，一个有经验、有智慧的中间人会在委托人与决策者们会面前试探了解各个不同决策者的意见。然后，他会安排你与那些非常有可能同意你建议的决策者们接触。你也不要催促你的中间人引荐你，这样做可能会导致由于接触了不适当的人而使你的意见遭到别人的否决，一旦出现这种情况，要再改变就极其困难了。

但是阿拉伯人不喜欢同代理商做交易，他们采购商品喜欢直接与制造商交易，所以，中间人最好不要是行业内的竞争者。同时，你也不要忽略了给中间人的报酬。

需要指出的是，中东是一个敏感的政治冲突地区，在谈生意时，要尽量避免涉及政治问题，更要远离女性话题，在任何场合都要得体地表示你对当地人宗教的尊重与理解。

12.2.8　拉美商人的谈判风格

1. 拉美人的文化特征

（1）拉丁美洲人的民族性。拉丁美洲的大部分民族性格特点是爽直热情，诚实质朴，开朗健谈，活泼好动。特别是当与他们有了深入交往，关系比较融洽时，他们是不设防的，而且也愿意保持良好的私人关系。

拉丁美洲人的阶级和社会地位的观念很强，这种观念会决定一个人将拥有什么样的职业，阶级是根据经济术语来加以描述的，许多国家对有色人种有强烈的偏见，许多国家贫富悬殊，阶级地位差别巨大，但不论什么阶层，男性地位突出，妇女处于从属地位。即使在上层阶层，妇女的影响也仅限于高雅的气质，举止行为等方面，极少有人担任要职，商业行为更是与女性无关。

在大部分拉美国家，谈判的话题是比较广泛的，也可以无拘无束。但家庭的问题属于个人隐私，最好不要涉及。此外，打听对方的身世也属于不明智的做法。

当然，有些民族在做生意时还是比较精明和有心计的。例如，委内瑞拉商人见多识广，通晓几国语言，但谈判中却非常低调，故意“藏拙”，他们只与你讲西班牙语，并表现出对什么都感兴趣的样子，他们希望在与你毫无防范的交流中达到自己的目的——以最优惠的条件达成协议。

（2）拉美人的价值观念。社会学家对认知模式的研究表明，跨文化交际的主体是个人，而非文化本身。极少有个人能完美体现他所代表的文化。但我们对文化的分析研究可以预测某一特定文化中人们的谈话、行为、洽谈以及决策的方式。

人可以分为两类，一类人思维开放，另一类人思维封闭，前一类人在决策前会想方设法了解许多信息，而后一类人的视野狭窄。思维开放型的人易看到问题的相对性。他们承认自己并不是无所不能，在得出正确结论前他们需要了解情况。

大多数神权统治国家的文化都属于思维封闭型文化。这样的文化特征之一是，至关重要的事情都由神说了算。一切不符合上帝旨意的东西都可以置之不理。如果从这一点来讲，阿拉伯人、拉丁美洲人都属于思维封闭型文化，但实际上学者的研究发现，美国人、加拿大人也属于封闭型文化，即世界上绝大多数国家的人都属于封闭型文化特征。

但同处于一个大陆的不同民族，人们的观念和行为方式却差别极大。专家曾这样描述他们：一个北美人已急着想落实计划时，拉美人却刚开始认识你；当北美人想大展鸿图时，他们却刚想怎样开张；当北美人想让他们的产品占领整个拉美市场时，拉美人却只关心在国内领土上自己掌握的那一小部分市场上如何打开产品销路。由此，你可以清楚地看出他们之间的差别是什么。一般来讲，拉美人的生活节奏比较慢，这恐怕是一切非工业化国家的特点，这也在他们的社会交往中明显地表现出来。

拉美人对足球的偏爱甚至成了他们对事物喜爱判断的标尺。足球是人们非常乐于谈论的话题，著名的足球运动员是绝大多数人崇拜的明星，有着极高的社会地位，踢足球甚至成了青年人实现成功梦想的主要途径。

2. 拉美商人的谈判特点

（1）注重私交，朋友关系重于一切。在拉丁美洲，绝大多数人是通过扩大了的家族关系获得支持和信息的。私人间的关系和准入远比公司间的关系重要得多。越是在重要交易和关键时刻，越会通过私人的交往和友谊获得信心和决策的信息。在这些国家的任何时候和任何场合，朋友都是有重要的位置和很好的回报的。

私人间的友情和关系对商务活动的开展起着重要作用，拉丁美洲绝大多数国家的人注重寻求建立在双方相互信任、相互依靠基础上的长期关系。你必须深刻认识并能有效实施。建立这种关系可能会消耗金钱和时间，也考验你的意志力，是十分必要的。在这些国家的商业活动中，你会发现拥有这种关系比你代表的公司实力更具有实际意义。而且对你的联系人不能忽视，要多次拜访并经常联系。

需要指出的是，如果中途更换谈判代表是不明智的行为。例如，在与他们的交往中，如果你的公司更换了与他们打交道的代表，将意味着公司的交往关系重新开始，对于许多过去熟识的人都要重新认识，尽管你不愿意这样，但拉美人却不愿意将对你前任的好感转移到你的身上。所以，专家们都告诫不要在谈判过程中更换公司的人员，否则就意味着谈判进程的重新开始。拉丁美洲人只愿意和他们熟识的人打交道，而不是和他的公司。

（2）谈判进程缓慢，决策时间长。在拉丁美洲许多国家，想要通过施加压力，实现快速交易，你很可能会失败。如果你去一个国家许多次才能达到你预先估计的一次就能达成目标，你不要对此感到沮丧，拉丁美洲人对于调子低、节奏慢的生意洽商感觉最好。和处事敏捷、高效率的北美人相比，拉美人显得十分悠闲、乐观，时间观念也较淡漠，应邀参加宴会，甚至要晚到30分钟以上，否则，会让别人认为你是个吃客。

他们的悠闲表现在众多的假期上。他们常常在洽商的关键时刻去休假，生意就只好等休假完了再商谈。因此，比较有效的做法是，事前详细了解他们的节假日和休假的时间，仔细安排你的行程和洽商日期并及时让你的合作伙伴了解。

不要认为合同中的某一部分达成了协议，这一部分就算完成了。等签署了整个合同后，并且其中的每一部分都是经过了再一次的确认，你才能认为所有的问题都解决了。拉丁美洲人否定前一部分谈妥的内容所表现出来的从容镇静的神态会使你感到以前是否交涉过这样的内容。

聚会时，你必须进行自我介绍，只有在长者主持的正式会议中，你才能指望东道主将你介绍给别人。在会议期间，要避免窃窃私语，当地人认为这是不礼貌的行为，而且可能会引起他们的疑心。

拉丁美洲人基本上都是狂热的体育迷。以体育作为会谈的开场白，不失为一种好办法，多数国家足球是最流行的运动项目。众多足球明星在一般人眼中，都是崇拜的对象。谈论所在国家的家庭和食品也是会谈开场的合适话题，拉丁美洲国家的人很喜欢对他们国家有比较了解的客人。

与拉丁美洲人谈话必须凝视着对方，如果你躲避对方的目光，往往被理解为不可信任。但拉丁美洲人与人交谈时保持的距离要比北美人近得多。如此近距离地凝视对方，对许多国家的商人来讲是十分不舒服的，甚至是件困难的事。但如果你本能地向后退，他们可能会不断前进，从而会出现两个人交谈十分钟后，会面的地点可能已经移走了十几米，但问题是你的“礼貌”会伤害主人的自尊心。所以，要适应与他们的“亲密接触”。

此外，你下榻宾馆的档次会直接影响对方对你所代表公司实力的评价。如果出差到这些国家，专家建议最好下榻档次较高的宾馆酒店，并在有声望的餐馆里就餐，尤其是你要宴请对方时。

12.3　基于文化差异的国际商务谈判战略与对策

由于不同文化的商务谈判风格差异很大，所以在国际商务谈判时，要针对不同文化背景的商业伙伴，制定有文化针对性的谈判战略，并设计基于文化差异的国际商务谈判对策体系，包括谈判前对策、谈判过程对策和谈判后对策，对于提高国际商务谈判的效率是十分重要的。

12.3.1　有文化针对性的谈判战略

史蒂芬·韦斯（Stephen Weiss，1994）提出了 8 种有针对性的文化谈判战略，这些谈判战略根据谈判人员对另一种文化的熟悉程度（familarity）——非常不熟悉、中等熟悉、很熟悉划分为三大类。在这三类情形下，有些战略是谈判人员独自使用（单边战略），有些战略则涉及另一方的参与（联合战略）。

1. 不熟悉情形下的谈判战略

（1）雇用代理人或顾问（单边战略）。当谈判人员对对方文化非常不熟悉时，有一种方法就是雇用一个对双方文化都很熟悉的代理人或顾问。这种关系包括：①代理：直接雇请代理人在你的监督下进行谈判；②顾问：在谈判过程中你所雇请的顾问能给予你经常性或临时性的建议。尽管请代理人或顾问也会面临其他挑战，但在你对谈判对手的文化一无所知并且来不及进行谈判准备的情况下还是十分有用的。

（2）邀请一位中间人（联合战略）。在国际商务谈判中需要用到各种类型的中间人，包括在谈判开始时介绍谈判双方后即离开的中间人、在谈判过程中自始至终都在场的中间人以及控制整个谈判过程的中间人等。中间人往往在谈判过程中给双方提供更多的信息，而不是简单的语言翻译。他们可能会引导谈判双方按照其中一方文化背景下的谈判方式进行谈判，或者是第三方文化背景下的谈判方式进行谈判（中间人所在的文化背景。）

（3）引导对手按照你自己的方式进行谈判（联合战略）。引导对手按照你自己的方式进行谈判的方法有很多，包括义正词严地表明你的谈判方式是最佳的，或者更巧妙一些，谈判人员以“不能很好地用对方国家的语言来表达”为借口，持续用自己的语言回应谈判对手的要求。这一战略也有不利之处，例如，谈判对手一方可能被惹恼，因为他们毕竟要付出更多的努力来按照另外一方的文化术语来达成交易；又如，谈判对手一方可能会玩弄一些伎俩，因为你毕竟对他们国家的文化知之甚少。

2. 中等熟悉情形下的谈判战略

（1）适应对手的谈判方式（单边战略）。这一战略包括谈判人员有意识地改变他们的方法以便吸引对方。谈判人员使用这种战略并非是简单地像谈判对手一方那样行事，而是牢牢掌控他们自己的谈判方式但同时做出相应的调整以改善同谈判对手的关系。这些调整包括在谈判过程中不采取极端的方式，去掉自己的一些行为，而采取谈判对手的一些行为。

（2）在谈判双方之间协调（联合战略）。这一战略包括谈判双方相互调整以便为谈判双方找到一个共同接受的方式，也可视作是一个关于谈判过程磋商的特例。这一战略的实施需要对谈判对手的文化有所了解，或者至少对其语言比较熟悉（即便不能流利地讲话，也能够理解）。

3. 很熟悉情形下的谈判战略

（1）接受对手的谈判方式（单边战略）。这种战略包括完全按照谈判对手的谈判方式进行谈判。要成功使用这一战略，谈判人员必须会使用双语、很熟悉对方文化。从本质上讲，使用这一战略的谈判人员并非简单地入乡随俗，实际上是将自己置于谈判对手的文化背景下了，并且在两种文化之间游刃有余。使用这一战略的优势是谈判人员能够完完全全地以自身文化术语来理解谈判对手。

（2）临场准备一种谈判方式（联合战略）。这种战略是指根据具体的谈判形势、谈判对手、谈判环境临时制定一种谈判方式。要成功使用这一战略，谈判人员必须对双方文化十分熟悉且能洞悉谈判对手的个体特征。这是八种谈判战略中最具灵活性的一种。灵活性是它的最大优势是因为谈判人员根据即时谈判环境而灵活应对，但不足之处是我们无法给出如何使用这一战略的一般性的前提条件。

（3）交响乐战略（联合战略）。这种战略允许谈判人员创造一种新的方法，包括采纳本国文化的一些方面，也包括采用第三国惯例。当谈判人员相互间对谈判对手及其母国文化十分了解，并且双方在谈判人员结构方面存在一些共同点（例如都拥有机智练达的谈判人员）时，使用这种战略十分有效。

12.3.2　文化差异与国际商务谈判前对策

1. 谈判团队的设计

拥有国际商务谈判能手是国际商务谈判成功的一个重要因素，因此必须细心选择代表公司与外国商人谈判的谈判团队。一般地，国际商务谈判人员应具备一些特殊的个性、技能以及认识和适应环境的自我定位能力（见表 12-3）。

表 12-3　团队成员应具备的素质

素质项目	要求
语言技能	有一定的出国经历，能讲外语，便于突破人际隔阂和语言障碍
心理成熟	具备独立工作的能力，必要时能独挡一面
情绪稳定	能敏锐意识到不同的行为差异而不过分敏感
知识面广	对与谈判工作相关或无关的许多方面都有广泛了解
适应能力	能适应各种谈判环境及工作方式
文化移情	能摆脱本土文化约束并能从本文化反观他文化，同时对他文化采取一种超然的态度

资料来源：黄卫平，董丽丽. 国际商务谈判［M］. 北京：机械工业出版社，2008：270.

此外，谈判团队的设计必须考虑到倾听技巧、总部影响力和班组力量等因素。倾听是商务谈判的一项重要活动。谈判人员的首要任务就是收集信息，从而增强创造力。这就意味着应指派专门成员负责“倾听”、“记笔记”，而无须操心在会晤中的发言问题，从而能尽可能多地理解对手及伙伴的偏好。总部影响力是谈判成功的关键，因此如果请总部高层管理者参加与注重等级制文化的对手的谈判，那么职位在说服和表达开展业务的兴趣方面能起到重要的作用。善于利用班组力量也是谈判成功的重要因素。商务谈判是一个沟通过程，单个谈判人员再好的理由也可能敌不过众人点头，而且团队式谈判要比个人式谈判更容易收集详细的信息。例如，日本商人善于带下级经理参加谈判，以便起到观察和认真记笔记的双重培训目的；相反，受独立和个人主义等文化传统影响的美国商人则常常会单枪匹马地与为数众多的对手谈判。

2. 谈判准备

准备或计划技能对任何谈判都是不可缺少的。鉴于国际商务谈判的时间限制，必须高效地完成准备工作。准备工作包括：（1）了解谈判背景；（2）对人和形势的评估；（3）谈判过程中需要核实的事实；（4）议事日程；（5）最佳备选方案和让步策略。其中，谈判背景又包含：（1）谈判地点；（2）场地布置；（3）谈判单位；（4）参谈人数；（5）听众；（6）交流渠道和谈判时限，等等。所有这些准备必须考虑到可能的文化差异。例如，场地布置方面的文化差异对合作可能会有微妙的影响。在等级观念较重的文化中，如果房间安排不当、较随便，可能会引起对方不安甚至恼怒。

再者，参加谈判的人员往往因文化而异。美国文化倾向于众人一起来“敲定一个协议”；而日本文化喜欢先与每个人单独谈，如果每个人都同意，再安排范围更广的会谈；俄罗斯人喜欢累计的方法，和一方先谈，达成一项协议，然后前面的两方再邀请第三方，如此进行下去。

最后，谈判时限的控制也很重要。不同文化具有不同的时间观念。因此，在国际商务谈判中，对时间观差异应有所准备。

12.3.3 文化差异与国际商务谈判过程对策

一般来说，国际商务谈判过程包含四个阶段：一是寒暄，谈一些与工作不相干的话题；二是交流与工作相关的信息；三是进行说服；四是作出让步并最终达成协议。进入正式商务谈判之前，人们一般都对商务谈判的进程有一种预期。这种预期往往影响着对谈判进展的控制和谈判策略的选择。由于来自不同文化的谈判人员在语言及非语言行为、价值观和思维决策方面存在差异性，使得他们所持有的预期也不尽相同；而不同的预期又会引起这些谈判人员在谈判各阶段所花费的时间和精力上的差异。

1. 寒暄

这里的寒暄意指为建立关系或者彼此相识而进行的与谈判“正事”无关的所有活动，其目的是借此了解客户的背景和兴趣，从而为选择适当的后续沟通方式提供重要线索。就美、日文化差异而言，美国文化强调“把人和事区分开来”，他们感兴趣的主要为实质性问题。因此，美国商人花在与工作不相干的交谈或了解外国对手上的时间很少，而与工作相关的信息交流则来得很快。美国人在谈判桌上会讨论一些与生意无关的话题，如天气、家庭、体育、政治等，但他们这样做更多地是出于友好或礼貌而已，通常在五六分钟以后就会进入下一阶段。相反，在看重相互关系的日本文化中，却常常在这一阶段投入大量的时间和费用，着力于先建立适宜的私人关系，然后再谈业务。

2. 交流与工作相关的信息

信息交流应是一个双向沟通的过程；但是观察表明，跨文化国际商务谈判中的信息交流往往呈现种种不完全性特征。

一是语言差异和非语言行为差异所引起的信息理解错误。许多人能理解具有相同文化背景的伙伴讲话内容的80% ~90%，这一事实意味着有10% ~20%的信息被误解或听错了。可以想象，当一个人讲第二语言时，不论其流利程度多高，双方认识时间多长，误解或听错的百分比将会急剧上升。而且当第二语言能力有限时，甚至整个会话可能全部被误解。非语言行为方面的文化差异往往较为隐蔽，难以被意识到。当外国伙伴发出不同的非语言信号时，具有不同文化背景的谈判对手极易误解这些信号，而且还意识不到所发生的错误。

二是非语言交流技巧差异所产生的信息不对称。的确，有时为了从谈判对手那里收集信息，会采用“单向型”谈判策略，让外国对手提供信息。但是，由于不同文化间客观存在着交流技巧差异，如沉默时段、插话次数和凝视时间差异，特别是当这种差异较为明显时，信息不对称就自然产生了。比较日、法文化，不难发现日本式的交流技巧中凝视和插话出现的频率较低，但沉默时段较长；而法国谈判人员似乎不甘寂寞，往往会在对方沉默时填补这些沉默时段。

三是价值观差异所引起的信息反馈速度及内容不对称。一方面，不同文化具有不同的时间利用方式：单一时间利用方式或多种时间利用方式。另一方面，不同文化具有不同类型的买方和卖方关系：垂直型和水平型。垂直型买方和卖方关系注重含蓄与面子，而水平型买方和卖方关系依赖于买方的信誉，注重直率和讲心里话。例如，在像墨西哥和日本等注重等级的文化中，说话人唯恐破坏非常重要的个人关系，不情愿反馈负面信息。与此相反，德国人负面的反馈信息可能又似乎坦率得让人难以接受。再如，报盘中的价格虚头因文化而异，美国商人希望事情迅速地了结，所以他们的初次报盘往往与他们的实际要价比较接近；但是，在巴西文化中，巴西商人希望谈判时间相对长一些，他们的初次报盘往往会很大胆。

3. 说服

说服就是处理“反对意见”，去改变他人的主意。说服是谈判的要害所在。但是，人们对说服的认识、说服方式的选用往往因文化而异。在注重垂直型地位关系的文化中，人们往往趋向于将较多的时间和精力花在寒暄以及与工作相关的信息交流上，说服阶段要“争论”的内容就很少。即便进行说服，出于保全面子的心理，往往会选择含蓄或幕后的方式，而且说服的方式和结果还与地位关系有关。如在日本文化中，因为比较放肆或强硬的谈判战略可能会导致丢面子并破坏重要的个人关系，所以较少被使用，但间或地在非正式场合也会被买方使用。

相反，在注重水平型地位关系的文化中，人们信奉坦率、竞争和平等价值观，认为说服是最重要的，谈判的目的就是迅速地暴露不同意见以便加以处理。例如，美国商人往往喜欢在谈判桌上摊牌，急于从信息交流阶段进入到说服阶段。此外，谈判时也倾向于改变对手的思想，更多地使用相对其他文化较多的威慑性的说服战术，并且常常会流露出一种易激动、在其他文化看来可能是比较幼稚的情绪。

4. 让步和达成协议

基于客观存在的思维差异，不同文化的谈判人员呈现出决策上的差异，形成顺序决策方法和通盘决策方法二者间的冲突。当面临一项复杂的谈判任务时，采用顺序决策方法的西方文化，特别是英美人常常将大任务分解为一系列的小任务。从头至尾都有让步和承诺，最后的协议就是一连串小协议的总和。然而采用通盘决策方法的东方文化则要在谈判的最后才会在所有的问题上作出让步和承诺，达成一揽子协议。

12.3.4 文化差异与国际商务谈判后对策

国际商务谈判后对策涉及合同管理及后续交流行为。不同文化对合同的内容、合同的作用存在不同的理解。美国文化强调客观性，注重平等观念，因此，往往依赖界定严密的合同来保障权利和规定义务。结果，美国企业之间的合同常常长达百页以上，包含有关协议各个方面措词严密的条款，其目的是借此来保障公司不受各种争端和意外事故的伤害。此外，不拘礼节的美国文化一般将合同签署仪式视作既浪费时间又浪费金钱的举动，所以合同常常是通过寄发邮件来签署的。反观那些注重关系的文化，争端的解决往往并不能完全依赖法律体制，相反常常依赖双方间的关系。所以，在这些文化中，书面合同很短，主要用来描述商业伙伴各自的责任，有时甚至写得不严密，仅仅包含处理相互关系的原则的说明而已。即便是针对复杂的业务关系而制定的详细合同，其目的也与美国人所理解的并不相同。此外，注重关系文化的管理者常常希望举行一个由各自执行总裁参加的正式签字仪式。

就后续交流而言，美国文化强调“把人和事区分开来”，感兴趣的主要为实质性问题，所以往往不太注重后续交流。但是在注重个人关系的文化里，保持与大多数外国客户的后续交流被视作国际商务谈判的重要部分。在合同签署很久以后，仍然会进行信件、图片和互访等交流。

◎本章案例

金碧合作意向书

一个美国公司与中国公司磋商一份合资企业合同。继他们的第一次谈判后，双方在深圳的“金碧酒店”签下了一系列的合作意向书，叫做“金碧合作意向书”。在长达三年的谈判中，中方谈判团的领导一再提及“金碧合作意向书”。由于谈判进行得不顺利，中方坚持要求参看“金碧会议记录”的准则，处于神经崩溃边缘的美方谈判团的领导大叫道：“该死的！那些金碧会议记录是在三年前签署的。在这三年中，投入所需的资本改变了。在这三年中，技术改变了。在这三年中，中国的市场也改变了。为什么你不能放弃坚持那些金碧会议意向书？”中方谈判团的领导生气地说道：“你想不守承诺吗？”美方反驳道：“那不是合同，只不过是一份意向书而已！”

谈判桌上的气氛瞬间变得紧张起来，双方都不肯做出让步，此次谈判陷入僵局。在那之后，考虑到双方的合作基础，美方同意了中方请第三方解决的建议。经过第三方的调解和斡旋，双方回到了谈判桌上并达成了协议。在交易最终完成、合同签署和营业执照发放后，中方谈判团的领导自己用书法写了“金碧会议记录”几个大字，令人将其裱起来，作为礼物送给了美方谈判团领导，以幽默的方式提醒他们这次谈判的艰难过程。

资料来源：Laurence，J. Brahm. Doing Business in China：The Sun Tzu Way [M]. Boston：Tuttle, 2004.

◎思考题

1. 文化差异究竟是如何影响国际商务谈判的？实践者和研究者各持哪些观点？

2. 根据本章所学知识，总结在同哪些国家的商人进行商务谈判时必须十分重视中间人或代理人的作用，为什么？

3. 有文化针对性的谈判战略有哪些？在国际商务谈判中如何灵活使用这些谈判战略？

参考文献

[1] 窦然. 国际商务谈判与沟通技巧 [M]. 上海：复旦大学出版社，2009.

[2] 黄卫平，董丽丽. 国际商务谈判 [M]. 北京：机械工业出版社，2008.

[3] 李品媛. 国际商务谈判 [M]. 武汉：武汉大学出版社，2006.

[4] 列维奇，桑德斯，巴里著，黄卫平编审. 国际商务谈判 [M]. 北京：中国人民大学出版社，2008.

[5] 王福祥. 商务谈判理论与实务 [M]. 北京：科学出版社，2008.

[6] 汤秀莲. 国际商务谈判 [M]. 天津：南开大学出版社，2009.

[7] 袁其刚. 国际商务谈判 [M]. 北京：高等教育出版社，2007.

[8] 刘向丽. 国际商务谈判 [M]. 北京：机械工业出版社，2005.

[9] 刘宏. 国际商务谈判 [M]. 大连：东北财经大学出版社，2009.

[10] 杨群祥. 商务谈判 [M]. 大连：东北财经大学出版社，2001.

[11] 刘园. 国际商务谈判 [M]. 北京：对外经济贸易大学出版社，1999.

[12] 刘园. 国际商务谈判：理论·实务·案例 [M]. 北京：中国商务出版社，2005.

[13] 张祥. 国际商务谈判——原则、方法、艺术. [M]. 上海：上海三联书店，1995.

[14] 孙平. 当代商务谈判 [M]. 武汉：武汉大学出版社，2007.

[15] 丁建忠. 商务谈判学 [M]. 北京：中国商务出版社，2004.

[16] 丁建忠. 商务谈判学 [M]. 北京：中国人民大学出版社，2006.

[17] 孙国辉，曲扬. 国际商务管理 [M]. 北京：清华大学出版社，2007.

[18] 汤秀莲. 国际商务谈判 [M]. 北京：清华大学出版社，2009.

[19] 樊建廷. 商务谈判 [M]. 大连：东北财经大学出版社，2001.

[20] 张宏亮，陈琳. 商务礼仪与实训 [M]. 北京：北京大学出版社，2009.

[21] 董原. 商务谈判与推销技巧 [M]. 广州：中山大学出版社，2009.

[22] 白远. 国际商务谈判——理论案例分析与实践 [M]. 北京：中国人民大学出版社，2008.

[23] 塞利奇，贾殷. 全球商务谈判：实务操作指南 [M]. 北京：中国人民大学出版社，2008.

[24] 吕晨钟. 学会谈判必读的95 个中外案例 [M]. 北京：北京工业大学出版社，2005.

[25] 方其．商务谈判——理论、技巧、案例［M］．北京：中国人民大学出版社，2008.

[26] 吴建伟，谢尔曼．商务谈判策略［M］．北京：中国人民大学出版社，2006.

[27] 张秋林．商务谈判理论与实务［M］．南京：南京大学出版社，2008.

[28] 胡戴新．新编商务谈判教程［M］．合肥：中国科技大学出版社，2009.

[29] 徐卫星．商务谈判［M］．北京：经济科学出版社，2009.

[30] 潘肖珏，谢承志．商务谈判与沟通技巧［M］．上海：复旦大学出版社，2006.

[31] 宋格兰．国际商务谈判［M］．北京：高等教育出版社，2009.

[32] 陈双喜，巴丽，杨爱兰．国际商务谈判［M］．北京：中国商务出版社，2006.

[33] 王福祥．商务谈判理论与实务［M］．北京：科学出版社，2008.

[34] 李爽．商务谈判［M］．北京：清华大学出版社，2007.

[35] 石永恒．商务谈判实务与案例［M］．北京：机械工业出版社，2008.

[36] 乔淑英，王爱晶．商务谈判［M］．北京：北京师范大学出版社，2007.

[37] 王宝山．商务谈判［M］．武汉：武汉理工大学出版社，2007.

[38] 贾蔚，栾秀云．现代商务谈判理论与实务［M］．北京：中国经济出版社，2006.

[39] 王海云．商务谈判［M］．北京：北京航天航空大学出版社，2003.

[40] 姚小远，朱国定，康善招．商务谈判学［M］．上海：华东理工大学出版社，2009.

[41] 刘文广，张晓明．商务谈判［M］．北京：高等教育出版社，2009.

[42] 樊翠香等．浅析儒家文化对新加坡经济的影响［J］．经济研究导刊，2008（17）.

[43] 姜玉洪．印度本土文化与全球化［J］．文史哲，2007（5）.

[44] 海峰．印度文化：传统及其转型［J］．科学大观园，2006（8）.

[45] 王庆云．试析韩国文化的发展脉络［J］．黑龙江教育学院学报，2008（10）.

[46] 冯金岭．韩国民族文化特性与韩国现代化进程［J］．国际关系学院学报，2004（4）.

[47] 张曦凤．国际商务谈判中价格形成的博弈研究［J］．上海经济研究，2008（8）：16-18.

[48] 宋贤卓．浅议商务谈判中的价格谈判［J］．市场周刊，2008（11）：19-20.

[49] 王夏阳．价格谈判与竞争陷阱［J］．价格理论与实践，2001（11）：37-38.

[50] 高丹．浅谈国际商务谈判策略［J］．现代商业，2009（4）：183-184.

[51] 潘黎．商务谈判僵局本质和成因的模型化分析［J］．经济问题探索，2002（3）.

［52］冯妍．从跨文化角度论中美商务谈判中的文化价值与冲突解决风格［D］．北京：对外经济贸易大学出版社，2005．

高等学校国际商务创新规划教材

- 国际商务概论
- 国际商务经济学基础
- 国际商务实务
- 国际商务管理
- 国际商务营销
- 国际商务谈判
- 国际商务环境
- 国际商务法

图书在版编目(CIP)数据

国际商务谈判/孙平主编．—武汉：武汉大学出版社，2011.5(2015.7 重印)

高等学校国际商务创新规划教材

ISBN 978-7-307-08574-9

Ⅰ.国…　Ⅱ.孙…　Ⅲ.国际商务—商务谈判—高等学校—教材
Ⅳ.F740.41

中国版本图书馆 CIP 数据核字(2011)第 035998 号

责任编辑：舒　刚　胡　荣　　责任校对：黄添生　　版式设计：马　佳

出版发行：**武汉大学出版社**　(430072　武昌　珞珈山)
(电子邮件：cbs22@whu.edu.cn 网址：www.wdp.com.cn)

印刷：湖北睿智印务有限公司

开本：787×1092　1/16　印张：16.75　字数：368 千字　插页：1

版次：2011 年 5 月第 1 版　　2015 年 7 月第 3 次印刷

ISBN 978-7-307-08574-9/F·1482　　定价：35.00 元